传播与国家发展学术体系构建

廖圣清 窦志梅·主编

复旦大学出版社

编委会

主编 廖圣清 窦志梅

编委 廖圣清 窦志梅 曹云雯 左小麟
　　　单晓红 蔡　勇 陈静静 晋　群
　　　黎　藜 许孝媛

立足边疆　面向两亚
推进传播与国家发展学术体系构建

（代序）

　　传播与国家发展的学术体系长期扎根于发展传播学，以现代化理论为基础，强调运用传播技术和手段，以西方现代化指导发展中国家的现代化发展。中国共产党领导中华民族，从中国国情出发，创立了一条中国式现代化道路。党的二十大确立了中国式现代化在中华民族伟大复兴和下一个百年征程中的核心定位。如何立足社会主义现代化新情境、新实践、新征程，以中国式现代化持续推进传播与国家发展学术体系的学术立场、学术旨趣和学术知识构建，对于将中国智慧、中国主张、中国经验融入新闻传播学科建设，为新闻传播学科输入"立足边疆、面向两亚"的云南大学新闻传播学科特色话语和学术动力，书写两亚、中国与世界的关系，极具重要意义。

一、把握中国式现代化的基本特点，坚定人民性、中国性与世界性的传播与国家发展学术立场

　　党的二十大报告指出，中国式现代化是中国共产党领导的社会主义现代化，既有各国现代化的共同特征，更有基于自己国情的中国特色。中国式现代化是人口规模巨大的现代化，是全体人民共同富裕的现代化，是物质文明和精神文明相协调的现代化，是人与自然和谐共生的现代化，是走和平发展道路的现代化。中国式现代化是世界现代化的重要组成部分，诞生于中国共产党百年实践，谋求世界和平、追求共同富裕、物质精神双丰收。它既服务于中国道路，又关照世界各国、各民族，其理念要义和实践指向始终探寻全人类发展、全球进步与生态存续之间的平衡，其底色和特征富有人民性、中国性与世界性。

　　认真贯彻、落实党的二十大精神和习近平总书记关于将云南建设成为"民族团结进步示范区、生态文明建设排头兵、面向南亚东南亚辐射中心"的指示精神，云南大学新闻传播学科建设，立足边疆、面向两亚，服务国家战略和区域经济、社会

发展，以传播与国家发展为总体框架，设置了民族传播、环境传播和健康传播、南亚东南亚国际传播三个重点学科发展方向，积极构建具有民族性、中国性、国际性的学术体系。

中国式现代化指导下的传播与国家发展学术体系构建，应坚定人民性、中国性与世界性的学术立场。人民性的学术立场要求，将中国人民、两亚人民，乃至全人类作为传播主体，探究以人的思维、行为和利益取向为节点编织的传播网络在推动国家发展中的作用机制及其影响。中国性的学术立场要求研究始终紧扣边疆与两亚的传播情境，通过中国特色、中国发展、中国道路而展开，以传播好中国故事、中国文化、中国智慧为己任。世界性的学术立场要求：首先，与人民性和中国性的学术立场互为表里，摒弃"西方主义"重视少数人利益、"东方例外"的立场，秉持均衡、普适的传播观念，与两亚国家沟通交流，携手参与世界文明对话，共同描绘人类发展的新未来；其次，具有世界性视野，把握云南毗邻南亚东南亚，地缘相近、人文相亲的优势，挖掘民族历史、民族媒介和民族语言等传播资源优势，抓住"边疆、民族、山区、美丽"的生态优势，将文化、经济、生态有机融入传播与国家发展研究。

二、把握中国式现代化的本质要求，明确构建人类命运共同体、创造人类文明新形态的传播与国家发展学术旨趣

推动构建人类命运共同体、创造人类文明新形态是中国式现代化的核心目标。人类命运共同体概念诞生于党的十八大，围绕谋求人类共同利益和长远发展，成长为政治、经济、文明、生态四位一体的共同体体系。人类文明新形态是一种"物质文明、政治文明、精神文明、社会文明、生态文明相互协调的社会主义文明形态"。二者同根同系，均发端、演变、成熟于中国式现代化的探索；且相辅相成，人类命运共同体是对人类文明发展的一种具有历史存在论性质的自觉实践，人类文明新形态确立了人类命运共同体的内在规定性。

中国式现代化指导下的传播与国家发展学术体系构建，应以构建人类命运共同体、创造人类文明新形态为学术旨趣。首先，需要立足云南各族人民、两亚人民的传播认知、话语和实践，将区域发展的多样性融入国家、世界发展中，以国家、世界发展的整体性包容区域发展的多样性，以携手两亚人民、中国人民、世界人民，跨民族、跨文化、跨区域地共同推动构建人类命运共同体。其次，以新闻传播推动两亚文化、民族特色文化、中国传统文化、世界文化之间的交流互鉴，助力创造人类文明新形态，挖掘人类命运共同体的精神源泉。

三、把握中国式现代化的发展逻辑，探索普遍与特殊、批判与超越相统一的传播与国家发展学术知识

中国式现代化的理论发展遵循普遍与特殊、批判与超越相统一的逻辑。在理论基础方面，中国式现代化融汇中西方思想资源，以马克思主义哲学的现代性理论为主导，以中国传统哲学以及西方哲学中蕴含的相关理论为辅助。在理论演变方面，中国式现代化是中国共产党总结和阐释世界现代化的历史经验和意义的前提下，批判性地将"马克思新世界观""现代性""马克思唯物史观""中国逻辑"等相结合，超越性地进行中国式现代化的理论求索。在理论实践方面，中国式现代化创造了世界罕见的经济快速发展奇迹和社会长期稳定奇迹，破解了西方现代化中发展与秩序的二元悖论，就世界现代性问题做出了"中国式解答"。中国式现代化的理论发展逻辑，归根结底是中国个性与世界共性的辩证统一。

学术立场和学术旨趣明晰了传播与国家发展学术体系的核心价值和目标取向，搭建了基本学术框架，学术知识则是填充、丰富这一学术体系框架的内生性动力，缺失独立学术知识的学术体系将如无源之水。中国式现代化指导下的传播与国家发展学术体系构建，应积极追寻普遍与特殊、批判与超越相统一的知识构建。

学术知识作为学术体系的重要内容，主要涵盖学术概念和理论。就概念的提出而言，应当以马克思主义为灵魂，参考现有的学术经验、学术概念、学术历史，秉持多学科视角，结合中国经验与案例，在抽象和具象的逻辑交织中提炼中国式传播与国家发展概念。就理论的创立而言，"理论，是一种帮助人们理解现象的抽象的概念系统"，概念与概念的相互关联能够编制具体的理论和理论脉络：一方面，应保持与世界传播与国家发展理论研究的对话与融通；另一方面，在确立中国概念的基础上，应结合两亚、中国国家发展的传播实践，探寻概念之间的逻辑，创造性地勾绘中国式传播与国家发展理论。

廖圣清

[作者系云南大学新闻学院（南亚东南亚国际传播学院）院长、复旦大学新闻学院教授，原文载于《新闻记者》2023年第1期]

目 录

1 / 立足边疆　面向两亚　推进传播与国家发展学术体系构建（代序）

Ⅰ 南亚东南亚国际传播

2 / 推动构建南亚东南亚信息辐射中心建设　　　　　　　　　　　　　廖圣清

8 / 新公共外交视域下中国在美活动主体的变迁及趋势——基于中美建交四十年《外国代理人登记法案》（FARA）数据的研究　　　陈静静　杨雅雯

27 / 技术转移与文化传播互动——中国媒体"走出去"的机遇与挑战　　晋　群

41 / 公共外交视域下云南民间组织在缅甸的公益实践与传播能力提升策略研究　　赵净秋

59 / 对"文化接近性"理论的思考——以中国电视剧在越南的传播为例　张　翎

71 / 老挝《万象时报》视角下的中国形象研究——以"中老铁路"相关报道为例　　　　　　　　　　　　　　　　　　　　　　　方　鑫

Ⅱ 民族传播

78 / 嵌入乡土的"微信社区"——基于一个白族村落的研究　杨星星　唐优悠　孙信茹

96 / 21世纪以来"外来者"视角下云南民族电影的空间叙事　　林进桃　谭幸欢

106 / 边疆欠发达地区县级融媒体的逆袭之路——文山市融媒体中心的破局实践　　　　　　　　　　　　　　　　　　　　　　　韦　平　吴　姣

113 / 身份赋予与文化自觉——基于《农奴》和《静静的嘛呢石》的文本研究　金晓聚

123 / 强凝聚与弱分化——手机媒介在傣族村落中的功能性使用　　　　许孝媛

Ⅲ 健康传播与环境传播

140 / 打破健康传播中的"无形之墙"——宿命论信念和信息传播对疫情中公众防护行为倾向的影响研究　　　　　　　　　　　　黎　藜　李　孟

152 / 数字鸿沟对癌症知沟的影响研究——基于北京、合肥癌症与健康信息调查的分析　　　　　　　　　　　　　　　　　　　　　　　李凤萍

165 / 论马克思主义生态观视域下的环境传播 　　　　　　　　谢建东　郑保卫

Ⅳ　影视传播

182 / 传播媒介对美的建构 　　　　　　　　　　　　　　　　　　蔡　勇
195 / 关于中国纪录片走向世界的探讨 　　　　　　　　　　　　　王纪春
202 / 媒体融合时代的电视文化身份刍议 　　　　　　　　　　　　徐明卿
210 / 电影中的交通工具与城市空间建构 　　　　　　　　张露予　王东林

Ⅴ　新闻传播业务

224 / 问题、语境、技巧——获奖评论赏析框架的分析与反思 　　　曹云雯
235 / 新时代如何多方协同提升新闻职业精神 　　　　　　　　　　左小麟
242 / Legacy and Breakthrough: A brief review of investigative journalism
　　　practiced in China 　　　　　　　　　　　　　　　　　　李　颖
263 / 虚假新闻高热度传播组合路径研究——基于57例虚假新闻的清晰集
　　　定性比较分析（QCA） 　　　　　　　　　　　　　　　　祁志慧

Ⅵ　新闻传播教育

284 / 云南高等学校新闻教育志（1978—2005） 　　　　　单晓红　杨忠琪
293 / 道德自律抑或组织约束？——学术失信行为的影响因素研究　刘　宇　刘晓艳
309 / 视野、能力、未来——全媒体时代传媒类实验教学探索与思考　陈　宇
317 / 融入·融合·融通——新闻学理论基础课课程思政建设路径探索
　　　　　　　　　　　　　　　　保　斌　曹云雯　陈　影　谢建东　袁晨玲

326 / 后记

Ⅰ 南亚东南亚国际传播

推动构建南亚东南亚信息辐射中心建设

廖圣清[①]

随着数字化进程的加快,媒介环境的更迭,传播方式的变迁,传播格局不断变革,舆论环境纷繁复杂,新闻舆论工作面临新的挑战和机遇。新闻工作者必须在牢牢坚持党性原则,坚持正确舆论导向的基础上,以科学研究为出发点,善于使用新方法,积极把握舆论规律,学好用好新技术,不断深化媒体融合,融汇新理念,加强舆论治理和引导,推动主流媒体的新闻舆论传播力、引导力、影响力、公信力不断增强,让主流舆论有力,让舆论环境聚力,推动构建南亚东南亚信息辐射中心,让世界听到强有力的中国声音。

一、舆论环境——面向南亚东南亚辐射中心建设的基石

推进我国面向南亚东南亚辐射中心建设,营造良好正向的舆论环境至为重要。一方面,舆论环境是现实环境的反映,汇聚着民意与民情,是了解、把握国内与南亚东南亚民众意见、态度、情绪的重要窗口;另一方面,舆论环境能够通过影响民众的认知,进而转化为实际行动,作用于国内与南亚东南亚现实的政治、经济、社会与文化环境,为面向南亚东南亚辐射中心建设提供舆论环境依据。

舆论通常被界定为"一定范围内的多数人的意见,有时也特指大众传播媒体发表的意见,媒体被视为舆论的承载者"。舆论包含三个关键的组成要素,即谁表达的(舆论的主体)、表达什么(舆论的本体)以及经由什么渠道表达的(舆论的载体)。随着信息传播技术的更新迭代,当下的舆论环境,是一

---

① 廖圣清,云南大学新闻学院(南亚东南亚国际传播学院)院长、复旦大学新闻学院教授。

个日益复杂的"大舆论场",呈现出舆论主体多元化、舆论本体复杂化与舆论载体多样化的特点。面向南亚东南亚辐射中心建设,能否产生实际的效果与真正的价值,有赖于正确和有力的舆论引导,以及整体性、良好舆论环境的塑造。

"人类命运共同体"理念,已受到国际社会的广泛关注和高度认同,被写入联合国决议。中国—南亚东南亚命运共同体的构建,是亚洲命运共同体的重要组成部分。命运共同体的建设,需要多方努力推动由理念转化为行动、由愿景转变为现实。为此,主流媒体应主动承担责任、发挥作用。诚如习近平总书记强调:"我们走的是正路、行的是大道,这是主流媒体的历史机遇,必须增强底气、鼓起士气,坚持不懈讲好中国故事,形成同我国综合国力相适应的国际话语权。"[①]

构建南亚东南亚命运共同体,从根本上来说,是构建中国与南亚东南亚国家的"利益共同体""价值共同体"和"责任共同体"。在以国家利益为主导的现代国际关系中,"利益共同体"是南亚东南亚命运共同体的基础。在促进区域内要素的有序自由流动和资源的高效配置的过程中,主流媒体扮演着促进信息传播、发展经济合作的重要作用。

南亚东南亚命运共同体,也是一种"价值共同体"。中国与南亚东南亚国家之间的文缘相融,是构建南亚东南亚命运共同体的先天优势。面向南亚东南亚辐射中心建设的重要组成内容是人文交流,只有通过中国声音、中国文化的传出和南亚东南亚声音、文化的传进,方能更好地破除文化差异带来的阻力和障碍,实现文化互鉴、民意相通。

南亚东南亚命运共同体,还是一个"责任共同体"。中国与南亚东南亚国家共同承担着维护双边安全稳定、社会和谐的重要责任。在动荡的世界变革时期,面向南亚东南亚辐射中心建设,是推动中国与南亚东南亚各国共同参与全球治理,以负责任的精神共商、共建、共享的桥梁。

二、科学研究——舆论环境建构的助推器

面对新闻舆论工作的新挑战,以科学研究为出发点,使用新方法,掌握新技术,融汇新理念,推动主流媒体舆论传播力、引导力、影响力、公信力不

---

① 习近平:在十九届中央政治局第十二次集体学习时的讲话. 2019. http://www.qstheory.cn/zhuanqu/2021-06/02/c_1127522386.htm.

断增强,让主流舆论有力,让舆论环境聚力,推动构建南亚东南亚信息辐射中心。

科学研究与主流媒体舆论传播力。提升主流媒体的传播力,既体现在传播广度上,也体现在传播精度上。把正确的舆论声音扩散出去,需要主流媒体了解传播结构,提升传播力度,深化传播效果。伴随互联网的发展,信息传播模式发生巨大变革,从地理空间聚合到以细分网站和社会化媒体为代表的网络空间,新的"传播网络"得以形成。信息被生产、讨论并传播扩散,不断衍生的舆论成为推动社会事件得以解决的关键力量;同时也催生了"谣言"、"信息过载"、群体极化等信息传播负效应,主流媒体传播力的提升成为至关重要的因素。社会信息传播互动构成传播网络,不同媒介之间的信息传播形成了复合型网络,了解、把握网络结构,是当下提升主流媒体传播力、引导网络舆论的关键。为此,需要研究、运用社会网络分析方法确定网络、节点的各种属性,通过模型推演、仿真计算,有力解释和预测新闻信息扩散的行为规律及其动力机制,提升传播广度。此外,以受众为中心,研究节点传播行为对信息传播网络的影响,如对转发行为的预测、对文本喜好的预测、对信息影响的预测,为主流媒体提升传播精度提供理论依据。

科学研究与主流媒体舆论引导力。"牢牢掌握舆论场主动权和主导权。"主流媒体舆论引导力的增强,不仅要始终坚持和传播主流思想,还要善于通过议题设置,疏导公众分歧,塑造社会共识,为此,需要科学研究。首先,从媒体"告诉公众想什么""告诉公众怎么想"入手,研究媒体如何通过议题设置,影响公众对相关问题的关注、认知和态度。其次,从媒体关系入手,研究媒介间议程设置理论,考察不同新闻媒体如何相互影响彼此议题的关注度,产生"共鸣效果",塑造社会共识。主流媒体议程设置不仅影响着公众舆论,对其公信力也影响重大,议程设置理论研究可为主流媒体提升舆论引导力提供思路,让舆论促进凝聚力、塑造社会共识有迹可循。

科学研究与主流媒体舆论影响力。在传播力、引导力、影响力、公信力"四力"中,影响力是基础,更是目标。主流媒体舆论影响力,是传播效果的体现,也是传播能力的根本,是主流媒体对受众认知、态度、情感和行为影响的反映。在"人人都有麦克风"的社交媒体时代,尤其是进入后真相时代,情绪和意见比事实更具影响力。新的舆论场中,极端情绪、激进观点、群体极化,日渐普遍。当下尤需从认知神经科学的角度,使用自然语言处理方法对社交媒体中的文本数据进行挖掘,探究公众的信息需求,研究人们的信息处理机制，通过数字痕迹分析预测舆论演化，不断探求更迭的舆论规律，这也是提升主流媒体舆论影响力的关键所在。使用科学方法，开展舆论科学研究，探究舆论形成、公共领域内的思想交流、意见领袖和大众之间的关系，以及公众注意力的动态演化等舆论传播问题，势必会为提升主流媒体舆论传播力、引导力、影响力、公信力，提供更为丰富的理论支撑，切实成为构建良好舆论环境的助推器。

三、方法路径——主流媒体舆论发声的扩音器

推进面向南亚东南亚辐射中心建设，重点在于发挥主流媒体的社会影响力，将其建设成为南亚东南亚信息传播网络的中心，进而成为舆论引导的主力军、舆论交汇的平台。

主流媒体是南亚东南亚舆论传播中心。2021年末，中老铁路的开通，让云南与南亚东南亚的物资流通网络更为紧密。云南对南亚东南亚信息辐射中心的建设，首要路径是健全信息传播网络，将主流媒体建设成为网络中心，扩展中国话语的国际影响力。云南毗邻南亚东南亚，主流媒体具有天然的接近性和影响力，能够成为信息传播网络的中心。南亚东南亚有10余个国家，超过100个民族，仅以宏观语系划分，就有汉藏、印欧、南亚、南岛诸语系，其中使用较多的语言，包括英语、印地语、乌尔都语和泰语等。通过业界与学界的合作，借助人工智能的语言识别与翻译技术，主流媒体快速、高效、准确地制作多语种新闻信息，媒体矩阵应努力覆盖所有使用人数超过1 000万人的语言，满足国外民众的信息需求，并成为信息传播的中心节点。

同时，基于南亚东南亚各国的社会民情，在尊重当地习俗与话语方式、遵循舆论规律的前提下，扩大主流媒体的传播范围，尤其是增加新闻的到达率、点击率与完播率。目前，短视频全球流行，可以尝试采用这一广受欢迎的媒体形式，以群众喜闻乐见的、较为轻松的内容，吸引当地人的关注，打破媒体形态和功能上的隔离，在内容、渠道和管理等方面，进行全方位的融合；不断尝试新型新闻产品，开发具有中国特色的融媒体、契合所在国国情的特色区域服务，避免目标受众对中国主流媒体产生逆反心理。

此外，中国主流媒体应拓展与南亚东南亚国家媒体的合作，改革和完善合作交流的体制机制，建立相互之间的完备信息交换网络，破除依赖西方媒体

的局面,改善国际新闻流动的方向与质量,同频共振、同向发力,实现不同媒介渠道和平台资源、新闻生产要素的有效融合,在建设媒体信息传播网络的同时,构建新闻生产的合作交流网络以及民间的人际传播网络。

主流媒体是南亚东南亚舆论引导主力军。因为多元利益的影响,舆论冲突在所难免。作为舆论引导主力军的主流媒体,应积极进入南亚东南亚舆论"主战场",对涉外舆论以及国外对华舆论进行及时、精准有效的把控与引导。第一,直面舆论冲突。国家之间会存在实际的和潜在的利益冲突,主流媒体应根据国家政策和媒体原则,在舆论冲突中增加信息输出,逐步降低冲突的强度与烈度,并最终消弭冲突。第二,引导舆论方向。舆论冲突不仅源于利益,也可能来自人们的观念对立或文化差别。南亚东南亚有着为数不少的华人以及华文媒体,具有语言上的接近性,加之受儒家文化与佛教的影响,同时也具有文化上的相似性,主流媒体应积极布局,在重大的媒介事件与媒介仪式中,为中国创造有利的舆论环境。第三,影响意见领袖。虽然今天的信息是自由流动的,但是大多数人仍然受意见领袖的影响而形成自己的观点。南亚东南亚有为数不少的意见领袖,他们在推特等社会化媒体上有为数众多的关注者,是舆论形成、传播的重要推动者。主流媒体应以协商、合作的方式,与之进行有效沟通。第四,寻找凝聚共识。周恩来总理在万隆曾提出著名的"求同存异"方针。在南亚东南亚舆论引导中,主流媒体需要进行开放性、目标性、建设性的沟通,获得共识。舆论是由不同利益团体的主张所构成的,主流媒体可从探索"最大公约数"和"最小公倍数"的角度,从正义论的媒介伦理出发,洞察事实、消除盲区,从共同的未来愿景中,获得南亚东南亚最广大群体的认同。

主流媒体是南亚东南亚舆论交汇平台。南亚东南亚具有地缘政治的重要性、商务贸易的开放性以及社会发展的不平衡性,其形成的舆论复杂而又多元,其内部因历史遗留的民族、宗教、领土等矛盾长期存在。中国主流媒体需要广泛反映南亚东南亚民众的态度、立场和观点,成为舆论交汇的平台。

处在全球十字路口的南亚东南亚,数千年来一直是"全球性的",在很大限度上,通过与外部世界的接触,以及选择性地将外国元素融入自身文化,融合形成南亚东南亚文化特征。南亚东南亚各国的经济也存在巨大差异。同时,网络"信息茧房"所导致的价值观念圈层化,以及世界舆论中心的争夺日趋激烈。对于涉南亚东南亚舆论,作为社会压力的减压阀和社会情绪的调节器,主流媒体需要从国家安全的战略层面,构建社会责任传播制度,规范传播秩序,让网络空间清朗起来。针对多元主体的舆论形态,主流媒体应着力于协同共治，凭借其自身的专业性和权威性，建立并维护具有包容性、差异性、多样性的互联网内容生态，扩大主流价值的影响力范围，构建由信息发布和民意回应构成的舆论交流平台，引导民众理性、成熟、平和地发表观点，并形成有利于南亚东南亚发展的舆论环境。

回应新时代对面向南亚东南亚辐射中心建设要求，云南主流媒体作为舆论阵地的第一线，必须在遵循舆论规律的基础上提升效能，守正创新，服务于党的中心工作，成为正论、正信的倍增器，推动中外交流与社会进步。

（原文载于《社会主义论坛》2022年第3期）

新公共外交视域下中国在美活动主体的变迁及趋势
——基于中美建交四十年《外国代理人登记法案》（FARA）数据的研究①

陈静静②　杨雅雯③

一、新公共外交（NPD）与多元传播主体的兴起

进入新世纪，一方面，全球性的政治改革促进了政治参与，国际公共舆论变得愈加重要，相应地，国家形象与全球声誉在国际关系中也变得愈加举足轻重；另一方面，伴随全球媒体网络的扩张，信息渠道的多元化使得信息透明度得以增强。④不同的国家和地区，在不同的政策及利益驱动下，公共外交呈现出在目的和观念上的多样性。在美国，对恐怖主义与后世界普遍存在的反美主义的担忧驱动了公共外交的实践；在欧洲，"规范"的公共外交理念被提出，体现了对改善经济的期待，也体现在文化多元性环境下构建欧洲文化身份和实现其他政策的目标上。⑤⑥冷战后崛起的新兴国家，体现出对公共外交塑造国家形象、建构国家品牌、增强软实力等潜在功能的极大兴趣。

---

① 本文系跨境网络空间安全教育部工程研究中心开放课题项目"东南亚网络意见领袖及其国际影响力研究"（KJAQ202112007）的阶段性成果。
② 陈静静，云南大学新闻学院（南亚东南亚国际传播学院）副教授。
③ 杨雅雯，云南大学新闻学院（南亚东南亚国际传播学院）研究生。
④ Potter E. Canada and the new public diplomacy. *International Journal*, 2002, 58 (1).
⑤ Manners, I., & Whitman, R. *Normative Power and the Future of EU Public Diplomacy. European Public Diplomacy*. New York: Palgrave Macmillan US, 2013.
⑥ Davis Cross, M. K., and Melissen, J. *European Public Diplomacy: Soft Power at Work. European Public Diplomacy: Soft Power at Work*. New York: Palgrave Macmillan US, 2013.

伴随着更多的非国家参与者进入公共外交实践领域，一些学者认为政府不应成为公共外交的唯一主体，如西格尼兹和寇姆斯就认为公共外交活动主体不应该仅包括政府，还应纳入那些"直接或间接影响他国公众态度和公共舆论"的个人和群体①，这就在参与主体上取消了公共外交和国际公共关系的原有界限，新公共外交（New Public Diplomat，缩写为NPD）应运而生。

"新公共外交"拓展了主体和活动的外延，认为公共外交的外延可以涵盖国际信息传播活动的诸多方面，包括国家、国家相关合作者和非国家行动者理解文化的态度和行为的方式和方法，建立和管理关系的相关活动，以及影响意见和行动以推进主体利益和价值的尝试。②

20世纪90年代开始，国内学者对中国对外国际公共关系的实践颇为关注。中国跨国公司的国际公共关系实践及跨文化冲突最早引起了学者的注意，③反映了走出国门的中国企业对国际公共关系建立及管理的迫切需要。国家及政府的国际公共关系研究继之而起，成为该领域研究的重要潮流。许多学者将国家国际公关活动与国家形象塑造联系起来，论述了前者对后者的重要作用。④

21世纪公共外交的概念引入后，与政府国际公共关系的研究合流，加之相关实践蓬勃开展的推动，公共外交成为跨学科研究的焦点。由赵启正任创刊总编的专业刊物《公共外交季刊》于2010年创刊，集中研究讨论中国公共外交理论与实践问题，并就新公共外交对于中国的理论和实践上的可行性进行了讨论。认为新公共外交参与主体更为广泛，具有双向性，更加注重可持续伙伴关系的建构，强调非政府行为体的作用，这些特征使得新公共外交赋予了传统公共外交活动新的活力。⑤

党的十八大以来，建构中国特色的大国外交成为对外工作的重点，"民心相通"成为中国对外交往的重要目标。在政策指引下，关注多元主体与多样化形态，以构建和管理国际公众关系为核心的新公共外交也在其中起到重要作用。

---

① Benno H. Signitzer & Coombs,T. Public relations and public diplomacy: Conceptual Covergences. *Public Relations Review,* 1992, 18 (2).
② Gregory, B. Public diplomacy: sunrise of an academic field. *Annals of the American Academy of Political & Social Science,* 2008, 616 (1).
③ 金君：《跨国公司的国际公共关系》，《外国经济与管理》，1990年第5期。
④ 相关研究参见吴友富：《政府国际公关在塑造中国国家形象中的作用》，《探索与争鸣》，2009年第2期；方明、蔡月亮：《政府国际公关：国家形象塑造的新视野——兼论中国国家形象塑造》，《东南传播》，2007年第1期。
⑤ 郦莉、张雨琪：《多维视野下的新公共外交》，《公共外交季刊》，2016年第1期。

中美关系是21世纪最为重要的双边关系之一，中美关系的发展与变化对世界秩序产生着深远的影响。近年来，中美关系正面临建交以来最为严峻复杂的局面。就此，中国创造性地提出"中美新型大国关系"的战略目标，赋予其"不冲突、不对抗，相互尊重，合作共赢"的核心内涵。习近平主席指出："中美要增强两国互信。要防止浮云遮眼，避免战略误判，就要通过经常性沟通，积累战略互信。"①

不少研究者关注到了中国对美公共外交在新型大国关系建构，把握中美关系发展的正确方向，传递共商共建共享的全球治理观念，促进中国更多地参与全球治理进程方面的积极影响。②但是在公共外交实施的具体方略上，不同研究者给出的建议却不尽相同，甚至完全相悖。如有学者基于"软实力"指出，对美公共外交应考虑加强以文化为基础，淡化意识形态色彩，深入挖掘传播中国文化更深层次的思想内涵。③而有的学者则认为"重文化、轻政治"是对美公共外交中的误区，应更加重视对政治体制、发展道路等核心政治价值观的阐释和传播，在内容设计中体现"高政治"属性。④在这两种观点论争的背后，透露出学者们对于作为研究对象的对美公共外交的把握，更多基于对具体案例和实践现象的归纳，因此在设定对策建议上，也更多依循各自所观察到的实践案例。本文试图通过对《外国代理人登记法案》（FARA）数据的梳理，对中国在美国际公共关系和公共外交活动进行系统梳理，尤其关注分析主体类型和活跃度的历时性变化特征，并结合新公共外交理论对这种变化予以分析。

二、《外国代理人登记法案》（FARA）数据及其研究价值

《外国代理人登记法案》（Foreign Agent Registration Act，缩写为FARA）是一部对代表国际客户在美进行公关活动予以管理的美国法案。1938年，

---

① 习近平：《为构建中美新型大国关系而不懈努力》，新华网，http://www.xinhuanet.com/world/2016-06/06/c_1118996126.htm，2016-06-06。
② 辛懿：《简论中国对美公共外交在中美新型大国关系中的作用》，《学术探索》，2014年第12期。
③ 王莉丽：《当前中国对美公共外交：舆论态势与认知空间》，《现代国际关系》，2017年第1期。
④ 姚遥：《对美公共外交：新形势、新思路》，《国际问题研究》，2016年第1期。

美国国会颁布了该法案，规定为外国客户（外国政府、政党、个人、协会或美国以外的组织等）工作的公共关系机构必须向司法部下属的外国代理人登记处提交合同信息备案。备案内容包括客户名称、国别、服务的公共关系机构、在美国进行的主要活动等。美国司法部国家安全司（NSD）反情报和出口控制科（CES）的FARA部门负责FARA的管理和执行。FARA旨在协助美国政府掌握、评估他国主体在美代理人的活动及性质。[1]

从研究的角度看，因为FARA登记的强制性，FARA的备案信息提供了较为完整的他国在美公共关系和公共外交活动的记录，成为考察外国和外地区主体在美活动的重要数据来源，受到国际公共关系和公共外交研究者的关注。J. B. 曼海姆（J. B. Manheim）在其著作《战略性公共外交与美国外交政策》中运用1987年FARA的登记记录，对国际公共关系和公共外交活动的模式和趋势予以了分析。[2] 苏珊·李（Suman Lee）则基于2002年的FARA报告，考察他国和其他地区在美国际公共关系及公共外交活动，发现商业组织和他国中央政府是美国国际公共关系和公共外交的主要客户，会见政府官员和国会领导人是主要的活动类型，经济目的构成了主要动机。研究还整理了对美国际公共关系和公共外交活跃的国家和地区，发现与美国有着紧密政治和经济联系的国家更有可能在美国从事公共关系活动。[3] 除对FARA年度报告的分析外，也有学者运用FARA登记的历史资料对单一国家的对美活动予以分析，如玛丽莎·约翰逊（M. Johnson）追踪了50年来墨西哥在FARA的登记记录，认为公共关系人员的角色已经从技术人员转变为管理人员，并且随着墨西哥更多地关注商业发展，其国际公共关系在美国东北部变得越来越集中。[4]

张巨岩将FARA的数据作为衡量一个国家对美公共关系努力程度的指标，研究一个国家在沃勒斯坦世界体系理论中的地位与其在美国的公共关系努力程度之间的关系。据此研究，世界体系中等级越低的国家与美国交流的努力越

---

[1] 美国司法部：https://www.justice.gov/nsd-fara.

[2] Manheim, J. B. *Strategic Public Diplomacy and American Foreign Policy: The Evolution of Influence*. New York: Oxford University Press. 1994.

[3] Lee, S. Relational significance and international public relations of other countries in the U.S. Paper presented to the International, Interdisciplinary Public Relations Research Conference, Miami, 2005.

[4] Johnson, M. A. Five decades of Mexican public relations in the United States: from propaganda to strategic counsel. *Public relations review*, 2005, 31.

少,半边缘国家雇佣美国公关公司的可能性更大,其次是核心国家和边缘国家。研究还发现,美国报纸更多地使用来自半边缘国家的新闻稿,而不是核心国家和边缘国家,并推测此种模式与他国在美公共关系投入存在关联。①

王秀丽与休梅克(Pamela J. Shoemaker)在美国对华民意的研究中,也将FARA登记的中国与美国签订的公关合同数量作为衡量中国对美公共关系努力程度的参考,研究发现签订公共关系合同的数量与美国媒体涉华正面报道的增加有关。②

相较而言,国内学界对FARA登记数据本身的挖掘和阐释还显得不够充分,中国对美国际公共关系与公共外交的发展概况及历史线索不甚清晰,基于登记数据的中国对美活动的系统国别研究暂付阙如。本研究即以此为出发点,梳理中美建交后中国对美国际公共关系及公共外交活动的主体及活跃度的变化,结合国际形势、外交政策与双边关系、行业变动等诸因素,对变化的原因及意义予以分析。

研究采取内容分析方法,以《外国代理人登记法案》数据库中国际客户所属国为中国的登记案例为目标总体,选取1979年1月1日至2019年12月31日中美建交40年间所有登记案例为研究对象。

经检索发现,中国境内主体在FARA登记合同157份,其中涉及的登记主体共有79个,总共雇用了126家美国公关公司代表中方在美进行公共关系和公共外交的策划与实施。

三、中国对美国际公共关系和公共外交的历史发展阶段

从年度登记合同数量方面来看,1989、1990、2016年未有登记,2019年登记项数18项,为近四十年中项目最多的年份,仅一年就占比超过10%(见图1)。年度平均登记项数为4项,标准差3.414,中位数3,年度间项目的数量差距较大。

---

① Zhang, J. Y. World system and its agents: analysis of the registrants of Foreign Agent Registration Act (FARA). *Public Relations Review,* 2005, 31.
② Wang, X.L. & Shoemaker, P.J. What shapes Americans' opinion of China? Country characteristics, public relations and mass media, *Chinese Journal of Communication,* 2011, 4 (1).

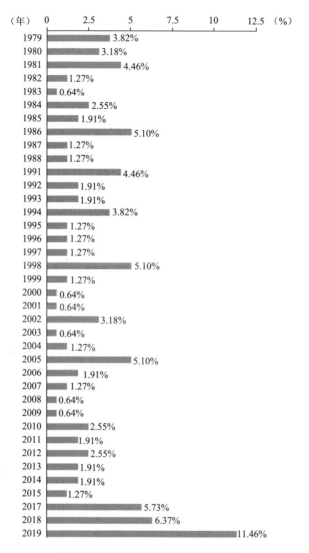

图1　FARA中国项目登记年度数量分布

从数据分布看，建交后的头10年在美活动较为活跃，在停滞两年后有所恢复。在2017年前，年度项目数量虽有起伏，但整体波动不大，个别年份虽出现阶段峰值，但未形成明显趋势。2017年以后，年度项目数量出现了明显的持续增长，2017年9项，2018年10项，2019年18项，三年间签订的项目占40年间总和的23.6%。对美国际公共关系和公共外交体现出开局良好，之后降温回落长期徘徊，而在近年来强劲发展的势头。根据数据分布情况对阶段进行划分，可分为1979—1989年，1990—2016年，2017—2019年三个时间段。

1979—1989年，历时11年，共有登记项目40项，占比25.64%，年平均登记项目数为3.64项；1990—2016年，历时27年，共有登记项目79项，年平均项目数2.93项；2017—2019年，登记项目数37项，年平均项目数12.3项。从标准差来看，中间阶段的年度间差异要小于第一阶段和第三阶段。（见表1）

表1　中国对美国际公共关系和公共外交分阶段项目数

阶段	项目数	百分比（%）	年平均项目数（标准差）
1979—1989	40	25.64	3.64（2.15）
1990—2016	79	50.64	2.93（1.63）
2017—2019	37	23.72	12.3（3.78）
总计	156	100	

四、中国对美国际公共关系及公共外交活动的主体类型及其变化

（一）主体数量及阶段变化

建交以来在FARA登记的中国对美国际公共关系及公共外交活动的委托主体共有79家，表2显示了三个阶段开始活动的主体数量。

表2　阶段新增委托主体

阶段	新增委托主体数量	累积委托主体数最	年度平均新增主体数量	百分比（%）	累积百分比（%）
1979—1989	23	23	2.10	29.11	29.11
1990—2016	41	64	1.52	51.9	81.01
2017—2019	15	79	5	18.99	100
总计	79			100	100

从登记主体数量方面来看，1979—1989年，新增委托主体23家，年平均2.10家；1990—2016年，新增委托主体41家，年平均1.52家，2017—2019年新增15家，三年年平均增长5家。从登记主体的增长情况看，也体现出与合同数量增长相同的趋势。

在FARA登记中，登记次数达到三次及以上的主体有15家，占比19%（见表3）。登记次数三次的主体有24家，占比30.4%。仅有一次登记的主体40家，占比50.6%。可见相对活跃的委托主体占比可达近一半，而另外半数委托主体的活动频度不高。

表3 中国对美公共外交活跃主体排名

排名	委托主体	合同数	百分比（%）	首案时间	活动时间跨度（年）
1	中国驻美大使馆	10	6.37	1979	38
2	中国中纺集团有限公司（原中国纺织品进出口总公司）	7	4.46	1980	17
3	中国海洋石油集团有限公司	7	4.46	2005	1
4	中华人民共和国国家旅游局	5	3.18	1981	37
5	中美交流基金会	5	3.18	2010	9
6	中华人民共和国政府	4	2.55	1980	24
7	中国国际航空股份有限公司	4	2.55	1988	10
8	中国国际贸易促进委员会	4	2.55	1979	38
9	中国民用航空局（原中国民用航空总局）	4	2.55	1979	0
10	福建省晋华集成电路有限公司	4	2.55	2019	0
11	中国互联网公司	3	1.91	1998	0
12	中国林产工业协会	3	1.91	2017	0
13	中国远洋运输（集团）总公司	3	1.91	1985	32
14	人民日报	3	1.91	1981	15
15	华为技术有限公司	3	1.91	2019	0

需要注意的是，即便是合同数居前的委托主体，也体现出连续性的缺乏。在合同数超过3起的15家主体中，有6家的合同活动时间跨度在1年以内，如中国海洋石油集团有限公司登记的7个项目均在2005年至2006年间。对拥有超过两个登记项目的40家委托主体的项目时间跨度进行分析，发现所有登记项目均在一年内的有16家，占比41.03%，两年内的5家，占比12.82%；时间跨度最大的主体为38年，时间跨度超过10年的有9家，占比22.5%。多项目登记主体活动平均时间跨度为6.92年，标准差为11.43年。时间跨度较小体现出相比活动的密集度，公共外交活动的延续性显得不足。

（二）主体类型及其阶段变化

将登记主体根据其性质分为：（1）政府，具体又分为中央政府及部门与地方政府及部门两类；（2）企业，具体分为国有企业和民营企业及合资企业；（3）社会组织，分为经济性社会组织，政治性社会组织，文化与研究性社会组织；（4）媒体；（5）个人。

以政府为委托主体的项目登记共有38项，占比24.2%；以企业为委托主体的登记共67项，占比42.68%；社会组织26项，占比16.56；媒体19项，占比12.10%；个人为委托主体的7项，占比4.46%。可见，企业已成为公共外交领域最为活跃的委托主体，其次为政府、社会组织、媒体与个人。如图2所示。

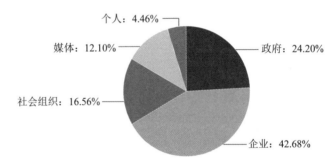

图2　委托主体类型占比

利用卡方检验研究三个阶段对委托者类型的差异关系，从表4可以看出，不同委托者类型在三个阶段呈现0.01水平的显著性差异（chi=22.369，p=0.004<0.01），意味着在三个阶段，不同委托者类型的公共外交活动呈现出显著性差异。

表4　不同委托主体合同登记数的阶段性差异分析

名称	阶段（%）			总计	χ^2	p
	1979—1989	1990—2016	2017—2019			
政府	12 (30.00)	23 (29.11)	3 (7.89)	38 (24.20)	22.369	0.004**
企业	17 (42.50)	27 (34.18)	23 (60.53)	67 (42.68)		
社会组织	4 (10.00)	12 (15.19)	10 (26.32)	26 (16.56)		
媒体	7 (17.50)	10 (12.66)	2 (5.26)	19 (12.10)		
个人	0 (0.00)	7 (8.86)	0 (0.00)	7 (4.46)		
总计	40	79	38	157		

1. 政府主体的阶段变化

可知政府主体在整体公共外交活动中的占比由第一阶段的30%，到第二阶段小幅下降至29.11%。然而，考虑到第二阶段新出现的个人委托主体均为政府部门领导或其代表，可考虑将两项汇总，则政府一项在第二阶段的占比则反有明显上升，为38.0%。至第三阶段政府主体在整体公共外交活动中的占比已大幅降至7.89%，刚及高峰时的1/5。

从政府主体登记项目的时间分布看，第一阶段和第二阶段是政府委托主体的活跃期，1979年至1989年有12项，占全部政府主体项目的31.58%；1990年至2016年有23项，占60.53%；第三阶段仅有3项，占7.89%。

政府主体中，中央政府及部门有28项登记，占比73.68%；地方政府及部门登记10项，占比26.32，前者远远高于后者。

在第一阶段，中央政府及部门的阶段占比高达91.67%，地方政府占比仅为8.33%；后面两阶段中央与地方的比重大概为6:3并趋于稳定。体现出80年代中后期，地方政府及部门晚一步进入公共外交领域，之后稳步发展。

运用单因素方差分析研究政府类型对于合同数、活动开始阶段（从1979年开始，每10年为一阶段，共分为4个时间段）、活动时间跨度的差异性。从表5可知，中央政府与地方政府在项目合同数、活动开始阶段、活动时间跨度方面均呈现出显著性差异（$p<0.05$）。

表5 政府类型公共外交活动的差异性分析

	政府类型（平均值 ± 标准差）		F	p
	中央政府及部门（$n=8$）	地方政府及部门（$n=10$）		
合同数	3.50±3.07	1.00±0.00	6.734	0.020*
活动开始阶段	1.75±0.89	3.00±1.05	7.168	0.017*
活动时间跨度	12.88±17.23	0.00±0.00	5.67	0.030*

*$p<0.05$ **$p<0.01$

可知，中央政府及部门在平均合同数量上高于地方政府及部门，也早于地方政府及部门开始活动，并体现出比地方政府及部门更高的连续性。另外还应该看到，进行公共外交活动的地方政府也体现出地域不平衡的特征。汕头经济特区管理局于1985年登记了首个地方政府项目，南京市政府（1994）、武汉市政府（1998）、天津经济技术开发区（2002）、重庆市对外贸易经济委员会

(2002)、辽宁省政府(2003)、沈阳市政府(2011)、江苏省政府(2012)、杭州市旅游委员会(2015)和盐城市政府(2018)也进行了相关活动。但地方政府主体主要来源集中在东部发达地区,中西部地区的地方政府的参与度非常不足。

2. 企业主体的阶段变化

企业主体在第一阶段占比42.5%,第二阶段下降至34.18%,到2017年后占比高达60.53%,奠定了其作为公共外交首要主体类型的位置。可以说,第三阶段最主要的变化体现为企业主体的突出表现,第二阶段企业主体占比还略低于政府及政府首脑占比,到第三阶段,就跃升为后者的7.7倍。

企业主体登记项目的时间分布相比较为均衡,第一阶段17项,占全部企业主体项目的25.37%;1990年至2016年27项,占比40.30%;第三阶段23项,占比34.33%。

从表6可知,总体而言,国有企业在企业公共外交领域的比重大于民营或合资企业,前者占比71.64%,但是呈现出较大的阶段性差异。利用卡方检验,发现企业类型的阶段发展呈现出0.01水平的显著性差异(chi=10.012, p=0.007<0.01),1979年至1989年国有企业主体的阶段占比为88.24%,明显高于民营或合资企业主体。1990年至2016年国有企业的比例有所下降,为81.48%,民营或合资企业主体上升至18.52%,两者差距缩小。2017年至2019年,民营或合资企业的阶段占比上升为52.17%,在绝对数和比例方面均超过了国有企业。

表6 不同企业类型项目登记阶段显著性的卡方检验

企业类型	阶段(%)			总计	χ^2	p
	1979—1989	1990—2016	2017—2019			
国有企业	15 (88.24)	22 (81.48)	11 (47.83)	48 (71.64)		
民营或合资企业	2 (11.76)	5 (18.52)	12 (52.17)	19 (28.36)	10.012	0.007**
总计	17	27	23	67		

利用独立样本t检验研究企业类型对于合同数、活动开始阶段、活动时间跨度的差异性,发现不同企业类型对于合同数不会表现出显著性差异,另外企业类型在活动开始阶段,活动时间跨度呈现出显著性差异(p<0.05)。

表7 不同企业政府类型公共外交活动的差异性分析

	企业类型（平均值±标准差）		t	p
	国有企业（$n=19$）	私营企业及合资企业（$n=11$）		
合同数	2.58±1.77	1.45±0.69	2.005	0.055
活动开始阶段	2.11±1.20	3.64±0.81	−3.761	0.001**
活动时间跨度	4.05±8.12	0.09±0.30	2.124	0.048*

*p<0.05 **p<0.01

由表7可知，企业类型对于活动开始阶段呈现出0.01水平显著性差异（t=−3.761，p=0.001，Cohen's d值=1.425），国有企业平均开始活动的时间早于私营企业及合资企业。企业类型对于活动时间跨度呈现出0.05水平显著性（t=2.124，p=0.048，Cohen's d值=0.608），体现出国有企业的平均活动时间跨度明显高于私营企业及合资企业，国企相对于民企和合资企业，公共外交活动的连续性要强。

3.社会组织主体的阶段变化

社会组织主体呈现出稳步上升的态势，在第一阶段总体公共外交案例中占比10%，第二阶段上升至15.19%，第三阶段占比攀升至26.32%，占到该阶段公共外交项目登记总数的1/4。

从社会组织主体登记项目的时间分布看，可知第三阶段是社会组织的活跃期，1979年至1989年有4项登记项目，1990年至2016年有12项，虽第二阶段年平均登记数有小幅上升，但30余年来一直徘徊在年平均0.4项以下。第三阶段的年平均登记数一跃为3.3项，为前两阶段的8倍有余。

如表8所示，社会组织不同类型中，总体而言，经济性协会（12项，48%）占比高于政治性协会（8项，32%）和文化与研究性协会（5项，20%）。从不同阶段的变化来看，三者的发展变化又各有不同。

利用卡方检验，发现不同社会组织类型的阶段发展呈现出显著性差异（chi=9.479，p=0.05）。

表8 不同社会组织类型项目登记的阶段显著性的卡方检验

社会组织类型	阶段（%）			总计	χ^2	p
	1979—1989	1990—2016	2017—2019			
经济性协会	3 (75.00)	6 (50.00)	3 (33.33)	12 (48.00)	9.479	0.05

续表

社会组织类型	阶段（%）			总计	χ^2	p
	1979—1989	1990—2016	2017—2019			
政治性协会	0 (0.00)	2 (16.67)	6 (66.67)	8 (32.00)		
文化和研究性协会	1 (25.00)	4 (33.33)	0 (0.00)	5 (20.00)		
总计	4	12	9	25		

可知经济性协会主体最先发力，登记合同数的阶段性占比一路走低，从第一阶段的75%，到第二阶段的50%，至第三阶段仅占33.33%。而政治性协会则在第二阶段开始出现（2项，阶段性占比16.67%），到第三阶段表现活跃，占比达到66.67%，成为社会组织领域的首要类型。中美交流基金会和美中跨太平洋基金会相继于2008年和2015年成立后活动频繁，推进了政治性社会组织对美公共外交活动。文化和研究性协会主体虽然出现较早，在第二阶段活动较为活跃，占比达到1/3，但在第三阶段尚无登记项目。

4. 媒体主体的阶段变化

在79家登记主体中，共有9家媒体登记了19个项目，占总体登记数的12.1%。其中人民日报、新华社旗下中国互联网公司登记项目3项，瞭望周刊、北京周报、中国科学报、新民晚报四家报刊登记项目2项（见表9）。活动时间跨度方面，人民日报和瞭望周刊均超过了10年。

表9 媒体登记主体概况表

媒体主体	登记项目数量	首案时间	活动时间跨度（年）	百分比（%）
人民日报	3	1981	15	15.79
中国互联网公司	3	1998	0	15.79
中国中央电视台	2	2012	7	10.53
瞭望周刊	2	1984	10	10.53
北京周报	2	1986	1	10.53
中国科学报（科学时报）	2	1993	4	10.53
新民晚报	2	1994	0	10.53
中国日报	1	1983	0	5.26

续表

媒体主体	登记项目数量	首案时间	活动时间跨度（年）	百分比（%）
新中国照片公司	1	1980	0	5.26
总计	19			100

在三阶段中，媒体主体在80年代表现积极，阶段占比达到17.50%，之后下滑至第二阶段的12.66%，第三阶段占比仅为5.26%。从绝对值来说，第二阶段年平均项目数（0.37项）相比第一阶段（0.63项）有大幅下滑，第三阶段（0.67项）虽已恢复到第一阶段水平，但比起其他主体的发展，媒介的公共外交在数量水平上可谓停滞。近三年来，从新增主体来看，对比企业新增主体的迅猛之势，媒介主体的新增数为零，发展已大大滞后。

从表10可知，利用单因素方差分析研究委托人类型对于首案相对开始时间（首案开始时间减去1979）差异性，F值2.446，P值为0.054，接近0.05水平。可知在五种委托主体类型中，媒体主体的平均开始活动的时间大大早于其他类型主体，媒介主体开始早，但后续乏力问题突出。

表10　委托主体类型与首案相对开始时间的方差分析

	委托主体类型（平均值±标准差）					F	p
	政府	企业	社会组织	媒体	个人		
首案相对开始时间	18.22±12.74	22.26±15.34	24.07±13.00	10.70±9.83	29.60±7.02	2.446	0.054

*$p<0.05$　**$p<0.01$

5. 个人主体

以个人名义为委托主体登记的共有5人，总计7个项目，占比在五种类型中最低，主体占比为6.32%，项目占比为总体的4.46%。个人委托主体仅出现在第二阶段，且委托者均为国家政府和政府部门领导人，其中4人为中央政府及部门领导，1人为地方政府领导。以个人名义为委托主体的公共外交项目主要是雇佣美国公关公司进行媒体联络公关材料制作与活动宣传、舆情跟踪、场地确定等与领导出访活动相关的事项。

五、讨论

（一）中美外交关系对在美国际公共关系和公共外交发展的影响

历时分析表明，对美国际公共关系和公共外交体现出开局良好，之后降温回落长期徘徊，而在近年来体现出强劲发展的势头。2017年后，对美国际公共关系和公共外交开启了新的发展阶段。我们可以结合中美外交关系的发展变化对公共外交领域的"冷热"予以解读。

一方面，官方外交的良好发展会促进公共外交活动的动机与活力。1979年中美正式建立外交关系，为双边交往与合作提供了制度保障。20世纪80年代里根政府时期，美国主张与中国建立"长期、持久和建设性关系"，两国关系得到稳定和发展，也为公共外交活动提供了良好的外部条件。[①]从登记情况看，建交伊始，中国国际贸易促进委员会、中华全国工商业联合会、中国中钢集团有限公司、中国民用航空总局（现中国民用航空局）、中国驻美大使馆、中国纺织品进出口总公司（现中国中纺集团有限公司）就与美国公关公司建立了合作关系，其中不少机构在之后仍然积极地活跃在公共外交领域。如中国驻美大使馆居所有委托主体之首，共有10项合同登记，况且这项数据还未纳入3项以驻美大使个人名义签订的合约；中国中纺集团有限公司（7项），中国国际贸易促进委员会（4项），中国民用航空局（4项）的活跃性也居于前列。

相应地，两国官方外交关系发展受阻也会对公共外交活动的开展产生复杂影响。1989年，美国政府对中国实施了全面制裁，中美关系恶化。1991年苏联解体后，中美两国政府都意识到，20世纪80年代的那种友谊结束了。[②]虽然之后双方有改善战略关系的良好意愿，但因缺乏客观的共同利益基础，双方关系自90年代之后不断震荡，出现了许多危机，包括1993年克林顿时期对华采取贸易壁垒政策，1993年"银河号"事件，1995—1996年台湾海峡导弹危机，1999年中国驻南联盟大使馆遭到以美国为首的北约轰炸，2001年中美南海撞机事件等。新世纪的头十年，美国前期投入反恐战争，后期应对金融危机，中国集中发展经济，中美关系摩擦较少，双方建立了战略经济对话机制。2009—2016年，中美关系处于竞争合作状态，但竞争的一面逐渐凸显。中国在经济上的追

---

① 梁碧波：《美国对华贸易政策决定的均衡机理》，中国社会科学文献出版社2006年版。
② 阎学通：《对中美关系不稳定性的分析》，《世界经济与政治》，2010年第12期。

赶速度加深了美国对华疑虑，奥巴马政府提出"转向亚洲"，采取"亚太再平衡"战略，把战略重心转移到亚太。①中美之间关系在建交后"蜜月期"的滑落，也在公共外交活动方面有所体现。1979—1988年，FARA年平均登记案例数为4项；1989—2016年，滑落到年平均2.82项，下滑了30%。

特朗普执政后，美国对华政策发生了广泛而深刻的变化。2017年12月特朗普政府发布任内首份《国家安全战略报告》，提出美国正面对"大国竞争"的新时代，明确将中国视为"战略竞争者"。此后，美国大幅调整对华战略，全方位加大对华施压。"美国政策界对中国的战略定位、威胁认知、策略手段等正呈现冷战结束以来乃至中美正式建交以来最为深刻的变化，并且，在对华强硬的总体取向上具有较强的两党共识和府会共识基础。"②特朗普政府在各个领域对华实施全面竞争性政策，其中，经济和技术竞争是其对华战略的重中之重。在经济方面，一方面，以"对等"为旗号，对华发起了规模空前的"贸易战"，迫使中国在降低对美贸易顺差，落实"结构性改革"等方面做出巨大让步；另一方面，在对华经济关系上实施"脱钩"政策，力图降低中国在国际经济体系中的影响力。

在科技领域，对华展开"技术冷战"，强化对华出口管制体制，严格审查和限制中国企业对美直接投资尤其是对技术类企业的投资，对中国企业实行定点打压。美国政府通过《反海外腐败法》对中国国有企业以及大型民营企业实行长臂管辖，调查与制裁双管并重。2018年11月，美国司法部宣布实施"中国行动计划"（China Initiative），并明确计划目标是反制其所认为的中国对美国国家安全造成的威胁，重点对中国公司展开调查并提起诉讼。③2018年4月，美国对中兴禁售，10月，对福建晋华集成电路有限公司禁售。2019年1月29日，美国以涉嫌盗窃商业秘密和欺诈为由对华为提出23项起诉。2019年仅上半年，就已经有47家中国企业或者机构先后被美方纳入所谓的出口管制"实体清单"。④同年10月，美国商务部又将包括海康威视、科大讯飞等28家中国组织和企业列入出口管制实体清单。12月，参众两院共和党、民主党议员就《国

---

① 倪峰：《中美关系40年及其经验》，《国际论坛》，2019年第2期。
② 赵明昊：《美国竞争性对华战略论析》，《现代国际关系》，2019年第10期。
③ 张子龙、康义、周显峰：《美国司法部发起"中国行动"计划——中企海外经营合规面临新挑战》，http://www.junhe.com/law-reviews/882，2018-12-07。
④ 商务部：《已有47家中国企业被美方纳入"实体清单"》，https://baijiahao.baidu.com/s?id=1637486837619052559&wfr=spider&for=pc，2019-06-27.

防授权法案》措辞达成一致，将禁止使用联邦资金购买中国巴士和列车，此举将会影响中国国有铁路制造商中国中车和中国汽车制造商比亚迪的在美业务。① 中国企业在美国的投资和贸易环境恶化，一些中国企业的海外业务受阻，如万华化学就宣布暂停美国路易斯安那州项目的投资。②

可以发现，2017年开始，伴随着双方关系的危机升级，对美公共外交和国际公共关系领域趋向活跃。不少中国企业开始重视对美公共外交和公共关系，其中受到此轮美国制裁影响的中兴、华为、晋华集成电路、万华化学、海康威视、科大讯飞、中车股份都相继成为委托主体，加大了对美公共外交和国际公关的力度。可以说，中国跨国企业的危机公关构成了2017年后这一波对美国际公共关系高潮的背后动因。

对阶段发展的历史梳理可以看到，官方外交关系发展对公共外交活动的开展产生了复杂影响。一方面，良好的官方外交发展为促进政府、企业和民间的公共外交活动提供了良好的支撑；另一方面，而当官方外交发展受阻时，受到影响的企业和民间组织主体就会积极诉诸国际公共关系和公共外交活动以减轻冲击。

（二）多主体新公共外交的出现及其意义

从建交后对美活动主体及其阶段变化的梳理，可以看到该领域多主体性日益增强。首先，政府类、企业类主体一直是国际公关和公共外交的主要角色。建交后，中央政府部门和国有企业是对美活动的主力，20世纪80年代中后期，这两个类型中均有新角色登上舞台，地方政府和民营企业开始重视在美活动，尤其是民营企业在近年来表现活跃。其次，社会组织，尤其是政治类社会组织在近年来的活跃度提升明显。

但是，也需要注意主体发展不平衡所带来的问题。如地方政府主体发展的不均衡性。其一，与中央政府主体不同，地方政府在美活动多围绕某个具体项目或活动展开，缺乏规划性和长期性。其二，东部发达地区的地方政府较为重视对美公共外交，暴露出中西部地方政府对外交往意识的不足。又如媒体主

---

① 外媒：《宁愿工人失业，美国会两党也要禁购中国列车巴士》，https://www.guancha.cn/economy/2019_12_10_527988.shtml，2012-12-10。
② 万华化学暂停美国MDI投资：http://www.jschemnet.cn/news_detail.asp?id=1853002019-9-23，2019-09-23。

体，虽然其开始活动的时间较早，但在建立本地传播分支之后就后续乏力，较少利用当地的公共关系服务，在建立与美国社区和受众的联系方面可惜未能更进一步。

新公共外交活动的规划性及延续性也是需要注意的问题。在对登记主体的分析中，可见相当一部分的新公共外交参与者，尤其是新兴的民营企业主体更多将在美公关活动视为短期的，围绕具体市场行为或危机公关事件展开的特殊活动，缺乏与美国公众建立长期关系的公共关系战略意识。

如果说，20世纪的公共外交体现为一种以国家为主体，以国家利益和意识形态安全为主要目标的国家宰制模式，那么新公共外交则更为强调跨国信息活动的融合性和多主体特征。新公共外交"取消了在国际和国内信息活动，公共外交与传统外交、文化外交、营销和信息管理之间的传统界限"，这三重界限的模糊构成了新公共外交的表征。①

新公共管理理论促进了全球治理观念的更迭，在国际关系中更加重视赋予社会和私人机构新的活力。②在全球治理方面，也出现了在全球范围内多样化社会管理形式，提高国家政府和国际机构、非政府组织、社会运动和其他跨国力量的协同作用的呼吁。③从本文对主体发展及其特征的梳理中，可以看到中国对美公共外交已经具备了"新公共外交"的多主体特征，覆盖了新公共外交的国家、国家相关合作者和非国家行动者等多种主体类型，且跨国企业及社会组织体现出良好的发展趋势，表明了中国对外交往开始积极回应国际政治宏观变迁与信息时代来临的外在现实。

基于在世界政治和经济格局中的重要地位，美国是国际公关及公共外交的重点目标国。外国政府、企业、协会、个人通过公共关系和公共外交活动对美国新闻媒体、公众舆论、外交和国际经济政策产生影响也成为常规做法。根据美国研究机构"责任政治中心"（Center for Responsive Politics）在2018年发布的调查结果显示，世界各国在2017年至2018年对美公关费用总数为5亿3 467.43万美元。与其他对美新公共外交活动活跃的国家相比，中国对美新

---

① Vickers, R. The new public diplomacy: Britain and Canada compared. *British Journal of Politics & International Relations*, 2010, 6 (2).
② Booty, F. & Lane, J. E. *New Public Management. Public Management and Administration*. London: Macmillan Education UK, 2014.
③ Nye, J. S. & Donahue, J. D. *Governance in a Globalizing World*. Washington, D.C.: Brookings Institution Press, 2000.

公共外交活动的活跃度仍有差距。2017年后，中国对美新公共外交较以往大大活跃，但与日本同期数据（73项）相比，也仅及后者一半。因此，一方面，需看到中国对美新公共外交在近年来获得的发展，尤其是在主体多样化方面获得的结构性提升；另一方面，也需谨慎研判，认识到中国对美公共外交在活跃性、持续性和战略规划方面仍有较大发展空间。

技术转移与文化传播互动

——中国媒体"走出去"的机遇与挑战[①]

晋 群[②]

伴随全球化经济的新形势和中国经济社会发展的内外需求,越来越多的中国企业响应国家提出的"走出去"战略,纷纷走出国门,推动开放型经济发展,全面提高对外开放水平,促进中国与世界各国的合作与共同发展。在国际文化软实力竞争日趋激烈的背景下,中国媒体也加入"走出去"的队伍之中,争取信息主导权,提高新闻媒体的国际传播能力,成为国家文化软实力建设的重点内容。

新闻媒体的"走出去"与其他中国企业的"走出去"既有相同也有不同。相同之处在于,在互联网技术快速改变着国内媒体环境的今天,国际传播及其传播生态也不可避免地卷入其中,离开技术单纯谈内容输出已经不再可能,而传统以国家媒体为主的国际传播方阵,鉴于信息传播中存在的意识形态和国家制度的差别而带来的传播屏障,需要在新的技术背景下更多地遵从市场的规则,淡化政府色彩,从市场的角度寻找更多的突破口;而二者的不同在于,新闻媒体的"走出去",最终还是以文化传播、提高国家在国际事务中的话语权为目的,硬件设施的搭建、传播平台的建设都服务于这一根本目标。因此,信息时代中国媒体的"走出去",既要充分考虑技术自身的传播特性和市场需求,也要始终铭记"走出去"的根本诉求。

国际传播从诞生之日起,就伴随着大量国家传播活动和美国实用主义的诉求,并逐渐从一战期间以政府为传播主体、政治目的明显的特征向着二战后

---

① 2021年第七届中国跨文化传播论坛发言论文。
② 晋群,云南大学新闻学院(南亚东南亚国际传播学院)副教授。

传播主体逐渐多元化，传播形式、渠道及目的渐为丰富的方向发展，商业机构、教育活动、文化交流等也开始成为国际传播的主体，各个主体基于自身的属性和特点，分别从传播技术革新、文化认同、语言影响、人际传播、公共外交等方面丰富着国际传播的内容和形式。本文结合笔者的实地调研，以具有中国自主产权的地面数字多媒体广播（Digital Television Terrestrial Multimedia Broadcast，缩写为DTMB）数字电视技术标准在老挝、柬埔寨等国的推行及发展为案例，结合东南亚国家的实际情况，对DTMB在当地推行十年来的实践图景进行梳理，分析这一技术在当地得以推广的政治、经济和社会机遇，也直面其进一步发展所面对的挑战。

一、DTMB在东南亚国家的建设和推广

（一）技术背景

DTMB是我国于2006年8月18日推出的标准号GB20600—2006的中国地面数字电视传输技术标准，采用DTMB技术标准的地面数字电视传输系统通过电视塔发出的数字电视信号，提供给覆盖范围内的终端产品接收播放，与之前的模拟电视信号相比，信号损失小，接收效果好，并可以支持移动接收。DTMB是继美国ATSC标准、欧洲DVB-T标准和日本ISDB-T标准之后，第四个国际地面数字电视技术标准。近年来，亚洲、非洲和拉丁美洲共有9个国家与我国签署了采用DTMB标准的备忘录，拥有近6 000万终端用户，覆盖人口约为3.6亿人[①]。

DTMB技术至今只在我国境内少数偏远地区有所使用，其主要市场，可以说从其研发问世及被列为世界四大地面数字电视标准之后，就盯准了亚、非、拉美等后发国家和地区。事实上，通过引进发达国家的科学技术来推进本国技术发展的"国际技术转移"是很多后发国家实现技术发展的重要渠道，20世纪50、60年代的日本和韩国就是借助技术引进而实现经济社会快速发展的成功典范。

"技术转移"于1964年第一届联合国贸易发展会议上提出，指的是国家间的技术输入和输出，是解决南北问题的一个重要策略[②]。受资金、经济体制、社

---

① 曹志、李雷雷、刘骏：《地面数字电视国际DTMB的标准演进与海外推广》，中国新闻技术工作者联合会2017年学术年会论文集（优秀论文篇），2017年。

② 乔翠霞：《国际技术转移的新变化及对中国的启示》，《理论学刊》，2015年第6期。

会文化等因素的限制，旨在消弭发达国家与发展中国家技术鸿沟的"技术转移"虽然在现实世界中更多的是发生在自身技术资源丰富、技术势位差较小的发达国家之间，但这一概念提出的初衷也伴随着发达国家对新市场的探寻、新兴市场在世界范围内崛起等现实原因，开始更多地向发展中国家倾斜。

技术不同于一般的商品，具有很强的公共产品的特性[①]；而媒体又不同于一般的公共产品，技术更多是作为一种基础硬件设施的搭建，最终要实现的是内容的输出和文化的传播。因此，DTMB技术"走出去"，不仅仅是要实现中国数字电视标准的更广泛覆盖，更要实现中国故事和中国话语的更广泛传播和影响力，它也改变了以往中国对外传播更多只依赖于内容输出、为他人传播技术和传播平台掣制的单一被动的传播模式。纵观这些年DTMB技术在海外的技术转移进程，东南亚诸国既是"近水楼台"，又是最成功的案例，其中又以老挝和柬埔寨最有代表性。

（二）DTMB的"老挝模式"

老挝是传统的农业国，但近年来工业和服务业增长较快。2017年，老挝GDP为170.98亿美元，人均GDP约2 341美元，是东亚和太平洋区域最贫穷的国家之一，在全球最具竞争力的137个国家和地区中排名第98位[②]。

由于老挝政府财政收入低，老挝广播电视行业获得的财政补贴资金十分有限。老挝国家电视台拥有两个频道：以新闻、教育内容为主的老挝1台（由日本在2003年援建）和以娱乐节目为主的老挝3台（由中国在2009年援建），这两个频道在使用DTMB技术进行数字电视信号传输前都是传输模拟电视信号。

2004年，老挝在与云南广播电视台交流的过程中，了解到云南正在开展地面数字电视技术研究和综合运用。于是，老挝提出了希望能够帮助其实现广播电视数字化的愿望。地面数字电视属国家基础设施建设，不仅投资巨大，而且还涉及能否可持续性地获得维护支撑体系。老挝政府经过与云南广播电视台深入沟通洽谈后，决定采用合资成立企业，共同开展地面数字电视建设、运营和维护，通过向用户收取收视维护费的风险共担、利益共享的运作方式，实现老

---

① 乔翠霞：《国际技术转移的新变化及对中国的启示》，《理论学刊》，2015年第6期。
② 中国商务部网站：《对外投资合作国别（地区）指南：老挝》，http://www.mofcom.gov.cn/dl/gbdqzn/upload/laowo.pdf。

挝广播电视数字化。

2007年4月,云南广播电视台通过下属单位云南无线数字电视文化传媒有限公司(以下简称"云数传媒")与老挝国家电视台、老挝科技发展有限公司在老挝首都万象共同投资注册成立了老挝数字电视有限公司(以下简称"老数")。其中,云数传媒提供资金、设备和技术,老挝国家电视台提供频率和土地,共同建设老挝首都万象地区的地面数字电视项目,于2007年11月完成建设并投入试运营。

老挝首都万象地区地面数字电视项目的成功,受到中老两国政府的高度肯定和关注。在两国政府的共同支持下,老挝沙湾拿吉、占巴塞、琅勃拉邦三个重要省份也相继开通营运DTMB地面数字电视项目。

老挝是DTMB技术最早得到推广并逐步向全国范围进行覆盖的东南亚国家,是第一个规模化运用中国DTMB技术标准的海外国家。基于DTMB技术,也让老挝成为东南亚第四个拥有数字电视的国家,打造出颇有特色的"云南无线数字电视老挝模式"[①]。

目前,老挝DTMB数字电视共播出61套数字电视节目,其中高清节目7套,标清节目54套,包括中央电视台中文国际频道和英语新闻频道、云南广播电视台卫视频道和国际频道、三沙卫视等10套中国节目,另有数十套泰国电视节目、6套老挝电视节目以及BBC等多套英语国家电视节目和越南、俄罗斯等国的电视节目。截至2019年6月底,累计发展用户逾14万户,收视人群超过70万人(约为老挝全国人口的11%)[②]。

(三)DTMB技术在柬埔寨

柬埔寨在近年来一直保持稳定的政治经济环境,积极融入区域、次区域合作,重点参与区域连通计划的软硬设施建设,加大吸引投资,特别是私人领域参与国家建设,农业、以纺织和建筑为主导的工业、旅游业和外国直接投资是拉动柬埔寨经济稳步前行的"四驾马车"。虽然2017年柬埔寨的GDP约合

---

① 2011年4月,时任国家发改委副主任张晓强在老挝考察期间亲自前往老挝万象地面数字电视机房视察,对老挝数字电视项目的成功经验加以"老挝模式"的总结,并评价该模式"标准上有输出、产业上有带动、外宣上有突破、政治上有影响、发展上可持续,是中国'制造'向中国'创造'迈进的具体实现"。
② 国家广电智库:《云南台:立足区位优势,精耕融合传播(下)》,国家广电智库微信公众号,https://mp.weixin.qq.com/s/KkbpCQGo74LCjTrdHqmE9A,2019-08-29.

222.8亿美元，人均GDP为1 435美元，后者在数值上还落后于老挝，但是开放的自由市场经济政策、美日等28国/地区给予的普惠制待遇以及丰富的劳动力资源让今天的柬埔寨呈现出极为开放和火热的投资景象，在全球最具竞争力的137个国家和地区中排名第94位[①]。

自由而开放的市场，也让柬埔寨国内的广播电视媒体呈现出多样的面貌。柬埔寨广播电视行业的政府主管部门是国家新闻部，政府对广播电视领域实行开放的态度，允许私人开办广播电视台，允许外资进入广播电视领域。目前，柬埔寨拥有各种模拟电视、数字电视、有线电视、卫星电视和OTT[②]200余家，以及政府统计在册的网络媒体超过300家。

几乎与老挝发展推广DTMB技术同步，2010年8月，柬埔寨王国新闻部大臣乔坎纳烈签署并颁布《关于广播电台、电视台技术标准规定的公告》（柬新闻部499号），该公告对柬埔寨数字媒体宣传技术标准规定：在地面数字多媒体项目中，电视台可采用中国DTMB标准。

经过前期多次参观、互访和商谈，2012年9月，柬埔寨国家新闻部一行到昆明，与云数传媒就采用中国DTMB技术标准建设柬埔寨地面数字电视项目正式签署了合作协议。根据协议，柬埔寨国家电视台与云数传媒将共同投资2 150万美元在柬埔寨首都金边注册成立柬埔寨数字电视有限公司（简称"柬数"），采用中国DTMB技术标准建设柬埔寨地面数字电视项目，其中，云数传媒占70%的股权。

柬埔寨首都金边地区的DTMB地面数字电视项目于2015年1月正式播出，转播我国中央电视台国际频道和英语新闻频道、云南广播电视台卫视频道和国际频道，以及柬埔寨国家及本地电视台节目。目前柬数在柬埔寨的DTMB业务除在首都金边开展外，还拓展至柬埔寨磅湛省和马德望省，播出包括我国电视外宣频道及柬埔寨国家电视台频道在内的70套数字电视节目，目前累计发展用户近3万户，收视人群超过15万人[③]。

---

① 中国商务部网站，《对外投资合作国别（地区）指南：柬埔寨》，http://www.mofcom.gov.cn/dl/gbdqzn/upload/jianpuzhai.pdf.
② OTT（Over The Top）借助篮球等体育运动中的"过顶传球"之意，现在指线上互联网平台利用移动运营商这一"传输管道"发展其自身的业务。
③ 国家广电智库：《云南台：立足区位优势，精耕融合传播（下）》，国家广电智库微信公众号，https://mp.weixin.qq.com/s/KkbpCQGo74LCjTrdHqmE9A，2019-08-29.

二、DTMB技术"走出去"的经验和存在问题

DTMB在老挝和柬埔寨两国的建设和发展,可以说为中国媒体今天的"走出去"打造了一种崭新的模式:以技术标准为内核,在境外成立合资子公司与当地国家电视台共同开展数字电视项目建设和运营,逐步建设并运营自主经营的海外本土化数字电视频道,开展互联网OTT新媒体业务,通过跨境内容投拍和节目译制等传播中国故事,搭建我国外宣互联网络①。

(一)DTMB在老挝和柬埔寨建设和发展的经验

1. 政府支持,盟友为先

今天的东南亚诸国是中国企业"走出去"最重要的目的地之一,地缘相近、华人血缘相亲以及当地相对落后的经济情况,让很多中国企业将迈出国门的第一步落在了东南亚国家,尤其是那些与中国关系紧密、且对中国更为友好的国家,老挝和柬埔寨就是其中的代表。

这两个国家在今天被视为"中国在东南亚最值得信赖的政治盟友,是中国倡议的热情支持者"②,政府间交往紧密,老、柬两国对中国资本、中国投资和中国人民都抱有一种开放且欢迎的态度,两国政府都乐于接受中国各种形式的建议,对双边关系的发展表现出浓厚兴趣。事实上,中国已经成为老挝和柬埔寨最重要的经济投资者和发展合作伙伴,而中国的"一带一路"倡议也将老挝和柬埔寨定位为中国进入东南亚的重要节点③。

当然,老挝、柬埔寨两国国情、传媒发展情况以及与中国的关系也各有不同:老挝基础设施建设较为落后,互联网技术在国内虽然有所应用,但相比柬埔寨等周边国家略显落后,同时老挝国家政府对媒体产业发展的控制权较为集中;相比老挝,柬埔寨几乎是一个完全开放的自由市场,来自世界各地的资本和技术在其中各显其能,尽情博弈;在与中国的关系上,考虑到内陆的地缘政治和小国地位,老挝更倾向于接受邻国的资助或影响力,而柬埔寨今天还将相

---

① 国家广电智库:《云南台:立足区位优势,精耕融合传播(下)》,国家广电智库微信公众号,https://mp.weixin.qq.com/s/KkbpCQGo74LCjTrdHqmE9A,2019-08-29。
② 埃德加·潘,张佳琪译:《同中求异:老挝、柬埔寨拥抱中国》,《南洋资料译丛》,2018年第1期。
③ 同上。

邻的越南和泰国视为"高棉地区的历史性掠夺者"①，更乐于接受中国在保障其国家生存方面发挥作用。

2. 技术支撑，渠道先行

DTMB技术作为中国自主研发的地面数字电视标准，相较老挝和柬埔寨至今还在使用的模拟电视信号自有其领先的优势，再加上中国的援助项目，让DTMB技术在老、柬两国进行建设和推广、继而实现两国电视信号全面数字化成为可能。

在老挝，通过与老挝国家电视台共同合作建设地面数字电视传输播出平台，建立了由我国企业控制的广播电视传播渠道；在柬埔寨，基于中柬两国长期友好的关系以及合作协议，加上柬埔寨对于推广数字电视的需要，柬埔寨政府全力支持DTMB在柬埔寨的建设和发展。目前，柬埔寨政府已经明确提出在2023年要实现全国电视的数字化，但受东盟相关协议的影响，尚未决定是否要使用DTMB作为全国统一的数字电视标准。

3. 自建平台，内容为王

目前，"老数"和"柬数"通过DTMB技术进行传输的电视节目超过50套，包括来自中国、老挝或柬埔寨本土、泰国、越南、俄罗斯以及英语国家的电视节目。

与此同时，两家公司都将开办当地本土化数字电视频道提上议程或变成现实：老挝方面，"老数"与老挝新闻文化旅游部、柬埔寨国家新闻部合作开办当地本土化数字电视频道事宜已获两国官方许可。2019年5月27日，云数传媒与老挝国家电视台签署了《关于合作开办老挝数字电视频道（LDTV）的谅解备忘录》，老挝LDTV频道已完成筹备，准备试播；而柬埔寨CDTV-TVK频道已于2018年8月开播，并于2018年10月20日与柬埔寨国家电视台签署了《云数传媒与柬埔寨国家电视台关于合作开办柬埔寨数字电视频道（CDTV-TVK）的谅解备忘录》②。

老挝、柬埔寨这两个合办数字电视频道均以当地语言播出，播出内容包括当地新闻资讯节目，译制成当地语言的中国优秀影视剧、纪录片、动画片，

---

① 埃德加·潘，张佳琪译：《同中求异：老挝、柬埔寨拥抱中国》，《南洋资料译丛》，2018年第1期。
② 国家广电智库：《云南台：立足区位优势，精耕融合传播（下）》，国家广电智库微信公众号，https://mp.weixin.qq.com/s/KkbpCQGo74LCjTrdHqmE9A，2019-08-29。

以及当地受欢迎的其他节目。为保障两个合办频道的节目内容,云数传媒购置了1 357小时的国产影视节目,并将其中半数译制成为当地语言。根据初步市场调研发现,中国电视节目中较受老挝观众欢迎的是配音(包括泰国方面的泰国语配音和中国方面的老挝语配音)后的中国电视剧,特别是历史剧和家庭都市剧。此外,世界杯足球赛等体育赛事的现场直播也受到当地观众的欢迎。

4. 拥抱互联网,提升技术转移

互联网技术的发展,不仅深刻地改变着世界的面貌,也让很多后进国家信息技术的发展很有可能"弯道超车",跳过一些发展阶段直接进入最先进的互联网时代。目前老挝的基础设施建设还较为落后,互联网使用相较中国国内的大城市和柬埔寨而言,受到带宽不够、资费水平较高等方面的限制,使用起来不是特别流畅。但是,互联网、特别是移动互联网已经越来越多地走进老挝人的日常生活。目前,有老挝军方背景的IPTV——Lao Sky已经开始播出,但受众收视情况尚不清楚。在万象的随机访谈中也不难发现,包括中学生在内的大部分老挝年轻人都在使用手机获取信息和进行社交,Facebook、Instagram、YouTube等国际上最为流行的社交和视频应用软件在他们当中都非常流行,来自泰国、中国及其他相对发达的亚洲国家的二手手机也让他们可以用上苹果、三星等较为先进的智能手机。这也意味着,传统的、通过电视机收看电视节目的生活方式正在或者说将要发生巨大的改变。

而在信息流动更为自由多样、互联网技术和资费水准更为大众化的柬埔寨,大量国际互联网公司和电信公司的涌入,已经让这一个开放的市场更加风起云涌。云数传媒已经看到并正视互联网传播渠道的影响力,希望借鉴此前"老挝模式"的成功经验和运营模式,跟随技术进步和消费习惯迁移趋势,积极开展"DTMB+"互联网的市场应用研发,搭建DTMB地面数字电视与OTT、IPTV融合传播新渠道,搭建移动新媒体平台。目前,柬数的OTT互联网电视项目已投入建设,该项目支持节目时移,点播内容40T,可容纳20 000小时、约2～4万部高标清的国内优秀影视剧,每年内容更新2 000小时[①]。

---

① 国家广电智库:《云南台:立足区位优势,精耕融合传播(下)》,国家广电智库微信公众号,https://mp.weixin.qq.com/s/KkbpCQGo74LCjTrdHqmE9A,2019-08-29。

（二）DTMB技术在老挝和柬埔寨存在的问题

1. DTMB的技术掣肘

DTMB技术在2006年诞生之时，以系统信号覆盖性能好、抗脉冲干扰能力强、价格实惠等优势受到老挝、柬埔寨等发展中国家的欢迎，从而成为我国信息技术开拓海外市场、广播电视企业实现"走出去"战略的重要技术依赖和产品。但是，世界信息技术的发展突飞猛进，特别是互联网技术，近十年来快速地在一些经济发达国家和地区广为普及；反观DTMB技术，因为其传输范围有限（平原地区约为方圆80公里以内、山区约为方圆40公里以内），严重影响了其在更大范围内推广。再加上多样竞争者的出现，比如城市的有线电视、互联网技术，而山区可以通过购买卫星锅来接收电视信息，虽然DTMB在老挝和柬埔寨都通过价格优势、提升服务等不断拓展市场、稳定用户，但不可否认的是，DTMB在老柬发展十余年后，必须面对竞争越来越激烈的市场。

2. 泰国和越南的影响不容小觑

老挝和柬埔寨都与越南、泰国接壤，都与这两个邻国有着相似的漫长且复杂的历史。但在今天，它们与这两个国家的关系却亲疏有别。

与柬埔寨相比，老挝目前与越南、泰国存在争议和冲突的地方相对较少，老挝一直清楚身处内陆的地缘政治和小国地位，倾向于接受来自越南和泰国的资助，老挝执政的老挝人民革命党与越南共产党至今仍保持着"特殊关系"[①]；另一方面，由于历史、地缘、民族、宗教和文化、语言等因素，老挝与泰国的关系一直非常密切，纵使在近年来中国已经迅速成为老挝最大的外国投资国和最大的援助国之时，泰国仍然是老挝最重要的贸易伙伴和外国投资者之一，泰国在老挝的影响不仅在经济贸易领域，而且深深地浸染在民族关系与老挝人民的文化生活的各个领域，很多老挝人会到泰国找工作，大部分老挝民众热衷通过购买卫星锅来收看泰国电视节目，泰剧和泰国综艺节目在老挝拥有极高的人气，泰国文化对老挝民众的影响虽然在今天已经引起老挝政府的重视，计划通过一定措施遏制泰国电视在老挝境内的传播，但从小浸染于泰国流行文化中成

---

① 埃德加·潘，张佳琪译：《同中求异：老挝、柬埔寨拥抱中国》，《南洋资料译丛》，2018年第1期。

长的老挝人往往将泰国视为"见识世面、出人头地的地方"①,在文化上和情感上的认同感非常强。

由于历史原因,柬埔寨政府和民众对越南和泰国的排斥心理至今存在,这两国的电视节目不像老挝那样深入民心。但由于柬埔寨的媒体市场更为开放和繁荣,当地的互联网发展也更为普遍,民众可以接触和接受的电视节目渠道和内容就更为多样,选择更多。虽然一些中国的古装剧、武打片等在老柬两国也很受欢迎,但是片源单一、数量有限,严重制约着节目内容的更新和丰富,更谈不上有一两个在当地颇有口碑的品牌节目或栏目来产生更为深远和广泛的影响力。

DTMB技术在老、柬两国都获得了国家政府的支持,并与两国国家电视台通力合作,但是两国国家电视台的节目内容相对单一,更多的是政府新闻、教育等内容。因此,虽然貌似高达60%~70%的全国覆盖范围,但真正为两国民众所接受的节目内容不多,没有成为两国受众主要的电视节目接收来源。而信息技术变革对传统媒体带来的冲击和危机感似乎并没有在太多老、柬信息技术部门和国家电视媒体的工作人员身上出现。虽然他们反复强调发展数字技术、互联网技术的专业人才缺乏,需要中方提供更多的培训资助(中方实际上已经提供了大量的支援),但是,政府公务员的身份让他们都安于现状,缺乏从内变革的动力。

3. 新闻制度各异,东盟态度敏感

相比新闻制度和媒体管理更多体现了国家属性的老挝,柬埔寨在东盟国家中的新闻自由程度一直位居前列,各个阶层都可以自由地通过各种媒体(在今天特别是网络社交媒体)发表见解,甚至是批评政府的言论,国家不对新闻发布进行预审,而是采取事后监管的方式。对于网络的管理,目前柬埔寨主要由内政部(警察部门)和邮电部、新闻部三方共同管理,各司其职。2019年,柬埔寨新闻部与联合国教科文组织合作起草了新的柬埔寨新闻法,法律将对柬民众获取新闻信息的权利加以保障,并要求国家各部委都要有新闻发言人。

另一方面,因为柬埔寨市场过于开放,政府对于外来投资没有严格的规定,造成柬埔寨的数字电视及其他技术形态的广播电视竞争极为激烈。虽然有柬埔寨政府的支持,但柬数DTMB在柬埔寨至今只拥有3万户、约15万人的收

---

① 曹云华:《揭开老挝神秘的面纱——评〈老挝的地缘政治学:扈从还是避险?〉》,东南亚问题研究微信公众号,https://mp.weixin.qq.com/s/h7cPnvfNjTVJTEpinmjXgQ,2018-05-31.

视群体，这对于一个1 600万人口的国家来说，实在不是一个很大的数字。

此外，作为东盟成员国，老挝和柬埔寨很难不受东盟内部制度的影响。东盟内部在推行数字电视技术建设的过程中，实际上是主推欧洲标准。虽然老挝有意依托DTMB统一全国数字电视的标准，但柬埔寨政府一直没有明确表态，这也让DTMB的推广在东盟一体化建设中存在着不可预计的变数。

三、技术转移与文化输出的互动

科学技术是国家治理及经济社会发展的基础，是信息及文化传播的平台，是国家实力的硬指标，也影响着国家软实力的构建方式。在今天，通过互联网及数字化媒体平台表达一国的政治态度，展开信息与文化交流，是很多国家政府实施传统外交及推进公共外交的新手段和新渠道。在这一过程中，内容生产与整合、渠道创新与建设，均为中国文化走出去提供了新的可能[1]。

长久以来，我国政府的对外传播战略是以国家传统媒体为主，注重内容的输出，但传播的单向性和国内习以为常的宣传话语表达，传播效果并不理想；随着国内经济形势的变化，自身技术能力的提升，以及国家对外交工作及国际传播的新定位和新认识，包括中国民营媒体在内的越来越多的中国企业以市场的规则进入海外市场，特别是一些国家政府不宜涉及的领域，通过经济往来和人际交往，扩充和丰富我国对外交往的内涵，提升我国对外传播的能力和国际形象，在传统的情感共识中积极搭建更长远的利益共识，成为我国对外传播中重要的民间使者和中坚力量。

非政府媒介机构，包括民营性质的数字及互联网企业在平台创新、内容整合及关系建构等方面具有政府或政府媒体不具备的身份优势和市场敏感，是今天方兴未艾的"数字公共外交"市场化的主要行为体，但它们又不同于纯粹技术转移或文化输出的企业或国家媒体，在"走出去"的过程中，必将将这两方面都考虑其中，相辅相成。

（一）技术转移：从单向迁移到互利共赢

中国今天技术传播和转移的目标国，很多都有过被近代西方帝国主义殖

---

[1] 张艳秋：《数字公共外交与中国国际传播——以民营媒体企业为例》，《对外传播》，2018年第10期。

民的历史,从殖民时代开始至今,从发达"宗主国"带来的技术转移就没有停止过。这种技术转移,从技术的"异地使用"开始就伴随着西方文化价值观的输入,并通过新兴的技术传播手段,深刻地改变着这些殖民国家传统的价值观念和文化生活,将其简单粗暴地纳入西方文化价值体系之中。但是,这种殖民化技术转移是建立在双方利益及诉求不平等、高度依赖技术输出国、忽视殖民地国自身对技术内化能力的基础之上。因此,当这些殖民国家在政治上获得独立的时候,知识生产、科技创新能力大多仍然是一片空白,甚至缺乏后续发展的动力、平台和技术支持,被他们的"宗主国"远远地抛弃在世界发展进程的后端。

不过,这种局面正在发生改变。全球新兴经济体的崛起推动着其自身研发能力的不断增强,而全球性问题更拉动着科技研发及技术转移在南北间流动[①]。在全球技术转移的历史进程中,中国可以说既担当着研发新兴科学技术、推动全球技术流动和转移的"创造者"重任,也扮演着南北、南南技术转移链中间环节的"媒介"和"桥梁"角色。

今天中国对外技术转移的具体做法可以说集援助、贸易、合作为一体,从高层政治关系到政党交往、人文交流,通过政治、经济、文化各领域多层面多方位的交往,逐步形成综合、全面的发展合作格局。但另一方面,我们也应该清晰地看到,今天的全球技术转移,不再是殖民时代的"技术外溢",在发展合作的过程中,受方接受技术的过程,不是一个单纯的填补空白的过程,而是一个消化、吸收、再创造的过程;供方把技术转移给受方也不是一个单纯的逐利过程,而是供方通过关注受方的条件和需求、通过技术转移促进自身的技术改造、升级和创新的过程[②],供需双方在这一过程中,各有收获,共同发展。

(二)文化传播:西方强势现代资本主义面临挑战

"跨文化传播"(transculturation)这一概念源于殖民主义扩展中不同文化体系在不平等权力关系中的碰撞所导致的文化转型过程,是"将传播、政治经济结构和社会发展等问题放在全球资本主义体系与不同文化的碰撞和互动过程中来分析,强调传播和文化的社会历史嵌入性、社会主体的能动性以及挑战全

---

① 张永宏、洪薇、赵冬:《中非知识生产与创新共同体的双向建构——基于南北、南南技术转移、知识流动链结构的视角》,《当然世界》,2018年第10期。

② 同上。

球资本主义的现实可能性"①。为两次世界大战服务于西方主要资本主义国家对外扩张需求而诞生的传播思想，随着世界形势的变化和研究的推进，作为其分支的"跨文化传播"越来越多地体现出既强调源于西方的强势现代资本主义政治经济体系所主导的殖民主义、帝国主义和新自由主义全球化过程的划时代影响，又关注以中国为代表的非西方国家和地区在与全球资本主义的碰撞与摩擦中的特殊历史文化资源和所形成的多样现代性、挑战资本主义的可能性以及这种挑战的主体等问题②。

在全球化的大背景之下，一方面，技术转移与文化传播，都越来越离不开国家、市场、社会这三个相互构建的权力场域，传统意义上作为信息传播载体的科技表现出越来越多的"软实力"的特性，技术搭建、基础设施提升最终要实现的人心所向，离不开文化的交流和民众的交往；另一方面，文化传播需要依托具体的内容、平台甚至技术来完成，写就眼花缭乱互联网的数字代码与一篇篇文章中的文字标点在今天有同样的意义和影响力，它们共同构成了我们（期待他人）认知的世界。因此，在当今世界的权力场域中，信息技术、全球地缘政治经济博弈、互联网治理以及每个个体的日常生活都应该成为被观照的对象，将国家和人类的生存利益问题与普通人的生活意义问题紧密地联系在一起。

四、结论

如今，像云数传媒及其DTMB技术这样"走出去"的中国媒体和中国信息技术不在少数，例如从2002年进入非洲市场、目前已经成为非洲大陆发展最快、影响最大的数字电视运营商的四达时代集团（StarTimes），基于互联网和云储存技术、面向西方主流媒体和受众提供原创中国节目的蓝海电视全球传播平台（Blue Ocean Network，缩写为BON），为需要"走出去"的中国企业机构提供品牌整合营销服务的东方嘉禾（GoChinaTV）等。它们的业务虽然各有侧重，但基本上都在走"技术转移+文化输出"互动的路子，打造与目标国共生的"信息部落"——在互通的技术平台上实现对人类文明成果的共享。

---

① 赵月枝：《跨文化传播政治经济研究中的"跨文化"涵义》，《全球传媒学刊》，2019年第1期。
② 同上。

毋庸讳言，今天中国媒体"走出去"相对成功且有影响力的国家多为东南亚、非洲等发展中国家，但这并不意味着这些国家对中国即言听计从。以老挝、柬埔寨为代表的东南亚"小国"，固然离不开对大国的依赖，需要谨慎地处理与强势邻邦（如泰国和越南）的关系，但东南亚一直以来都是高度开放的地区，历史上不同殖民者的来来去去，今天多个世界大国在此地造成的"机制拥堵"，都让这里很难出现一个单一的强势国家，多强竞争的形势还将长久地存在下去。信息技术的日新月异，目标国国内政治经济社会的不断变化，国际地区形势的动荡，以及西方国家亚洲战略的调整等，中国媒体的"走出去"之路必然不会一路畅通。因此，中国媒体走向这些国家和地区，除不断提升技术转移的科技含量、最大化满足目标国需求外，还需要注重的是双向的对话和关系的建设，让传受双方成为利益的共赢者、双方文化的认同者和国际事务的合作者。

［本文海外调研得到国家广播电视总局社科研究项目《DTMB国际传播能力建设研究》（项目号：GD1824）资助］

公共外交视域下云南民间组织在缅甸的公益实践与传播能力提升策略研究[①]

赵净秋[②]

随着全球化浪潮的兴起,民间组织在国际事务和跨国事务中发挥着越来越重要的作用。习近平总书记指出,民间组织是推动经济社会发展、参与国际合作和全球治理的重要力量,建设丝绸之路沿线民间组织合作网络已经成为加强沿线各国民间交流合作、促进民心相通的重要举措[③]。今天,民间组织已经作为一股强大的社会政治力量登上了世界政治舞台。

民间组织也被称作非政府组织、非营利组织、志愿者组织等,联合国将这类组织统称为非政府组织(Non-Government Organization,缩写为NGO),指独立于政府和企业之外,为了促进本国或相对贫困国家的社会进步和经济发展而成立的非营利组织。广义上说,民间组织是不同于政府和企业的所有组织的统称,包括研究机构、慈善机构、工会、专业协会、商会、宗教组织、民间基金、青年组织、卫生组织、各种民间组织、文化组织和政党等;狭义上说,民间组织是具有非政府、非营利、非宗教的性质,通过实施自主管理且通过开展各类社会活动来解决各类社会问题的志愿性组织。民间组织不仅在各自国家的社会、经济、政治事务中扮演着日益重要的角色,在国际事务中的作用也日益明显,一个国家参与国际组织的深度和广度,普遍被视为一

[①] 本文系云南省哲学社会科学规划项目(YB2017076)、云南省委办公厅2019年重大项目的阶段性成果。
[②] 赵净秋,云南大学新闻学院(南亚东南亚国际传播学院)副教授。
[③] 习近平:《习近平主席致首届丝绸之路沿线民间组织合作网络论坛贺信》,国务院新闻办公室网站,http://www.scio.gov.cn/31773/35507/gcyl35511/Document/1606510/1606510.htm?wb48617274=2135EE36,2017-11-21。

个国家外交成熟与否的标志。

缅甸是与云南接壤的东南亚第二大国,其南面控制着印度洋马六甲海峡的出口,东北面隔断喜马拉雅横断山脉,是中国通往东南亚、南亚,走向欧洲的桥梁,是我国实施"桥头堡建设""孟中印缅经济走廊""一带一路"倡议的关键地区,具有重要的地缘政治和经济战略意义。

"公共外交"(public diplomacy)的概念是1965由美国学者埃德蒙·格里恩提出的,他将"公共外交"界定为"超越传统外交范围以外国际关系的一个层面,它包括一个政府在其他国家境内培植舆论,该国国内的利益团体与另一国国内的利益团体在政府体制以外的相互影响,如外交官和记者之间的沟通联系,通过这种过程对政策制定以及涉外事务处理造成影响"。美国国务院编写的《国际关系术语词典》把"公共外交"定义为"由政府发起的交流项目,利用广播、电影、电视、出版物和文化交流等信息传播手段,知悉、了解和影响他国舆论,减少他国民众对美国的错误观念,提高美国在国外公众中的形象和影响力,进而增进美国国家利益的外交形式"。日本外务省对"公共外交"的定义是"为在国际社会中提高本国的存在感,提升本国形象,加深外界对本国理解,以对象国民而非政府为对象去做工作的外交活动,包括政策发布、文化传播、对外广播等活动"。印度学者拉那认为"公共外交包含的内容非常广泛,既是为了赢得拥护,也劝说别人,它在不同形式的非政府人士的支持下,影响外交事务"。美国学者汉斯·N. 塔克认为"公共外交的重点在于减少国家间的误解和猜疑,树立良好的国家形象,从根本上服务于美国外交战略的总体需要"。我国国务院新闻办公室原主任赵启正教授对"公共外交"的界定被国内学术界认为是一个比较权威的界定:"公共外交是一国的政府、企业、社会组织、公众等各方从各种角度向外国公众表达本国国情,说明本国政策,解释外国对本国的不解之处,并同时在国际交流中了解对方的有关观点,目的是提升本国的形象,改善外国公众对本国的态度,进而影响外国政府对本国的政策。"[1]随着全球化、信息化时代的到来,各国人员的交往越来越频繁,"公共外交"的界定也越来越宽泛,赵启正、雷蔚真认为,只要是政府外交之外的各种对外交流方式,包括官方和民间的各种交流都可以认为是公共外交的范畴。

---

[1] 赵启正、雷蔚真:《公共外交蓝皮书:中国公共外交发展报告(2015)》,社会科学文献出版社2015年版。

一、云南民间组织在滇缅合作中的重要性

（一）推动中缅双方的交流与合作

随着"一带一路"建设的全面深入，中缅两国在政治、经济等领域的合作不断加深。目前，中国已经成为缅甸第一大出口国和第一大投资国。中缅贸易的高速发展使两国的联系更加紧密，合作领域也在不断扩大。作为与缅甸接壤的主要省份，云南省充分发挥与缅甸地缘相近、人缘相亲、商缘相通的优势，不断加强与缅甸的全方位合作。2019年云南省与缅甸进出口贸易额559.9亿元，比2018年增长29.3%，占中缅双边贸易总额的43.2%；云南省对缅甸的出口总额为33.48亿美元，比2018年增长11.1%。目前，缅甸已经不单是云南省第一大对外贸易伙伴，而且还是云南省最重要的对外经济技术合作伙伴和对外投资目的国。云南与缅甸民间交流的领域也不断增多，尤其在经济、文化、旅游、教育等领域都取得了很好的成效。作为民间交流的一个重要主体，越来越多的云南民间组织进入缅甸，通过经贸合作、志愿服务、发展援助等多种形式与缅甸政府、当地组织开展环境、医疗、农业等诸多领域的合作。云南民间组织在缅甸的发展，不仅推进了中缅民间外交，还成为两国经贸合作的推动器和润滑剂，为云南企业"走出去"提供联络沟通、信息咨询和磋商协调等服务。

（二）有效缓解和应对西方国家及缅甸非政府组织的冲击

民间组织因其具有的非政府、非营利、自愿性等特点，相对于政府和企业，它更容易被受援国民众接受，能够成为政府和企业与当地社会沟通的平台，在疏通民意、缓解冲突、营造良好的舆论氛围等方面发挥积极作用。

吴登盛民选政府执政后，加快了缅甸社会的民主化进程，西方国家逐步解除了对缅甸的制裁，并通过支持国际非政府组织、扶持缅甸本土非政府组织等方式积极参与缅甸社会事务。2011年以来，中国在缅甸的多个项目受到抗议和抵制，表面上看是涉及人员搬迁、环境保护、能源开发等问题，实际上在这些抗议背后，都有着国际非政府组织强大的力量。分析密松电站建设中止的原因，不难发现背后NGO的身影。自2003年至今，有十多个西方NGO以联合国和国际非政府人道主义援助机构的名义在中缅边境地区开展工作，"这些西方非政府组织和缅甸本土的非政府组织接受西方国家的资金支持，歪曲抹黑中国在缅项目，使缅甸国内部分民众对中国投资的项目疑虑重重，对缅甸政府决策

造成重要影响,给中缅经济合作甚至双边关系都带来了严重冲击。"①

密松危机发生后,我们遗憾地发现,由于在这之前我国忽视了对民间组织的培养,对利用民间组织展开对缅公共外交重视不够,在投资危机发生之后,在缅甸几乎找不到熟悉情况并能够提供实际帮助的中国民间组织。

目前我国处于经济高速发展阶段,与周边国家的联系日益紧密。面对中国经济的高速发展,各个国家态度不一。随着"一带一路"建设的开展,"中国威胁论""新殖民主义"的言论也随之蔓延开来,对中缅经贸合作产生不利的影响。为缓解矛盾,促进双方的交流合作,利用民间组织对缅甸社会开展灵活有效的公共外交,对减少民间质疑、反对的声音,传播"亲、诚、惠、容"的中国形象有重要意义。作为与缅甸接壤的主要省份,云南民间组织可以充分发挥与缅甸地缘相近、人缘相亲、商缘相通的优势,积极参与公共外交,为中缅的友好交往发挥独特的作用。

(三)助推中国"走出去"战略

随着经济全球化步伐的加快,特别是随着"走出去"战略的实施,越来越多有实力的中资企业走出国门,赴缅甸投资、参与商品生产、资源开发和投资贸易等活动。这些海外企业已经成为中国参与国际社会活动的重要载体,同时也成为中国开展对外援助和公益事业,履行国际社会责任的重要载体。近年来,我国的跨国海外企业在积极适应缅甸的生产经营环境的过程中,积极参与公益事业,注重环境保护,促进当地社会经济发展,企业形象得到较大的提升。但是,这些企业仍然面临着一些亟待破解的难题和挑战。尤其在"中国威胁论""新殖民主义"的国际舆论环境下,部分中资企业如投资、环保、资源等问题广泛受到国际媒体关注。面对海外舆论的挑战和复杂的经营环境,仅靠自身的力量难以有效解决问题。在这样的情形之下,民间组织可以充分发挥它在双边、多边外交中的桥梁和纽带作用,借助它"立足基层社区""亲民"等天然优势,帮助中资企业与当地政府建立沟通平台,听取不同声音,充分尊重当地民意,降低投资风险,同时协助海外中资企业更好地履行社会责任。②此外,民间组织可以利用自身与国际非政府组织的行业联系,帮助海外中资企业

---

① 吴哥哥莱、李晨阳主编:《中国国际社会责任与缅甸个案研究》,中国社会科学出版社2016年版。

② 同上。

参与到有关社会责任标准的制定过程中,增进海外中资企业与国际非政府组织的沟通与交流。

二、云南民间组织在缅甸开展公益实践的现状

(一)云南民间组织在缅甸发展的环境分析

缅甸位于中南半岛西部,东北与中国毗邻,西北与印度、孟加拉国相接,东南与老挝、泰国交界,西南濒临孟加拉湾和安达曼海。缅甸人口6 028万,共有135个民族,主要有缅族、克伦族、掸族、克钦族、钦族、克耶族、孟族和若开族等,缅族约占总人口的65%。各少数民族均有自己的语言,其中克钦、克伦、掸和孟等民族有文字。全国85%以上的人信奉佛教,约8%的人信奉伊斯兰教。①

1. 缅甸的政治经济环境

缅甸的政局呈现三足鼎立的局势,分别是军人及其所控制的政治势力、民盟及其支持者、少数民族武装和政党三方,但军人占绝对优势,一直主导缅甸的政局。民盟获胜后,政局表面上趋向稳定,但由于缅甸国内存在多党势力,以及克钦邦、掸邦等民族地方反政府武装势力,缅甸政局依然不够稳定。

2. 缅甸的经济环境

缅甸的经济发展速度较为缓慢,缅甸官方公布的数据显示,2019年缅甸的GDP总量为656.7亿美元,人均GDP为1 345美元,是东南亚11个国家中的最后一名。缅甸中央统计局与世界银行、联合国开发计划署共同编制的《缅甸生存现状报告(2017)》显示,缅甸贫困人口1 180万,占全缅总人口24.8%。尽管该比率已有所下降,但目前面临较高返贫率②。联合国儿童基金会的报告指出,在缅甸由于贫困与冲突,平均每天有150个儿童死亡,有180万儿童生活在不安宁的环境里,无法接受教育。与其他东盟国家相比较,五岁以下儿童死亡率中

---

① 参见中华人民共和国驻缅甸联邦共和国大使馆网站"缅甸国家概况",http://mm.china-embassy.org/chn/ljmd/abad/t1459910.htm.
② 中华人民共和国驻缅甸联邦共和国大使馆经济商务处:《缅甸贫困率降至24.8%,但面临较高返贫率》,http://mm.mofcom.gov.cn/article/jmxw/202007/20200702983284.shtml,2020-07-15.

缅甸的比例较高[1]。

3. 缅甸的法律环境

2006年2月，缅甸政府组成了由计划与经济发展部、内政部、外交部、外经局以及卫生部等多个部委联合组成的中央协调委员会，委员会规定：①在缅甸开展援助工作的非政府组织负责人需将有关项目同时报送多个部门；②只有缅甸内政部登记注册过的国际、国内非政府组织才能获准开设办事处；③为缅甸提供帮助的国际、国内非政府组织如因项目事务需要外出，必须报有关部门批准，并由有关部门派政府官员陪同前往。2010年大选前，缅甸政府担心过多的非政府组织进入缅甸，危及当时的军政府统治，对国内的非政府组织实施了一整套严格的管理程序。2010年大选后，缅甸境内的非政府组织的数量迅速增加，许多国际非政府组织直接在缅甸设立办事处。

随着非政府组织的增加，2014年，缅甸政府制定了新的《组织登记法》，以便"在缅甸民主转型时期，政府应与民间社会团体加强合作"的要求相适应。该法规定，国际非政府组织必须向联盟注册委员会注册，并说明将在缅甸开展的活动、项目详情、成员人数等内容，未经注册的国际非政府组织参加人道主义活动，必须向工会注册委员会提出申请。注册的国际非政府组织有权每五年延长一次，必须支付延期的规定注册费；如果注册组织在五年任期内未能连续提交年度报告，则应假定该组织没有活动，它需要重新申请才能实施其活动[2]。

（二）云南民间组织的发展现状

截至2019年，云南省登记的民间组织共23 098个，其中民办社会团体14 151个，占比为61.27%；民办非企业单位8 831个，占比38.23%；基金会116个，占比0.5%[3]。云南的民间组织主要活动范围在云南省内，近年来一些民间组织开始走出国门，在周边国家开展文化、教育、环保、妇女儿童保护等境外援助活动，通过提供服务、技术支持和资金等方式，促进周边国家的文化、经济发展。通过多次到缅甸进行田野调查，我们发现，从整体来说，云南民间

---

① 缅华网：《缅甸五岁以下儿童平均每日有150人死亡》，https://www.mhwmm.com/Ch/NewsView.asp?ID=23476.

② The Law Relating to Registration of Organizations (Pyidaungsu Hluttaw Law No.31).

③ 中国社会组织公共服务平台http://www.chinanpo.gov.cn/index.html.

组织在缅甸的公益活动呈现多样化的特征，工作涉及医疗卫生、教育扶贫、灾难救援、妇女儿童保护、媒体合作、替代种植等多个领域。

云南在缅甸进行公益援助的民间组织有三种类型：①政府背景的民间组织，如云南省人民对外友好协会、云南省民间及民间组织国际交流促进会（简称"云促会"）等。云南省人民对外友好协会是云南省从事民间外交的群众团体，主要工作职责是发展同世界各国对华友好组织、社会团体和各界人士的友好关系，开展民间对外友好交往，促进世界各国相互之间在经济、文化、科技、教育、青少年等领域的交流与合作；云促会是为推动云南省民间及民间组织与国际非政府组织的交流与合作，由省内各主要领域具有开展国际交流和参与国际非政府组织活动能力的民间组织发起成立的社会团体，是为云南民间与民间组织开展国际交流合作，开展公共外交搭建的平台。②全国性的草根民间组织，如蓝天救援队（BLUE SKY RESCUE，缩写为BSR）。蓝天救援队是中国民间专业、独立的纯公益紧急救援机构，成立于2007年，全国登记在册的志愿者超过5万名，其中有超过1万名志愿者经过了专业的救援培训与认证，可随时待命应对各种紧急救援。云南省迪庆州、曲靖、丽江、楚雄、保山、德宏州等专州县都有分队。蓝天救援队参与的国际救援包括菲律宾台风救援、尼泊尔地震救援、缅甸雪山救援、缅甸洪水救援、缅甸北部难民救助、泰国沉船救援、老挝溃坝事故救援等，云南蓝天救援队的队员多次应征参与了这些人道主义救援。③本土的草根民间组织，如瑞丽市妇女儿童发展中心。中缅边境上的瑞丽市妇女儿童发展中心成立于2000年8月，是一家秉承"为边境地区妇女儿童享有健康生活和平等发展机会"为宗旨的民间组织。2014年9月17日，瑞丽市妇女儿童发展中心在缅甸木姐设置"妇女儿童发展中心木姐项目办公室"，与木姐地区妇女会联合开展项目帮扶活动，是我国第一家在缅甸注册并设置办公机构的民间组织。

云南民间组织在缅甸主要采取三种方式开展活动：①与政府部门合作。这种合作方式是云南省民间组织开展活动选择的重要模式，一般是政府参与相关项目，在获得政府提供信息后选择服务对象开展活动；②与地方合作。这种方式一般是通过与缅甸当地部门合作的方式开展活动，例如瑞丽市妇女儿童发展中心在木姐地区与木姐妇女联合会联合开展帮扶活动；③与缅甸国际民间组织合作。这种合作方式主要是云南民间组织向某项目提供技术支持或者是资金援助，项目的具体组织和操作由缅甸国际民间组织实施。

（三）云南民间组织在缅甸展开的公益实践

1. 提供医疗帮助

从2011年起云南省民间及民间组织国际交流促进会、云南民间国际友好交流基金会组织与云南省第一人民医院、昆明医科大学第一附属医院等医院的眼科医护人员组成"中国国际复明医疗队"到缅甸开展国际复明公益活动"光明行"。"光明行"通过为缅甸白内障患者免费实施复明手术，使我国医疗技术发展成果惠及缅甸普通民众。9年来，云南眼科专家组成的医疗队先后在仰光、曼德勒、密支那等地为2 681名白内障患者实施了复明手术，手术成功率100%。在"光明行"活动过程中，医疗队除了实施白内障手术以外，还帮助当地居民对其他的眼病进行处理。云促会、云基会还向医院捐赠了手术消毒锅、药品等价值人民币数十万元的医疗物资。

由于缅甸一些地区医护人员缺乏、医疗设备简陋、药品不足，2013年，长期致力于民间公益事业的云南省健康与发展研究会以"妇女健康"为入口，与当地政府部门合作，开展巡诊服务，组织不同层次的培训，提供医疗设备和药品。

2. 慈善捐赠

缅甸是一个自然灾害频发的国家，洪水、飓风、地震、滑坡、海啸等自然灾害风险等级评估居世界前列，是亚洲太平洋地区最高风险地区。2016年缅甸12个省邦遭受严重水灾，昆明市国际物流与金融学会自费运输并捐赠价值约6亿缅币的救灾物资，并作为中国民间组织首次参加了缅甸最高等级的赈灾祈福活动。2016年8月24日，缅甸中部蒲甘地区发生6.8级地震，有着上千年历史的大量佛塔倒塌。地震发生后，华为提供价值1亿缅币的定向援助，用于文物修缮和文化遗产保护。中国包括云南省文物考古研究所在内的十二名中国专家抵缅全面了解考察，提出援助方案，并参与佛像修复工作。2018年缅甸腊戌遭遇洪涝灾害，德宏州贸易商会驻缅甸腊戌商务代表处向北掸邦腊戌赈灾委员会捐赠100万缅币以及价值82 780元人民币的农业、医药救灾物资。

3. 妇女儿童保护

瑞丽妇女儿童发展中心在木姐地区开展艾滋病预防、妇女儿童健康、女童保护等项目，并积极与缅甸当地政府、医疗机构、妇女儿童工作机构、中国非公募基金会、企业进行深入交流与合作，努力帮助当地妇女儿童提高生活质量，促进边境地区妇女儿童的健康和发展，被中国慈善联合会评选为"2014年度慈善推动者"。瑞丽妇女儿童发展中心从2014年到2019年8月，累计在缅甸木姐地区开展各类联谊交流活动和培训50多场次，实施了对缅妇女儿童健康促进、农村安全饮水、金色缅桂花等8个项目，争取项目资金400余万元人民币，外援物资捐赠5万余件，受益人口达12万余人。

4. 紧急救援

2012年11月11日，缅甸北部发生6.8级地震，震中距离缅甸第二大城市曼德勒以北130多公里。在这次缅甸地震中，作为壹基金救援联盟的成员，来自北京和云南不同救援队伍的5名救援专家志愿组队，赴缅甸地震灾区救援，成为第一个跨出国门参与国际救援任务的民间公益机构。2014年缅甸大学登山队6名队员在缅甸克钦邦境内攀登卡喀博雅兹山时失联，中国蓝天救援队一行9人前往克钦邦参与缅甸失踪登山队员的联合搜救活动。2015年，蓝天救援队作为缅甸水灾以来第一支抵缅的国际救援力量，携带3艘冲锋舟、3具挂机以及潜水设备、航空救援设备、通信设备、无人机等搜救设备进入水灾重灾区实皆省。蓝天救援队的救援行动受到当地政府和灾民的高度赞扬，不少缅甸记者在报道中指出中国方面提供的救援迅速有效。缅甸总统吴登盛在水灾重灾区若开邦接见中国蓝天救援队队员，对蓝天救援队参与救灾表示感谢。

5. 免费教育培训

（1）中缅大学签署校际交流与合作协议

2014年，仰光大学、仰光外国语大学与北京外国语大学和云南师范大学相继签署了校际交流与合作协议。2015年，仰光大学、仰光外国语大学与云南民族大学签署了校际交流与合作协议。作为拥有较好新闻传播师资力量的高等院校，云南师范大学2016年与云报集团合作，共同建设南亚东南亚国际传播人才培训中心，通过为云南周边国家培养优秀新闻采编人才，促进这些国家的媒体对中国和云南省的深入了解。云南农业大学与缅甸耶津农业大学开展食品科学研究、农业科技教育等多领域合作，并共同建立中缅农业研究院。中缅农业研究院围绕缅甸农业产业结构调整、农业技术升级、畜牧业发展和农产品深加工等若干关键技术问题，在缅甸建立实验室、试验基地，开展技术攻关、产业开发、学科培育以及人才培养工作，为中缅农业科技合作提供平台支撑。

（2）联合创办南亚东南亚国际传播学院

2016年3月29日，中国国际广播电台、云南省委宣传部、云南大学、云南民族大学共建，联合创办南亚东南亚国际传播学院，旨在建设一个特色鲜明、国内一流、国际知名的学院，专门培养南亚和东南亚非通用语种的高素质国际传播人才，并将利用四方的优质资源承办对南亚、东南亚国家新闻人才的培训，在更高层次上建立云南省与缅甸交流合作、增进了解的平台。

（3）云南大学主办常规性国际合作项目

2018年，云南大学开始主办常规性国际合作项目——"未来传播者"国际实践交流项目。此项目旨在搭建一个通过影像体验中国文化的平台，让南亚东南亚国家青年走进中国、体验中国。2018年11月26日，云南大学"未来传播者"国际实践训练营在昆明开营，来自缅甸传媒界的学员与云南大学师生一起，围绕"快速发展的云南"这一主题，就缅甸学生在中国的学习、中缅合作科研项目的开展、云南花卉产业、中国青年的创业梦和高速铁路的建设等展开拍摄采访，并赴昆明、大理采风。训练营结束后，学员作品在专业媒体播出，并组织参加亚洲微电影节、"一带一路"国际微纪录片德宏影展等活动。2019年3月29日，"未来传播者"中缅合作纪录片作品展映活动在缅甸仰光中国文化中心举行。

同时，云南大学背靠国家"双一流"建设高校的优势地位，2018年申请到教育部的国家人才培养项目资金，专门用于培养缅甸新闻专业的大学生。2019年10月，第一期专门针对缅甸高校新闻专业大学生的专题培训"未来传播者——青年学子工作坊"顺利开营。来自缅甸国立管理学院新闻系的10位优秀学生，在为期10天的实践训练项目中，与新闻学院的老师、同学一起进行专业课程的学习，锻炼创作能力，提升新闻素养，并完成实践作品。

三、云南民间组织在缅公益实践的效果

云南民间组织在缅甸的公益项目，获得缅甸社会各界的好评。以"光明行"为例，从2011年到2019年，缅甸电视台、曼德勒新闻周刊、曼德勒日报、十一新闻周刊、曼德勒作家协会、金凤凰中文报、胞波网等缅甸媒体对活动进行了宣传报道，当地人对此项活动都给予了较高评价。2014年蓝天救援队在参加雪山救援之后，在缅甸几乎家喻户晓，吴登盛总统接见蓝天救援队的队员时也表示知道这支非常专业的救援队。2017年11月23日，应缅中友好协会的邀请，蓝天救援队6名骨干队员抵达缅甸仰光，开展首期"社区第一响应

人"培训与交流。2019年3月29日,"未来传播者"中缅合作纪录片作品展映活动在缅甸仰光中国文化中心举行,缅甸国立管理学院新闻系(缅甸唯一的新闻系)的系主任主动联系云南大学新闻学院,申请参与"未来传播者"项目。2019年10月,第二期"未来传播者"训练营开营,参与此项目的学生都是经过该学院精心挑选而且专业能力非常强的新闻专业学生,是缅甸真正的未来传播者。

我们在缅甸调查期间,搜集了缅甸主流媒体《缅甸环球新光报》2016年1月1日至2018年12月31日所有与中国相关的新闻报道,根据结构周进行抽样,对抽样得来的206篇涉华报道进行了整理和统计,发现《缅甸环球新光报》在涉及中国的政治、经济、军事、科技等方面的报道时,显示出比较复杂的报道倾向,其中中立倾向的报道136篇,占66%;正面倾向的报道47篇,占23%;负面报道23篇,占11%。在所有报道中,有关中缅两国人民友好往来的报道、中国慈善团体在缅的慈善活动和中缅人民联谊活动等,《缅甸环球新光报》都从正面予以了报道,如"Chinese charity group provides medical treatment for children"(中国慈善团体为缅甸儿童提供医疗服务)、"Myanmar-China friends bring happiness to children"(中缅朋友给孩子们带来幸福)、Yunnan, Myanmar groups bring sights to 200 patients(云南慈善团体为缅甸200名白内障孩子带来光明)等[1]。

四、云南民间组织在缅开展公益实践面临的困难和问题

虽然云南的民间组织已经开始走出国门,深入缅甸展开教育、卫生、扶贫开发等公益项目并取得一定成效,但是在"走出去"的过程中,还是面临着不少困难,存在着不少问题。要克服这些困难,需要政府更强有力的支持和社会各界的共同努力。

(一)政府对民间组织的公共外交功能认知不足

近年来,一些西方非政府组织持续地在缅甸进行价值观输出工作。以美国

---

[1] 谭少丽:《〈缅甸环球新光报〉涉华报道中的中国国家形象研究》,硕士学位论文,云南大学,2019。

国家民主基金会（NED）为例，该组织利用美国政府提供的大量资金，对缅甸提供民主援助20余年，资助了几十个项目。NED在缅甸大力推广和宣传民主与人权，对缅甸人权项目的资金投入不断增加。目前在缅甸的西方非政府组织已经超过1 000家，其中的一些非政府组织并不像表面声称的那么中立，这些非政府组织通过人道主义援助项目进入缅甸，与当地亲西方的政党或势力建立密切关系，培植缅甸本土的亲西方势力。资料显示，在密松事件中，一些西方政权和国际非政府组织如国际河流网（International Rivers Network）就对当地的克钦公民社会团体给予了大量的资金、信息和组织等方面的支持。除了从资金、信息资源等方面支持缅甸非政府组织反坝运动，还通过媒体的报道和扩大，使得缅甸民众错误地认为中国企业在掠夺缅甸资源、抢占缅甸人的市场和就业机会，并由此掀起了一波强大的反华浪潮。

密松事件让我们看到过去的援助模式及与政府交往合作的模式正在失效，虽然2015年"罗兴亚人"问题爆发后，中缅关系逐渐回暖，但是研究者普遍认为，"缅甸在面临西方国家谴责和宗教极端主义的双重压力时，把中国看作可依赖的救星。一旦这种压力得到缓解，缅甸仍有可能回到传统的大国平衡的外交轨道。"[①]缅甸社会在以后仍会继续深化社会民主改革，随着社会改革而来的是各种社会思想和西方文化的大量涌入，公民言论的放开，舆论对政府公共决策的影响增强。在此背景下，如何通过公共外交这一途径来推动中国与缅甸的合作就显得更为重要和紧迫。2013年中国"一带一路"倡议提出要逐步实现"政策沟通、道路联通、贸易畅通、货币流通、民心相通"的"五通"，要真正落实好"民心相通"，需要沿线各国公众的广泛参与。如果充分利用民间组织的作用，鼓励民间组织与当地民众充分沟通，反映其不同的社会利益诉求，中国的"一带一路"建设构想就能得到沿线各国从国家、地方到民间三个层面的全面认可，推动其顺利实施。

（二）对民间组织资金扶持不够

云南民间组织在缅甸开展项目，成本高、资金需求量大。中国民间组织"走出去"，资金不足是一个普遍现象。民间组织一般都是非营利性的，没有稳定的经济来源，只能依靠外界的扶持。从国际实践来看，政府海外援助资金是非政府组织海外项目的资金来源之一，有的非政府组织的海外项目主要

---

① 祝湘辉：《中缅关系走高，基础牢固吗?》，《世界知识》，2018年第2期。

靠的就是政府的海外援助资金。目前我国对外援助资金，主要是政府通过受援国政府或者是政府通过中资企业实施，通过中国民间组织的还极少，且缺少制度安排①。

（三）专业人才储备严重不足，开展活动的能力参差不齐

民间组织在缅甸开展项目，需要一批综合素质较高的人才，他们不仅要有宽阔的国际视野、良好的政治素质、专业化的知识和多国语言能力，还需要拥有丰富的工作经验、较强的沟通能力和项目管理能力。目前云南省存在的问题是民间组织人才总量不足、人才结构不合理、专职人员偏少、行业分布不均衡。由于民间组织规模较小，晋升空间有限，薪酬水平偏低，员工认同度低，人员流动性非常大。近年来，中央组织部、民政部等部门就民间组织人才队伍建设出台了一系列指导性政策文件，总体来看落地性不强，目前还尚未建立民间组织方面的专业职称，从业人员无法在民间组织中参与职称评定，民间组织人才与党政人才、企业经营管理人才、专业技术人才队伍相比，在政策落地支持层面还存在较大差距。

云南的民间组织刚刚开始"走出去"，在项目展开的过程中还存在专业性不够，精细化不足，持续性不强等特点。云南民间组织在缅甸开展的项目大多是一些用时少、见效快的项目。服务领域单一，缺乏整体规划，工作的系统性、可持续性不能得到保障。此外，一些工作定位不清晰，内容布局缺乏规划，效果不突出，影响不大。从20世纪50年代开始，中国对缅甸给予了大量援助，包括成套项目、技术合作项目以及单项物资支持等，但是云南大学缅甸研究中心2013年在缅甸做的一项调查显示，对于"缅甸社会各界对中国援助不满的原因或者说援助、捐赠未能发挥应有作用的原因"，七成缅甸受访者选择了"援助和捐赠都直接给缅甸政府甚至官员本身，缅甸媒体和老百姓不知道"，超六成的受访者选择了"援助和捐赠都是针对政府的大项目，很少有关注缅甸民生的项目，缅甸老百姓未能从中受益"这一选项。对外援助是一个科学决策的过程，需要系统的援助理论的指导、大众传播媒介的传播和助推。缺少科学的援助理论的指引，缺少立体的传播渠道，一定会影响到援助效果的发挥。

---

① 邓国胜、王杨：《中国民间组织"走出去"的必要性与政策建议》，《教学与研究》，2015年第9期。

（四）传播意识和传播能力不强

科学的传播意识、传播方式是民间组织走出国门参与国际公共事务、树立良好品牌形象的重要能力。云南民间组织与缅甸政府的关系良好，但就目前来看，云南民间组织对缅甸的援助工作、公益项目虽然做了很多，但是除了受益群体以外，缅甸民众对云南民间组织所做的工作却了解不多。目前，云南民间组织开始主动同电视台、报社、广播电台加强联系，借助当地的传播渠道树立自身的公益形象，但是在网络传播、新媒体使用方面，云南民间组织仍然处于比较落后的状态。

缅甸是一步迈进4G时代的国家。由于互联网的接入和上网资费的降低，缅甸传媒市场产生了巨大的变化，受众的阅读习惯也发生了较大改变。因为瞬间拥有多种丰富的外界媒体渠道和终端，缅甸受众可以很便捷地获得海量的信息。目前，脸书（Facebook）、推特（Twitter）、油管（Youtube）已经成为缅甸年轻人接触资讯的主要渠道。

目前，云南民间组织使用的传播平台以微博、微信为主，传播受众主要是国内受众，属于"对内传播"。在当下的媒体生态中，新媒体领域是最敏感、最活跃的部分，移动社交网络有着鲜明的去中心化特征，每一个用户作为网络中的一个节点，彼此独立，同时又可以自由连接组合，每一个拥有优质内容、号召力强的用户都有可能成为一个离散的中心，吸引其他用户关注、转发以及分享，从而不断裂变产生新的连接，形成多频共振，使传播效果得到几何式放大[1]。缅甸官方媒体、私营媒体、企业、民间组织包括政府官员为了与世界接轨，都积极拥抱互联网，利用网络媒体特别是社交媒体进行传播，政府机构也在脸书上开设账号，发布官方权威信息，对政治事件进行即时的表态与传播，一些官方人士如对外传播工作的主要负责人、缅甸总统办公室主任等也纷纷加入脸书的用户行列。此外，移动资费的下降和手机价格降低，也让更多的缅甸人不但买得起手机还能够通过互联网接触外部世界。如今，脸书已经成为缅甸人尤其是缅甸年轻人最常用、最喜欢用的社交媒体。遗憾的是，由于在国内脸书、推特账号难以管理，组织成员的英语、缅语水平不高等原因，云南民间组织基本放弃了脸书、推特这一重要的信息传播平台。

---

[1] 翁旭东、曾祥敏：《浅析我国移动社交媒体的对外传播策略》，《对外传播》，2019年第9期。

五、对策和建议

（一）高度重视民间组织在公共外交中的作用

民间组织既是"民意的重要代表"，又是文化价值理念的传播者和践行者，很多国家都利用民间组织实施公共外交提升自身的话语权和影响力。作为实施公共外交的重要主体，民间组织也被认为是促进外国公众了解本国，改善外国公众对本国态度，提升本国形象的巧力。民间组织的非政府性、非营利性、相对独立性和自愿性等特点，使其能够更容易接近服务对象，更灵活地对服务对象的需求做出反应，更适合处理高风险的社会问题[1]。云南省政府应利用民间组织的中介性优势，发挥其连接政府机构、企业与缅甸政府、缅甸社区以及西方非政府组织的桥梁作用，配合企业"走出去"，协助企业履行在当地的社会责任，建立与企业、学界、媒体等互动的合作机制，为"一带一路"建设助力。

（二）通过制定政策，培育和扶持"走出去"的云南民间组织

在缅甸开展项目的云南民间组织总体来说数量少、规模较小、缺少影响力。在经费来源方面，资金来源渠道单一、活动经费匮乏、政府资助和社会捐赠比例小。云南民间组织要"走出去"在缅甸落地、扎根并取得良好的公共外交效果，还需要政府、企业、公众等多方面的大力支持。云南民间组织"走出去"的问题已经不是一个理论研究问题，而是如何创制政策、具体推进的问题。首先，要把云南民间组织的发展放到"一带一路"的总体规划当中。云南民间组织走出国门，通过开展慈善公益活动，以人道主义为目标，促进缅甸当地的经济发展，承担相应的国际责任。其次，加大政府对民间组织"走出去"的资金扶持力度。中国民间组织"走出去"面临的障碍之一是资金问题，建议在每年对外援助的资金中，按照一定的比例和逐步提高的原则，设立云南民间组织"走出去"专项基金，专门用于鼓励民间组织参与对外援助，并将其制度化。政府可以通过购买对外援助服务，让有条件有能力的民间组织到缅甸执行政府的援外项目；项目制定应结合缅甸国情，找准切入点，做到亲民、惠民，切实解决缅甸人民的温饱、医疗、教育以及发展等民生问题。再次，出台鼓励

---

[1] 朱蓉蓉：《中国民间组织外交：历史溯源与现实反思》，《学习与探索》，2012年第2期。

民间组织"走出去"的相关政策措施,包括物资出关、税收减免、出国人员手续尽量简化程序等,保障民间组织在海外项目的顺利开展;缅甸自然灾害频发,需出台和完善工作人员人身安全保障的相关政策。最后,提高民间组织工作人员的待遇。对缅项目工作环境艰苦,工资待遇低,人员流动性大,不利于项目的开展。云南民间组织要扎根缅甸,开展国际合作,需解决工作人员的切身问题。

(三)培育志愿精神,加强人才建设

云南民间组织"走出去"能力的提升,离不开有国际视野、志愿精神的高素质人才。近年来,国内的志愿服务蓬勃发展,很多公民积极加入志愿者的行列,其中以年轻人为多。与国内项目相比,海外项目服务时间长、工作环境艰苦、语言交流困难。除此之外,国内公众对这一工作的认知也不足,参与海外服务的渠道也不通畅。要解决这些问题,需要政府、媒体、学校等多个部门共同努力,通过制定政策、舆论引导、志愿精神培育等方式,鼓励更多的人加入志愿者队伍。

第一,重视志愿精神的培育。通过学校教育、媒体传播、社会弘扬等方式,开展志愿服务宣传,传播志愿服务文化,弘扬志愿精神,营造志愿服务的良好舆论环境。

第二,加强人才建设。通过项目资助或者奖学金等方式设置民间组织实习生项目、民间组织顾问项目、民间组织成员海外学习项目等方式,推动民间组织"走出去"的人才建设;建立智囊团队,针对对象国的具体情况,制定有效的执行方案,确保项目有成果,让合作机构、受益群体和当地政府满意;运用云南高校的教学科研力量,发掘国内与缅甸有关的企业、民间机构、团体,为其专业人员、青年志愿者提供相应的技能培训,培养知晓缅甸国情、懂得国际规则、具有国际视野、熟练掌握缅语以及具有国际传播能力的专业人才。

第三,对海外服务人员给予系统性支持。通过政策制定、组织管理、资金支持、保障激励等方式,支持海外志愿服务事业发展。同时,将志愿服务信息纳入社会信用体系,在经费补贴、健康和医疗、归国后的职业发展和个人生活上予以保障和激励;建立志愿服务回馈制度,对有良好志愿服务记录的志愿者,在公务员招录、事业单位招聘等方面给予优待;设置"特别学分"政策,将志愿服务情况纳入研究生推免的考察内容，鼓励在校学生积极参与海外志愿者服务。

（四）创新对缅传播方式，提高云南民间组织的公益传播能力

加强与缅甸传统媒体的联系和沟通。民间组织是独立于政府之外、自主为社会提供公共物品和服务的非营利部门，它的非政府性、非营利性的特质使其具有比营利性组织更值得信赖的优势。一般来说，无论什么背景的媒体都不会排除对这些公益项目的实施进行报道。缅甸的传统媒体仍具有较高的权威性和公信力，云南民间组织应该积极与缅甸媒体沟通，建立良好关系，邀请缅甸当地媒体关注相关项目的开展情况，增进相互间的信任与理解。此外，民间组织成员要学习与媒体打交道的方法，懂得与缅甸媒体进行有效沟通的策略和技巧，能够就自己职责范围内的问题进行发言和回答记者的提问。

善用脸书、推特传递信息。昂山素季曾多次表示希望通过脸书、推特等社交媒体来与缅甸国内的年青一代交流，希望通过新媒体技术创造"人民的网络"来推动缅甸的民主改革。新媒体将会成为缅甸未来重要的传播和舆论场，云南民间组织要积极应对缅甸即将到来的传播转型，充分重视缅甸新媒体用户群体的信息需求与价值诉求，善用脸书、推特，创新传播内容，增加信息的到达率和影响力。另外，要重视培养意见领袖和固定的受众群体，通过议程设置引导公众舆论，提升云南民间组织的话语权。

学习讲故事的技巧。虽然中缅民间的文化交流活动逐渐增多，但缅甸民众对中国的了解还很有限。云南民间组织需要强化传播意识，学习讲故事的技巧，扩大信息的有效传播。"本土化"（Localization）是国际传播的一个重要概念，也被称为"本地化"，是媒体为适应对象国的文化习俗、价值观念以及阅听人的需求而对报道方式、报道内容所做的调整，是实现传播者与受众有效沟通、增强传播效果的有效途径。如何做好这种"本土化"传播，我们认为要充分挖掘和把握当地人的需求，用"本地化"视角对不同信息内容进行整合，利用图文、视频、影像等通俗易懂的方式讲故事，让缅甸民众对云南民间组织所做的民生项目、医疗卫生、妇女儿童保护等项目有更为直观的认识和了解，与当地民众建立起情感共鸣点，增强传播效果。

提高公益传播能力。长期以来，我国对缅甸的援助对当地经济社会的发展起到了重要的推动作用，但是由于对援助信息传播较少，与缅甸民众沟通交流

不多，缅甸民众对援助情况知之甚少。在未来的公益实践中，民间组织要注意补全这一传播短板，积极主动地传播信息，让当地民众了解中国的援助和投资的意义，强调给他们带来的实惠和好处。另外，民间组织一定要学会与媒体打交道，要与其他国家的非政府组织、缅甸本土的非政府组织保持交流和沟通。遇到负面舆论时，不能失语，不能沉默，要积极回应，主动发声，提供信息，对抗一些媒体或非政府组织的"恶意构陷"。

对"文化接近性"理论的思考

——以中国电视剧在越南的传播为例

张 翎[①]

一、研究背景

中国电视剧在越南的传播可以追溯到20世纪90年代。在两国加强文化交流的背景下，1992年中越两国签署了《文化合作协议》，中国开始向越南免费赠予电视剧。进入21世纪后，越南革新开放与市场经济改革作用显现，越南电视台在这一时期数量增加，但电视剧产能不足，为了满足越南民众的收视需求，购买了大量中国电视剧。据越南官方部门统计，这一时期全国每年引进的境外电视剧总量中，有40%来自中国，"打开电视机至少会有一个频道正在播放中国的电视剧。"[②]我国电视节目出口负责人也指出，我国电视剧的海外市场主要在亚太地区，以东南亚地区为主，新马泰、印尼、越南的销售量占据了全球出口份额的2/3。

互联网技术为越南观众提供了更加自由、便捷的电视剧观看渠道。随着互联网的迅速发展，当前中国电视剧"走出去"已经形成了传统媒体与新媒体相互补充的多元外销格局，而且相对于电视台这一传统媒体平台，新媒体平台对中国电视剧的需求量更大而且对于内容、风格的包容性更强，因此正日益成为中国电视剧"走出去"的重要平台。[③]"2011年前后，中国电视剧在越南的传

---

① 张翎，云南大学新闻学院（南亚东南亚国际传播学院）讲师。
② 陈海丽：《中国影视剧对越南文化生活的影响》，《创新》，2009年第8期。
③ 张海涛、胡占凡主编：《全球电视剧产业发展报告（2016）》，中国广播电视出版社2016年版，第176页。

播重心由电视台转向网络传播。"①借助互联网技术,目前中国电视剧已经能实现在越南的同步传播和智能终端收看,其传播效果大大超出了传统电视台。

中越两国拥有悠久深厚的历史和文化渊源,回顾中国电视剧在越南的传播,无论在政策主导时期还是商业主导时期,抑或互联网自由传播时期,越南一直是中国电视剧海外传播的主要国家。对越南观众观看中国电视剧的考察是一个较为典型的观察,是具有相似文化特征的国家之间"文化接近性对跨国文化产品接受影响"的案例。

二、文献回顾

(一)文化接近性

20世纪80年代,广播电视等大众媒介在世界范围内逐步普及,但不同国家间广播电视节目的生产力并不均衡,生产力较弱的国家常需进口节目。在此背景下,美国学者斯特劳巴哈(Joseph D. Straubhaar)提出了"文化接近性"(cultural proximity)概念来说明文化距离对电视节目跨国成功流动的重要性。在其1991年的文章《超越媒介帝国主义:不对称交互依赖与文化接近性》中使用文化接近的论点作为一个理论框架,用以说明生产力强大的媒介帝国主义的文化产品并不一定能成功输入他国,观众在寻找文化相关性或邻近性的基础上,受众在选择观看不同国家地区的电视节目时具有一定的主动性,这种选择在有机会时更倾向于后两种电视节目。斯特劳巴哈在研究中提及,由于文化接近的因素,当本国自制节目不足时,各国观众会偏好于来自邻近国家且与自己文化较类似的节目,而不喜欢与自己文化距离太远的节目。并进一步强调,影响文化接近性的最主要因素为语言,其他相关因素则包括服饰、肤色、肢体语言、手势、故事步调、音乐传统及宗教等文化相似性,都将影响媒体内容是否能为当地消费者所接受。斯特劳巴哈在后续对巴西肥皂剧在委内瑞拉和阿根廷等国输出的研究中继续强调了这一发现,认为跨国传播的成功归因于这两个国家相似的拉丁美洲文化根源。

到了90年代后期,文化产品海外传播的格局有所改变,"随着技术的进步,电视制作费用日趋低廉,自制节目不再是发达国家的专利。许多第三世界国家

---

① 许阳莎:《互联网时代中国电视剧在越南的传播》,《文化软实力》,2017年第4期。

不仅能大量自制节目，而且节目品质亦不输其他先进国家。因而在全球化下探讨电视节目市场时，技术水准已不是最重要的考量因素，真正影响电视节目的产销应是所谓的文化因素。"①进入21世纪后，随着互联网技术的发展，文化产品的跨国流通显得更加自由，消费者的文化构成也处于多元的变化之中，在媒介技术与跨国文化产品传播环境双重变化的语境下有必要对文化接近性概念展开新一轮的讨论。

（二）文化接近性的实证研究

近年来随着我国文化"走出去"战略的实施，对外传播领域涌现了大量聚焦中国文化产品海外传播的研究，其中不少研究都采用了文化接近性的理论框架，并认为文化接近性是我国文化产品跨国传播成功与否的关键性影响因素。"外来媒体内容或节目，若要受本地欢迎，其先决条件就是必须先贴近或符合当地的文化，这就是文化接近理论。文化接近性已经成为文化传播成功与否的重要因素。"②有关中国电视剧在越南传播的实证研究更直接指出："从文化学的角度出发，文化差异可能是导致欧美电视剧在越南没有如此受欢迎的根本原因。而中国大陆电视剧在越南的风靡，则呈现了一种'文化接近性'。"③对于文化接近性的内涵，有研究认为是"因地缘关系、文化接近性等原因，中国电视剧在越南受到追捧"④，抑或"古装电视剧中蕴含了丰富的中国传统文化，同样受儒家文化熏陶的越南对中国传统文化显然有着极高的认同感"⑤。总之，"文化因素成为情绪感染的重要诱因，文化接近性对于保持一种同形的情绪状态起到重要催化作用。"⑥

但也有学者对这一理论的有效性提出了质疑、讨论和修正。陈欣渝对韩剧

---

① 蔡佳玲、李秀珠、李育倩：《韩剧风潮及韩剧文化价值观之相关性研究：从文化接近性谈起》，《传播与社会学刊》，2011年（总）第16期。
② 何明星、王丹妮：《文化接近性下的传播典型——中国网络文学在越南的翻译与出版》，《中国出版》，2015年第6期。
③ 黎兰香：《1991年后中国电视剧在越南的跨文化传播研究》，硕士学位论文，华东师范大学，2012。
④ 陈红玉、刘健：《中国电视剧在越南传播研究》，《西南民族大学学报（人文社会科学版）》，2018年第10期。
⑤ 许阳莎：《互联网时代中国电视剧在越南的传播》，《文化软实力》，2017年第4期。
⑥ 彭修彬：《文化接近性与媒介化共情：新冠疫情中的数字公共外交探索》，《新闻大学》，2020年第12期。

在荷兰的传播实证研究,指出来自地域和文化接近性更强的地区的电视节目并不一定就受到观众欢迎,因此对文化接近性理论的阐释力提出了讨论。

以上两类使用文化接近性理论框架展开的实证研究,似乎得出了不尽相同的结论。究竟文化接近性在跨文化传播中具有如何的解释力,我们在中国电视剧在越南的传播这个典型的个案中进一步观察。

三、中国电视剧的跨国传播:越南观众的视角

本研究在2021年开展了为期6个月的调查,限于新冠肺炎疫情影响,采用了线上和线下结合的方式采访了30名越南中国电视剧迷。受访者样本尽量覆盖了不同的年龄和性别,女性观众68%,男性观众32%;15～24岁观众18%;25～34岁观众27%;45～54岁观众26%;55岁以上观众29%。目前越南的互联网技术已比较发达,绝大部分受访者都通过互联网在手机上收看中国电视剧,并且与中国国内首播时间时差很小,这为考察跨国电视剧传播文化接近性问题扫除了技术与政策的限制性以及商业影响。访谈涉及的问题包括观众的电视消费习惯、最喜欢的电视节目、最喜欢的中国电视剧、最喜欢的电视剧中的人物,以及为什么喜欢(如果喜欢)中国电视剧而不喜欢西方电视剧。疫情为跨国受众研究的开展带来了一定的难度,30个样本量并不能穷尽代表所研究的群体,但受访者所带来的观点对了解越南观众选择观看中国电视剧时"文化接近性对跨国文化产品接受的影响"颇有启发。

(一)以J、P和F为代表的越南观众

当被问及为什么选择观看中国电视剧时,女大学生J说,她喜欢中国电视剧是因为情节很有趣,故事通常很浪漫,喜欢这种"从此过上幸福生活"的故事。此外,赵又廷扮演的夜华(电视剧《三生三世十里桃花》中的角色)富有、英俊、善良、忠诚。"我真的很喜欢。他有一张善良的脸。我希望有一天能嫁给一个像夜华那样的男人。"中国电视剧明星的身体特征,比如肤色和眼睛形状,和越南人的特征更相似,但更看重的是其中蕴含的价值观念。"有时候,我想象那样的男人会来救我,就像电视剧里那样,让我过上不一样的生活。(女主角)虽然只是一个普通的女孩,但她意志坚强、聪明、勤奋的女孩,因为善良和隐忍,和男主角终成眷属。我觉得我这样的普通的女孩,不富有也不好看。也许

像她一样善良和隐忍，才能获得自己的幸福，家人团聚的结局是人生最好的结局。"J认同《三生三世十里桃花》中的女主角，以及经历波折获得家庭团圆才最可靠的价值观念。在采访中，J进一步说明西方电视剧中恋爱的方式，比如青少年可以开车单独出门约会等类似的生活方式在越南是不存在的。

在讨论《甄嬛传》时，来自外贸公司的职员P和F指出，这部电视剧值得多次观看，因为其中蕴含了女性成长的经验。她们感叹"后宫的女人太恐怖，看这部剧会让女人变坏"，也强调"女人也可以通过观看这部剧学习到不少职场生存法则"。当进一步提问"如果是为了学习职场经验，为何没有选择观看西方职场电视剧"时，她们回答："在西方电视剧中，哪怕是职场剧也并不会描述'宫斗'这类的职场政治。在《甄嬛传》中，宫中女性不着痕迹，暗暗较劲的处事方式和越南的现实比较接近。"

与J、P和F一样，许多受访者都觉得她们可以与中国电视剧中的故事情节和人物产生共鸣，因为这些电视剧所描绘的生活方式和价值观更贴近他们自己的生活。

（二）以PH为代表的越南观众

一些受访者还表示，她们选择收看中国电视剧的原因是剧中的生活方式具有可及感。44岁的餐饮业个体女性PH告诉笔者，她平时负责带两个孩子和经营小吃店，是家里的主要经济支撑者，老公收入不固定。她说电视剧《我的前半生》是她的最爱，推荐给了很多身边的朋友看。"因为女主角漂亮端庄、独立、现代，但不忘记家庭价值观，是我的榜样。我想，也许有一天我也能拥有那样迷人的生活（笑）。"问到为何没有选择看相似题材的西方电视剧，她说："中国电视剧中人物的生活更有可能被（自己）复制，她们住的房子、衣服、汽车和摩托车，都很漂亮。但是，我想越南也有不少真正过着那样生活的人，通过努力，也许有一天我也可以过上那样的生活。但西方电视剧中的生活是我一辈子也达不到的。"

（三）以W为代表的越南观众

受访者W是PH的妈妈，尤其引人注意的是，她指出了其对电视剧的选择经历了较大的转变。作为经历过南越政权（越南共和国1955—1975年）的一代，W说她小的时候可以收看到不少美国电视节目。"我们小的时候都以能喝可口可乐作为了不起的事情，一切生活方式都觉得像美国一样才好。当时真的很喜欢看美国电视剧，比如恋爱的，可以很自由约会和选择伴侣。但当我自己恋爱的时候我发现还是要按照越南的规矩来。90年代以来我看中国电视剧越来越多，我觉得中国电视剧里的生活对我来说更容易实现。"不少受访者都表达了类似的看法，认为越南在学习中国改革开放开展革新开放之后经济逐渐腾飞，近年来世界工厂逐渐从中国转移到越南。中国电视剧中对当代繁荣和现代化生活的描绘并不脱离现实，会有越来越多的越南人过上中国电视剧中的生活，中国电视剧里的生活对于当代越南人来说并不是遥不可及的。

  W是笔者的受访者中年龄较大的，她的回答也非常具有深度，提供了绝大多数受访者不能提供的历时的观察维度。她的回答使笔者意识到，不少越南观众对中国电视剧的喜爱并不是从一开始就有的，促成她们选择观看中国电视剧的原因不仅是历史更是当下和未来。中国电视剧成为他们渴望的源泉，满足了他们实现剧中所描绘的那种生活方式的愿望。越南实行革新开放之后，陆续通过颁布新版《投资法》开放市场、加入WTO融入国际分工体系、与欧盟签订自由贸易协定等措施实现了经济腾飞。近10年来，越南年经济增速维持在6%左右，与中国一样成为世界经济增长最快的、最稳定的国家之一，越来越多的越南人不再继续把西方视为过分崇拜的对象。在采访中，很多受访者告诉笔者，对中国电视剧里的城市生活既羡慕也觉得触手可及。有不少人认为中国电视剧无论是剧情还是角色中有一种可及感，并不是不可能遇到像他们在电视剧中看到的角色之一那样的人，他们在西方的电视剧中感觉不到这种可获得性。

  本研究从访谈中获得了以下主题：①以J、P和F为代表的越南观众在选择收看中国古装电视剧时，显然受到了两国历史上儒家文化接近性的影响，相较于西方电视剧，她们认为中国电视剧的文化背景、历史传统、风俗等更易于接受。②受访者PH对中国电视剧的偏好不仅仅是由于历史文化的相似性，更因为越南受众能在其中观察到与当下越南生活方式的相似性。③W经历的由美国制作到中国制作的电视剧的选择转变，呈现了不少越南观众对中国电视剧的喜爱并不是从一开始就有的，而是在文化的多元流动中逐渐感受到对中国电视剧中展现的当代生活既羡慕也觉得触手可及是她选择观看中国电视剧的主要原因。从以上主题我们可以看出，在全球化文化产品生产力和传播力都逐渐去门槛化的今天，仅静态地使用文化接近性理论不足以完全解释作为本地观众为什么更喜欢特定国家地区的电视节目。需要考虑到社会、经济和历史等宏观因素，这些因素可能影响受众在跨国媒体文本中对文化相似性的感知。

四、重新审视文化接近性理论

通过以上研究，我们能看出文化接近性理论也许并不是"人们倾向于消费与自我文化相近似的文化产品"这么简单，中越两国历史上相近的文化，并不足以完全解释目前中国电视剧在越南的成功传播。

（一）文化接近性理论提出的初衷

回到提出这一理论的特定媒介语境来看，"文化接近性"概念最初来自斯特劳巴哈1991年的论文《超越媒介帝国主义：不对称交互依赖与文化接近性》[①]，文章将"文化接近性"视为一种可以对抗文化帝国主义单向流动的概念和力量，其产生的根本动因是为了"超越媒介帝国主义"（Cattrysse）。然而在互联网技术飞速发展、全球文化产品流通自由加快的今天，媒介帝国主义已被大大弱化。我国电视剧在越南的传播历史，已从政策主导时期（1993—1999年）、商业主导时期（2000—2011年）迈进了互联网自由时期（2012年至今）。据美国网络数据传输公司Pandonetworks调查结果，越南现有5 200万人使用互联网，占越南总人口的54%，在亚洲太平洋地区排第五位，是东南亚网络连接速度最快的国家。目前，在越南有大量中国电视剧在线网站，如bilutv.com、phimbathu.com、tv.zing.vn、phimhaynhat.org、banhtv.com等。并且电视剧数量多、电视剧质量好、资源新、剧集更新快，剧集更新速度基本上与中国同步。在总人口8 000多万的越南，中国电视剧《三生三世十里桃花》在bilutv.com有385万播放量，在phim3s.com有280万播放量，在banhtv.com有10万播放量，且通过越南字幕组网友的搬运，采用保留原声配上越南语字幕的快速译制法，基本实现了与中国国内首播时间同步收看。

另外，在这篇论文当中斯特劳巴哈有一个重要的前置表述被大家所忽略："在其他条件相同之下（other things being equal），观众会选择属于他们自己文化的产品"，其中的"其他条件"是什么，作者却并未进一步阐明。后来的研究者在使用这一理论的时候也大多并未去定义什么是"其他条件"。从他的论文来看，我们也无法得出"有相似的文化"就一定会选择"文化类似的电视节目"的因果关系，这并不是斯特劳巴哈1991年论文的重点，所以文章甚至完全

---

① Straubhaar, J.D. Beyond media imperialism: Assymetrical interdependence and cultural proximity. *Critical Studies in Mass Communication*, 1991, 8 (1).

没有处理这对因果关系。对于近年来对文化接近性理论定理化的使用，岩渊浩等人指出"（文化接近性理论）用于解释当地对外国文化产品的接受问题，是一个太简单的累加概念"①。

提出文化接近性理论时的媒介语境与今天已大相径庭，且对理论的适用论述也有不尽之处，在新的历史条件下继续将"文化接近性"这样一个对抗文化帝国主义时期跨国文化产品单向流动的概念作为对跨国文化商品流通的基本分析框架就有把跨文化传播问题简化的嫌疑。在全球化文化产品生产力和传播力都逐渐去门槛化的今天，对跨国文化产品传播的两国的文化的认定不能是静态的，需要考虑到社会、经济和历史等宏观因素，这些因素可能影响受众在跨国媒体文本中对文化相似性的感知。

（二）持续变动且多元的文化

对于中越两国的文化接近性，大多数研究表明主要体现在历史文化方面。"自秦汉之际至法国殖民入侵长达两千年的时间里，越南一直接受汉文化影响，是汉文化圈中濡染中国文化最深者。"②已故的越南国家主席胡志明称中越两国拥有悠久、深厚的汉文化渊源"血统相通，文化根基相同"。③然而第二次世界大战后，随着越南皇帝退位结束了封建帝制，越南经历了法国的殖民统治，后在美国的支持下南方建立了傀儡政权，开始受到西方文化的较大影响，直到1975年越南南北统一建立了越南社会主义共和国。曲折的近代建国史使得越南人民显示出强烈的建设民族文化的愿望。阮雅在"应该为民族文化做些什么"为主题的学者会后撰文写道："是时候彻底粉碎上千年来外来文化的奴役了，唯由此才能在未来的思想、文学、艺术、政治等一切领域发扬或创造属于越南的东西。"④自20世纪70年代末中越关系紧张时期开始，越南政界和学界都致力于解决了越南文化的合法性和合理性问题，越南反对被视为中国模式复制品、呼吁回归本土文化的声音越来越强。在政界"建设浓郁民族本色的先进文化"战略的要求和牵引下，学界最大限度地寻找民族特色文化资源，以确定并丰富越南文化身份的内涵，开始以充分的文化自觉来尝试摆脱中国汉文化的影响，寻

---

① Iwabuchi, K. *In Recentering globalization: Popular culture and Japanese transnationalism*. London: Duke University Press, 2002:51-125.
② 徐方宇：《当代越南文化身份建构探析》，《东南亚研究》，2020年第5期。
③ 李法宝、王长潇：《从文化认同看中国电视剧在越南的传播》，《现代视听》，2013年第11期。
④ 徐方宇：《当代越南文化身份建构探析》，《东南亚研究》，2020年第5期。

求展现自身个性和特质的"民族文化本色"文化身份的重新定位。

越南文化发展的三个阶段，符合季羡林先生提出的："一个民族的文化发展约略可以分为三个步骤：第一，以本民族的共同的心理素质为基础，根据逐渐形成的文化特点，独立发展。第二，接受外来影响，在一个大的文化体系内进行文化交流，大的文化体系以外的影响有时也会渗入。第三，形成一个以本民族的文化为基础、外来文化为补充的文化混合体或汇合体。"[①]在最后一个文化混合阶段，安东尼·瑞德指出了越南文化的多元："越南的作用是这样的：它是东南亚与中国之间的一个边缘地带，而且非常关键""越南的定位问题也相当大"[②]。民族和民族文化都是历史和意识形态产物，是特定政治经济与社会条件下建构出来的，没有先验的内涵，也不是只有官方或主流文化才算是该地的文化，其内涵和组成更不可能一成不变。对越南来说，历史上深受中国汉文化的影响，而在进入近代后受到以法国、美国文化为代表的西方文化的影响，目前越南在保持独立自主积极融入国际社会的过程中，在变动中聚合呈现出既蕴含了汉文化的根基，又表现出西化的倾向，更具有民族主义一面的多元文化形态。

前文所述的受访者PH在电视剧的选择上经历了从美国电视剧到中国电视剧的选择变化。这个案例虽然不能完全代表某一代人对跨国文化产品的选择偏好，但它符合越南南方一整代人的成长文化背景。从这个案例来看，受众对海外跨国文化产品的消费选择是处于变动中的，文化接近性中的"文化"也并不是静态的，它是持续变动且多元的。这提示我们，对"文化接近性"的研究不可限于静态文化的比较当中，过于将国族文化孤立或限制于某一时域，缺乏对整体的社会、历史、经济和政治因素的关注，而忽略其与全球现代性之间关系的问题。这就提出了另一个问题：如果文化是持续变动且多元组成的，那所谓的"接近"，如何可能？若有可能，那又是什么意思？

(三)"接近"文化

电视剧作为普遍性的大众文化商品，在受众身份形成过程中扮演了激发欲望和愿望的角色，它的力量在于提供了"吸引自我和他人的感官、情感和

---

① 季羡林：《季羡林文集》（第8卷），江西教育出版社1996年版，第426—427页。
② ［澳］安东尼·瑞德：《东南亚的贸易时代：1450—1680年（第一卷）》，吴小安、孙来臣译，商务印书馆2010年版，第13、15页。

思想"①的象征性图像和意义的能力。"必须记住,在以图像和符号为共同货币的当今社会,人们越来越依赖于图像作为理解和联系现实世界的工具。"②约翰·菲斯克也认为"在一个消费社会,商品功能更具文化价值,我们需要扩展文化价值的传播,这不是货币经济而是价值的经济"③。包括态度、生活方式和价值观念在内的意义是可以通过商品转移的,因此跨国文化商品的交换和消费在为当地受众提供象征形象的过程中发挥了重要作用,他们通过这些象征形象来构建自己的身份认同。"尤其在经济边缘化的国家中,地方身份往往是作为一种象征性的联想行为,消费者通过消费来自经济较为繁荣的国家的文化商品来建构自我身份的。"④有研究者在对现代性、身份和女性身份建构的研究中认为,身份在当地建构的方式之一是通过消费被公认为"现代"的西方人工制品。"社会地位上升的女性热衷于通过消费(西方)物质装备来展示她们的现代性……对女性来说,这部分是作为消费者的欲望和能力,从而将自己从贫困的束缚中解放出来。这通常意味着她对家庭装饰、时尚服装等休闲活动越来越感兴趣。"⑤

对商品的消费可作为一种表达某种愿望的手段,对外国文化商品的消费选择体现了消费者将自己与某种理想生活状态相关联的愿望。在越南以及亚洲大部分地区,西方所代表的生活方式,多年来曾一直是消费者渴望的对象。从西方的服装到食物、音乐和电影的消费,都被认为是财富和社会地位的象征。然而近年来,"由于亚洲经济的崛起,在塑造新的生活方式和身份方面人们有了新的文化消费选择"。⑥在21世纪到来之际有学者提出了"亚洲亚洲化"⑦的概念,认为亚洲的传统不再被视为低等的,或是欧美现代化的前身,而是与欧美文化传统并存但存在差异性的文化传统。随着东亚经济的繁荣出现

---

① Lull, J. In Media, communication, culture: A global approach. Cambridge: Polity Press, 1995:71.
② Debord, G. The Society of spectacle. New York: Zone Books, 1970.
③ Fiske, J. Understanding popular culture. Boston: Unwin Hyman, 1989:27.
④ Kahn, J. S. Modernity and exclusion. London: Sage Publications, 2001.
⑤ Healey, L. Gender, power and the ambiguities of resistance in a malay community of peninsular malaysia. In Women's Studies International Forum 1999, 22 (1).
⑥ Young, K. Consumption, social differentiation and self definition of the new rich in industrialising Southeast Asia. In M. Pinches (Ed.), Culture and privilege in capitalist Asia. London: Routledge, 1999:57.
⑦ Pinches, M. Cultural relations, class and the new rich of Asia. In M. Pinches (Ed.), Culture and privilege in capitalist Asia. London: Routledge, 1999:4/170.

了亚洲新中产阶级，当代亚洲人更乐于在媒体文本中构建他们的新身份，相应的这也是文化产品消费逐渐亚洲化的过程。现代亚洲人通过消费行为形成的身份，虽然表面上与政治无关，但实际上是建立在具有明确政治意义的集体身份的联想和表征模式之上的。现代亚洲人越来越多地消费亚洲产品，而不是西方产品是因为"他们试图通过对一系列的文化（媒体、教育等）消费来寻求身份的合法性，建立国家社会意识形态"[1]。

如前所述，从笔者所做的调查中，越南观众对中国电视剧中所描绘的生活方式的渴望普遍存在。诚然，越南观众向往中国电视剧中富有、漂亮、现代、积极向上的生活方式，但更重要的是，中国电视剧"平易近人"的吸引力是几乎所有受访者都认为在西方电视剧中找不到的。这种"平易近人"的文化相似性并不仅仅是对中越两国历史文化相近的简单认同，而更多基于当前甚至未来越南和中国在社会、经济和政治方面的许多相似之处。越南对中国电视剧的积极认同可以归因于越南与中国之间生活水平上的差距缩小，这包含了两国社会、经济和政治方面的状况。两国同为社会主义国家阵营，陆续施行经济改革，走上市场经济道路，近年来越南不断扩大的中产阶级、城市消费主义的兴起、妇女在社会中角色的变化、通信技术和媒体产业的发展都形塑了当代越南的文化价值观，有助于中越之间的距离的减少。可以理解文化相似性的识别实际上是基于促进一种想象的同步性，以及对某些生活方式或发展阶段的愿望的表达。

岩渊浩一曾指出，文化接近性的体验不应该被理解为"存在"的静态属性，而应该被理解为"成为"的动态过程。"我认为以这样一种简单的方式观察文化的接近性是有风险的，将文化视为一种静态和不变的属性，而实际上，文化是在生活经验中不断进化和构建的。"[2]在考察影响当地受众对跨国文化产品选择的因素时，不能诉诸本质主义的假设，即本地受众会简单地选择与本地文化"历史文化价值观相似"的媒体产品。实证研究结果表明，文化的"接近"是一个变动的、"成为"的动态过程，受众对当地未来社会和经济政治环境的愿望与他国未来发展道路的可及性在决定文化产品选择方面的影响不应被忽视。

---

[1] Young, K. Consumption, social differentiation and self definition of the new rich in industrialising Southeast Asia. In M. Pinches (Ed.), *Culture and privilege in capitalist Asia*. London: Routledge, 1999:57.

[2] Iwabuchi, K. *In Recentering globalization: Popular culture and Japanese transnationalism*. London: Duke University Press, 2002:51-125.

五、结论

以往对我国电视剧在与我国"文化接近"的东南亚国家的传播效果研究当中,普遍认为历史上两国汉文化的接近性是他国观众选择观看中国电视剧的最显著影响因素。本研究基于对中国电视剧在越南传播的质性研究指出,当下两国生活方式和物质条件上的相似性以及两国未来发展道路的可及性也对跨国文化产品的传播产生了重大影响。

在此研究基础上,本文试图探索在一定程度上被忽略了的关于文化接近性理论有效性的问题。首先,文化接近性理论提出时的媒介语境与全球化文化产品生产力和传播力都逐渐去门槛化的今天已大相径庭,且对理论的适用论述也有不尽之处。在新的历史条件下继续将"文化接近性"这样一个对抗文化帝国主义时期跨国文化产品单向流动的概念作为对互联网时代跨国文化商品流通的基本分析框架有把跨文化传播问题简化的嫌疑。其次,文化接近性中的"文化"是在历史中不断进化和构建的,它并不是静态的,是持续变动且多元的。对"文化接近性"的研究不可限于静态文化的比较当中,过于将跨国文化产品传播两端国家的文化孤立或限制于某一时域,缺乏对整体的社会、历史、经济和政治因素的关注,而忽略其与全球现代性之间关系的问题。最后,何以接近这种变动的多元的文化?文化接近性的体验不应该被理解为"存在"的静态属性,而应该被理解为"成为"的动态过程,文化距离是一种感觉,表达了文化产品消费者的社会和经济抱负。随着中国的快速发展,调查中越南观众对中国电视剧的喜爱,主要来自对现代化生活方式的渴望而拉近的文化距离,越南观众通过电视剧这样的文化产品消费行为来表达他们的欲望。在本研究中,文化接近性实际上不是由对中越两国历史文化相似性的认同决定的,而是由受众对同时代性和同步性的发展愿望决定的。

本文从受众研究的角度,通过田野调查方法检视了文化接近性对跨国文化产品接受的影响力,并进一步回到文化接近性理论本身进行批判思考。这种批判分析考虑到了特定的社会和历史环境,以及各种经济和政治因素,这些因素塑造了观众看待其他文化及其文化产品的方式。这样,文化接近论就不会被作为一种非历史的、简单的、确定性的方法来分析受众对跨国文化商品的接受。

(原文载于《新闻研究导刊》2022年第24期)

老挝《万象时报》视角下的中国形象研究

——以"中老铁路"相关报道为例[①]

方 鑫[②]

一、研究背景

"中老铁路"是中国联通老挝的一条铁路,是泛亚铁路中线的重要组成部分。2015年12月2日,"中老铁路"磨万段举行开工奠基仪式,2021年12月3日,"中老铁路"全线通车运营。"中老铁路"极大地改善了中国与东盟国家的互联互通,有效促进了区域融入全球化进程,是落实中国"一带一路"倡议和中老命运共同体建设的标志性工程。"中老铁路"也是老挝政府的"一号工程",承载着老挝从"陆锁国"到"陆联国"转变的梦想,受到老挝民众和媒体的极大关注。

国家形象是有关对象国家的"存在于受众意识层面的,具有共享性的事件和体验的总和"。公众主要通过媒体的报道来了解"共享性的事件和体验",媒体塑造的国家形象是公众建构国家形象的主要途径之一。目前有很多学者对国内外媒体塑造的中国国家形象进行研究,但还没有学者关注老挝的媒体是如何塑造中国的国家形象。本文从老挝视角出发,以《万象时报》(*Vientiane Times*)关于"中老铁路"的相关报道为研究对象,以期丰富和完善中国海外国家形象的研究。

---

① 本文系云南省教育厅科学研究基金项目"东南亚11国主流报刊新闻网站间的新闻传播网络结"研究(项目编号:2021J0041)成果。
② 方鑫,云南大学新闻学院(南亚东南亚国际传播学院)讲师。

二、语料收集与研究设计

《万象时报》是目前老挝国内最主流英文报刊,被视为老挝最成功的报刊。为获知《万象时报》视角下的中国形象,本研究以"Laos-China railway"和"China-Laos railway"作为关键词,对《万象时报》从2015年12月2日至2022年5月3日时间跨度的新闻报道进行检索,获得初步语料。为了保障所检索的新闻报道是以"中老铁路"为主题,对语料数据进行人工筛查,对重复或不相干的文本进行剔除,最终形成"《万象时报》'中老铁路'报道"语料库,总文本量n=362条,总词符数m=173574个。

为获取《万象时报》关于"中老铁路"的报道关注点,本研究采用兰卡斯特大学的语料库研究工具LancsBox 6.0为语料分析工具,使用Words功能对语料库中关键词进行提取;基于GraphColl功能对China、Laos、Railway为节点词,展现共现词汇关系,对报道中涉及"中老铁路"相关议题进行研究分析,从而探讨报道中所呈现的中国国家形象。

三、数据结果分析与阐释

(一)高频关键词和词丛分析

使用LancsBox 6.0中Words功能,对"《万象时报》'中老铁路'报道"语料库进行关键词词频分析,使用Filter功能过滤无用关键词,合并相似词,获得语料库中关键值排名前20的关键词,结果如表1所示。

表1 "《万象时报》'中老铁路'报道"语料库关键词

序号	高频词汇	频次	序号	高频词汇	频次
1	Lao (Laos)	2 578	8	development	629
2	China (Chinese)	1 435	9	construction	606
3	Railway (railways)	1 017	10	Laos-China	596
4	project (projects)	902	11	investment (investments)	487
5	Vientiane	679	12	trade	442
6	economy (economic)	650	13	cooperation	404
7	country (countries)	640	14	company (companies)	373

续表

序号	高频词汇	频次	序号	高频词汇	频次
15	business (businesses)	361	18	goods	216
16	Thailand (Thai)	333	19	tourism	208
17	transport	316	20	Vietnam (Vietnamese)	205

通过表1，我们可以看到《万象时报》对"中老铁路"进行报道的高频词，主要可以分为区域和经济两大类。区域类包含Lao (Laos)、China (Chinese)、Vientiane、country (countries)、Laos-China、Thailand (Thai)、Vietnam (Vietnamese)等，这可以看出老挝媒体将"中老铁路"视为国家与国家之间的工程事件，将中国视为东盟地区重要的投资方。在区域类高频词中，除了中老两国之外，Thailand（Thai）、Vietnam（Vietnamese）等区域邻国出现的频次也非常高，凸显出中国大国在东盟地区内的重要影响力，如例1和例2：

例1：Now Chinese investment in Laos has over 760 projects underway with a value of about (US$6.7 billion), making China the top ranked foreign investor in Laos, followed by Thailand and Vietnam.

例2：The railway in Laos will link with the project in Thailand to form part of the regional rail link known as the Kunming-Singapore rail line, covering a total distance of some 3,000 kilometers.

从表1可以看出，在排名前20的高频词中，经济类有project (projects)、economy (economic)、development、construction、investment (investments)、cooperation等，这些关键词反映了《万象时报》在报道"中老铁路"时关注的经济细节，以及"中老铁路"带来的相关经济活动，体现了老挝将"中老铁路"视为可以推动老挝经济发展的重要因素，如例3：

例3：Economic growth will be driven by several mega-projects such as the Laos-China-railway ...

同时，《万象时报》对于通过"中老铁路"开展两国经济合作抱有极高的期待，如例4：

例4：Both China and Laos were continuing to strengthen their cooperation, with joint ties in trading, investment and tourism expected to further increase in the future.

经济类高频词中的trade、transport、goods、tourism等，则体现了老挝对

"中老铁路"的具体期待,希望通过"中老铁路"实现商品进出口贸易的增长,以及吸引更多的中国游客,以此来促进老挝乃至东盟地区的经济发展,如例5:

例5:The railway will be a key driver of tourism and trade between Laos and China and between China and Asean.

使用LancsBox 6.0中Ngrams功能,提取"《万象时报》'中老铁路'报道"语料库中连续重复出现的高频3词丛,将语义相似的词丛合并,获得语料库中语义完整的高频3词丛前20条,结果如表2所示。

表2 "《万象时报》'中老铁路'报道"语料库高频词丛

序号	高频词丛	频次	序号	高频词丛	频次
1	the Laos-China railway	596	11	relations and cooperation	85
2	belt and road	316	12	China's Yunnan province	78
3	works and transport	216	13	the business environment	71
4	planning and investment	198	14	Singapore Laos Thailand	53
5	the Chinese border	158	15	the Chinese government	49
6	culture and tourism	135	16	160 km per hour	43
7	the construction of	120	17	speed of rail	33
8	commerce and industry	113	18	Chinese rail technology	20
9	specific economic zones	105	19	the communist party	19
10	travel by road	95	20	the main challenges	15

通过表2,我们可以看出语料库中高频词丛,从语义分类上来看,比高频关键词有了更丰富的类别,不但有区域、经济还有政党等词丛的出现。经济类的高频词丛,依然体现了《万象时报》对于"中老铁路"带来的经济期待,尤其是belt and road词丛,成为仅次于the Laos-China railway而出现的高频词丛,体现了老挝对我国"一带一路"倡议的积极响应和支持,如例6、例7:

例6:Mr. Saleumxay told the media that Laos has fully supported the One Belt, One Road Initiative.

例7:The Laos-China-railway, as part of China's One Belt, One Road Initiative, is a symbol of friendship between Laos and China and will bring happiness and prosperity to the people of both countries.

在高频词丛中,我们还可以看到有the Chinese government、the communist

party等相关政治词丛的出现，在《万象时报》关于中国政府和中国共产党的报道中，没有看到负面的评价和报道，总体评价都是非常正面和积极的，如例8。同时，《万象时报》还对中国的高铁技术和科技成就有着极高的评价，认为中国高铁技术是先进的，如例9：

例8：... under the leadership of the Communist Party of China (CPC) Central Committee with Comrade Xi at the core, the Chinese people would without doubt achieve the first centenary goal of building a moderately prosperous society in all respects.

例9：Times recently that the railway will be built by Chinese companies using advanced technology.

（二）中国、老挝搭配词分析

基于LancsBox 6.0中GrapColl功能，本研究提取了"《万象时报》'中老铁路'报道"语料库中"China"和"Laos"各自的搭配词（collocates）和共享搭配词（shared collocates），以此来考察《万象时报》是如何描述中老两国之间的关系的。具体描述结果如图1所示，虚线表示共享搭配词、实线表示独自搭配词，箭头的长短代表了词语之间搭配程度的强弱。

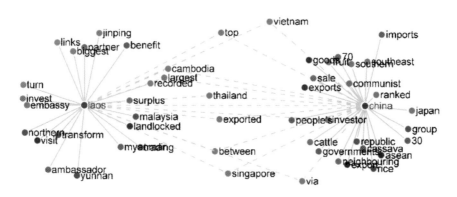

图1 中国、老挝共现搭配词网［MI3（5），R5-L5，停用功能词］

从中国、老挝两国在《万象时报》的共现搭配词网中可以看到，投资者（investor）是一个位置靠近中国的共享词，说明老挝将中国视为投资者，认为随着"中老铁路"的建成，将带来更多的投资者，对中老经济都有助推作用，如例10。而出口（exported）作为位置靠近老挝的共享词，表明了老挝想通过中老铁路加大对中国出口贸易的愿景，如例11。越南（Vietnam）、柬埔寨（Cambodia）、泰国（Thailand）、新加坡（Singapore）等国家作为共享词出现于中国（China）和老挝（Laos）之间，充分体现了老挝将"中老铁路"视为东盟区域内的一个重大工程，也表达了对将"中老铁路"延伸至东盟其他国家，构建泛亚铁路网的期盼，如例12：

例10：...to work together to attract investors from around the world to set up business in the economic cooperation zone...

例11：During those two months, all dry season agricultural products exported from Laos to China had to be stored in a warehouse at the border awaiting Chinese buyers.

例12：The Laos-China and Thai-Sino railways are part of a planned regional rail network to link China with Singapore through Laos, Thailand and Malaysia.

四、《万象时报》"中老铁路"报道中的中国国家形象

通过对《万象时报》从2015年12月2日至2022年5月3日时间跨度的新闻报道进行分析，《万象时报》所构建的中国形象是非常积极、正面的，着重构建了一个"经济强国""政治大国""科技大国"的中国国家形象。在针对"中老铁路"的报道中，《万象时报》既关注于中国对老挝的经济影响力，同时也关注于中国对老挝的政治影响力。但总体而言，作为老挝的最主要媒体之一，《万象时报》对于"中老铁路"以及中国的报道，都是以正面为主，几乎没有主动进行的负面报道。同时，《万象时报》针对西方媒体对于"中老铁路"所可能带来的老挝债务等问题，也进行了相关驳斥，认为"中老铁路"可能带来的积极经济效益高于债务等负面影响。

《万象时报》对于"中老铁路"的报道，可以看出老挝国内主流媒体对于"中老铁路"项目的正面肯定，"中老铁路"工程成为中老两国加强合作的新契机，将由此成为中国与东南亚地区合作的成功案例。

Ⅱ 民族传播

嵌入乡土的"微信社区"

——基于一个白族村落的研究[①]

杨星星[②] 唐优悠[③] 孙信茹[④]

一、问题的引入

"我娃娃要在昆明开个剑川火锅店,到时候开业喊起群里在昆明打工的朋友还有你们一起来耍!我再把三弦拿上,剑川人聚在一起必须要弹三弦,我们喝喝酒、吹吹牛、唱唱调子热闹一下子!也请你们在朋友圈里面给我们宣传一下!"当调研团队离开白族石龙村的时候,村民李根繁与我们这样道别。他所说的"群"指的是外出打工和上学的村民组建的"石龙闯天涯"微信群。不仅外出的村民通过微信群相互联系、交流,即便身在村寨里的村民们,在微信群里早已有着丰富的实践活动:快递点老板创建了"快递包裹通知群";有人在朋友圈里售卖着蜂蜜和松茸;村民在"石龙老司机"群里寻找车友拼车出行;村中小贩在车上贴出一张微信收款二维码;各类山歌群里,时常传出白族调悠扬的歌声。伴随着智能手机在石龙村的普及,村民的日常生活和微信紧紧交织在一起,随意与捧着手机玩耍的村民攀谈几句,他便能自然和娴熟地聊起自己的头像、微信名、朋友圈和微信群。

这个村落,位于云南省大理白族自治州剑川县沙溪镇,尽管倚靠当地著

[①] 本文系国家社科基金一般项目"微信与都市流动人口社会关系建构"(17BXW058)的阶段性成果。
[②] 杨星星,云南大学新闻学院(南亚东南亚国际传播学院)副教授,云南大学传播与社会发展研究基地研究员。
[③] 唐优悠,云南大学新闻学院(南亚东南亚国际传播学院)2020级博士研究生。
[④] 孙信茹,南京大学新闻传播学院教授。

名的石宝山风景名胜区，但因地理位置偏远，交通不便，只有一条村级柏油路与外界连接，经济发展相对滞后。加之当地为白族聚居村落，保留了较为完整的白族传统文化，因此，这个村落成为当地民族和民俗文化示范村。在世人眼里，这里俨然一个古老村寨，如同费孝通笔下那个人土气，地土气，文化也是土气的乡土社会[①]。研究者从2011年就开始在这个白族村落展开田野调查，几年间多次重返石龙，累计在村调查的时间超过6个月。研究者对村落的观察历经了传统的电视时代到手机时代，这使得研究者得以较为深入地理解网络和新技术在村落发展的历史脉络。2019年1月到2月，研究团队共10人对田野点展开为期1个月的调查，主要采用参与式观察、深度访谈等方式对村民的新媒体使用，尤其是社交媒体的运用展开田野调查。累计访谈人数达到100人，其中深度访谈约50人。和传统媒介时代的调查不同，研究者感受最为强烈的就是村民们被卷入了一个互联网的新世界，手机为人们提供着畅快的联络和沟通，微信将人们的生活不断搬进网络的空间，村里小卖部门口挂着的Wi-Fi密码无时无刻不在提醒人们，网络已经成为这个地方的"基础设施"。更为重要的是，当研究者深入到村民们的手机和微信生活中进行观察时，会发现村民们在微信空间中架设起不同的群体结构，组建不同的群体类型，连接了多种类型的群体关系。从这样的意义上说，石龙村村民在微信中形成了一种新型群体聚合方式，构筑出一个交织着复杂关系的线上空间。

但应该看到，石龙村这个线上空间，和我们通常意义上所讲的虚拟空间最大的不同就在于，它是建立在一个实有社区的基础上，有着来自现实可触的社区空间，村民们在其间所展开的活动既是对现实社区和空间的"移植"和"延伸"，但同时又创造出了一个和现实空间截然不同的新型社区。伴随这个线上社区的形成，村民们在当中聚集、互动，展开新的社会交往和活动。如果将这个线上社区称为"微信社区"，那么，这个社区如何构成？它与现实社区的关系是什么？

从更大的理论范畴来看，社区作为社会学研究中的一个核心概念，其理论来源和内涵阐释较为丰富和复杂。该领域研究最早可追溯到德国学者滕尼斯，他把社区定义为地域范围较小的、其居民具有较紧密的相互关系的、传统性较强的地方性社会，把社会定义为大规模的、关系较松散的、现代性较强的社会[②]。他认为社区或共同体体现的是人们之间的相互依赖，"享受和劳动的相

---

① 费孝通：《乡土中国》，北京大学出版社2012年版，第9—12页。
② 黎熙元、童晓频、蒋廉雄：《社区建设：理念、实践与模式比较》，商务印书馆2006年版，第4页。

互性"①。到了涂尔干,他提出共同体的基本特征包括:紧密的社会约束力、对社会机构的依附和参与、仪式庆典、小规模人口、相似的外表特征、生活方式及历史经验,相同的道德信仰、道德秩序等②。美国的社会学发展与芝加哥学派对社区的研究分不开,之后在学界较长时期对社区研究探析的过程中,还有学者提出社区不仅仅是具有地域性的社会群体,还是一种社会网络。甚至美国社会学家韦尔曼更是提出了研究社区的新的视角——将个人社会网络当作社区③。美国学者Hillery在收集了94种社区定义后,提出社会互动(social interaction)、地域(area)、共同的联结(commonties)是社区的本质④。在这些不同时期的讨论中,可以看到,社区的概念和研究范畴不断得到延伸和拓展,如果说传统社区研究中对地域、社会群体、共享的情感和文化等要素较为强调,那么,随着研究者的探索,社区研究逐渐转变到社会网络、关系连接等问题的讨论上。而在社会变迁和人口流动加剧、传统社区边界被打破,新的社区开始不断涌现的当下中国,不少学者对社区转型和人们新的联结方式产生研究兴趣,开始关注媒介在社区凝聚和传播中发挥的作用。如丁未将视角放在深圳一群出租车司机聚居的城市社区中,探讨新媒体的使用如何影响这一特定社群的社会生活。在此基础上,她认为社区是考察传播行为中制度与人类日常生活世界互为作用的理想场域⑤。

沿此脉络,到了互联网时代,一些学者逐渐将社区研究和网络空间相连。如有学者认为虚拟社区存在于和日常物理空间不同的电子网络空间(cyberspace),社区的居民为网民(netizen),他们在一定的网际空间围绕共同的需要和兴趣进行交流等活动,并且形成了共同的文化和对社区的认同感与归属感⑥。在这个过程中,比较重要的是,我们可以看到,在技术的影响下,时空得以重组,社会关系的组织和连接方式得到重塑。现代社会的联结成为一种

---

① [德]费迪南·滕尼斯:《共同体与社会》,林荣远译,商务印书馆1999版,第62页。
② 陈美萍:《共同体(Community):一个社会学话语的演变》,《南通大学学报(社会科学版)》,2009年第1期。
③ 陈福平、黎熙元:《当代社区的两种空间:地域与社会网络》,《社会》,2008年第5期。
④ 刘江:《重识社区:从"共同体"到"场域"的转向》,《社会工作》,2016年第2期。
⑤ 丁未:《流动的家园:"攸县的哥村"社区传播与身份共同体研究》,社会科学文献出版社2014年版,第39页。
⑥ 胡鸿保、姜振华:《从"社区"的语词历程看一个社会学概念内涵的演化》,《学术论坛》,2002年第5期。

"脱域的共同体"[1]，那么，这种脱域的机制如何形成？网络和技术在其中扮演了怎样的角色？此外，重要的是，当社区的边界已经得到了大大扩展之后，人们在虚拟空间和物理空间中可以展开不同的转换，也必然会带来社区实践的多元和复杂。因此，"这决定了我们应该从社区实践维度理解多元社区"[2]。而从互联网与社区实践的角度来看，传播学领域的研究者做了颇有意义和价值的论述。有研究者把网络论坛看做一种特殊的虚拟社区，探讨社区网络论坛在建构社区认同、协助社区治理方面发挥的作用[3]；与此相关，有研究者认为社区居民通过新媒体平台展开参与式传播，促进社区居民的自我赋权[4]；还有研究者关注传统村落的公共领域中，数字社区的出现为村民的公共行动提供了线上的可能，进一步强化村民的社会关联[5]。从这些不同的观察与分析中，我们可以窥见研究者对网络空间及网络社区所具有的特质较为重视，他们试图在媒介技术及其形成的独特空间的基础上对新平台与联结方式进行深入探析，因此也会较多关注这些新型社区为人们提供的多元和丰富的实践活动。

基于上述分析，我们的田野对象尽管是固守着传统社区生活方式的村民，但是，他们建立网络的新空间并在其中展开创造性的实践，由此，值得探讨的是，当这些村民穿梭游走于现实社区和网络社区的时候，这种新的生活方式对村民来讲意味着什么？这种网络新型社区与现实传统社区的区别与联系是什么？进一步说，如何从社区实践的角度，去发掘和理解这个新型社区空间中形成的"组织"与"关系"？而与以往研究有所不同的是，这里的社区实践和前面学者所讲的社区治理、社区居民赋权等概念不同，我们更强调的是传统村落中的村民如何在线上建立新的生活空间并展开网络文化实践的过程。对于普通民众而言，网络和新技术的使用，使得越来越多的人被卷入全新的网络社区之中，新型社区的生活越发成为一种常态。借此，我们还可以观察网络和新媒体对于传统社区生活和文化模式所带来的影响。

---

[1] 王小章、王志强：《从"社区"到"脱域的共同体"：现代性视野下的社区和社区建设》，《学术论坛》，2003年第6期。
[2] 郑中玉：《个体化社会与私人社区：基于中国社区实践的批评》，《学习与实践》，2012年第6期。
[3] 谢静：《虚拟与现实：网络社区与城市社区的互动》，《现代传播》，2010第12期。
[4] 王斌、古俊生：《参与、赋权与连接性行动：社区媒介的中国语境和理论意涵》，《国际新闻界》，2014年第3期。
[5] 牛耀红：《建构乡村内生秩序的数字"社区公共领域"——一个西部乡村的移动互联网实践》，《新闻与传播研究》，2018年第4期。

二、作为传统社区的石龙村落及其微信使用

（一）石龙村的传统社区

石龙村作为一个白族为主体的少数民族村落，在社会学意义上，是"一个具体可以观察到的实体社区"。截至2019年，全村共有288户，1 257人，除少数彝族、傈僳族和汉族外，白族占总人口的80.4%。白族是石龙村最早的主人，分为张、李、姜、董四个大姓八个家族，按村里人的说法"每个人都沾亲带故"。作为赫尔德倡导的民族共同体的核心共同精神：家庭、民族、语言、感情[①]在石龙鲜明地体现出来。同时，通过血缘、姻缘、地缘为主的社会关系网络也结成了滕尼斯广义的"共同体"。

石龙村村民文化程度普遍不高，村民所从事的活计和营生却异常丰富。农业以种植马铃薯、苞谷、白芸豆为主。依托山林资源，当地村民在农忙空余时上山采集松茸、牛肝菌等野生菌，获得较为丰厚的收入。除了传统的农业、畜牧业、采摘业，村里还出现了运输、建筑、零售、微商等职业类型。因为背靠著名的风景区石宝山，距离近年来火热的旅游点沙溪古镇不远，加上村落有着丰富的白族传统歌舞和悠久的文化历史，霸王鞭舞、白族对歌、洞经音乐演奏、本子曲、滇戏演唱等民俗文化保留相对完整。因此，近年来村民们开始尝试旅游服务、餐饮客栈和文化经营活动。2002年，剑川县人民政府将石龙村列为白族民俗文化村。石龙以村委会领导班子、经营大户、非物质文化遗产传承人为主架构起了村落的核心组织结构，村里的政治、经济和文化精英们对村落发展起着较为重要的作用，他们和普通村民一道，形成了村落社区的基本组织形态。政治精英包括村党支部、村委会、扶贫工作队、计生办、卫生所、联防队的成员，经济精英主要集中在村里开农家乐、客栈、经营土特产的微商等具有较好经济物质条件的群体中，而文化精英主要由白族调、霸王鞭等非遗传承人及乡村教师组成。在石龙村，非遗传承人有二十几人，他们不仅是当地有名的民间歌手和表演者，而且他们头脑灵活、能说会道，常到各地表演获得较为丰厚的报酬。因此，村里的政治精英和经济精英也多集中在这部分人中。从社区特性来看，作为行政村落的石龙村符合帕克对于具象的社区的认知："一是

[①] Hoffmann, S., Evrigenis, I. D., Pellerin, D., & Herder, J. G. Johann gottfried herder: another philosophy of history, and selected political writings. *Foreign affairs* (*Council on Foreign Relations*), 2004, 83 (5).

按区域组织起来的人口；二是这些人口不同程度地完全扎根于他们赖以生存的土地；三是社区中的每个人都生活在相互依赖的关系中。"①

（二）石龙村的微信使用

石龙村的手机和网络在近几年得到了较大的普及，尤其是从2017年开始，大部分家庭陆续安装带Wi-Fi的移动数据盒，目前接近40%的家庭开通Wi-Fi。除了老人和小孩，几乎所有村民都拥有手机，手机里必不可少的就是微信，村民们接触和使用微信的动机不一。有人是为了销售盈利，在石宝山景区大门口摆小吃摊的张福娟因为总有游客提出要微信支付，她便花350元买了第一个智能手机并注册了微信，在摊位贴上了一张绿色的收款码，"从此不用再担心找零钱的问题了"；80后"白曲王子"李根繁在大理白族地区有一定的影响力，擅长交际的他在村外的朋友众多，他经常发布一些自己穿着白族服装背着三弦到处演出并接受媒体采访的图片，偶尔也会发一些拣松茸、采蜂蜜的照片来"植入广告"，"我微信里面有1 200多个好友，他们看到我的朋友圈就会来找我买这些东西，我毕竟也有点小名气嘛，他们信得过我"；有人是为了更好地与家人通信：在丽江餐馆打工的张坤龙见到这个"说一段话当短信发"的软件很是好奇，学着注册了一个微信号并且教会了家中的父母，"现在我手机只要连上Wi-Fi，想跟家里打多久电话就打多久，还可以开着视频让老人看看我"；如今已是沙溪镇副镇长的张四宝一直都引领着村内的技术潮流，作为村里第一个买手机的人让他十分享受村民们羡慕的眼光，"见过世面"的他也是村里最先一批注册微信与在村外闯荡的村民加上好友的人；也有人是为了工作或者是娱乐，村扶贫队员陆晓云日常工作繁重，经常要翻山越岭去村民家送材料，"现在很多表格都可以让他们通过微信发给我，我少走了好多路，你看现在人都胖了一圈"；张根发是村里的白族调爱好者，"怀才不遇"的他一直认为自己是村里仅次于三个白曲非遗传承人的第四号歌王，只是苦于当众演唱时的害羞，所以一直没能评上非遗传承人，现在他把自己演唱的曲目录制到手机里，就可以发给微信上朋友听了，"我就是村里公认的四大白曲歌王之一了"。

Wi-Fi通信基站的建设为石龙村村民跨入信息生活提供了平台。即便是从事农业、采摘、旅游等活动，村民也要逐渐适应新媒介环境下的网络交易和联通方式；传统和植入日常生活的白族调在微信对歌群出现后，喜欢唱歌的村民

---

① Park, R.E. Human Ecology. *American Journal of Sociology*, 1936, 1.

能够更为便捷地"想唱就唱";村落虽地处偏远,但这些年不乏人口的频繁流动,人们借助手机和微信将外部世界和信息拉回自己生活的传统社区里。在基础设施、技术普及、经营贸易、人口流动以及文化表达等力量的驱动下,加之微信使用的低门槛,让经济文化层次不等的广大村民使用微信成为可能。

在村民的微信使用中,随着使用者的增多,一对一的联系已经不能满足他们的需求,更多的交流诉求和功能被村民们发掘和利用起来。石龙村微信使用最为突出的就是那些仿佛雨后春笋般涌现的微信白曲对歌群。"我们唱一首白曲要一分钟的时间,有了微信可以发六十秒的语音,就有人在群里开始唱起调子来了,那下子村里出来了好多个微信对歌群,走在路上,家家户户唱调子的声音就会透过围墙传出来"。与其他歌曲不同,白族调中两人相互对歌演唱是其精髓,白曲传承人李根繁说:"我们对歌都没有固定歌词,全靠我们现编,我即兴作词唱一首调子,对方也会就我的词即兴创作唱一首来回应我,现在在群里面我们就可以一个人跟好几个人一起对歌,或者多人一起对。"不仅在群里演唱,一些群主还会定期举行线下的聚会活动,人们在微信群里"以歌传情",更将这种情感交流和认同从网络空间延伸到了现实生活中。

除了因趣缘而建的对歌群以外,基于血缘、业缘、工作组织等特征的微信群也相继出现,这些群将现实生活中具有相似圈层结构的村民们聚合到一起:在昆明上大学的李安利教了父母使用微信,为了方便与其他家人沟通,父母教会了自己同龄的叔伯之后创建了家族群"村东头的老小可爱们",李家所有用微信的成员被拉进了这个微信群。扶贫工作队队长创建了"石龙建档立卡户"微信群,将工作队的队员以及七十家建档立卡户拉进了群里,这样开会就不需要特意上门去通知了,一些工作和政策也能及时在微信群里"昭告全村"。此外,石龙村的党支部、村委会、联防队建立有专门的微信工作群,辅助相关部门组织日常工作的运转。而外出打工的村民也创建了"石龙人闯天涯",平时在群里分享家乡的消息和转发一些白族文化的推文,重要的是,在这个群里,谁有困难说上一声,群里就有人相互帮忙。身兼快递点老板和村卫生所所长的张吉昌创建了"快递包裹通知群",拍一张快递单目录放群里提醒村民领取快递。他还创建"预防接种与体检信息群"通知村民接种疫苗,同时也在群里给大家进行线上问诊。

不难看出,石龙村村民的手机和微信使用,与村民的日常生活息息相关。村务工作群基于村治格局中的党支部和村民委员会组建,村民的打工潮和人口流动牵引着外出打工群的建立,血缘纽带下催生着家族群的构建,取快递、就医等日常生活驱使着相关微信群的产生；丰厚多样的文艺土壤也给微信对歌群提供了基础，还有商品交易、农业贸易等日常活动，将那些拥有共同特征、共同工作、共同血缘、共同爱好、共同经历的人们聚集到了一起。如果说，传统村落有其自身的组织方式和结构逻辑，而今村落里组建起来的各种各样的微信群，使得村民聚集和连接有了新的平台和方式。在这种新的连接和组织方式下，村民们延伸和拓展着自己的社会关系与交往圈。同时，在这个传播结构中，基于微信群—朋友圈、群体—个体、实体空间—网络空间等不同的层面，一个多重交织和复杂的新型社区开始慢慢形成。这个社区尽管源自一个传统的现实社区，但我们更看到网络和新媒体使之形成的新的聚合方式、社会关系及互动形式，甚至在某些层面上（如社区精英对微信群的创建和管理、白族调在微信群里的复兴）还实现了村落社会和文化的再造。由此，我们将这个新型社区称为"微信社区"。

三、石龙村微信社区的构成图景

在调查中，我们发现，村民使用微信的基本情况如村主任所说："村里70%的人都有智能手机，用智能手机基本都有微信。"按将近1 300人的总人数来计算，那么使用微信的人就近900人。我们一共访谈了100个左右的村民，其中包括从15岁到55岁的村民，除了一直务农的村民，还兼顾了村里的学生、村官、外出务工者、司机、微商、乡村教师、文化传承人等不同类型的人。同时，在访谈中我们还考虑到了性别、受教育程度等差异性。在这些不同的人群中，既可以发现人们使用媒介方式、信息需求、知识观念等方面具有的差异，还可以看到他们运用微信联结起来的不同社会关系以及他们对微信群创造性的使用方式。

（一）架构村落网络社会的微信群

在调查中，我们发现由本村村民组建的各种类型微信群100多个，我们记录和观察了其中的62个微信群。按照这些微信群线上社区和现实组织结构、人员构成的关系、微信群的功能和用途、社群边界的划定等因素，我们将这些微信群分为趣缘群、官方群、便民群、家族群四种主要类型。

我们把白曲群、牌友群、好友群等划为趣缘群类型，这是石龙村使用人数最多的微信群种类，其中白曲群数量最多，占到60%以上。这类群通常并无线下明确的组织和构成人群，主要由一群有着共同爱好的人或几个好友组建而成。这类群的组建较为松散，进入和退出比较随意，也没有特定的"群规"和要求，偶尔有些规定，如群里要有白曲著名歌手"撑场子"，群里夫妻同在的较少，发布内容主要就是唱歌等，但这些规矩也大多约定俗成，群内成员并不强求。人们在这类群里的活动最主要就是对唱白族调，分享见闻也较少，唱到高兴之余，发红包是群里最热闹的事。

这些年来，因为村委事务的繁多，在微信里组建官方群也较为普遍。村委会、村党支部、各村民小组、党建、扶贫工作队、村卫生所、村森林防火队、景区管理、村文艺表演队、疫苗接种等都有各自区分明确的微信群。这类微信群的创建者通常是相关组织的负责人，群成员也都是这些机构的成员，在微信群中讨论的内容与工作的主题相关，参与者不爱闲聊，主要用于通知信息发布、召集村民开会等事务。如果遇到比较重要的村内大事，人们也并不完全习惯在微信里讨论，线下的集中显得更为重要。群内的成员往往在不同的群里都有交叉和重叠，这和他们在现实中的身份息息相关。一般来说，与工作无关的人员不会被拉进群里。

便民群的组建和村里人员、物资、信息流动分不开，主要包括快递包裹通知群、老司机群、外出打工群等。这些群里有的充分发挥出微信便捷快速的优势，为村民提供服务的平台，如通知领快递、借车用车、结伴帮扶、提供务工信息等；有的群则由某一些特定群体的人组建，如"石龙老司机群"，所有的参与者都是石龙村拥有汽车的村民，他们大多为男性，年龄也主要集中在20岁到30多岁之间。便民群的群主通常都是村里交际能力较强的人，成员的参与性都较高，发布的消息大都和自身利益相关。

家族群一般是以三代以内的直系血亲家族成员共同建立起来的，群里包括父母、兄弟、妯娌、子女、叔侄等成员。这类群的创建者都是家族里的年轻人，他们使用手机相对熟练，群里的聊天内容主要是发红包、分享信息和聊天。这类微信群的边界是以血缘和家族建构起来的，非家族成员不能进入。

除了这四类最主要的微信群之外，村里偶尔有一些较少人群组建起来的微信群，如同学群、麻将群、好友群、战友群、木雕群、宝妈群等，但较为固定和具有一定规模的以上述四类群最多。官方群、便民群和家族群或基于村落组织机构组建，或和公共事务相关，或建立在家族血缘基础之上。他们如同线下现实权力和交往网络的映射，很大程度上保留着现实社区的秩序规则。而以唱白曲为主的趣缘群，虽然其中成员也有诸多线下的交集和现实中的关系网络，但是这个群里的人彼此并无太多的利益关系。当然，对于很多石龙村村民来说，不少人在几个群里都交织重叠出现，并且，这些群里还有较为明显的核心人物，他们往往成为各个群里的重要结点。村落里各类微信群连接交织，建构出一个丰富的网络社区。我们可以下图展现这些微信群的关系：

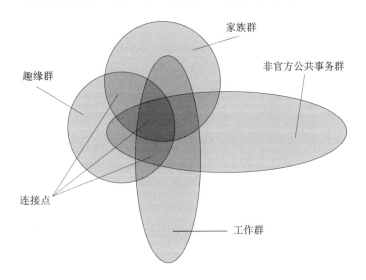

在上图中，可以发现不同的圈意味着不同种类微信群中的成员，相互交织的部分表示加入了多种微信群的村民，而颜色越深，表示个体加入的微信群的种类越多，因此连接的微信群也就越多，这一类人就是微信社区的主导结点。通过对村民手机使用的观察，我们发现主导结点往往是那些在村内拥有影响力，频繁参加公共活动且具有一定社会资源分配能力的个体，他们是村内的政治、经济、文化精英，相较于普通的村民，他们加入了更多种类的微信群。

如村委会主任姜伍发是当地著名的歌手，也是云南省级白族调非遗传承人，因此各个白曲群争相邀请他，并请他在群里指点其他村民唱歌。作为村干部，扶贫、党建、联防队等官方群也少不了他。此外，老司机群、外出打工群等便民群也有他的身影，加上他自己的家族群，这让他在线上的参与和活跃度都极高。村卫生所所长张吉昌在自家开的小商店里设了一个快递点，他是村内公共卫生领域的"权威"，除了给村民看病，他还要完成快递收发、电商服务等事务。因此，他不仅要在卫生系统的工作群里和别人联络沟通，还要履行好自己组建的快递群群主的职责。张益民是村里80后的致富带头人，被村民认为是相当"活泛（聪明）"之人，会做生意广交朋友。他一边在景区开车跑客运，一边经营着电子商务、农家乐。张家是村里的大户,人丁兴旺,家族里有村支书、饭店老板等人。作为经济精英的他在三类微信群里最活跃:便民群里拉客运的订单,趣缘群里发红包推荐自己的土特产。石龙村的微信群,将"人以群分"在微信中重新演绎,让村民们凝结为一个新的网络社群。

(二)作为"微信社区"的石龙村

当微信嵌入传统乡村日常生活和社会结构以后,微信不仅将人与物的流动、文化活动与仪式、社会关系和交往等现实生活搬到网络世界里,同时还对个人、家族、村落以及民族认同的凝聚产生影响。可以看到,石龙村这个传统村落的社会生活一定程度上被微信"结构化"。从这个意义上讲,石龙村成为一个"微信社区",它呈现出以下的一些特征。

其一,具有一定数量的人和群体在微信中聚集。Rheingold认为虚拟社会群体是"一群足够数量的人,透过充足而长久的公开讨论,具备充分感情,在网络空间中形成一个基于私人关系网络的社会聚集"[1]。人和群体作为社会交往的主体、文化的承载者、规则秩序的制定和被约束者,是社区存在的基础。石龙村村民根据现实社会中的血缘、族缘、社会组织、生活方式和兴趣爱好等差异形成具有结构性的不同微信群。这些微信群是现实社会关系和生活空间的线上呈现,同时,线上生活又进一步影响了人们在现实中的关系,将不同的人通过新的方式连接在一起。这些个人、群体、组织在微信中的聚集,正如同帕克对社区的界定那样"需要有按区域组织起来的人口"[2],这些微信上聚集的村民给予了微信社区最基础的成员以及组织保障。

其二,形成凝聚成员认同的共同体。无论是日常村民对话使用的白族语言,还是村落共同的仪式和节庆活动,石龙村作为一个"民族共同体"时时彰显着强烈的民族文化意识和认同。共同体建立在血缘、地缘和友谊等纽带基础上,表现为家庭、家族、村庄和城镇,人们依靠默认一致与和睦团结,"共同体"强调人与人之间的亲密关系以及对社区的归属与认同,其中共同的精神文化意识是其精髓[3]。微信介入以后,维持共同体核心的精神文化的传播与传承借

---

[1] Rheingold, H. *The virtual community: homesteading on the electronic frontier*. MIT Press, 2000:43.

[2] Park, R.E. Human Ecology. *American Journal of Sociology*, 1936, 1.

[3] [德]费迪南·藤尼斯:《共同体与社会》,林荣远译,商务印书馆1999版,第2页。

助微信平台得以实现。唱白族调、重大仪式和节日庆典在微信里的传播,进一步增强了石龙村白族人的民族归属感。"民俗文化一家人"的群里,人们在唱白歌之余也会分享一些"白歌王子的故事""白族人必须知道的十条习俗"等推文。对于外出的石龙人,微信的跨地域连接,实现了人们与乡土的联系,让他们的根仍旧紧密扎在乡村,实现了虚拟共同在场,加强了个人与族群之间的双向认同,微信群成员们结成了息息相关的共同体。

其三,微信空间为人们提供媒介实践活动的平台。"在智能媒体时代下,WEB2.0技术不断促使传播由'点到面'向'多点到多点'的互播模式转变,互播模式的群体交互性使互联网天然地具备了社区的特质。"[1]如同现实社区里人们的活动一样,在微信空间中,人们在这个平台展开传播实践:人口流动催生着外出打工群的出现,也使得家人通过微信朋友圈关注家庭成员动态信息的变化成为常态;石龙村丰富的土特产资源促进了人们利用微信销售产品;白族文化和多样的民间艺术,在微信里焕发出新的生命力和影响力;乡村公共事务的繁重使得微信这种便捷的沟通方式能够被利用起来;村落传统乡土的格局让家族微信群日渐活跃。如果说,村民们组建和参与的各类微信群是石龙村微信社区的基础架构,微信群里是村落现实社会结构的再现和复杂社会关系的线上延续,那么,村民们在微信朋友圈中内容的发布和书写,则将个人、族群和外界社会勾连起来[2]。因为可以更多满足于个人的记录和表达,这就使得朋友圈内容的呈现不同于微信群里的交流与沟通,也不像微信群里首要的是满足人们的特定需求或彰显确定社会关系。在朋友圈中的内容呈现如同微信社区里人们的日常点滴与个人"叙事",将人们的喜怒哀乐纳入这个网络社区,使这个社区实践变得生动鲜活。

其四,多层次立体化的信息流动和社会关系连接得以实现。媒介蕴含着连接,人们在微信中的单独聊天,微信群的公共讨论,朋友圈里的情感表达,公众号的信息分享等多个功能的使用,使得这个空间中的信息流动包括了个人生活世界的呈现、商品和贸易的内容交流、互帮互助的信息传递、村落公共事务的传达和讨论,还有白族调微信对歌的流行。这些信息流动实现了个体之间、个人与群体、群体之间、群体与外界等多个层面的互动。更为重要的是,技术

---

[1] 蔡骐:《网络虚拟社区中的趣缘文化传播》,《新闻与传播研究》,2014年第9期。
[2] 孙信茹:《微信的"书写"与"勾连"——对一个普米族村民微信群的考察》,《新闻与传播研究》,2016年第10期。

不仅带来通信方式、人群聚集、信息传播模式的改变,同时,对于技术的创造性使用,更使得人们围绕技术形成了新的互动与社会关系连接的方式。例如,新型群体在微信中出现,年轻人有了和上一辈不同的组织方式;微信赋予社区成员新的角色和身份,一个活络的村民有可能在线上身兼数职;微信群为人们提供对山歌的新空间,却也在这个过程中塑造出新的歌手与"明星",同时,微信对歌也使得村民交往能够轻易跨越村落的边界。

在这样的基础上,我们认为,所谓"微信社区"指的是在以微信为主的网络平台中,人们通过技术方式连接组织,形成网络中独特的社会结构,从而建构起来的新型网络社区。它建立的基础有别于传统的现实社区,但也和纯粹在网络中建构起来的虚拟社区有所不同。对于石龙村的"微信社区"来说,它即来自一个可以具体观察到的实有社区,有着线下坚实的组建基础,如有着以家族、语言、文化和血缘为纽带形成的民族共同体,同时,其成员来自特定的家庭、家族和村庄。当然,这种"微信社区"也和现实社区有着较为明显的差别,从其建立的技术环境来看,这个社区是一个网络交往空间,人们凝结成的新的交往模式不同于传统乡土社区。

四、微信社区与传统社区的互动及关系

石龙村村民对手机和微信的普遍使用,使得这个传统村落形成一个全新的线上社区,那么,有必要追问的是,这个微信社区和传统社区的互动及关系是什么?对微信社区的探讨有着怎样的意义和价值?

(一)再现与创造

石龙村的微信社区既是现实社会结构和社区成员关系的再现,又是人们在网络空间中对技术的使用和创造使然。从再现的角度讲,石龙微信群的架构"脱胎"于现实的组织机构和村民的现实生活。现实社区中的村党支部、村委会、扶贫工作队、卫生所等机构在微信群里有相应呈现,"现在的这些有官方背景的工作群,基本上就是你分管哪块业务你就建哪个群,'石龙农村建档立卡贫困户'是我们队长建的,'石龙党建先锋群'就是村支部书记建的。"访谈中扶贫驻村工作队队员的描述就是最好的例证。伴随着入群的成员,现实中的权力和威严也一定程度上移植到微信群,"领导在的群里我们不敢乱说话"。石龙村民最爱唱白族调,自从人们在微信里组建了大大小小对歌群后,村民们演

唱白族调形成了独特的"媒介景观"：但凡有空闲时，村民手捧手机放声歌唱成了村里最常见到的情景。喜爱白族调的村民少则加入三五个山歌群，多的则不少于一二十个群。他们将现实的娱乐和日常生活方式搬到了微信中，微信也在对山歌的过程中不断促成人们情感的传达。

然而，村民们并非简单将现实社会和生活搬到微信中，微信使得人们得以突破现实的局限和障碍，将人们的创造力发挥到极致，人们在这个过程中开创了属于微信社区中独特的连接和组织方式。村民经济收入提高和流动的频繁，村内汽车拥有量大大增加，有了"石龙老司机"群，从此，村民们坐车外出也开始了"网上预约"。更重要的是，入群的人都有相对一致的想法："大家捎个东西，搭个便车，谁在路上出了交通事故，大家就在群里吼上一声就可以互相帮忙。"微信群的建立，使得有相同基础条件的人们重新连接在一起，形成乡村新型的互帮互助形式。为了适应微信的技术特点，人们在群里也展开着具有创造性的实践，如山歌群里群主对加入者的身份管理，对著名歌手和一般村民的区别对待，对维持本群协调氛围和稳固著名歌手地位，甚至邀请相距甚远的歌友线下聚会等做法，创造出了微信社区全新的社会互动和连接关系。而在这个过程中，微信社区如现实社区一样，有着自己的管理和运行规则，如很多微信群都有"不能发广告""抢走别人的专属红包要退出来"等规则，微信群主也按照自己对于理想网络社区的理解与想象，利用拉人入群、将人踢出群等方式维护着微信群里的规则和秩序。

（二）改变与延伸

石龙村的微信社区通过网状的结构连接着村落内外，这种连接使得这个新型社区得以突破很多传统社区的时空局限，也一定程度上对村落的血缘家族亲属关系和凝聚方式、村民生活方式和文化表达方式形成影响。

在传统的乡村社会里，血缘关系是构成人们社会关系的重要基础，血缘关系对于共同体成员的关系有着明显的封闭性和排他性，在群体内部，也会存在明显的等级性。而今，村里建立了越来越多的家族群，血缘共同体内部的等级壁垒出现了一定程度上的淡化。"村东头的老小可爱们"这个基于张家几个兄弟的关系网建立起来的36人的家族微信群，通过扩大到夫妻、子女、叔侄等旁系血亲，家族群里父母跟子女的对话让其他人也能够共享，很多平时都不联系的远亲也聚集在了一起。对于这个传统社区而言，家族共同体常常因为一些节庆或是重要的仪式活动才会围聚一堂，而借助微信群，家族成员取得了在线的

"共在"。可以说,家族微信群使得传统意义上家的概念在网络中得到了延伸。

石龙村作为一个典型的白族传统村落,尽管这些年村落社会流动加剧,村民与外界的联系日渐紧密,但对于大部分村民来说,还是固守着传统的生活方式和文化观念。微信一方面在改变人们传统的生活方式和观念,同时又使得村民新的生活方式与现代性理念的连接更为自如与便利。更为重要的是,微信的出现一方面使得白族调、霸王鞭等民间艺术形式的表演和呈现平台发生了巨大改变,但同时又让村民们在新的技术平台中找到了文化表达和再现的新舞台,甚至使得这些新媒体平台成为文化传承新的延续。正如姜伍发所说:"微信的出现给我们白族调的传承找到了新的方式,我把这种方式叫做微信传承。"

(三)争夺与互构

微信群的组建,使得传统村落中的社区秩序和权力关系也得到了一定程度上的转移,人们开始展开对网络社区中公共资源和权力的"争夺"。这种争夺,一方面表现为线下的个体要进一步巩固自身的地位和影响力,就势必要在网络空间中获得话语权。例如,村里扶贫工作队的人告诉我们,以前县里面要求大学生村官建一个微信群进行线上学习交流,"因为领导也在这个群里,我们说话非常不方便,然后我们私下又建一个群,被查出来了后,去宣传部备案去了。现在村里涉及公共资源、敏感议题的微信群,群主都要求备案,所以我们在群里都是规规矩矩的。""备案"制度同样也可以作为线下管控权力的延伸,通过参与线上"微信社区"的权力建构,争夺网络话语空间主导权和管控权。另一方面,网络空间也是迅速提升个人知名度的极好途径,那些线上活跃的人往往也能集聚社会资本,获得更多村民的认可。因此,群主身份的确立和对群的管理极为重要。调查期间我们遇到村里的大户董家正在召集整个家族的成员为临终前的老人祈福。当家人董二楞是一个很有影响的山歌群的管理者,他说这几天自己不方便管理这个群,就暂时把群主的身份转交给另一个村民,等老人的事情办完了,他还会收回群主的身份。

一年一度的石宝山歌会是剑川县最重要的公共文艺活动,政府授予的白曲非遗传承人都曾经在石宝山歌会取得过好名次,这能为他们的白族调演唱技艺提供权威性的证明,为日后的商业演出奠定基础。不同于石宝山歌会的现场演唱,微信对歌群里借助虚拟性和匿名性让更多人参与到白族调的演唱中来,"以前唱白曲、搞文艺在白族人心目中就是乱,很多人不好意思去歌会唱,也就埋没在农村里面。在微信群里面唱歌也不用被人看着,大家都敢唱了,这样也就涌现出很多尚未被发掘的优秀白族调歌手。"张吉昌说:"几年前我们这里有名的歌手去演出,低于一万块钱他们都不去,现在几百块钱他们都去了。这个微信群对他们还是有很大的影响的,在微信群里面唱歌,也不用被人看着,大家都在唱,所以就涌现了很多唱得好的歌手。"借助微信对歌群,有文艺才能的村民能够获得微信社区中成员的认同,由于成员的线上线下的双重身份属性,这些优秀歌手也能在线下提升知名度,从而突破非遗歌手的权威地位,可与传统的石宝山歌手争夺商业演出市场资源。事实上,在这个过程中,我们看到更多的是微信社区和现实社区的关系并非单向影响,两者之间也在不断实现互构。

五、"微信社区"建构的理论意义和价值

本研究立足于一个白族传统村落社区中展开观察,但聚焦的现象却是一个全新的网络社区,我们试图探究新技术和网络如何逐步进入村民的日常生活和文化实践活动之中。吸引研究者的是,村民在手机和微信里将传统的现实生活与网络中的世界结合成一种具有普遍性并被大家所认可、接受的新的生活方式,这种新的生活方式形成"微信社区",从而将村民置于一种"技术性的秩序"之中。

如果将石龙村的微信社区放置回社区研究的脉络中,不难发现,这个讨论可以和社区、共同体研究产生很多可以对话的地方。尽管学者和不同的理论脉络中有着对社区、共同体、社群等基本概念不同的理解,但正如文章开头所梳理的,无论是将社区看做具有封闭性的实体,还是强调人们在其间所形成的亲密关系和归属感,都不难发现在传统社区研究中,社区是一个具体可以接触到并且可以划定边界的实体。也就是说,传统意义上的社区具有相对明确的空间划分和相对稳固的形态。而从这个角度讲,微信社区在空间范围和组织形态上,对传统社区有着较大的突破和改变。但是,如果从社区成员所共享的文化、仪式、情感等角度来讲,微信社区和现实社区又有着较多的相似性。石龙村的微信社区成员有着显著的共享文化和情感认同,人们在此基础上进行交往互动,进而形成社会关系。

对于石龙这个传统村落而言,微信社区的建立也并非偶然,在流动性日益加剧的当下,即便是处于边塞的遥远村寨,也不可避免地被卷入这种影响过程中。尤其是在网络技术和信息流动日益深入的影响之下,社会开始"环绕着

流动而建构起来的：资本流动、信息流动、技术流动、组织性互动的流动、影像、声音和象征的流动。流动不仅是社会组织里的一个要素而已：流动是支配了我们的经济、政治与象征生活之过程的表现。"[1]即便在今天的传统村落，信息、人员、技术、资本等要素也开始频繁发生流动，正如石龙村村民们日益增多的谋生方式，采摘的野生菌可以马上转卖至世界各地，最快可在24小时内运抵到东京、首尔等地，交通工具的普遍使用不断扩大村民的活动范围，当然更有村民们通过新技术将白族传统歌舞和文化自如充分地展示出来。可以看到，传统的少数民族乡村并非封闭和缺乏向外交流的可能。即便偏于一隅，村落仍旧有着无数"流动"的方式。"流动"开始成为不断影响村落社会生活，甚至组织村落社会关系和组织结构的重要力量，今日的乡村则在一定程度上按照"流动"的逻辑组织和运行。从这样的角度讲，石龙微信社区的建立也是按照流动逻辑组织和运行的一种结果。

当然，和一般性对村落"流动"要素的研究不同，在我们的研究中，我们将这种"流动"更多置于网络技术的平台中展开讨论，关注网络和信息的流动如何创造出新的社会连接方式。而人们对微信的使用，使得一种新的社会形态得以建构起来。但是，值得注意的是，石龙村的微信社区并不是纯粹的技术性存在，而是植根于社会情境和土壤之中，并且与其有着千丝万缕的联系。在网络型构成的这种流动空间中，"通信网络是基本的空间样貌：地方并未消失，但是地方的逻辑与意义已被吸纳进网络。建构网络的技术性基础设施界定了新空间。"[2]这种新的空间的存在，一方面让乡村社会在经历吉登斯所说的"脱域"[3]，但另一方面，由微信建构起来的这个新型社区又不断"嵌入"其现实的乡土社会结构和文化之中。可以说，"微信社区"虽然建立在网络空间中，但这个空间仍旧和特定的地方、特定的社会、特定的文化相关。在这个过程中，呈现出流动空间和地方空间之间复杂纽结的关系。

对石龙村微信社区生活和实践经验的研究，让我们看到一个传统村落在面对新技术和新传播网络的影响之下，如何形成一个线上新型社区结构的过程。更为重要的是，这种社区结构对传统社区中社会关系、组织结构和生活方式都产生了巨大影响。如果说，"一个网络社会可以看作是一个在个体、群体和社

---

[1] [美]曼纽尔·卡斯特：《网络社会的崛起》，夏铸九、王志弘等译，社会科学文献出版社2006年版，第505页。

[2] 同上书，第506页。

[3] [英]吉登斯：《现代性的后果》，田禾译，译林出版社2011年版，第18页。

会等各个层面上都以网络为社会和媒体的深层结构的社会。进而言之，不论是个体的，群体的还是组织的，其要素都通过网络联系在一起"[1]，石龙村的村民们正是通过网络的联系，获得了一种新的生活方式。

从更广阔的视角来讲，在石龙村的个案研究中，我们能看到今天乡村和都市一样，都被卷入到网络社会的影响之中。我们在村落中展开的深度观察和研究，对于探讨网络和社会变迁、文化表达的研究来说具有重要的意义和价值。如果说"'赛博社会学'的核心任务便是考察这些全新的社会关系与传统的社会关系相比在存在模式和运行方式上到底发生了何种变化"[2]，那么，在这个研究中，我们可以看到，技术应该被"重新审视"，"它不再是被我们利用的'工具'，而已成为我们每天的日常活动和赖以生存的环境"[3]。

（原文载于《新闻大学》2020年第8期）

---

[1] ［荷］简·梵·迪克：《网络社会——新媒体的社会层面》，蔡静译，清华大学出版社2014年版，第20页。

[2] ［英］约翰·阿米蒂奇、乔安妮·罗伯茨编著：《与赛博空间共存：21世纪技术与社会研究》，曹顺娣译，江苏凤凰教育出版社2016年版，第21页。

[3] 同上书，第25页。

21世纪以来"外来者"视角下云南民族电影的空间叙事

林进桃[①] 谭幸欢[②]

空间问题,在很长一段时间中,一直为学界所忽视。1945年,美国学者约瑟夫·弗兰克的《现代文学中的空间形式》在《西旺尼评论》上发表,文章以现代诗歌和福楼拜、乔伊斯、朱娜·巴恩斯等人的小说为例,深入地探究了现代文学作品中的空间形式,空间问题开始逐渐得到重视。20世纪后半叶,"空间""空间性"等纷纷受到学者们的青睐,甚至被提升至前所未有的高度。正如福柯所言:"19世纪最令人着迷的是历史……而当今的时代或许应是空间的纪元。我们身处同时性的时代中,处于一个并置的时代,这是远近的年代、比肩的年代、星罗棋布的年代。"[③]人文社会科学的"空间转向"是20世纪末知识界的重大事件。电影作为时空艺术,必然要涉及时间和空间的叙事。而电影作为视听艺术,空间叙事往往比时间叙事更加富有刺激性与冲击力。空间生产与空间叙事在现代电影中的重要性毋庸置疑。

纵观中国电影发展史,少数民族题材电影一直是中国电影不可或缺的组成部分,利用空间的优势进行叙事成为优秀民族电影的重要特质。21世纪以来,少数民族题材电影大放异彩,涌现了包括宁才的《季风中的马》(2003)、万玛才旦的《静静的嘛呢石》(2005)、王全安的《图雅的婚事》(2006)、宁敬武的《滚拉拉的枪》(2008)、刘杰的《碧罗雪山》(2010)、李睿珺的《家在水草丰茂的地方》(2015)、张杨的《冈仁波齐》(2017)等广受好评的影片。这些影片所呈现与蕴含的空间元素,包括令人叹为观止的自然景观、雄奇秀美的

[①] 林进桃,云南大学新闻学院(南亚东南亚国际传播学院)副教授。
[②] 谭幸欢,云南大学新闻学院(南亚东南亚国际传播学院)研究生。
[③] [法]米歇尔·福柯:《不同空间的正文与上下文》,陈志梧译,载包亚明主编:《后现代性与地理学的政治》,上海教育出版社2001年版,第18页。

异域风光和别具特色的民族文化等,均是民族题材电影的亮点与魅力所在。不难发现,这些好评如潮的电影均能够将物理空间、社会空间、心理空间与电影叙事有机融合在一起,使得人物性格、情节发展和特定空间有效地互动与联结,彰显民族电影的审美与特色。云南地处中国西南边陲,作为少数民族众多的省份,其自然风貌与民族文化兼具多样性与多元化的特征,在空间生产与空间叙事上有着其他地方民族电影难以媲美的优势。

一、云南民族电影空间叙事中的"外来者"

少数民族题材电影一般围绕着某一特定的少数民族场域内的人或事展开叙事,"往往意味着一个特定的空间情境,一个超出大部分观众足迹所及的异域空间。"[①] 20世纪90年代以来,全球化浪潮席卷世界,国家与民族之间的边界日益消弭,受现代化进程影响较少的偏远地区反而一度成为人们眼中的洞天福地。消费社会中,大众对于"异域"的好奇与探寻,使得21世纪以来云南民族电影中"外来者"视角的设置,成为其空间叙事的重要切入口。借助影片中"外来者"角色所产生的代入感,跟随"外来者"一起探知少数民族所身处的异域空间,容易促使同样作为"外来者"的电影观众产生情感共鸣和价值认同。纵观21世纪以来的云南民族电影创作,包括表现文化传承的《铜鼓》(2002)、《守护东巴》(2007)、《遥远的诺邓》(2009)、《花腰女儿红》(2010)等;表现亲情找寻的《千里走单骑》(2005)、《这儿是香格里拉》(2009)、《米花之味》(2017)、《父子情》(2017)等;表现梦想追寻的《大东巴的女儿》(2006)、《俐侎阿朵》(2013)等;表现返乡生活的《红谷子》(2007)、《回家结婚》(2012)、《巧巧》(2017)等;表现乡村发展的《花腰恋歌》(2017)、《一点就到家》(2020)等;表现青春爱情的《婼玛的十七岁》(2003)、《别姬印象》(2007)、《花街节少女》(2007)、《阿峨之恋》(2009)、《司岗里》(2012)、《凤凰谷》(2014)、《德兰》(2015)等;表现支教故事的《梅里雪山》(2007)、《童话先生》(2017)等;表现往事追忆的《云的南方》(2003)等,均采用了"外来者"视角。"外来者"角色的设置,为云南民族电影的多元表达和多元叙事提供了可能。

---

① 邹华芬:《改革开放三十年中国少数民族题材电影研究(1979—2008)》,博士学位论文,华东师范大学,2009。

在这些影片中,"外来者"相当于"他者"。西方哲学中,"'他者'(The Other)是相对于'自我'而形成的概念,指自我以外的一切人与事物。凡是外在于自我的存在,不管它以什么形式出现,可看见还是不可看见,可感知还是不可感知,都可以被称为他者。"① 具体到云南民族电影中的"外来者"/"他者",指的是有别于及游离于云南民族文化集团之外的一切存在,它既可以是呈现在银幕上的一个个具体的角色,也可以是隐匿于摄影机后面的导演、编剧及其他主创人员,还可以是原本不属于云南民族的任何物件。如《这儿是香格里拉》中从台湾来到香格里拉的季玲、《遥远的诺邓》中来自北京的导演王亨里,乃至《守护东巴》中由梁爽带去香格里拉和丽江拍摄纪录片的摄像机等,都属于影片空间叙事的"外来者"/"他者"。当然,21世纪以前的云南民族电影中也有不少"外来者"/"他者"的角色,如《叶赫娜》(1982)中到佤山参加边防公安部队的陆南平、《洱海情波》(1986)中被村长从外面请来的年轻木工师傅赵木桃、《相爱在西双版纳》(1997)中多年之后回到故乡西双版纳的美籍华裔歌手阿多等。可见,无论是21世纪以前或是21世纪之后,通过"外来者"/"他者"的视角展开故事均是云南民族电影空间叙事的重要维度,只是在21世纪以来,这种"外来者"/"他者"视角的观照尤为集中和突出。

当下,云南民族电影中的"外来者"大体可以分为四类:包括来自云南省内较发达地区的"外来者",他们对所抵达的地方有一定的了解但并不深入,如《遥远的诺邓》中从昆明到诺邓的樱子;来自国内其他省份的"外来者",他们对云南带有某些刻板印象,如《一点就到家》中从北京到云南千年古寨的魏晋北;来自海外的"外来者",云南于他们而言曾是遥远的想象,如《千里走单骑》中从日本到云南的高田。这些在云南民族电影中经常出现的"外来者"形象,往往具有某些共同的特征:他们或者是存有心结,意欲到云南这片净土寻求救赎;抑或文艺青年,渴望到云南感受自然、亲近生命。相对以上三类"外来者",第四类"外来者"即"返乡者"是21世纪以来云南民族电影中较为独特的存在。

21世纪以来,随着社会经济的发展和城镇化速度的加快,劳动力陆续向发展较快的地区迁移。与此同时,虽然城市里有林立的高楼、闪烁的霓虹灯,但却难以让人找到心灵的归宿,而这也是部分人选择"返乡"的重要原因。

---

① 张剑:《西方文论关键词 他者》,《外国文学》,2011年第1期。

作为"返乡者",这一部分人群已经离开家乡较长一段时间,难免与昔日故里文化产生脱节,而身份认同意识强烈的当地族群也会把他们排除在外。作为故土的另类"外来者",一方面,他们熟悉本民族文化;另一方面,在见识过其他文化之后,他们又必然带着不一样的眼光来重新审视本民族文化。影片《米花之味》中,外出打工多年,重返傣族乡间的叶喃总会带着城市思维去看待家乡的人与事,她始终无法真正融入故乡的空间,她与留守家乡的女儿有着不少隔阂,邻里间也传播着她的谣言,她犹如故乡的闯入者。返乡的"他者"正如叶喃一样,游离飘荡于民族之外,以别样的视角窥探着、审视着曾经的家乡,而这,正如叶喃"返乡"后所吃的第一碗米线,"我在外面天天想着这个,回来味道为什么不一样了?"此外,部分云南民族电影的创作者并非云南人,这些属于"他者"的创作往往带着某种固有的审美偏见。如近年一批讲述大理、丽江故事的影片,包括《艳遇丽江》(2013)、《遭遇海明威》(2015)等,仅仅将大理和丽江塑造成一个艳遇的空间,而没有全面、理性地挖掘和呈现这些空间里更深层次的文化内蕴。这与宁浩执导的《心花路放》(2014)中作为"一夜情"之都的大理一样,片面而刻板的空间叙事不仅拉低了影片的艺术水准,也使得原本丰富多元的城市空间被贴上低俗的标签。

可见,对于云南民族电影的空间叙事而言,一方面,"外来者"是云南民族电影空间叙事的重要契机,使其叙事的多样性和表达的多元化成为可能;另一方面,作为"外来者"的部分电影创作者所携带的"私见"和"偏见",也使得观众对云南的印象更加固化甚至刻板化。

二、"外来者"视角下云南民族电影空间叙事的呈现与建构

云南有着天然摄影棚的美誉,加上民族与文化的多样性,成为电影人最为青睐的叙事空间。云南民族电影巧妙地把云南这一特殊空间转化为叙事符码,既有作为诗意栖居地的物理空间,也有碰撞交织的文化空间,更有涣然冰释的心理空间。

(一)诗意的栖居空间:精神与灵魂的皈依之地

电影的空间叙事首先需要一个叙事得以产生的空间,即需要"具有一个接

纳产生行动的空间环境"①。影片的叙事空间一般事先要经过电影创作者的挑选与处理。云南空气稀薄、阳光清透，拍摄的景象透亮清澈，在电影的叙事空间呈现上有着得天独厚的优势。云南地形丰富、生物多样、文化多元，不少民族电影创作者纷纷将镜头对准了云南的地域奇观。如《米花之味》的片头部分，采用了一段时长约1.5分钟的全景空镜头展现空灵澄澈的蓝天、变幻浮动的游云、连绵起伏的群山，镜头下尽是诗意流淌的画面；《凤凰谷》中灵秀轻柔的壮乡水寨；《云上石头城》中古朴自然的纳西寨子；《梅里雪山》中连绵不断的梅里雪山；《婼玛的十七岁》中一望无际的哈尼梯田；《德兰》中茂密的原始森林等。云南民族电影创作者偏好采用全景镜头，伴随着"外来者"的视角，将种种丰富奇特的自然景观呈现于银幕之上，渲染强烈的民族地域奇观。如《云上石头城》中，透过北京来的创业女孩罗丽、支教女孩孙倩，国外来的西罗等人的眼睛，为我们呈现了纳西族重要的精神栖息地——宝山石头城的自然风光与民风民俗。

正是在云南这一特定的自然空间下，云南各民族不断吸纳外来文化，创造出包罗万象而又自成一格的民族文化。云南民族电影为我们呈现了各式民族风情画卷，如《守护东巴》中的东巴文化、《遥远的诺邓》中的诺邓古文化等。诗意的自然风光与多样的民族文化吸引不少"外来者"来到云南，也促使电影创作者将云南作为故事的重要发生地。"外来者"的抵达，使得云南不再是作为单纯的物理空间而存在，这是因为，在这些影片中，大多数"外来者"都是带有一定的心结或是创伤，他们选择并最终来到云南，很大程度上是试图获得救赎。当然，近年来部分西藏民族电影中也同样存在这种特性和诉求，如张杨执导的《冈仁波齐》（2017）和松太加执导的《阿拉姜色》（2018）均讲述了朝圣的故事。所谓朝圣，某种意义上正是试图到他乡寻求自我救赎的力量。由于文化背景等的不同，西藏电影中角色的精神净化往往要归功于信仰的力量；而云南民族电影则更加注重空间环境对于人的心灵的洗涤与升华，云南这一诗意的栖居空间，被塑造为"外来者"的精神与灵魂的皈依之地。

（二）交织的文化空间：传统与现代的冲突碰撞

21世纪全球化浪潮影响之下，各个国家及地区的社会空间不断瓦解、破

---

① ［加］安德烈·戈罗德、［法］弗朗索瓦·若斯特：《什么是电影叙事学》，刘云舟译，商务印书馆2005年版，第104页。

碎，现代化进程所催生的大批"外来者"，也为云南文化空间的重组与更新带来了可能。受到城市文明浸染的"外来者"，带来了城市文化与现代思想，小乡村与大世界的融汇与交流中，引发了传统与现代的冲突碰撞。《守护东巴》中老东巴的儿子和降初因为与"外来者"梁爽接触，对外面的世界充满好奇与向往。原本应该子承父业的他，在选择到底是留下传承东巴文化还是离开到更广阔的世界中实现自己的梦想之间犹豫。很多时候，人们的内心冲突其实是源于社会文化空间的冲突。和降初内心的矛盾冲突正是源于城市空间与乡村空间之间的角力。致力于讲述西北故事并执导了《老驴头》《告诉他们，我乘白鹤去了》《家在水草丰茂的地方》的导演李睿珺说："所有的文明都是跟这片土地有关系的，如果环境发生变化，那个文明是会发生变化的，环境是人物内心的一种外化的方式。这片土地发生过很多事……有些东西变了，有些东西依旧没有变……所有的文明都是来自它的生活方式，当生活方式发生变迁的时候，过去的文明自然会消失。"[①]这在《守护东巴》中尽数体现，因为修建电站，村子面临拆迁，村民陆续往外迁徙，老东巴的事业无人继承，现代化的一路高歌使得现代文化与传统文化结构失衡。

  同样是讲述传统与现代的角力，《云上石头城》围绕一个普通的纳西族家庭三个子女的婚恋故事展开，无论是木树为了追求真爱、悔婚退婚，还是木玉坚持嫁予洋人等，年青一代所主张的婚恋自由与父辈们所恪守的族系伦理之间冲突不断，并以作为"返乡者"的子辈"突破千百年的传统"大获全胜而告终。《一点就到家》中，作为"外来者"的魏晋北三人为古寨带来了现代观念，影片以咖啡和茶叶隐喻现代文化与传统文化，种茶还是种咖啡的问题从侧面反映出墨守成规的老一代和勇于变革的新一代的代际冲突。无论是《云上石头城》中子辈与父辈婚恋观念的冲突，还是《一点就到家》中三个年轻人与村民经济思想的对立，云南民族电影都善于以人物角色关系凸显文化以构建社会空间。而在《米花之味》中，傣乡的孩子与都市的孩子似乎别无二致，他们会玩手机打游戏，也会偷偷去网吧……导演以这些孩子凸显城市与乡村的交织，而寺庙装有 Wi-Fi 更是体现了现代文化与传统文化的交融。孩子们去寺庙蹭 Wi-Fi，母亲不直接与他们争论，而是将电闸关掉，导演更多时候是将戏剧冲突放置在空间叙事之中而非人物矛盾之间。

---

① 陈晨：《专访李睿珺：这片土地上的故事，迫切需要被讲述》，澎湃新闻，https://www.thepaper.cn/newsDetail_forward_1387020，2015-10-23.

也正因为如此，云南民族电影的空间叙事被赋予了更多的社会文化意义，借助"外来者"视角，影片除了展现如诗如画的自然景观外，还将人文民俗铺陈在观众面前。《守护东巴》中的法器与经书画卷述说着东巴文化的历史；《千里走单骑》中的百家宴象征着当地民风的热情和淳朴；《米花之味》中母女俩在溶洞里忘情起舞，既是她们向佛祖祈福的一种形式，也体现了傣族人家的虔诚；《花腰恋歌》中套红线并设宴敬酒迎接客人的仪式以及迎娶新娘的仪式——泼水迎亲、喝拦门酒、用火祛邪气、套红线、迈火盆、清水浇脚洗去往事、吃同心饭等民俗仪式场景，都彰显了花腰傣乡的别样的文化空间。

（三）冰释的心理空间：幻象与情感的相互勾连

21世纪的云南民族电影不再局限于采用传统的以时间为序的线性叙事模式，而是有意识地利用空间，尤其是利用心理空间展开叙事。影片《这儿是香格里拉》是当中的典型代表之作。无法走出儿子同同意外去世所带来的阴影，季玲在儿子离世两年后因一场"寻宝"游戏从中国台湾抵达香格里拉。她总是出现各种幻想，她似乎将一个与同同年龄相仿的藏区男孩幻想成她的孩子，或者说这个藏区男孩本身就是她幻想出来的。影片中大量存在着幻象空间与现实空间相互交融的场景，虚实空间的交织与博弈，正是季玲内心世界的形象写照。她一直愧疚自己是一个坏妈妈——没有照看好孩子以致孩子在自己眼皮底下被汽车撞死；她一直耿耿于怀丈夫的那句责问——同同出事的时候你在做什么？同同生前所追逐的那只蝴蝶也一再出现在她的世界里。正如潘秀通所言："电影的心理空间，便是心态化与情感化了的画面影像空间。这种心理空间，不再是客观物质空间的单纯再现，也不仅仅是展开剧情的环境空间，而是人类内心空间与情感世界的外化形式，是人性的空间。"[①]同同意外去世的全过程，一直到影片即将结尾时才得以完整呈现。而这也意味着季玲开始正面现实，走出丧子的阴霾。

这种幻象与情感的深层勾连，在季玲准备离开香格里拉时达到了巅峰。正是在离开之际，季玲再次偶遇藏区男孩，而当男孩画出"山"的图案，说要带季玲去看"宝藏"，说出诸如"山会原谅你"之类充满玄理的话，无论这是季玲与现实中的藏区男孩共处，抑或与幻想中的儿子同同相伴，它更像是长久处于压抑状态的季玲与自我的一场对话。幽深山谷一幕，藏区男孩直接化身为同

---

① 潘秀通：《电影的空间观》，《文艺研究》，1988年第1期。

同，让季玲为自己去掉绑在脚上的铁链。季玲为藏区男孩/同同去掉脚链的同时，也正是季玲解除长久以来缠绕在自己身上的枷锁。正是在香格里拉，季玲学会了和同同、和过去告别，与自己、与现实达成和解。借助环境空间与心理空间的勾连与互动，在经过剧烈的内心挣扎与自我对话之后，季玲最终在山水之间得到了释怀。

《德兰》同样善于建构心理空间，尤其是善于运用昏暗的光线凸显藏乡的幽闭。影片中，时间概念被最大程度地消解与淡化，对空间的呈现也更多转换为对人物心理空间的凸显：信贷员小王因收不到债款而心灰意冷，德兰一家及其他村民因生计而惆怅迷惘。而当小王为了德兰决定给村民提供借贷时，室外阳光普照，藏乡呈现出少有的明媚色调，村民的一路道谢也使小王郁闷的情绪暂时舒缓。《米花之味》的片尾以一场洞穴舞蹈表达主人公心灵的净化。当叶喃和喃杭进入溶洞后，观众似乎也被带回到原始的洞穴文明之中，而舞蹈犹如一场特殊的宗教仪式，使得观众能够跟随母女俩一起体悟她们对宗教的虔诚，无论是角色还是观众，其情感都能在翩翩舞姿中得到有效的释放与慰藉。

三、"外来者"视角下云南民族电影空间叙事的审视与突破

正如有研究者指出："祖祖辈辈所生活繁衍创造的环境，成为孕育一个民族的民族性格、民族文化、民族精神品格和心理素质的土壤；其居住环境状况、地形地貌、自然风光，人们的生存状况、社会家族家庭状况、生活习惯、文化传统、民俗风情、衣着服饰、情感表达方式、人际交往、精神品格等等，都包含着一个民族成长的历史和长期的深层的文化积淀。"[①]借助"外来者"视角，云南民族电影有意识地利用空间优势，在空间叙事中形塑人物性格，将空间与情节有机结合，赋予空间隐喻色彩与象征意义。一方面，电影所呈现的特定空间，既能够形塑人物形象，也能够建构族群性格，如《别姬印象》将角色置于群山之中，并配上旁白："这里的人迷信，崇拜偶像，多神论……"用大山隐喻部分西方人对云南少数民族的刻板印象；又如《司岗里》借助山洞壁画凸显着佤族人简单质朴的性格。另一方面，电影情节的推进与空间场景密切关联，如《这儿是香格里拉》中，梅里雪山是季玲不远万里抵达香格里拉的重要

---

① 孙钦华：《艺术品位和价值取向——关于少数民族电影题材精品电影的思考》，载中国电影家协会：《论中国少数民族电影》，中国电影出版社1997年版，第222页。

原因。强调现实空间与隐喻空间的结合是某些云南民族电影的一大特点，它们巧妙地将空间转化为叙事符码，如《千里走单骑》的父亲高田常常置身群山之中，群山既象征着沉重如山的父爱，也暗喻着父子之间的误会与隔阂。总之，无论是影片中的"他者"角色还是影院中的观众，均可以透过特定的空间符号解读云南民族电影。

纵观21世纪以来"外来者"视角下的云南民族电影，在巧借空间优势进行叙事的同时，部分影片却陷入叙事模式单一的泥潭。如《米花之味》《云上石头城》《父子情》《梅里雪山》等影片，开场均是作为"外来者"的主人公，乘着车进入当地空间，虽然开门见山地介绍了"外来者"的到来，但也容易让观众产生审美疲劳，从而难以吸引观众往下探究剧情；再如《司岗里》《花腰恋歌》《凤凰谷》等影片，均设置了"外来者"抵达后遇到一个或多个本地异性的情节，并由此铺陈一段缺乏新颖性的浪漫爱情，过于相似的叙事套路难以有效激发观众的情感认同。此外，云南民族电影中的大多数"他者"，无论是作为"外来者"的角色还是作为"外来者"的导演，很多时候是来自一个相对于云南而言较为发达的地区，当他们进入云南这个场域或者讲述云南这个空间内的故事时，部分"外来者"不可避免地带有某种俯视的意味。

2003年，中国电影产业化改革全面启动，在给云南民族电影创作带来机遇的同时，也带来了前所未有的挑战。部分电影创作者未能很好地在电影的商业性与艺术性之间取得平衡，个别民族电影的空间叙事甚至出现倒退的现象。《花腰恋歌》围绕花腰傣族少女刀曼玉大学毕业后回乡创业并偶遇外来的失明青年商亮展开叙述。由于商亮失明，影片在展现花腰傣乡的自然风光与民俗风情时，均采用刀曼玉向商亮口头诉说的模式，"话"大于"画"，走马观花式地向观众呈现傣乡的空间，对其呈现也仅仅停留在视觉奇观与视觉消费层面。此外，"外来者"视角下的空间叙事有将复杂的现实问题简单化之嫌，带有精神创伤的"外来者"来到云南，通过旅游或者散心等方式就能解开心结，得到救赎，而忽视和掩盖了生活本身的残酷与繁杂。

随着全民娱乐化时代的到来，更多商业化大片席卷而来，受到挤压的云南民族电影只有寻求创新才能更好地争得一席之地。对于电影创作者来说，如何尽可能地去除自身所固有的偏见，理性看待云南这一特殊空间显得尤为重要。如近年广获好评的《米花之味》，导演鹏飞为了追求理想的艺术效果，在影片拍摄地云南沧源待了一整年，他以"外来者"的身份认真观察并努力融进这个中缅边境的傣族小寨，将亲身体验运用到片子创作中，消弭了先入为主的固有印象。①此外，对于云南民族电影产业来说，要大力培植和扶持云南本土电影人，本土创作者的主动参与和有效介入，亦有利于云南民族电影空间主体性的建构。孙文峥指出："主体性是个人有意识和无意识的想法和情感，是对自我的认知，对所关联的周遭世界的理解。这也意味着文化身份不仅关乎我们是谁，还关涉我们如何对待他者，他者又是如何看待我们。"②电影是民族文化自觉表达的重要形式之一，如万玛才旦作为藏族导演，他所拍摄的电影，以更加客观、公允的镜头呈现藏地空间。云南民族电影的空间叙事，离不开云南本地创作者的身份自觉。除却电影创作者问题，云南民族电影的空间叙事还应该有意识地深入挖掘云南空间的特质，而不是流于表面形式。

四、结语

21世纪以来云南民族电影的空间叙事，以"外来者"视角为重要切入口，从物理空间、社会空间、心理空间三个维度深入，并想象性地构建了作为精神与灵魂皈依之地的栖居空间、传统与现代冲突碰撞的文化空间以及幻象与情感相互勾连的心理空间。在取得了不俗成绩的同时，"外来者"视角下云南民族电影的空间叙事却有创新乏力之嫌，如部分影片陷入单一的叙事模式与叙事套路当中，包括开场重复单一、角色设置陈旧、高高在上的"外来者"视点、彰显商业化而缺少艺术性等。毫无疑问，探寻空间叙事的开放性与多元化是云南民族电影发展可以倚重的重要突破口。事实上，世界上很多经典影片，包括本·斯蒂勒执导的《白日梦想家》、罗伯·莱纳执导的《遗愿清单》等影片在内，都非常善于在空间上做文章。如何寻求一条合乎自身规律的叙事路径，如何有效地借助云南独特的空间讲述好属于自己的民族故事，云南民族电影产业的空间生产依然任重道远。

（原文载于《电影新作》2021年第4期）

---

① 彭郑子岩：《专访〈米花之味〉导演鹏飞：主题相对沉重 但我选择用明亮轻盈的方式表现》，界面新闻，https://www.jiemian.com/article/2081056.html，2018-04-24。
② 孙文峥：《自我与他者的关联建构——跨文化传播视域下的世界主义探究》，《当代传播》，2018年第2期。

边疆欠发达地区县级融媒体的逆袭之路

——文山市融媒体中心的破局实践

韦 平[①] 吴 姣[②]

文山市位于云南省东南部,为文山壮族苗族自治州州府所在地。全市总面积2 977平方公里,人口62.38万人,是世界闻名遐迩的"三七产业之都",但也是2020年初才实现脱贫摘帽的西部经济欠发达县(市)。山区、半山区占全市总面积的97%,石漠化面积占40%,是全国石漠化重灾区之一。文山市的农村历史欠账也比较多,在脱贫前贫困发生率达19.44%,贫困建制村有100个,深度贫困村达30个,财政长期处于债务红线以上。文山市融媒体中心于2019年3月挂牌成立,秉承"集中力量办媒体、媒体集在一起办"的理念,以市级主要的新闻媒体——市广播电视台为基础平台,把市新闻网、市文明网、新华社云南通·文山市App等媒体平台整合到市广播电视台统一运行,并自主开办官方微信公众号、抖音号、手机客户端等新媒体平台,全力构建"广播、电视、网站、两微一端"为一体的全媒体格局。

之所以将文山市融媒体中心作为一个典型案例,是因为它位于边疆欠发达地区,且在财政保障力度逐年减小的背景下,仍实现了高质量、跨越式发展——从一个原从业人员不足40人、只有一个电视频道、媒体用户不到30万、年创收不到30万元的县(市)级媒体,变为团队超过110人、媒体平台(账号)达10余个、媒体用户(粉丝)超过300万的媒体组织,综合传播力在云南省县级融媒体传播力排行榜中长期位列第一,是媒体创收近800万元的县级融媒小"航母"。2019年来,文山市融媒体中心入选"第九届全国服务农民、服务基

[①] 韦平,云南大学新闻学院(南亚东南亚国际传播学院)副教授。
[②] 吴姣,云南大学新闻学院(南亚东南亚国际传播学院)研究生。

层文化建设先进集体",荣获"全国媒体融合优秀案例奖""云南省广电媒体先导单位",并作为全省唯一的县级媒体推荐参加全国评选,获云南省"央地联动·协同创新"十佳县级融媒体中心等重量级荣誉,同时被邀请在云南省县级融媒中心建设培训会、云南省融媒体千万联动计划启动仪式、新华社2021年区县融媒建设与发展海仓论坛等行业会议上介绍实践经验。作为边疆欠发达地区的典型代表,文山市融媒体中心的创新改革可谓是有益的探索。

一、资金、人才、体制三重压力

当前全国范围内正在大力推进的县级融媒体中心建设中,边疆欠发达地区的县级融媒体尤其值得关注。它们是国家融媒体战略布局的重要组成部分,对提升县级媒体传播力、影响力与基层新闻舆论的引导力具有重要意义。但由于经济发展水平不高、财政吃紧,边疆欠发达地区县级融媒体中心往往面临着资金短缺、人才匮乏与体制束缚等诸多问题的困扰。

首先,资金匮乏导致县级融媒体建设缺少支撑。过去县级媒体多数是财政全额或差额拨款单位,事业单位性质和财政供养使得县级媒体少有资金方面的担忧。自2013年国家对事业单位进行分类改革后,县级媒体财政预算逐渐取消,改为自收自支,县级融媒体中心的建设也失去有力的财政支撑。与此同时,县级媒体的主要经营收入靠广告,但边疆欠发达地区商业相对落后,企事业机构广告投放规模小,导致广告收入十分有限。其次,现行县级融媒体管理体制机制与媒体融合创新发展不匹配的矛盾突出。目前,西部地区县级融媒体中心管理体制机制普遍存在"束缚过多、活力不足"的问题,导致从业者的动力、活力、创造力难以激活,运行效率和市场经营水平低下。最后,县级融媒人才"进不来、留不住"的瓶颈性问题尤为突出。作为"行业链"的末端,县级融媒体原本就是人才"洼地",加之受制于体制机制和财力束缚,无法以优厚的条件吸引优秀人才,甚至"引来了"也"留不住"。

以上问题在文山市融媒体中心的建设过程中也出现过。"我们市的财政非常困难,近三年来一直处在债务的红线以上,所以市委市政府对我们融媒体中心建设的资金支持,可以说基本上是零。"[①]在财政难以支撑的情况下,文山市融媒体中心面临着巨大的资金压力。而且,文山市由于地理位置、经济水平与

---

① 文山市融媒体中心主任接受访谈的内容,2021年8月5日。

体制机制等原因,对人才的吸引力很弱。"很多人就是给他比一线二线三线城市更高的报酬,他都不愿意来,这的确是我们现在很头疼的一个事情。"①另外,当下越来越多的年轻人选择"考编"与"考公",考进编制亦是文山市融媒体中心员工流失后最主要的去向。文山市融媒体中心核定事业编制32人,实有110余名员工,编外人员大多想进入体制内,流动性较大。同时由于体制束缚,部分在编人员的绩效难以兑现,融媒体中心员工同样存在动力、活力与创造力不足的情况。

二、文山市融媒体中心激励机制的创新举措

县级融媒体发展的关键是人才,而人才往往是融媒体建设的薄弱一环。为了更好地推进县级融媒体建设取得更大更优的成果,文山市融媒体中心在融合转型过程中力图突破体制机制的束缚,采用"企业化管理、公司化运作"的模式,创新"激励出动力、动力出效益"的管理理念,以"打破绩效平均主义"为突破口,探索和建立无处不在的激励机制。

(一)绩效(稿费)计发机制

在目前政策框架下,文山市融媒体中心打破身份限制,创新建立以传播效果为主要考核依据的绩效(稿费)计发机制,对各媒体平台(账号)播发的作品按传播效果(阅读量、浏览量、点赞数等)进行分级计分考核,真正形成"多稿多酬、优稿优酬"的内部激励机制,适当拉开员工之间的绩效工资差距,有效激发员工的积极性与主动性。

(二)"爆款奖励"机制

创新建立"爆款奖励"机制,按月或按周对各媒体平台(账号)产生的流量"爆款"给予奖励,进一步刺激采编人员生产有热度、有传播力的高品质作品。正如文山市融媒体中心的记者所谈到的:"我观察到在《非常文山》公众号发布的内容当中,与疫情相关的阅读量都很大,因此我就比较注重挖掘与

---

① 市委办:《文山市市情简介》,文山市人民政府网,http://ynwss.gov.cn/info/1012/100170.htm,2022-12-09.

疫情相关的信息，找到后尽快发布出来。"①得益于对"爆款"的关注，疫情期间《非常文山》公众号总共产生了20个阅读量"10万+"，其中至少有15个"10万+"是为疫情服务的，做到了既有流量又有公共服务。

（三）"小编全员轮岗、主编末位淘汰"机制

创新建立"小编全员轮岗、主编末位淘汰"机制，在按照一定资格条件确定轮值主编的基础上，实行小编全员轮岗、主编和小编双向选择组成"1+N"编辑团队，然后按照"每个编辑团队轮值一周、每4周为一个竞赛单元"的模式，主要根据App、微信公众号、抖音号、视频号4个维度的传播效果，对编辑团队业绩进行排名。排名不仅与编辑团队绩效稿费挂钩，而且实行排名末位主编淘汰制度，采用"比较产生'伤害'、'伤害'产生压力"的方式最大限度激活核心编辑团队的动力、活力和创造力。

得益于激励机制强力赋能，文山市融媒体中心内部动力实现几何裂变。在人员编制、财政投入未有增加的情况下，文山市融媒体中心的内容生产力和媒体传播力比创新机制前增长了近10倍。2021年，文山市融媒体中心日均生产新闻报道、宣传产品超过40个（条），全年在省级媒体播发超过700个（条）；旗下《非常文山》公众号粉丝"34万+"，年阅读量"3 000万+"，传播力排名全省县级融媒第1位、全国县级融媒前10位。

（四）"编辑团队"融合运行机制

创新建立"编辑团队"融合运行机制，在主编、小编"1+N"组成编辑团队的基础上，统筹全部媒体平台（账号）内容策划、编辑及日常运行工作，真正实现多媒体平台（账号）无缝融合、高效运行。在内容策划的选题部分，融媒体中心要求每个编辑团队每周必须策划选报10个以上的重点选题，然后通过"线上头脑风暴"确定一周的重点选题，以高品质的选题策划催生高品质的内容生产。

三、文山市融媒体中心运营模式的创新成效

文山市融媒体中心按照"企业化管理"的模式，建立激励与压力并重的机

---

① 文山市融媒体中心员工接受访谈的内容，2021年8月6日。

制,最大限度地调动员工的积极性和主动性。同时,随着激励机制的创新,文山市融媒体中心也积极探索"公司化运作"模式,以优化运营模式实现自我造血。

(一)融媒+平行合作

文山市融媒体中心提出"无造血、不长远"和"资源闲置就是失职渎职"的媒体发展理念,坚持"立足媒体传播力、搞活媒体创收力"的产业发展逻辑,探索出文山市融媒体中心独创的"平行合作"模式。第一,文山市融媒体中心不直接出人、出钱、出物,而是以媒体品牌和传播资源入股或收取资源占用费的方式,与社会化公司合作经营所有适合市场化运作的业务;第二,文山市融媒体中心按协议对公司进行指导管理,但不直接参与公司经营,不对公司盈亏负责,与公司没有严格意义上的从属关系;第三,文山市融媒体中心按协议参与公司分红或直接收取资源占用费,对经营不善的公司进行及时淘汰更新。

近年来,文山市融媒体中心采用"平行合作"模式,先后成立了专业从事电视片(视频)摄制的新画面传媒公司,负责电台营运、线上线下活动和新媒体代理运行业务的新视界传媒公司,代理媒体广告业务和新媒体(账号)开发、运行业务的米涂广告公司,负责短视频账号广告业务和多频道网络(MCN)网红经纪业务的光线科技公司。2020年,米涂广告公司完成创收160余万元,新画面传媒公司实现创收近200万元,新视界传媒公司完成创收300余万元,光线科技公司实现创收近300万元,各"平行合作"公司为文山市融媒体中心的自我造血提供了极大的助力,反哺内容生产与平台建设。

(二)融媒+商务

2020年12月,广电总局印发的《广播电视技术迭代实施方案(2020—2022)》指出:积极发展云直播、短视频业务、探索MCN运营模式。文山市融媒体中心在政策导向下将广告资源向新媒体转移。虽然文山市的商业受经济发展水平限制,并算不上发达,但是文山市融媒体中心想尽办法挖掘资源、开拓创新,打造《非常文山》MCN主播联盟,构建网络视频广告资源平台,深耕本土垂直产业,拓展本地活动。文山市融媒体中心按照"周周有活动、月月有竞赛"的规划设计,平均每周拓展线上线下活动1场以上,通过"线上线下活动"强势拉动平台（账号）吸粉力和活跃度提升。MCN网红联盟第一次直播带货——才子男装活动，除将商家提供的货品清仓外，还为商家做了大规模的品牌推广，在两个小时的直播中，主播们的点赞量达到900万，多次荣登云南省直播榜首的位置。

文山市融媒体中心基于其专业优势与本土优势，目前已签约联合合作商家近百家，并且根据网红自身特色形成了垂直化差异化发展，如主播分类涵盖美食主播、汽车主播、美妆主播、房产主播、服装主播、农产品主播、娱乐主播等。在农产品的直播带货中，已成功带货人参果9 000单、石榴7 000单、鲜花饼9 100单、云南菌类相关产品近万单等。除此之外，文山市融媒体中心也积极开展公益性质的助农直播带货，"马塘几万亩的洋芋滞销，我们的网红联盟形成一个矩阵，一天带了10多吨。然后我们还跨县帮麻栗坡带他们的香蕉，还给红甸带过山药。"[①]融媒中心主任介绍道。

（三）融媒+产业

技术叠加下的产业融合是新闻领域的主要发展趋势。在新兴技术赋能下，新闻行业的产业链将在媒体融合基础上得以无限拓展。文山市融媒体中心借力新兴技术的赋能，推动传统广告经营向"融媒+产业"转型。结合本地特色和公共服务需求，文山市融媒体中心创新建立"兼职工作室"机制，鼓励专业人才兼职组建独立运行的"工作室"，采用市场化运作模式开发新媒体服务、商务项目及垂直账号，成功推动"媒体+政务服务商务"模式落地生根。目前，文山市融媒体中心的"广告、活动、电视片摄制、电商、政务合作"5大创收产业布局已初步成型，实现了从输血到造血的改变。

文山市融媒体中心对运营模式的革新，成功破解了作为边疆欠发达地区县级融媒体发展产业"一无启动资金、二无经营人才、三无力承担盈亏风险"的难题，全面盘活了适用市场化运作的各种媒体资源，强势推动文山市融媒体中心产业发展迎来"百花齐放"的春天。2021年，在边疆欠发达地区县级融媒经营创收断崖式下滑甚至接近于零的大背景下，文山市融媒体中心成功实现媒体产业创收"最美逆行"，综合创收近800万元，媒体创收比模式创新前增长了近30倍。文山市融媒体中心未来的排兵布阵，将继续改善运营模式，不断提高自身造血能力，如规划继续采用"平行合作"模式拓展产业板块，完成"平面设

---

① 文山市融媒体中心主任接受访谈的内容，2021年8月5日。

计与文化包装""户外广告""少儿培训"3个产业公司的组建,力争媒体创收突破1 500万元。

四、文山市融媒体中心改革的启示

在一定程度上,县级融媒体中心建设的政策部署可以说是我国媒体融合战略的"下沉",填充了中央、省、市媒体布局以外的媒体战略格局,实现了媒体融合在国家、省、市、县的四级贯通。作为距离本地受众最近的媒体平台,县级融媒体中心在本地的传播力和影响力在贴近性上远优于全国和省市媒体。但对很多边疆欠发达地区的县级融媒体中心而言,仍受到人才、资金等多个方面的掣肘。如今,县级融媒体的建设正向攻坚克难的"深水区"迈进,这是政策引导的结果,也是媒体发展大势所趋。边疆欠发达地区也应随势而动,向建设成果显著的地区看齐。

文山市融媒体中心作为边疆欠发达地区的典型案例,目前可供参考的建设经验主要为采取"企业化管理,公司化运作"的模式,积极对激励机制与运营模式进行创新改革。即首先对内激励搞活,通过激励机制充分调动员工的积极性与主动性;其次对外放开搞活,采用"平行合作"模式进行公司化运营,以产业创收反哺事业发展。

不过,在看到他们闯出一条可持续良性发展之路的同时,调和"党的喉舌"和"商业利益"之间的矛盾仍是个时刻要权衡考量的问题,在进行公司化运营拓展营收能力的同时,商业运作势必会影响舆论宣传。因此在具体执行过程中,舆论引导和公司运营成了一对悖论,县级融媒体在"党的舆论引导阵地"和"市场盈利企业"双重身份中寻求平衡,它们的冲突时常会爆发,上级主管宣传部门的包容和融媒体中心的灵活调适两者缺一不可。因此在进行运营模式改革的同时,妥善处理两种身份间不时突发的矛盾,一直是文山市融媒体中心要应对的问题。

总之,目前文山市融媒体中心依然处在探索的过程中,激励机制与运营模式仍不完善。任何地区的融媒改革都不是一蹴而就的,在建设和发展的过程中遇到难题是常态。但与之相比更重要的是应该积极投身到这场巨大的融媒体变革中,结合自身实际不断创新。

身份赋予与文化自觉

——基于《农奴》和《静静的嘛呢石》的文本研究[①]

金晓聚[②]

考察中国电影史,有关藏族与藏地题材的电影文本为数不少,本文特别选取《农奴》和《静静的嘛呢石》进行对比文本研究,其原因有二:首先,我们的研究基于两部电影自身不可替代的价值,即它们作为文化产品的历史意义和价值;其次,基于它们的可比较性,即两部电影可通过相同的文本研究维度进行透视。

《农奴》诞生于1964年,作为中华人民共和国成立15周年的献礼片,影片上映后广受好评,其主演和导演曾得到当时高层领导人的接见和赞誉,这在"十七年电影"的生产体制之内已经算获得最高级别的成功。编剧黄宗江在阐释剧本主题的时候亦直言不讳:"剧本《农奴》的主题,就是在党的文件,在一九五九年五月六日《人民日报》编辑部的署名文章《西藏的革命和尼赫鲁的哲学》的启发下,逐渐地明确起来的。"[③]可以说,在历史既定的体制之内,《农奴》是第一部展现藏族人生活且具有广泛社会影响的影片,它是自上而下的国家意志的产物,其文本是创作者群体(导演李俊、编剧黄宗江等)自觉的意识形态实践。

上映于2006年的《静静的嘛呢石》则具有截然不同的历史意义。经由新时期电影、第五代和第六代导演的创作狂飙以及院线市场的初步成熟,中国电影

[①] 本文系2009年教育部人文社会科学重点研究基地重大项目"电影与少数民族地区的社会变迁"(2009JJD860002)的阶段性成果。
[②] 金晓聚,云南大学新闻学院(南亚东南亚国际传播学院)讲师。
[③] 黄宗江、李俊等:《农奴——从剧本到影片》,中国电影出版社1979年版,第118页。

已经进入一个商业、艺术、政治诉求多元并存的时代,《静静的嘛呢石》则是这个生产体系内引人注目的文本。本片由成长于青海省的藏族导演万玛才旦编导,先后在国内外大小电影节上斩获了硕果累累的奖项。相比较其他民族导演拍摄的藏族题材电影,万玛才旦认为自己影片最大的意义在于:"别人会强调、夸大一些东西,会带着一种猎奇的眼光审视一类人群,审视一个地方。而在我的片子中我会尽量回避那些东西,尽力展现人的基本状态。"他的创作主旨是:"一方面我希望还原真实的藏区人的生活——当下藏区的面貌、藏区的人的基本的精神状态;另一方面我希望能够还原生活中的一些真实的细节。"①因此,《静静的嘛呢石》是第一部由藏族导演将镜头对准自己民族和文化的成功电影作品,是一位青年艺术家自觉的艺术创作实践。

基于两部文本上述的历史意义,我们需要进一步探讨对它们做比较文本分析的具体维度,从文本最基础的语言系统——影像入手归纳其视听艺术语言特征,在此基础上总结其叙事特征,最终导向对这两部作品的表意体系对比剖析,是一条较为合适的路径。

一、影像语言:蒙太奇与现代派

镜头是影像语言最小的表意单位,《农奴》和《静静的嘛呢石》在镜头内部运动和镜头间的组接上都有自身鲜明的特色,而画面、配乐和音效等要素都是视听语言的有机组成要素,在实际的文本阅读中它们不可分割,以下仅为了论述的方便分为叙之。

(一)镜头运动和组接

电影史上对十七年电影的整体特征早有定论,大致的共识不会忽略包括《农奴》在内的电影文本与新兴政权的意识形态合法性建构的直接关系,又因彼时中国对第一个社会主义国家苏联的学习效仿渗透到社会生活的方方面面,所以《农奴》的文本明白彰显出受苏联蒙太奇电影美学浸润的痕迹就毫不奇怪了。

《农奴》的影像有强烈的运动意识,开篇三个交代环境的镜头:喜马拉雅山的雪顶、宽阔的雅鲁藏布江、巍峨的金顶寺庙,都采用大角度和大运动幅

---

① 彭静:《导演万玛才旦的电影世界》,西藏网周末假日版, http://www.tibet.cn/10js/phb/201012/t20101202_777801.htm,2010-11-14.

度，尤其最后一个镜头由寺庙顶上摇下最终变为仰角拍摄一排监狱栅栏般的长号，简练定义了故事发生的环境：被宗教牢牢禁锢的雪域高原，为下面讲述农奴强巴一家的凄惨故事做好铺陈。

在镜头蒙太奇组接上，影片开始不久，幼年强巴的母亲被农奴主强索"三代欠下的债"而无力偿还，被迫手捧鞭子走入农奴主家的大门接受迫害。在这段"无辜者走向死亡"的情节中，镜头纵摇180度，直至影像完全上下颠倒，这个精彩的镜头设计不免让人联想到苏联电影《士兵之歌》中坦克碾压士兵的摇镜头，二者都是在极度不舒适的视觉角度中，体现邪恶的强势和死亡将至的压迫感。再如影片结尾，翻身农奴"哑巴"强巴终于开口说话，男主角（不无突兀地）悲怆地叫了一声"毛主席"的大特写画面后，插入的镜头是墙上的毛主席画像，再接上和情节没有直接关系的大江奔流、雪山巍峨、苍松翠柏等等，这种"毛主席的恩情比山高比海深"的镜头修辞让人联想到普多夫金的《母亲》中以冰河解冻喻工人阶级的觉醒的隐喻蒙太奇。

与《农奴》大量采用摇或移、主观视角等运动镜头不同，四十几年后拍摄的《静静的嘛呢石》在影像语言上返璞归真：基本使用定机位拍摄，镜头很少移动（仅在小喇嘛进入小活佛家庭院的时候有一个比较明显的摇镜），甚至特写镜头的运用也十分节制，中景、全景和远景占有影片大部分篇幅，镜头内部精彩的场面调度和节奏控制保证了这种影像风格的可观赏性。考虑到《静静的嘛呢石》选取场景的性质皆日常琐碎，这种缺乏运动的镜头安排仍能处理得引人入胜，导演万玛才旦的功力可谓深厚。

在北京电影学院学习过的万玛才旦被笼统归到"第六代"导演群体中，他自己面对媒体时也默认这种归类。被人戏称为"血管里流着胶片"的第六代导演的重要群体特征之一就是：他们都具有丰富的影片阅读量；都经过直指视听语言本体的实践训练；几乎都是欧洲现代派电影虔诚的门徒。

在世界电影史上，现代派电影并非某个稳定的流派，它是具有现代主义思潮内涵的影像作品的统称，其显著的特征是自觉通过影像表达在一个高速发展变化缺乏稳定性的世界上个体的孤独与无尽的疏离甚至荒谬感。《静静的嘛呢石》的影像语言特色充分印证了这个特点：全景镜头中穿僧袍戴孙悟空面具徜徉在藏族人日常生活之中的小喇嘛、远景镜头中在高低起伏的原野上不停奔跑的小喇嘛、大俯拍镜头中怀揣面具孤独地跑过台阶奔向宗教仪式的小喇嘛……这些高度典型性的镜头恰是现代派电影的铭文印章，昭示着随着现代工业文明入侵后传统生活方式的失落、发现自我之后的个体深深的迷惘和孤独感。

（二）画面、配乐和音效

据《农奴》的摄影师韦林岳叙述，创作组为该片总体定的格调是"画面凝重，从深沉中透出光来"[①]。因此，在我们看到的最终影像文本中，《农奴》大多数画面的光调非常之低，具有强烈的明暗对比，只有涉及"金珠玛米"（解放军）的场景例外，构图也经常刻意失衡。编导团队充分利用黑白片的优势，娴熟地运用上述影调特征来塑造冲突意向：暗沉的大地、圣洁的雪山、黝黑的肌肤、洁白的云朵、压抑的山峰、明快的流水、昏黑的寺庙和农奴主豪宅、明亮的解放军兵营……这一切都与影片对"穷奢极欲的农奴主"和"受苦受难的农奴"、"压迫农奴的反动集团"和"解放农奴的金珠玛米"等二元对立建构十分贴合。

电影是视听艺术，配乐和音响效果在《农奴》的影像文本中都有良好的组织和运用。片中配乐皆中国民族音乐风格，甚至有意选取了西藏特有的乐器，而在剧情动作的关键点上，传统戏曲鼓点式的节奏表现力也不可小觑。《农奴》的音响效果更加精彩：压抑的长号声、沉闷的打铁声、僧侣念经声、锁链抖动声等音效配合画面形成有机的叙事元素，将人物内心的强烈情绪予以视觉化。在铁匠格桑砸断奴役的铁镣一场戏中，惊心动魄的铁器撞击音效配合青铜雕像一样力量感饱满的画面，可谓注释"哪里有压迫哪里就有反抗"的神来之笔。

影像艺术的发展有其时代特征，《静静的嘛呢石》是彩色片，在摄影师杜杰的镜头下，藏区呈现明媚瑰丽的高原风光。然而这个外人猎奇眼光中的神秘世界却是当地人内部视角里的日常生活场域，平静亲切、秩序井然。本片画面的光调稍高，在外景拍摄时充分运用了自然光，无论人物服饰还是寺庙建筑、自然环境都呈现鲜活但和谐的色彩。在构图上，《静静的嘛呢石》在较大的景别中均采用均衡构图，有时甚至是对称的。如此的色彩与构图结合，传达出的情绪便是平稳宁静。

《静静的嘛呢石》的配乐十分简洁，全片让人印象最深的一处是小喇嘛和父亲回家的路上，优美抒情的藏族民歌响起，既有对本乡本土的深挚热爱，也似乎含有淡淡的惆怅。在音效处理上，诵经声亦是《静静的嘛呢石》贯穿始终的听觉要素。影片伊始，序幕的画外音便是肃穆的诵经声，但是不同于《农奴》

[①] 黄宗江、李俊等：《农奴——从剧本到影片》，中国电影出版社1979年版，第220页。

中的压抑甚至恐怖的感觉,这里的音效宏大崇高,和雕琢嘛呢石的刻石声交互出现,众声同起时更接近于辉煌。进入影片叙事后,人物日常的念经声悠扬悦耳,有如歌吟。影片结尾,小喇嘛小小的失落淹没在盛大的新年法会中,群诵佛经的音效再次出现,头尾呼应,意味深长。

如上所述,《农奴》的影像语言具有蒙太奇美学的取向:强调冲突、在碰撞中构筑宏大意义,所以它的叙事中包含戏剧化的矛盾冲突也就势不可免,而现代派电影风格富于冷静间离感,这意味着《静静的嘛呢石》的叙事擅长处理的必然是日常化的节奏与问题。两部电影在影像语言上的差异进一步造成其叙事节奏的差异和矛盾冲突支点的不同,下面我们将进一步探讨这两部影片的叙事特征。

二、叙事特征:戏剧化与日常化

叙事是一个庞杂的主题,在这里我们仅讨论叙事技术层面的两个问题:节奏控制和主要冲突设定。

(一)叙事节奏的控制

《农奴》的叙事是线性的,由前往后,既表现在对主角强巴由出生—婴儿—少年—青年的生命历程故事的顺序描摹,也表现在对强巴一家祖孙三代依次悲惨遭遇的铺陈。影片的前半段最重要的叙事节奏由三场死亡构成节点:强巴如何在出生前就失去了父亲、襁褓中母亲惨死、少年时祖母亡故,备述男主角作为"一代一代传下来"的农奴后代被坏制度和恶人折磨的悲惨遭遇。整部影片的叙事节奏为前松后紧,"金珠玛米"(解放军)的相关信息出现以后,文本开始通俗叙事环环相扣的流畅,矛盾发展直至大爆发,不但具有明确的高潮,而且调用了好莱坞式商业叙事的"最后一分钟营救法",将戏剧化发展到极致。

反观《静静的嘛呢石》文本,它的节奏舒缓平淡,接近日常生活流动的质感而呈现出的美是影片最吸引人之处。全片唯一接近激烈的地方是大哥差点与调戏自己女友的醉鬼打架,也被波澜不惊地处理过去。在没有明显的高潮和结局的情节中,我们按照线性时间接受情节并无障碍:除夕日间小喇嘛的工作和社交——小喇嘛师徒的年夜饭——大年初一父亲来接小喇嘛——路遇刻石老人的交谈——与家人欢聚的盛况——回寺院路上遇到牧羊老人——再遇到刻石老人的葬礼——回到寺院后的社交与宗教活动。但在舒缓的叙事节奏中,创作者埋下非线性的线索让观众思考,例如我们回溯推想可知刻石老人当在夜间去世(虽然小喇嘛父子遇见葬礼已是白天)、早上邻居的新生儿才出生,这一设定暗藏着藏族人"轮回"的宗教和生命观念。

(二)叙事矛盾的建构

在《农奴》前松后紧的叙事节奏之下,矛盾冲突的支点被设定为阶级对立的不可调和斗争的残酷无情,在非黑即白的对抗中,作为拯救者的"菩萨兵"解放军登场,并成为解决冲突的决定性力量。为此,《农奴》文本精心构筑了一套象征符号体系:鞭子、锁链喻阶级压迫的无情;白度母、护身符喻宗教对惩恶扬善的无能为力;搪瓷杯、五角星喻新生政权百无禁忌的力量;最终,染满解放军烈士鲜血的哈达完成了戏剧化仪式的超凡入圣,将"没有共产党就没有新西藏""金珠玛米让农奴翻身做主人""毛主席就是最大的菩萨"等意识形态表述内核成功植入。

值得一提的是,尽管当时的编导团队都认为"跳崖"一场戏与整个故事基调不符,"是一个败笔";①但今天我们考察整个文本就会发现,这实际上是一种戏剧化的必然,不如此则无法衔接后面的强巴戳穿土登活佛阴谋、朗杰老爷边境叛逃等情节。可以说,"强巴和兰朵被逼跳崖"一场戏恰好将个人境遇的矛盾对抗成功转折到国家政治大事件矛盾上来。

《静静的嘛呢石》的叙事节奏大巧若拙,它设置的冲突支点也比《农奴》复杂得多。简言之,从影片开头小喇嘛好奇地摆弄电视机遥控器的镜头开始直到影片结尾他将空空的VCD碟片盒揣入怀中,本文叙事的核心矛盾在于现代社会的物质文明与藏族人民族文化传统的冲突。这个冲突并没有直白的解决方式,远不是非黑即白的戏剧化叙事能够解决的。在这方面,导演的日常化处理构思可谓巧妙。例如,文本征引的崇尚佛法的王子智美更登的传说,是一个关于潜心向佛施舍一切直至自己的子女和眼睛的故事,在非常具有日常气氛的祖孙三人看戏后回家的场景里,弟弟说:"要别的我可以给,眼睛不行。"这是对传统崇尚的无限宗教奉献精神的某种质疑,而且眼睛是视觉器官,象征着洞见、智识和思考。小喇嘛这一代尚年少的藏人,是多么需要在困惑变迁的世界

---

① 黄宗江、李俊等:《农奴——从剧本到影片》,中国电影出版社1979年版,第131页。

中保有一双慧眼啊!

本片的象征符号体系也比《农奴》多义和含混。收音机、电视机和VCD机、摩托车组成象征现代文明的符号序列,而空的VCD碟片盒子、未刻完的嘛呢石似乎又意味着不管传统与现代都有缺失和不足。另外,关于"拉萨"的意向在文本也具有双重意义:刻石老人的儿子去做生意的拉萨是一个代表现代商业文明更发达的城市,而师傅要带小喇嘛去朝圣的拉萨,则是传统宗教圣地,有着藏传佛教最高领袖和寺庙的地方,这是需要特别指出的一点。

分别厘清了《农奴》在叙事特征上的戏剧化、《静静的嘛呢石》在叙事特征上的日常化后,接下来我们将进入文本表意体系这个纵深空间。

三、表意体系:身份赋予与文化自觉

所有的叙事文本背后都有一个或隐或显的讲述主体,而解构叙事、追问主体建构企图是文本分析最基础的功能之一。

(一)意识形态与国家身份赋予

法国理论家阿尔都塞的意识形态批评理论认为,一个具有合法性的政权统御的国家机器分为两部分:暴力国家机器和意识形态国家机器。前者主要和首要靠暴力发挥作用维持统治秩序,后者主要和首要依靠软性文化手段发挥功能,确保国家意识形态的有效性。而意识形态在这里"是一种双重的映照:这种镜像复制由意识形态所构成,而它又确保了意识形态的功能作用"。[①]

上文提过《农奴》与国家政权建构的关系,这部电影文本本身即可视为意识形态国家机器的运行实践,戏剧化的蒙太奇影像叙事为观众构筑一个社会秩序的"镜像",如果个人在其中找到了自己的位置,国家意识形态就完成了它的"询唤",现实生活中的个体被招募为国家需要的"主体"——新政权建设所需要的"社会主义新人"。在这里,"藏族"这个民族身份等于"党领导下的无产阶级藏族人民",那些试图延续旧剥削制度(且不拥护共产党领导)的宗教领袖、农奴主贵族则被排除在藏族之外,"民族"概念在此成功被"阶级"概念所置换。

---

① [法]路易·阿尔都塞:《意识形态和意识形态国家机器》,载于《外国电影理论文选》,上海文艺出版社1995年版,第661页。

下面我们按照意识形态批评的范式，对《农奴》的文本做"症候"式阅读。

第一个"症候"是宗教。即便秉承无神论，国家意识形态也不敢全然撼动藏族和藏地深厚久远的宗教文化。电影开篇父亲的死亡和强巴的出生即可按照佛教轮回观念解释，但文本不忘为这个情节添上意识形态注脚：旧社会的农奴阶层只有"一代一代传下来"的苦难轮回，强巴偷吃供果被打的镜头后插入的白度母塑像特写镜头申明——农奴的苦难菩萨不能拯救！在宗教人物的塑造上，联系到开篇直白陈述西藏叛乱的字幕，土登活佛几乎就是影射达赖喇嘛一类的宗教人物形象：他仪表堂堂，在信众中有良好的威仪；他赦免打翻油灯、偷吃供果的少年强巴，深得人心；他收留逃跑的成年强巴将他剃度为僧……而这一切善行背后，是居心险恶妄图维持旧制度的"阶级敌人"。当然，鉴于宗教是藏地文化不能否定和跨越的指标，文本又树立了老活佛这个真正慈善、开明的宗教长者形象，并借他之口颂扬新政权宗教和民族政策的开明。最后，文本借助诸如"东方出了个好大好大的菩萨"等台词，刻意将佛教意向转化为革命意向，尽管这样的努力未必成功。

第二个"症候"是家庭。任何关于个人生活的叙述都不可避免地涉及对血缘联系和亲密关系的描述，《农奴》在这一点的处理上具有典型的十七年电影革命主义叙事的特色：血缘亲情不是被低估便是缺失，阶级友爱和革命同志情谊成为替代模式。影片的前半部分，强巴因血亲家人惨死成为孤儿后，"喝黑水骨头都是黑的"的铁匠一家成为他的新家人，共同苦难使他们结下深厚的阶级情谊。意识形态的"询唤"和身份的赋予通过以下情节设定发挥作用：作为强巴阶级兄弟的小铁匠参军后成为"金珠玛米"的一员，作为强巴阶级姐妹的兰朵（当然在通俗叙事的欲望动力学中，她实际上是强巴青梅竹马的恋人）在逃跑跳崖后被"金珠玛米"拯救并接受教育成长为党的优秀干部，最终被解放军救下的强巴和兰朵重逢，（替代性的）兄弟姐妹身份与"共产党"和"解放军"的主体位置重合，崭新的革命大家庭被锻造出来，强巴与其他千千万万一样遭遇的藏人一起，被国家意识形态赋予了新的身份——新社会、新生活、新藏族。

（二）文化自觉与藏人主体焦虑

尽管宗教和家庭亦是《静静的嘛呢石》文本表意体系的经纬线，但它的现代主义日常化的影像叙事不适用意识形态批评，我们需要另外的理论路径，在此选取费孝通的"文化自觉"理论。费孝通曾描述这个概念的提出背景："我在提出'文化自觉'时，并非从东西方文化的比较中，看到了中国文化有什么危机，而是在对少数民族的实地研究中首先接触到了这个问题。"①我们将源自少数民族问题的理论思考应用于藏族电影的分析应该具有一定适用性。那么究竟什么是文化自觉？按照费孝通的定义："'文化自觉'指的是生活在不同文化中的人，在对自身文化有'自知之明'的基础上，了解其他文化及其与自身文化的关系。"②这恰恰是《静静的嘛呢石》文本背后作者的位置，"国家"概念从未在文本中出现过，这意味着《农奴》中的意识形态建构已经过时和失效。

万玛才旦对本民族文化的关照与反思建立在对现代文明模式的熟稔与应用之上，是有了明确的文化自觉意识的少数民族主体袒露的危机意识和试图寻求文化转型的努力。

在《静静的嘛呢石》中，宗教观念和仪式贯穿于藏族人日常生活的每个细节：

邻居的小孩出生，小喇嘛受邀坐在产房门口念长寿经；刻石老人去世，小喇嘛和老喇嘛为他奉上超度的经文，这两个情节安排足以说明：藏族人从生到死都生活在宗教的彼岸尺度和关怀中，所以才有剧中人物恬淡不惊的气质和祥和的日常氛围。

但是，有高度文化自觉的作者不可能不觉察到这种传统正面临着现代文明和生活方式的威胁：在小喇嘛父子回寺院的路上，从牧羊老人的台词中我们得到的信息是本村曾有几个出家人后来都还俗，只有主角小喇嘛仍然潜心向佛，个中原因与现代文明带来的浮躁诱惑不无关系，甚至连恪守清规的小喇嘛（看见影视中的情爱镜头他自发讨厌回避）也被电视机与VCD"引诱"而失魂落魄。小喇嘛传统的宗教生活秩序和他对现代文明的渴望之间的动人张力，是万玛才旦影片中最有深度的、建立于自觉之上的文化反思。

《静静的嘛呢石》的日常视角之下，对藏人家庭生活和家人关系的再现比《农奴》文本中更立体化和富有质感。虽是出家人，小喇嘛拥有一个大家庭：祖父、父亲、母亲、哥哥、妹妹、弟弟，全景镜头中全家聚餐的场面含蓄温馨，而情节的设置里也渐次展开家人之间基于血缘、经济和共同生活的深挚亲情。例如小喇嘛和弟弟想趁着父母不在家的时候偷看《西游记》，小兄弟间一递一句的对话十分精彩，充满童趣和兄弟友爱之情。一方面，这个家庭有些父系家族

---

① 费孝通：《关于"文化自觉"的一些自白》，载于《论文化与文化自觉》，群言出版社2005年版，第477页。
② 同上书，第370页。

的烙印，比如长子继承家业（家里的电视机和VCD机是哥哥做生意赚钱买的现世资本），次子被送去出家（为家族争取宗教的彼岸的资本）；另一方面，父系家族的权威和权力关系已经大大削弱，祖孙、夫妇、兄弟、兄妹间的亲密温情的关系也接近核心家庭的氛围。家人也明白出家是一条清苦寂寞的道路，这在言简意赅的台词中有所表现，比如祖父说"这孩子一年才回来一两天"，母亲说"这孩子多可怜啊"。小喇嘛也有一个血缘家庭之外的宗教家庭，他有如父亲一般慈爱与权威兼具的师父——为了安抚小喇嘛的失落师父将心爱的收音机送给小喇嘛的镜头让人动容，也有如兄弟一般的其他小喇嘛玩伴——几个少年喇嘛路上偶遇谈天取笑的情节十分有趣，但这两个家庭并不存在彼此替代的关系。

在文化反思的调子贯穿的镜头语言中，主角小喇嘛的世界其实有两个：一个由师父、同伴、亲长、兄弟姐妹、乡亲甚至家养的畜群填满，生机盎然，狭窄温暖；另一个世界里少年的他被微小的欲望驱动在广阔的天际下奔波，最终被挫败，孤寂、辽远、疏离。这是充满现代性焦虑的藏人的自觉主体意识追问：我们是谁？我们将往何处去？

不能忽略的是《静静的嘛呢石》中的第二个征引文本——藏语配音的电视剧《西游记》，在小喇嘛痴迷的"唐僧喇嘛的故事"中，孙悟空才是他们真正的主角，小喇嘛戴着这只神通广大的猴子的脸谱出现在几场最重要的戏份里，流露出某种积极意向。最点睛之处在叙事文本结尾，当师父终于决定带小喇嘛去拉萨朝圣的时候说："没有你这个孙悟空保护，我也取不到真经啊！"所以，这应该代表文本作者模糊寄望的、藏人跨越传统与现代文化鸿沟的勇气和信念。

综上所述，在我们选取的两部典型文本中，《农奴》采取的是一种"国家视角"，以阶级斗争作为矛盾冲突的焦点，通过影片实现了一种社会主义新中国的民族身份的"询唤"与赋予；《静静的嘛呢石》则采取的是一种当地人的内部视角，以现代与传统的文化冲突作为矛盾建构的支点，体现出一种影像文本生产中深刻的"文化自觉"。这两部前后相隔40余年的藏族题材的电影，在某种意义上暗示着国家赋予的民族身份的失效以及藏族人在渐次开启的"文化自觉"中对民族主体性的追寻。

（原文载于《新闻大学》2016年第5期）

强凝聚与弱分化

——手机媒介在傣族村落中的功能性使用

许孝媛[①]

与以互联网和物联网为标志的智慧型城市不同，我国的少数民族聚居地区大多地域偏远，经济发展滞后，信息化程度和网络化程度相对偏低，媒介使用率和使用功能与城市差异较大。由于智能手机的普及和移动互联网的发展，手机成为这部分少数民族村民的媒介首选，在他们的日常生活中扮演着日益重要的角色，深刻影响着他们的生活方式与价值观念，值得关注和探讨。

基于此，本研究借助田野调查的研究方法，深入云南省普洱市的傣族村落大芒东村，于其特有的文化语境中进行调查研究，力争揭示出手机媒介的功能性使用在其群体传播、文化传承、民族认同和群体观念等方面的多维度影响，并试图窥豹一斑，勾勒出少数民族聚居区手机媒介的使用动机、使用功能和使用效果等，为发展传播学领域的理论建构提供有价值的经验材料。在此基础上，尝试与城市用户进行比对研究，在差异中寻求共性，于特殊中彰显规律。

一、文献综述

（一）少数民族的媒介使用

中国是一个统一的多民族国家，学者们对少数民族媒介生活一直比较关注。对这一议题的研究大体上可以区分为两大路径：一个路径是以媒介接触为核心，调查乡村的媒介使用情况。例如，复旦大学新闻学院与云南大学新闻系

---

① 许孝媛，云南大学新闻学院（南亚东南亚国际传播学院）讲师。

联合开展的"云南少数民族地区与社会发展关系研究"、益西拉姆的《中国西北地区大众传播与民族文化》等。① 另一个路径是以大众媒介的传播功能与效果为主题的变迁研究。可以说，云南大学的郭建斌教授是此类研究的先行者，其《独乡电视》主要着墨于电视在少数民族乡村对权力网络的建构作用，之后不少学者纷纷跟进，如从电视与彝族生活关系入手的李春霞博士以及从电视与文化传播角度着眼的周根红博士，等等。国外对这一问题的研究，大多侧重考察大众媒介对乡村社会发展的影响，最具代表性的当数美国社会学学者柯克·约翰逊的《电视与乡村社会变迁》，该研究采用民族志的研究方法，分析电视对印度两个村庄的政治、经济、社会发展进程所产生的作用。

整体来看，中国学者对该主题的研究，尽管取得了一些阶段性成果，但尚失之于全面深刻。首先是媒介形式的不平衡。由于时代的局限，报刊和广播电视的研究浓墨重彩，而网络和手机等新媒体却相对薄弱。其次，不少研究有将西方理论标签化和浅表化的嫌疑与倾向，比如中国人民大学周勇教授的《农村受众对乡村媒体的使用与满足研究》等，以西方理论为参照分析我国农村居民的媒介接受过程。同时，此类研究基本遵循以媒介为中心的思维定势，理论假设即大众传播势必带来乡村的现代化，将媒介视为乡村从传统走向现代的主要动因而非变量之一。

（二）身份认同

身份认同是一个横跨哲学、心理学与社会学等学科的学术概念。英语中的identity包含身份与认同两重含义：身份即个体在社会中的位置和地位，表现为一种规范或角色；认同则揭示了"相似"与"差别"的关系，是一种同化与内化的社会心理过程。② 因此，所谓身份认同，就是个体对自我身份的确认和对所属群体的认知以及所伴随的情感体验和对行为模式进行整合的心路历程。③ 简言之，它回答了两个问题：我是谁以及我属于哪个阶层。

身份认同既是对自己所属群体共同性的确认，又是对其他群体差异性的区分。如果只有"我"而没有"我们"，就不存在认同概念；只有"我们"而没有"他们"，认同也就失去了应有的意义。在英国社会学家安东尼·吉登斯

---

① 关琼严：《媒介与乡村社会变迁研究述评》，《现代视听》，2012年第8期。
② 张静：《身份认同研究》，上海人民出版社2006年版，第5页。
③ 张淑华、李海莹、刘芳：《身份认同研究综述》，《心理研究》，2012年第5期。

（Anthony Giddens）看来，身份认同并不是一个与生俱来、确定无疑的结果，而是一个社会互动的产物：一方面，社会赋予个体身份的意义；另一方面，身份认同需要在社会互动中逐渐建构、发展并完善，是一个动态、复杂、长期的过程。

从类型上看，认同包括自我认同、社会认同、种族认同、民族认同、文化认同等类型，同一时期在不同场合个体可以产生不同的身份认同。就傣族群体而言，一方面，他们使用相同的傣语系统、共同信仰小乘佛教、秉承共有的思维模式和行为规范，是文化认同的表现；另一方面，他们世代聚居在同一地理环境，具有相对稳定的风俗习惯、生活方式和普遍心理，民族认同强烈。多重身份的认同势必影响他们对手机功能的选择与使用。

美国学者本尼迪克特·安德森（Benedict Anderson）的"想象的共同体"理论充分地把传播媒介与身份认同结合起来，认为即使是最小的民族的成员也不可能完全认识他们的同胞，然而，他们相互联结的意象却活在每一位成员的心中。不同的传播媒介、传播形态对于构筑"想象的共同体"的方式有所不同。手机媒介图文并茂、声像结合、双向互动的传播方式，更容易、更直观地让边疆少数民族群体观看到本土与外界生活的诸多方面，而对手机不同的使用动机与使用功能隐喻的则是不同的身份与阶层。从封闭到开放，从传统到现代，手机媒介的强势闯入如何作用于傣族群体的身份认同？究竟是强化还是淡化了族群社区的民族身份？

（三）发展传播学

二战结束后，许多国家和地区相继获得民族解放与独立，发展成为其最为重要的历史使命，发展传播学应运而生。有学者分析认为："发展传播学的研究大致有两个层次：理论框架研究和实证研究，前者建立基本的理论假设和宏观视角，关注传播对于社会发展是否具有推动作用，以及发生的机制是什么；后者具体考察传播和社会发展之间的关系，多表现为专题性的研究，例如性别与传播、健康传播、国际发展传播项目的实施成效、新传播技术在发展中国家的运用、传播与传统文化、发展传播中的公共参与、乡村地区的传播等。"[①] 半个多世纪以来，理论框架研究取得了较为明显的成就，但在实证研究方面则不断面临着层出不穷的新问题。手机和移动互联网等新的传播媒介与技术的出现和

---

① 徐晖明：《我国发展传播学研究状况》，《当代传播》，2003年第2期。

大规模普及，给发展中国家和边疆少数民族聚居区带来了巨大的变迁，也为发展传播学的演进提供了新鲜的课题。

在许多发展中国家和地区开始现代化的早期阶段，人们普遍简单地认为：国家发展等于现代化，而现代化就等于经济增长。历史证明，这种相对狭隘的理解已经带来一系列问题，比如社会的公平与公正，公民意识的培养与民主制度的建立等。中国是世界上最大的发展中国家，其现代化进程一直受到全世界的关注。早在1976年，传播学学者罗杰斯（E.M. Rogers）就提出了发展传播的"中国模式"（the Chinese Model）。其在《主导范式的消逝》中强调媒介使用、参与、媒介内容与社会文化环境的关联性，把发展的内涵从技术的、过度物质的、决定主义的维度转向平等的、草根参与的、社区自决的以及内生和外生性结合的方向，进而倡导一种基于社会平等而非经济增长的传播模式。[1]随着对"发展"内涵的理解逐渐从技术主义和物质主义转向社会公正与群体共享，发展传播学的关注重心也从社会群体逐渐转向个体受众，从自上而下的精英式传播转向了横向平等的草根式交流。1970年代以来的参与式发展传播理论也认为：在发展决策过程中缺乏发展项目所针对的人民的介入，是许多发展项目失败的主要原因。因此其理论前提为，倘若人们积极地介入到发展项目中，这些项目将会成为相关的、有效的和可持续的。[2]值得肯定的是，这些理论假设具有很大的启发意义，但需要足够的田野调查予以验证。至于如上这种转向的力度与效度如何，发展中国家的少数民族村落为此提供了鲜活的样本。

二、调查基础与研究方法

本次调查研究综合采取质化与量化相结合的方法，通过发放问卷、深度访谈、融入情境参与性观察等方式搜集第一手资料，在遵循文化人类学、民族学和传播学等一般原理的基础上，结合文献分析，着重从民族文化和媒介接触的关系出发，梳理手机在傣族村落中的功能性使用，发掘蕴含于其中的普遍意义和规律性启示。

---

[1] 韩鸿：《发展传播学近三十余年的学术流变与理论转型》，《国际新闻界》，2014年第7期。
[2] 韩鸿：《参与式传播：发展传播学的范式转换及其中国价值——一种基于媒介传播偏向的研究》，《新闻与传播研究》，2010年第1期。

（一）调查区域选择

把田野调查框定在一个较小的社会单元内进行，便于调查者更容易深入细致地对被调查者进行全面的观察。概而言之，选择大芒东傣族村作为考察对象是出于如下三个方面的考虑。

第一，从地理环境、民族文化和经济生产的角度考虑，大芒东村具有云南省傣族村落的典型性。这个地处中国西南边陲的村落，既是自然村又是建制村，坐落在云南无量山的余脉，半山半坝的地势环境决定了当地交通极为不便。由于山路崎岖、地势险峻，从村落到景谷县城57公里的路程，大巴车也得行驶两个小时。村民们民族聚集意愿强烈，家族观念和乡党意识浓厚，共同使用自成体系的傣语，共同信仰小乘佛教。加之，这一带产业结构落后，农业经济突出，密织型的甘蔗、茶叶种植生产要求族人们必须团结合作才能协调一致。

第二，美国社会学家伊莱休·卡茨（Elihu Katz）认为：人们往往通过大众传播媒介来联结自我与外在的世界。从研究客体考虑，在这样一个地处山区、相对封闭而又边远贫穷的少数民族村落，大众媒介是否能够帮助村民实现群体内部以及与外界的有效联系，村民对手机这一新媒介的认知、需求和使用状况等可能具有非常重要而又尚未被充分发掘到的意义。

第三，从研究主体考察，笔者作为大芒东村的本地人，对当地了解较深，与部分同乡亲友颇为熟悉，有助于调查的顺利开展和操作。正如费孝通先生在《江村经济》中提到的本地人研究家乡的特殊优势："同乡的感情使我能够进一步深入到人们的生活中去，毫无困难地得到全村居民的通力合作，不致引起怀疑。"[1]

（二）数据采集方法

在为期一个月的田野调查中，笔者通过发放问卷、深度访谈、参与性观察和文献分析等方式采集数据资料，系统梳理大芒东村手机用户的接触表征，探究其深层的普遍性与特殊性。

截至2016年2月1日，大芒东村共有117户509人，本调查以户为单位发放问卷，每户随机抽取一人填写问卷，以保证调查对象年龄分布广泛均衡，因此各

---

[1] 费孝通：《江村经济——中国农民的生活》，商务印书馆2001年版，第22页。

个年龄阶段均有涉及。根据预调查,该村高于55岁的受众与低于55岁的受众媒介使用偏好差异明显。据此,本研究将实际接受调查的对象划分为四个年龄阶段:少年(7～17岁)23人、青年(18～35岁)30人、中年(36～55岁)26人、老年(56岁以上)38人,最终获得117个样本。问卷发放采取入户调查的方式,所以确保每份问卷都是合格有效的。全部问卷数据由研究者编码录入网络调查平台,利用调查网站进行单变量的分类统计和双变量的交叉分析。样本构成情况见表1。

表1 问卷样本构成情况

项目	人数(人)	比例(%)
性别		
男	52	44.4
女	65	55.6
合计	117	100.0
受教育程度		
小学以下	48	41.0
初中	43	36.8
高中/中专	17	14.5
大专/大学本科及以上	9	7.7
合计	117	100.0
年龄		
7～17岁	23	19.7
18～35岁	30	25.6
36～55岁	26	22.2
56岁以上	38	32.5
合计	117	100.0

相对于问卷调查,面对面访谈和参与性观察则更加细微和富有感情,对一位58岁妇女媒介生活信息的采集即是在帮她榨甘蔗的闲聊中偶得。深度访谈的对象选择主要在入户问卷过程中进行,共访谈21人,其中4位少年,4位青年,5位中年,8位老年。

三、大芒东傣族村民媒介接触的语境分析

（一）大芒东村媒介接触总体状况

媒介是表述现实和传递信息的工具,对大芒东村民媒介生活的调查问卷显示,口语传播、手机、电视在傣民媒介使用频率中位居前三,报纸、广播和PC网络的受众则微乎其微。在大芒东村,报纸与其说是媒体,不如说是工具,村民会拿报纸来垫桌子、贴墙纸或当草纸,88.04%的村民几乎从不接触报纸。至于广播,村社活动中心附近有一个高高挂起的大喇叭,每天早上6:30—7:00和中午12:30—13:00播放中国之声,村民多是被强制性暴露在广播信号之下,并无意专门收听。电视是村里普及率最高的媒介,全村117户人家都有彩电。电视之于傣族村民,如同一个时钟,是村民白天与黑夜的分水岭,59.83%的受众主要在晚上7点到9点间收看电视（见表2）,打开电视便是日落时分,忙罢一天的农活,看电视成为基本的休闲方式。

表2　问卷样本收看电视的主要时段

时间段	人数（人）	比例（%）
6:00—8:00	2	1.7
9:00—11:00	4	3.4
12:00—15:00	4	3.4
15:00—16:30	10	8.6
19:00—21:00	70	59.8
21:00—23:00	27	23.1
合计	117	100.0

（二）大芒东村民手机媒介接触状况

手机的强势介入将大芒东村民自然划分为手机媒介受众与非手机媒介受众两大群体。年轻人的个性迎合了现代甚至是后现代文化的潮流,他们表现出对手机媒介所承载的大众文化的追捧,而中老年村民则选择性地规避现代技术的冲击。在对手机的接触态度上,56岁以上和55岁以下的村民颇异其趣,93.67%的非老年村民使用手机,而52.63%的老年村民几乎从不使用手机。

就手机的使用功能而言（见表3），老年用户主要限于基本的通话功能，只有2.63%的老年人偶尔会用手机听音乐，而手机的资讯、社交和其他娱乐功能则无人问津。非老年用户的手机使用相对多元，接听电话（78.5%）、登录微信等社交平台（86.1%）以及听音乐（40.5%）是最常使用的手机功能，64.71%的村民用户表示会参与微信朋友圈互动（点赞、评论等），其中互动最活跃的是18～35岁的青年，占互动人数的一半。

就手机的使用动机来说，7～17岁的少年通常出于"与人交流沟通"（66.67%）或"结交更多朋友"（50%）的目的；18～35岁的青年使用手机的动机主要是"与人交流沟通"（90.91%）和"娱乐消遣"（90.91%）；36～55岁的中年用户手机使用动机则呈现出多样性，"与人交流沟通"（92.31%）是主要的，也有人出于"了解世界，增长知识"（50%）和"娱乐消遣"（25%）而使用手机。对于56岁以上的老年用户，手机"联系家人"的作用尤为明显，在大芒东村，有不少"空巢"家庭，年轻子女在外打工，有47.37%的老人是为了联络家人而使用手机。

表3 问卷样本手机使用功能（多选）

	接听电话	收发短信	微信等社交媒体	浏览网页	阅读新闻	听音乐	看视频	看小说	手机购物	玩游戏	从不使用手机	其他
7～17岁	52.1%(12)	13.0%(3)	69.6%(16)	13.0%(3)	4.4%(1)	43.5%(10)	13.0%(3)	13.0%(3)	8.7%(2)	39.1%(9)	17.4%(4)	0.0%(0)
18～35岁	83.3%(25)	53.3%(16)	93.3%(28)	63.3%(19)	40.0%(12)	63.3%(19)	60.0%(18)	20.0%(6)	50.0%(15)	46.7%(14)	0.0%(0)	0.0%(0)
36～55岁	96.2%(25)	15.4%(4)	92.3%(24)	7.7%(2)	19.2%(5)	11.5%(3)	15.4%(4)	0.0%(0)	7.7%(2)	19.2%(5)	3.9%(1)	3.9%(1)
56岁以上	47.4%(18)	0.0%(0)	0.0%(0)	0.0%(0)	0.0%(0)	2.6%(1)	0.0%(0)	0.0%(0)	0.0%(0)	0.0%(0)	52.6%(20)	0.0%(0)

注：括号内为个案数。

总体来看，手机已在非老年村民中普及开来，而老年村民的卷入度相对较低。一个突出的特点是，村民使用手机的主要目的是联络亲友和召集聚会，很大程度上局限于社交功能，资讯、教育、娱乐等功能呈现出依次被抛弃的顺序。

四、手机媒介对傣族村民的强凝聚

正如美国人类学家爱德华·霍尔（Edward Hall）所说："我们会选择什么样的传播行为很大程度上取决于我们生长的文化环境。"[①]傣族村民热衷聚会、乡党意识强烈的文化土壤使其更多地选择手机人际交往和群体传播的功能。与此相应的是，手机高效便捷的召集功能又进一步强化了族群关系，二者形成了良性互动。

（一）聚合文化对村民手机接触偏好的影响

召集聚会是傣族族群的一种生活习惯，其根源是民族认同和文化认同。这种文化行为是人们在共同需求、共同心理的基础上逐渐衍生出的一种代代相传的实践习得，它往往是某种价值观念外在的可视化呈现。换言之，人类在对自身生存行为的适应和解释中，产生了共同的价值体系，这种价值体系反过来又规范塑造着人们的生存行为。

大芒东村是一个强调集体活动、有较强家族观念和乡党意识的傣族村落，这种整体观念致使他们有着更强烈的内聚意愿。比如，直至今日，火塘依旧是村民们的聚会中心，即使在丽日高悬的晌午，也照样能够看到邻居亲友们围坐火塘，生火煮茶，闲谈议事；再如，泼水节这天清晨，村民们个个沐浴盛装，聚集缅寺，携手堆沙造塔，浴佛听经，接着青年男女相互泼水狂欢，形成全村性的泼水高潮。还有关门节、开门节等频繁而隆重的傣族节日，亦是族人们重要的欢聚时刻。小到街巷谈天、篝火歌舞，大到佛寺法会、节日庆典，族人的聚会形式层出不穷。这种偏重集体、聚合紧密的群体价值观如此根深蒂固，客观上是与其自然环境和生产方式密不可分的。地处南部边陲的大芒东村峰峦重叠，单一而落后的交通条件将其置于一个相对封闭的地理空间。加之当地以水稻、甘蔗、茶叶等种植业为主要经济支柱，较为原始的生产方式需要集体的协同合作。因此族群内部个人与个人、个人与群体的联系十分紧密，相互依赖程度较高。

深厚的民族聚合心理使傣族村民更多地使用手机来召集聚会，手机在大芒东村，俨然已经成为一种必不可少的社交工具，电话（68.38%）和微信

[①] [美] 拉里·萨默瓦、理查德·波特：《文化模式与传播方式》，麻争旗译，北京广播学院出版社2003年版，第6页。

(58.12%)是傣族村民使用最多的手机功能。就微信而言，52.94%的村民主要通过朋友圈来晒美食、晒聚会，目的是邀请邻里到家中做客，聚会玩耍。从小在大芒东村生活的傣族小伙刀小天告诉笔者，打牌、打陀螺是村民们闲暇时的主要娱乐活动。从前倘若想要约人打牌、打陀螺，必须一家一户地敲门召唤，如今用微信发个朋友圈，小伙伴们便纷至沓来。他说："我们傣族人民就是热情好客，喝不完这些酒，吃不完这些烧烤你不能回克（去）啊！我们平时别得事（没有事）就喜欢聚在一起，打陀螺、斗地主再喝点小酒。以前小时候别得手机要得挨家挨户地去喊，现在发个小视频，分分钟人就一窝一窝地来。"

浏览刀小天的朋友圈可以发现，2016年2月的六条朋友圈中的信息有三条是约打陀螺，其余三条都是约朋友聚餐喝酒。这样的邀约在大芒东村民中俯拾皆是，烧猪蹄、炒螺蛳、酿蜂蜜、煎糍粑……对于微信这种图文并茂的召集方式，族人乐在其中。然而，村民对手机认知信息、获取资讯的功能，则显得兴味索然，仅有15.38%的用户使用手机阅读新闻、浏览网页，外界信息对他们似乎无关紧要，新闻资讯的缺乏并不会成为他们谈资的短板，不知道春晚的主持人，甚至不知道国家总理是谁也并不会成为村民被嘲笑和排挤的原因。这种社交化的手机接触偏好一方面与其强烈的民族内聚心理息息相关，另一方面源于他们缺乏与外界建立联系的内在冲动。在这样一个狭小封闭的村落，村民们过着一种半自给自足的生活，只要能吃好喝好玩好劳作好，外界的风云叱咤对于他们并无太多实际意义。

（二）手机媒介对村民聚合文化的强化

一个村落，其实就是一个人与人构成的共同体。出于生存与发展的需要，人们之间需要进行信息的传播。口语传播毫无疑问是大芒东村信息交流最为简单和原始的媒介形式，无论是政治宣传的会议通知还是人际沟通的邀约聚会，面对面告知是傣族村民最基本、最便捷也最通用的方式。1970年代后，大喇叭广播开始进入大芒东村，除了承担播报新闻等政治宣传功能外，它还扮演着召集者的角色。村里有婚丧嫁娶需要邻里帮忙，或是有人家杀猪宰羊希望邀请族人齐分享的时候，大约提前一周村喇叭便广而告之。

手机作为"时空的超越者"和闪电般的通信工具，因其可以在更短的时间、更大的范围内传递信息而自然地成为村民更为高效的召集方式。年轻族人习惯借助手机媒介来邀约聚合，对微信的卷入度尤其深广。2016年2月3日的夜晚，在村民刀雨晗家吃罢晚饭，笔者与主人围坐火塘，主人拿来几条河鱼放到烈焰的火塘上烧烤。随后刀雨晗掏出手机，拍摄了一段烧烤的小视频发到微信朋友圈，说是邀请好友到家来吃烤鱼。这种邀约方式的效果立竿见影，半小时后即宾客盈门，十几个朋友"慕鱼而来"。其实不论烤鱼还是宰羊，一切吃喝玩乐的聚会都可以通过一段小视频唤来一群小伙伴。

手机在传播上的快捷性和时间上的自由性，与村民们随时随地、随心随意的聚会需求高度契合。这一邀约方式很好地诠释了手机媒介对村民时空感甚至真实感的建构作用。手机通过从村民切身的局部环境中提取特定的符号、声响和影像，并跨越时间和空间的界限将它们重新编织，以此来再现场景并吸引亲友。除了将亲友吸附至真实情境的在场凝聚，微信小视频同样具备虚拟凝聚的效用。也就是说，即便无法"物理在场"，不能亲身参与到聚会现场，处于千山万水之外的受众亦可脱离地域的阻隔进入微信建构的流动空间，实现精神同在的天涯共此时。当刀雨晗在昆明打工的父亲看到女儿的微信后，仿若亲临其境，并随即进行了视频聊天的愉快互动，共享家庭的温馨。刀雨晗告诉笔者："我爸爸叫我多发点照片和小视频给他看，我们吃火锅、吃烧烤都会拍给他，让他饱饱眼福。上次我弟弟过生日的时候我们还给他现场直播，虽然都是零零碎碎的吃喝玩乐，但我感觉他很开心，很喜欢看。现在有智能手机，真的超级方便。"

微信视频和手机直播以接近于实时的传播速度和强烈的现场感把割裂的地域串联起来，人与人之间的心理距离大大缩小，虚拟的在场弥补了现实的缺席，足不出户亦可参与故土的一切活动，大大强化了族群观念。对于大芒东村56个外出务工的村民来说，这无疑是巨大的心理安慰和精神满足。正如美国传播学学者约书亚·梅洛维茨（Joshua Meyrowitz）所指出的："媒介尤其是电子媒介改变了社会生活的'情境地理学'，媒介愈来愈使我们成为其他地方所举行的演出的直接观众，并使我们参与到不是'物理在场'的观众之中。"[1] 身虽远，心却近了，天涯若比邻。

手机媒介不仅为傣族村民信息传播带来了空间和速度上的突破，更是成为傣族村民声音信息系统和视觉信息系统的拓展和延伸。根据调查，大芒东村41.67%的手机用户喜欢在微信朋友圈分享小视频，仅有4.16%的人单纯发表文字。微信视频与生俱来的直观易感迥异于文字语言，不需要严密的逻辑

---

[1] [英]安东尼·吉登斯：《现代性与自我认同》，赵旭东译，三联书店1998年版，第96页。

性。小视频更像一种无需学习的"天然之物",恰好解决了傣族用户汉语表达能力较弱甚至不会打字的困扰,轻轻点击即可表情达意。从美国传播学家罗杰斯(Rogers, E.M.)"创新扩散"的理论角度来看,在微信小视频的流行过程中,总有一些"早期采用者"。这些人往往是村里的青年:他们好奇心强,接受力高,能灵敏地洞察到一些新气象,接受一些新技术,并且具有把这些新气象新技术进行传播的勇气和能力。与此同时,百闻不如一见,影音的结合比单是影或音或文的呈现有着更深广的幅度,融合色彩、声音、影调与情景的交互式再现现实刺激并愉悦着我们的感官[①]。这种真实感和现场感,更容易引起村民的注意,激发族人赴约的欲望,小视频顺理成章地成为村民成功邀约的新利器。

传媒与社区有着天然的联系。施拉姆(Wilbur Schramm)就认为,传播(communication)和社区(community)有着共同的词源,二者关联密切。没有传播,就不会有社区;没有社区,也不会有传播。手机微信群正是傣族村民凝聚群体意识、维系本族文化的网络新社区。2015年1月大芒东村建立首个微信群,截至2016年3月共有72名成员,并且都是25岁以下的青少年。20岁的陶虹在访谈中告诉笔者,群里聊天内容虽然多是吃吃喝喝和抢发红包,但氛围友好,互动频繁。

从信息的流量和流向来看,群里几乎随时都有人发言,其中约有七八个活跃成员充当着"意见领袖"的角色,主动发起并引领话题,同时一半以上的群成员会参与互动,双向交流积极。作为村民现实生活的延伸和重要补充的微信群,建立在村民共同习俗、价值观念和起源信仰的精神纽带之上。这种虚拟社区存在一种富有人情味的种族关系,很大程度上已经超出了地理的范围,而扩展和深化到抽象的精神意识领域,属于美国社会学家A.英格尔斯(Alex Inkeles)在《社会学是什么》中所描述的"精神社区"。作为这种社区的成员,人们更加强调一种精神或文化上的维系力,在这种"想象共同体"中寻找新的归属感与存在感。[②]因此,当笔者表达想要加入他们微信群的意愿时,陶虹立马表示拒绝:"不行不行,你不能进来,你进来马上会被他们踢出去的。以前也有不是大芒东的人想进来,但才拉进来马上就被踢出去了,只有我们自己村的

---

① 韩晓宁、王军、张晗:《内容依赖:作为媒体的微信使用与满足研究》,《国际新闻界》,2014年第4期。
② [美]亚力克斯·英格尔斯:《社会学是什么》,陈观胜、李培荣译,中国社会科学出版社1981年版,第68页。

人能加群,不是我们村的,就不给进。"

物以类聚,人以群分。傣族村民微信群的形成过程本身,就是村民对自身的民族身份认同的表达,表明的是基于共同语言、观念、认知等文化及政治要素基础上的"群体认同"。这种民族认同的文化心理不仅在本族微信群的联络内聚中巩固强化,而且在对外来力量的抵抗上具有一定的"拒异性"。维护群体自我同一性(identity)和纯洁性的族群意识在傣族村民中达成共识,甚至形成群体规范,进而影响群体的决策和行为——非我族类,莫入我群。群体目标和群体规范的合意统一,群体感情和群体归属的和谐稳固,群体凝聚力和向心力由此体现。

五、手机媒介对傣族村民的弱分化

清华大学教授孙立平在《失衡——断裂社会的运作逻辑》一书中认为,断裂是严重的两极分化,社会的断裂会表现在文化以及社会生活的许多层面。断裂当然是一种极端的呈现形式,而更加常见的往往表现为形形色色的分化。事实上,在对大芒东傣族村落媒介使用的考察中可以发现,老年人和青少年、不同兴趣爱好的村民之间在使用手机的动机、功能以及依赖程度上差异巨大。可以说,在一定程度上,手机媒介成为分化傣族村民的基本表现和重要原因。

(一)手机媒介对傣族村民年龄的弱分化

依照"数字鸿沟"理论假设的研究结果,数字技术接入拥有的差距称为"第一道鸿沟",数字技术使用层面的差距为"第二道鸿沟",从接入沟和使用沟拓展到效果层面的知识沟则为"第三道鸿沟"。[①]大芒东村青少年与老年人的第一与第二道数字鸿沟是显而易见的,但知识沟却较难测量。一半多(52.63%)的老年村民没有手机,而青少年村民的手机拥有率高达93.67%。即便拥有手机,老年用户也局囿于最基本的通话功能,而社交资讯、娱乐消遣等其他年轻村民所热衷的手机功用与他们毫不相关,年轻人在微信群和朋友圈分享的奇闻逸事更是他们遥不可及的。

然而,即便分化着老年人和青少年召集方式和社交方式的手机接触鸿沟

---

① 刘德寰、郑雪:《手机互联网的数字鸿沟》,《现代传播》,2011年第1期。

在农村普遍存在，但这并不足以瓦解傣族族群的凝聚力，更不足以造成村落内断裂的二元结构。原因有二：其一，傣族尤其重视亲属群体，长辈的家庭地位很高。引用法国著名社会学家阿兰·图海纳（Alain Touraine）关于金字塔的比喻：金字塔是村落的一种等级结构，在这个等级中，尽管人们的年龄、职业、社会地位不同，但同属于一个"文化区域"，是一个"村落共同体"。[①]不管用不用手机，老年人都是村社这个金字塔中不可或缺的重要构成。其二，即便在通讯卫星上天、移动网络入户的今天，口语依然是人类最基本、最常用和最灵活的传播手段。口语传播作为人类最重要的交际手段，在相对狭小闭塞的傣族村落中，其重要性尤其显著。大芒东村一定程度上被阻隔在现代交通与通讯之外，物质和精神层面上的现代化甚至是后现代化对其生存境遇的左右尚不显著，民族文化和宗教信仰才是联络这些个人与家庭的深层纽带。就召集聚会而言，即便没有手机，也可以登门进行当面邀请，消息一传十、十传百，口口相传，众人皆知。老年人可能会被手机部分地区隔开，但绝不会被族人抛弃。

（二）手机媒介对傣族村民兴趣的弱分化

麦克卢汉曾预言，信息化社会不仅使世界变成一个鸡犬相闻的地球村，而且也会因为信息的使用形成各种新的虚拟部落，信息将使得人群"重新部落化"。以兴趣爱好为基础建立的各种微信群，就为傣族村民重新部落化提供了更多的可能。"喝酒群""钓鱼群""麻将群"……诸如此类的微信群标榜着某一类村民的品性爱好，并将这一类人从全村中抽取出来，重组为一个全新的群体。倘若你滴酒不沾，那觥筹交错的"喝酒群"可能与你格格不入；倘若你生性畏水，那"钓鱼群"似乎只能与你擦肩而过；等等。林林总总的兴趣群将村民分化为一个个以共同志趣为目标的小群体，不同组群有着不同的标签和话题。

当然，分化本身是大芒东村内部的固有存在，并不因手机媒介而产生，手机微信群只是呈现分化的一种形式和手段而已。即便没有手机，不同兴趣和追求的村民们依旧会在不同的现实聚会中被区别开来。因此，手机媒介对傣族村民兴趣群体的分化作用相当有限。

---

① 孙立平：《失衡——断裂社会的运作逻辑》，社会科学文献出版社2004年版，第23页。

六、城乡居民手机媒介的使用对比

长期以来，对于媒介技术，存在两种相左的论调。第一种观点认为媒介技术与历史上其他技术一样，是偶然发明的，随即对社会产生了巨大影响。在这种视野下，技术是源头，引领着社会与文化的发展。与之不同，另一种观点认为，技术并不一定能导致社会和文化的变革，问题的关键在于技术是否被接纳并运用。总体来看，近年来国内关于大众传播与乡村社会发展和变迁的研究基本遵循着一种思维逻辑，即大众传播媒介的介入势必带来乡村社会的现代化。以媒介为中心先入为主地将现代传播技术视为一个必将对民族村落产生影响的重要变量，有意无意地淡化甚至放弃了民族文化自身的稳固性。然而，就大芒东村而言，村民对手机媒介的追捧和依赖远不如城市用户，手机并没有明显改变村落的运行机制，更不足以撼动村民一贯强大的聚合心理与民族凝聚力。

大芒东仅有75.2％的手机用户，且大多数是年轻人（35岁以下的占到54.5％），这意味着24.8％的村民没有手机，也就无从谈起手机媒介环境、功能实现等对其生活方式与价值观念的影响。即便使用手机，村民对手机的卷入程度也远远不及城市用户。村民聚在一起的时候，当面的情感互动大多频繁热烈，要么相互取闹多年依旧的兄弟感情，要么沉浸在热热闹闹的把酒言欢，很少有人独坐一旁玩弄手机。而对于城市居民，手机已然成为一种标配，甚至成为一种软瘾，男女老幼基本如此。一群人的聚会，往往只有寥寥几人在认真张罗，其余的基本玩着手机成为"低头族"；即便一家人坐在沙发上话家常，父母想和儿女聊几句，不善于和长辈沟通的年轻人也大多一边应付一边漫无目的地刷着微博微信掩饰尴尬。无论是陪长辈吃饭还是与朋友聚餐，无论是开会上课还是K歌狂欢，实质上也无非异化成三五成群聚拢在一起玩手机。形影相随的小屏幕把我们吸入信息的海洋，变成一滴水珠，沉溺于其中的人们裹挟在数码洪流中而悄然疏离了周遭环境。知识娱乐化，时间碎片化，邻里不相识，家人不相知，手机媒介所带来的负面效应需要引起人们的高度警觉。

由此不难看出，手机媒介对城乡居民的冲击程度显然有着极大差别：手机成为城市居民最私密的朋友，其亲密程度远远超过了亲人甚至是爱人关系；但在大芒东傣族村落，手机扮演的角色更多的是民族凝聚和文化认同的黏合剂，对族群和家庭的分化作用并不明显。少数民族文化的稳定性，对以大众媒介为代表的现代科技有着较强消化融合的能力，这可能对全球化和现代化语境下如何保持文化传统具有一定的借鉴意义。

七、结论与讨论

综上所述，本文对大芒东傣族村村民手机媒介功能性使用的考察着重放在具体的文化环境中进行，研究发现手机媒介很大程度上已经成为村民社会交往和文化生存的重要场所。傣族强调集体、趋于内聚的民族价值观致使其主要选择并放大了手机的聚合功能，对族群分化的影响相对较小，这与城市手机用户有着较为明显的区别。现代媒介技术的创新与扩散，为相对封闭的少数民族文化传统的传承与发展提供崭新的手段，带来的文化冲击与颠覆显然并没有城市居民那么深远。这也为全球化时代如何保持民族文化的独特性提供了有益的启示与借鉴。

本研究涉及多个学科，其研究视角与方法得到了发展传播学、文化人类学以及社会学和民族学等相关学科的支撑，理想的状态应当是一种跨学科的综合研究。然笔者学力不逮、资源有限，所以主要采用田野调查的研究方法，最基本的考虑在于它可以部分超越文献所囿来理解研究对象并做出相对客观鲜活的解读。扩而大之，如若能对不同国家、不同区域、不同民族的样本进行对比研究，当可收获更大的意义，当然也是进一步的努力方向。

（原文载于《新闻与传播研究》2017年第2期）

Ⅲ 健康传播与环境传播

打破健康传播中的"无形之墙"

——宿命论信念和信息传播对疫情中公众防护行为倾向的影响研究[①]

黎藜[②] 李孟[③]

"病毒在它所动态创建的社会行动者网络中传播",拉图尔之于病毒传播的经典话语在2019年末尾成为飘荡在天空的警示之言,个体间病毒传播的可能性瞬间引爆了社会的整体危机感。2019年12月至今,我国武汉最先暴发了新型冠状(下文简称"新冠")病毒肺炎疫情。新冠疫情来势凶猛,现已波及全国各地区及全球多个国家,对全球人民生命健康构成了严重威胁。遗憾的是,面对新冠病毒的强势来袭,目前尚没有出现全球各国普遍认同的特效药物或长效预防疫苗。对于这样一种传染性疾病,相关专家认为,做好个人防护仍是当下防控新冠肺炎最有效的措施之一。计划行为理论指出,行为倾向是影响实际行为的直接因素。[④]增进公民采取防护行为的倾向,是促使公众在新冠肺炎疫情中实际采取防护措施的关键。因此,本文旨在探究影响公众在新冠肺炎疫情期间采取防护行为倾向的因素。

宿命论在我国公众中有着众多拥趸,中华传统文化中"生死由命""富贵在天"等论调为其提供了扩散和滋长的沃土。在此次疫情的暴发中,宿命论重登舞台,逐渐引起公众的热议,甚至成为新冠疫情的重要归因。2019年正值鼠年,网络上出现了"2020年这么难,原来因为是鼠年!""鼠年多灾难"等众多

[①] 本文系国家社会科学基金项目"西部农村地区健康传播效果与需求研究"(20CXW021)的阶段性成果。
[②] 黎藜,云南大学新闻学院(南亚东南亚国际传播学院)副教授。
[③] 李孟,云南大学新闻学院(南亚东南亚国际传播学院)硕士研究生。
[④] Ajzen, I. The theory of planned behavior. *Organizational Behavior & Human Decision Processes*, 1991, 50 (2).

说法，甚至总结出了"中国近代鼠年大事件"，将新冠肺炎归结为鼠年的劫难。疫情期间的新闻报道强化了公众认知中的宿命论，众多相关信息层出不穷，如《怀化6旬男子携带子弹"辟邪"称能保佑自己不被感染》《重庆小伙害怕感染病毒，口罩上写"佛"求保佑！》。此类报道的盛行说明人们在疫情当中都存在一定程度的宿命论信念，且这种信念无关年龄。国内外已往研究表明，宿命论信念是人们进行医疗保健的一大障碍，它会影响到人们对疾病的预防、检查以及治疗等多个方面。[1]因此，为了更好地对新冠肺炎进行防治，宿命论在公众防护行为倾向中扮演的角色是值得学者讨论的重要议题。

目前，在我国的健康传播研究中，针对宿命论与公众的健康行为倾向的研究并不充分，且鲜有研究对二者的关系进行实证检验。因此，本研究的首要目的是通过量化的研究方法探究新冠肺炎的宿命论信念与公众新冠肺炎防护行为倾向之间的关系。此外，既往研究显示，人际传播与大众传播对于个体的态度和行为改变具有重要作用[2]。因此，本研究还试图探究此次疫情期间不同的信息传播方式（例如在传统媒体和新媒体上的新闻关注，以及人际讨论）是否会影响公众新冠肺炎防护行为倾向。更重要的是，本研究还将在此基础上，进一步探究以上三种信息传播渠道是否会影响新冠肺炎的宿命论信念与防护行为倾向之间的关系，从而找出击破在健康传播过程中宿命论信念树立起来的"无形之墙"的途径。

一、文献综述与研究假设的提出

（一）宿命论

对于宿命论信念，大多数中国人并不陌生，从孔子的"天命论"到现在的"一切都是最好的安排"，人们或多或少接触过"命运""轮回"这样的观点。[3]简单来说，宿命论认为超越个人控制的因素决定事情结果，这些因素包括他人强大的力量、运气、命运或者机遇。[4]

---

[1] Freeman, H. P. Cancer in the socioeconomically disadvantaged. *Ca: A Cancer Journal for Clinicians*, 1989, 39 (5).

[2] Valente, W., Saba, W. P. &Thomas, W. Campaign exposure and interpersonal communication as factors in contraceptive use in Bolivia. *Journal of Health Communication*, 2001, 6 (4).

[3] 马志政：《反思：命运和命运观》，《浙江大学学报（人文社会科学版）》，2001年第5期。

[4] Shen, L., Condit, C. M. &Wright, L. The psychometric property and validation of a fatalism scale. *Psychological Health*, 2009, 24 (5).

当宿命论信念和疾病联系在一起时，通常被认为是一种消极的健康观念，一种对疾病无能为力、认为治疗和防护无意义、不抱任何希望的心理状态。[①] 在中国，许多人习惯将生老病死以及天灾人祸归结为不可知的命运，在遭遇疾病时经常会将病因归结为鬼神操纵、命数或者劫难，希望通过求神拜佛或听天由命的方式来进行应对。既往研究发现，宿命论信念会阻碍人们对于疾病的正确认知，消极地影响其对疾病的早期预防和检查。怀有疾病宿命论的人通常认为疾病的发生和发展不受自己的控制。[②] 但是，截至目前，我国健康传播研究并没有给予疾病宿命论信念足够的关注。因此，本研究的第一个目的就是在中国新冠肺炎疫情的情境下探究新冠肺炎宿命论信念与公众防护行为倾向之间的关系。根据前人对于疾病宿命论的定义，本文中的宿命论信念关注的是新冠肺炎疫情中的宿命论信念，指在新冠肺炎疫情当中人们存在的对于新冠肺炎的无能为力、认为治疗和防护无意义的消极心理状态。根据既往研究，我们做出以下假设：

H1：新冠肺炎疫情中的宿命论信念与个体针对新冠肺炎疫情的防护行为倾向呈负相关。

（二）媒体关注

媒体的存在及发展结果之一，是影响了受众对现实问题的认识与行动。[③] 此次新冠肺炎疫情中，媒体承担着健康防护知识普及、疫情动态公布、国家决策宣传、心理疏导等关键工作。在健康传播领域，既往研究表明媒体健康信息关注能够促进人们采取相应的防护措施。例如，韦克菲尔德（Wakefield）等人研究发现大众媒体上类似心脏病预防和癌症筛查的媒体宣传能够促成人们的健康行为向好的方向转变。[④]

[①] Scheier, F. Michael & Michael, W. Person variables and health: Personality predispositions and acute psychological states as shared determinants for disease. *Psychosomatic Medicine*, 1995, 57 (3).

[②] Powe, B. D. Cancer fatalism among elderly Caucasians and African Americans. *Oncology Nursing Forum*, 1995. 22 (9).

[③] 车文辉、杨琼：《媒体对大学生亲社会行为影响的实证研究》，《现代大学教育》，2011年第4期。

[④] Wakefield, M. A., Loken, B. & Hornik, R. C. Use of mass media campaigns to change health behaviour. *Lancet*, 2010.

新冠疫情期间，除了传统的电视和乡村广播，新媒体（网页、社交媒体）也在实时地更新与疫情相关的各种信息。既往研究显示，由于传统媒体和新媒体平台上提供的新闻内容存在着差异，其对个体行为也会产生不同影响。[①]因此，本文将在先前研究的基础上，分别探究在新冠肺炎疫情期间传统媒体和新媒体平台上的新闻关注对人们防护行为倾向的影响。基于以上分析，我们提出以下两个假设：

H2：新冠肺炎疫情中的传统媒体（报纸、广播、电视）新闻关注与个体针对新冠肺炎疫情的防护行为倾向呈正相关。

H3：新冠肺炎疫情中的新媒体（网页、社交媒体）新闻关注与个体针对新冠肺炎疫情的防护行为倾向呈正相关。

（三）人际讨论

在健康传播领域，人际讨论是获得健康信息的关键考量因素。李凤萍和喻国明在对癌症信息的认知研究中发现人际传播更有利于信息的扩散与互动，提高了信息传播的效率，能够显著预测健康知识水平，从而带来了健康知识水平的提高。[②]既往研究发现人际讨论能够直接导致与健康相关的行为变化。例如国外研究发现，那些经常与朋友和医师[③]讨论乳腺癌相关信息的人群会更加倾向于去做乳腺超声检查，因此，本文提出以下假设：

H4：围绕新冠肺炎疫情进行的人际讨论与个体针对新冠肺炎疫情的防护行为倾向呈正相关。

此外，本研究还想进一步探讨信息传播在宿命论和疾病预防行为倾向中的角色。有研究表明互联网的健康信息接触能够减少癌症宿命论信念带来的消极影响，[④]另有研究也表明经常与家人进行分享讨论的病人，宿命论信念对其预防

[①] Lin, T., Li, L. & Bautista, J. R. Examining how communication and knowledge relate to Singaporean youths' perceived risk of haze and intentions to take preventive behaviors. *Health Communication*, 2016.

[②] 李凤萍、喻国明：《健康传播中社会结构性因素和信息渠道对知沟的交互作用研究——以对癌症信息的认知为例》，《湖南师范大学社会科学学报》，2019年第4期。

[③] Chukmaitov, A., Wan, T., Menachemi, N. & Cashin, C. Breast cancer knowledge and attitudes toward mammography as predictors of breast cancer preventive behavior in Kazakh, Korean, and Russian women in Kazakhstan. *International Journal of Public Health*, 2008, 53 (3).

[④] Lee, C. J. & Chae, J. An initial look at the associations of a variety of health-related online activities with cancer fatalism. *Health Communication*. 2016.

观念的消极影响也会降低。①这些研究说明尽管宿命论信念会对健康防护行为产生消极影响，但健康信息接触以及人际讨论有可能会在一定程度上抵消掉部分宿命论带来的消极影响。为了进一步厘清宿命论和信息传播对于疾病预防行为倾向的影响，本文提出以下的研究问题：

Q1：在新冠肺炎疫情中，信息渠道（传统媒体新闻关注、新媒体新闻关注和人际讨论）是否能够调节宿命论信念与个体针对新冠肺炎疫情的防护行为倾向之间的关系？

二、研究方法

（一）数据来源

本文采用网上问卷的方式进行数据收集。整个数据收集的过程委托问卷星在线调查平台（https://www.wjx.cn/）进行。上传的调查问卷通过问卷星的网络调查平台随机发送给其全国范围内样本资源库的用户，最终获得的调查样本量为615人。被调查人群的平均年龄为29.49岁，女性占比56.91%，男性占比43.09%；学历水平主要为大学本科（59.84%），其次为大专高职（13.17%）和硕士研究生（13.01%），总体被调查者的学历水平普遍较高；从职业上来看，被调查者的职业比较分散，以学生（24.88%）和企业/公司一般人员（21.3%）为主，其次为党政机关事业单位一般人员（11.38%）和企业/公司中层管理人员（11.22%）；从被调查者的收入水平来看，平均月收入集中于3001—5000元（20.49%）和5001—8000元（20.33%），说明被调查者以中等收入群体为主；被调查者多居住在中小城市（43.09%）和特大城市（29.59%），乡镇农村地区的居民占比为（27.32%）。

本文的问卷调查主要包含了五个方面的内容：①在新冠肺炎疫情中采取防护行为的情况；②新冠肺炎宿命论信念情况；③在新冠肺炎疫情中媒体新闻关注方面的情况；④围绕新冠肺炎进行的人际讨论的情况；⑤个人基本情况和社会关系。调查紧紧围绕行为倾向、宿命论、媒体关注和人际讨论这类本文研究中的核心变量进行测量，因此对本研究具有很高的适用性。

---

① Taber, J. M., et al. Prevalence and correlates of receiving and sharing high-penetrance cancer genetic test results: Findings from the health information national trends survey. *Public Health Genomics*, 2015, 18 (2).

(二)变量测量

1. 因变量

行为倾向。在本文中,行为倾向指的是在新冠肺炎疫情当中采取防护行为的行为倾向。对行为倾向的测量,本研究借鉴了卡洛尔(Kahlor)测量行为倾向的量表,[①]并结合少出门、不串门、戴口罩、勤洗手的个人防控方法,设计了4个题项。让被调查者对在肺炎疫情当中自己打算采取的四类防护行为(限制自己出门,戴口罩,少聚会聚餐,勤洗手)进行1—5分的打分,其中1分表示完全不同意(自己会采取该防护行为),5分表示完全同意(自己会采取该防护行为)。4个题项得分的平均值作为行为倾向的最终指标(Cronbach's Alpha =0.83,均值=4.69,标准差=0.46)。

2. 自变量

(1)宿命论。新冠肺炎疫情的宿命论信念,指在新冠肺炎疫情当中人们对于新冠肺炎的无能为力、认为治疗和防护无意义的消极心理状态。参照美国National Cancer Institute(NCI)全国居民健康信息调研问卷(Health Information National Trends Survey,缩写为HINTS)中关于癌症的宿命论信念题项,[②]本文对新冠肺炎具有的宿命论信念的测量设定了4个题项,分别是:"好像所有东西都能导致新冠肺炎";"没有什么措施能够降低患上新冠肺炎的概率";"预防新冠肺炎的建议太多了,很难决定听从哪一个";"感染新冠肺炎在很大程度上是天注定的"。让被调查者针对上述4种陈述进行1—5分制的打分,其中1分表示完全不同意(该观点),5分表示完全同意(该观点)。4个题项得分的平均值作为宿命论信念高低的最终指标(Cronbach's Alpha=0.83,均值=2.22,标准差=0.83)。

(2)传统媒体新闻关注度。在本文中传统媒体新闻关注度指的是在传统媒体平台(报纸、广播、电视)上对新冠肺炎相关信息的关注程度。为了测量传统媒体新闻关注度,本文参照埃德蒙(Edmund)等人测量乳腺癌相关新闻关注的量表,[③]设置了3个题项对新冠肺炎疫情传统媒体新闻关注度来进行测量。

---

① Kahlor, L.A. An augmented risk information seeking model: The case of global warming. *Media Psychology*, 2007, 10.

② Niederdeppe, J. & Levy, A. G. Fatalistic beliefs about cancer prevention and three prevention behaviors. *Cancer Epidemiol Biomarkers Prev*, 2007,16 (5).

③ Lee, E., Ho, S. S., Chow, J. K., Wu, Y. Y. & Yang, Z. Communication and knowledge as motivators: Understanding Singaporean women's perceived risks of breast cancer and intentions to engage in preventive measures. *Journal of Risk Research*, 2013, 16 (7).

让被调查者针对报纸、广播、电视三种媒体上的新闻关注度进行1—5分制的打分,其中1分表示从未关注过(该媒体上的信息),5分表示紧密关注过(该媒体上的信息)。3个题项得分的平均值作为传统媒体新闻关注度的最终指标(Cronbach's Alpha=0.75,均值=2.80,标准差=0.98)。

(3)新媒体新闻关注度。在本文中新媒体新闻关注度指的是在新媒体平台(网络、新媒体)上对新冠肺炎相关信息的关注。为了测量新媒体新闻关注度,本文依旧参照埃德蒙(Edmund)测量乳腺癌相关新闻关注的量表,设置了2个题项对新冠肺炎疫情新媒体新闻关注度来进行测量。让被调查者针对互联网和社交媒体上的新闻关注度进行1—5分制的打分,其中1分表示从未关注过(该媒体上的信息),5分表示紧密关注过(该媒体上的信息)。各个题项得分的平均值作为新媒体新闻关注度的最终指标(Cronbach's Alpha=0.64,均值=4.41,标准差=0.68)。

(4)人际讨论。人际讨论是人们获取信息的关键因素,针对文献梳理,在健康传播领域的人际讨论,主要包含和家人、朋友、同学、同事或医护人员的讨论。本研究参照雪利(Shirley)测量人际讨论的量表,[1]结合中文语境,本文设计了4个题项来对人际讨论变量进行测量。让被调查者针对与以上4类对象讨论新冠肺炎的频率进行1—5分制的打分,其中1分表示从不讨论,5分表示常常讨论。4个题项得分的平均值作为人际讨论的最终指标(Cronbach's Alpha=0.69,均值=3.61,标准差=0.70)。

3. 控制变量

人口统计学变量能在一定程度上预测行为倾向,因此本研究中将性别、年龄、学历作为控制变量处理,以控制这些变量对本研究结果的影响。

三、研究假设的验证

将年龄、性别、学历作为控制变量,宿命论和信息渠道作为自变量,宿命论*传统媒体新闻关注度、宿命论*新媒体新闻关注度、宿命论*人际讨论作为

---

[1] Ho, S. S., DA Scheufele & Corley, E. A. Making sense of policy choices: Understanding the roles of value predispositions, mass media, and cognitive processing in public attitudes toward nanotechnology. *Journal of Nanoparticle Research: An Interdisciplinary Forum for Nanoscale Science & Technology*, 2010, 12 (8).

交互变量,对行为倾向做多元阶层回归分析,结果见表1。该表显示,控制变量可以解释行为倾向的3%（p<0.001）。其中,对行为倾向影响最大的是性别（β=0.15,p<0.001）,其次是年龄（β=0.10,p<0.05）,而学历与防护行为不相关。因此,女性和年龄大的被调查者更倾向于在新冠肺炎疫情时期采取防护行为。对于自变量来说,宿命论信念（β=-0.19,p<0.001）和采取防护行为倾向显著负相关,从而证明了假设H1。也就是说,个体对于宿命论的信念越高,其在新冠肺炎疫情中采取防护行为的倾向也就越低。在信息渠道中,新媒体新闻关注（β=0.23,p<0.001）和人际讨论（β=0.12,p<0.01）与采取防护行为倾向显著正相关,而传统媒体新闻关注与行为倾向并没有显著关系。因此,假设H3和H4成立,假设H2不成立。也就是说,个体在新媒体平台上对相关新闻的关注度越高,与他人关于新冠肺炎疫情有关的信息讨论越多,其在新冠肺炎疫情中采取防护行为的倾向也就越高。宿命论和信息渠道能够解释因变量总变差的12.00%（p<0.001）。

表1　预测新冠肺炎疫情中防护行为倾向的多元阶层回归分析

	模型1 β	模型2 β	模型3 β	模型4 β
组1：控制变量				
年龄	0.01	0.01	0.09*	0.10*
性别（1=男性,2=女性）	0.16***	0.16***	0.14***	0.15***
学历	0.08	0.06	0.03	0.02
R2（%）	3.00%***			
组2：宿命论				
宿命论		-0.15***	-0.16***	-0.19***
R2（%）		2.30%***		
组3：信息传播方式				
传统媒体新闻关注度			0.02	0.01
新媒体新闻关注度			0.25***	0.23***
人际讨论			0.13**	0.12**
R2（%）			9.70%***	
组4：交互变量				
宿命论*传统媒体新闻关注度				-0.04

续表

	模型1 β	模型2 β	模型3 β	模型4 β
宿命论*新媒体新闻关注度				0.13**
宿命论*人际讨论				.10
R2（%）				3.00%***
整合R2（%）				18.00%***

注：N=467，β表示第1、2、3和4组的标准化回归系数。*表示p<0.05，**表示p<0.01，***表示p<0.001。

此外，表1显示新冠肺炎疫情中的宿命论信念和新媒体新闻关注（β=0.13，p<0.01）对行为倾向存在显著的交互作用，而宿命论与传统媒体新闻关注和宿命论与人际讨论之间均不存在显著的交互作用。为了进一步厘清新媒体新闻关注度如何调节宿命论信念程度不同的人群在行为倾向上的差异，还需要利用以下调节作用图（见图1）加以阐释。图1显示了宿命论与新媒体新闻关注度之间的具体交互方式。具体而言，宿命论信念程度高的群体，对新媒体新闻的关注程度越高，采取防护行为的倾向越高。而对于宿命论信念程度低的群体，新媒体新闻关注度的差异并不会带来明显的行为倾向的差异。也就是说，新媒体新闻关注度能够显著增强高宿命论群体的防护行为倾向，一定程度上抵消了宿命论信念对其行为倾向带来的消极影响。以上分析回应了本文的研究问题Q1，即信息渠道（传统媒体新闻关注、新媒体新闻关注和人际讨论）是否能够缩小由新冠肺炎疫情中的宿命论信念程度不同带来的行为倾向差异。

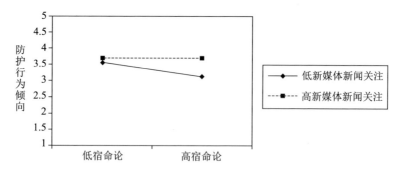

图1 新冠肺炎疫情中的新媒体新闻关注度对宿命论与COVID-19防护行为倾向关系的调节作用
注：Y轴表示防护行为倾向估计值（该值已控制所有人口统计和自变量)，比例范围仅部分显示在y轴。

四、研究结果与讨论

宿命论在中华民族文化中有着源远流长的历史，其对中国公众的认知及行为有着千丝万缕的影响，两者相互纠缠和羁绊。随着新冠肺炎传播研究的深入和细化，宿命论逐渐走入新冠疫情的归因研究中。本文以新冠肺炎疫情作为研究背景，探究宿命论信念和信息渠道（包括传统媒体新闻关注、新媒体新闻关注以及人际讨论）如何影响公众在新冠肺炎疫情中采取防护措施的倾向。研究结果显示，年龄与行为倾向显著正相关。也就是说，年纪越大的人群越倾向于采取针对新冠肺炎的防护措施。聚焦本次新冠肺炎疫情，数据表明，中老年人群由于受到衰老、免疫功能下降、多种慢性病共存等影响，患病风险更高。在死亡病例中，60岁以上老年人达81%，老年人群属于本次疫情的高风险人群。[①] 因此，我们推测，可能因为中老年群体感知的患病风险和疾病严重性更高，所以他们会更加倾向于采取防护措施。此外，本研究表明女性群体更加倾向于采取防护措施。这可能是因为女性对于疫情存在着更为紧张焦虑的情绪，[②] 更加担心自己会感染，所以会比男性更加具有防护倾向。学历水平对此次新冠肺炎中的防护行为倾向并没有显著的预测作用，但由于本文的研究样本学历水平普遍偏高，因此这个研究结论不足以说明学历与防护行为倾向之间的关系。

从信息渠道对防护行为倾向的影响上看，研究结果显示，在传统媒体平台上的相关新闻关注并没有显著地影响人们采取防护行为的倾向，这可能与疫情前期传统媒体报道的缺位有关。相比之下，新媒体在此次疫情中起到了重要的作用，人们在新媒体平台上的相关新闻关注显著地影响人们采取防护行为的倾向。在新冠肺炎疫情期间，新媒体平台担负着健康知识普及、疫情动态公布等关键工作。由于许多疫情的最新信息都是在微博、微信等社交平台率先披露，公众对新媒体平台上的新闻信息的信任度、关注度大幅提升。因此，不难理解，公众在新媒体渠道上的相关新闻信息关注和其防护倾向显著正相关。在未来的疫情防控工作中，考虑到新媒体新闻关注度对于行为倾向显著的影响作用，相关防疫部门应该想办法增加人们对新媒体上疫情相关信息的接触和关注，扩大在新媒体上关于防护方法和采取防护措施重要性的宣传，充分利用新媒体平台来增进人们在肺炎疫情当中采取防护行为的倾向。另外，和既往研究

---

① 严光、殷实：《老年医学科新型冠状病毒肺炎防控管理策略》，《安徽医学》，2020年第3期。
② 吴丽萍、叶荔妮、李志萍等：《门诊病人对新型冠状病毒肺炎的认知现状及护理对策》，《全科护理》，2020年第5期。

发现一致，作为信息渠道的人际讨论与行为倾向显著正相关。这表明，人们对于肺炎疫情的讨论越多，采取防护行为的倾向越强。因此，卫生防疫部门应该充分鼓励和促进公众讨论新冠肺炎相关议题，通过加强人际讨论来增强公众采取防护行为的倾向。

从新冠肺炎疫情中的宿命论信念对于行为倾向的影响上看，宿命论信念与行为倾向显著负相关，说明新冠肺炎疫情中的宿命论信念是阻碍人们在新冠肺炎疫情中采取防护行为的消极影响因素。宿命论信念越高，采取防护行为的倾向越低。该结果与国外既往研究的结论一致。因此，政府和媒体在进行新冠肺炎健康防护的宣传过程中，应该充分注意具有高新冠肺炎疫情的宿命论信念的人群，开展多样的、具有针对性的科学传播，破除宿命论这堵阻碍健康传播的"无形之墙"。此外，本研究发现新媒体新闻关注度与新冠肺炎疫情的宿命论对于行为倾向存在显著的交互作用。因此，对于持有新冠肺炎疫情宿命论信念的群体，可以通过增强其新媒体渠道上的新闻关注来调节宿命论对行为倾向的消极影响，从而促进这一人群增强疫情防护行为倾向。具体来说，对于因宿命论信念而拒绝防护的人群，可以通过为其提供新媒体设备、培养其新媒体使用素养，利用算法在新媒体平台上为其推送疫情相关信息等方式，引导人们关注新媒体平台上的相关新闻信息，从而降低新冠肺炎疫情宿命论信念对其防护行为倾向的消极影响。目前我国对于疾病宿命论的研究较少，还需要借鉴国外的相关研究，进行更多更深入的探讨。总体来看本文具体的研究结论可以用图2进行概括。

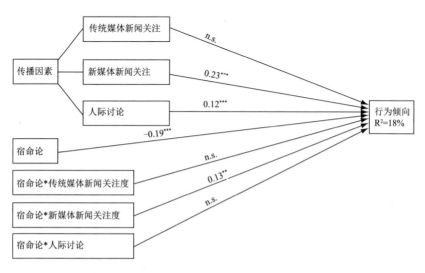

图2　新冠肺炎疫情中的信息渠道和宿命论对行为倾向的影响模型

本文的研究具有以下的理论和实践意义：首先，本文的研究将新冠肺炎疫情的宿命论概念具体运用到国内的健康传播研究，能够增进健康传播领域对宿命论信念的重视，扩展国内健康传播研究的理论视野，并为此次在疫情当中促进人们采取防护措施，突破宿命论这堵健康传播中的"无形之墙"提供新的解决问题的视角。其次，做好疫情期间的传播和宣传工作是应对疫情的重要一环，本文的研究更加明确了能够从传播学角度促进个人采取防护行为，增进了对信息渠道在战胜疫情中的重要作用的理解，尤其表明了新媒体因素和人际信息传播渠道在健康传播中的重要意义。另外，此次研究对国内新冠肺炎疫情期间民众采取防护行为倾向及其影响因素的调查，能够为其他国家战胜此次重大全球卫生事件提供解读视角和参考建议。

本文的研究也存在不足之处。第一，本文的各项因素共同解释了行为倾向18%的变化，说明还有一些可以解释新冠肺炎行为倾向的因素没有被考虑进来。在今后的研究中应当考虑到更多可能会影响个体行为的因素（例如，感知的恐惧和对疫情的客观知识）。第二，本文中测量新冠肺炎疫情宿命论信念的量表由癌症宿命论的原始英文量表改制而成，这种"嫁接"会对研究结果产生部分影响。例如，本文对于宿命论的测量没有与中国本土的宿命论文化充分结合，因此测出来的宿命论均值很可能低于真实的宿命论水平，日后应当更紧密地结合本土语境对宿命论进行更加有效的测量。第三，本文存在样本总体学历偏高，样本对总体人口的代表性不足的问题。在今后的研究中应尽量采用随机抽样的方法，提升研究结果的可推广性。第四，对于新媒体新闻关注度和人际讨论的测量，虽然达到了基本的内部一致性要求（Cronbach's Alpha>0.6），但是可靠性相对较低。在今后的研究中应该通过扩大样本的数量和修改测量的指标来进一步提升变量测量的可靠性。

（原文载于《传媒观察》2021年第6期）

数字鸿沟对癌症知沟的影响研究

——基于北京、合肥癌症与健康信息调查的分析[①]

李凤萍[②]

一、前言

1970年，蒂奇诺等人[③]提出了知沟假说，即"随着大众媒介进入到一个社会系统的信息不断增加，社会经济地位较高的群体会比社会经济地位较低的群体以更快的速度获取这些信息，于是在这些群体之间的知沟将会扩大而不是减小"。该假说自提出以来，其最初的论断不断受到诸多的质疑与挑战，但它将一种理论层面的想法变成了实证上可测的假设，并由可获的数据加以验证，这本身具有的跨理论和实践意义使得大众传播领域学者不断投身到该假说的检验与研究当中，显示出旺盛的学术生命力。[④]到目前为止国外主要传播学期刊上关于知沟假说的调查研究已有100余项[⑤]，可以说是传播学研究领域中最受关注的理论之一。

目前知沟假说的主要应用研究领域之一就是新媒体的普及过程研究。网络

---

① 本文系云南省教育厅科学研究基金项目"边疆少数民族地区城乡数字鸿沟研究"（项目编号：2019JS012）的阶段性成果。
② 李凤萍，云南大学新闻学院（南亚东南亚国际传播学院）副教授。
③ Tichenor, P. J., Donohue, G. A. & Olien, C. N. Mass media flow and differential growth in knowledge. *Public Opinion Quarterly*, 1970, 34 (2).
④ 董晨宇：《媒体、知识与社会平等——知识社会学视角中的知沟假说研究》，博士学位论文，中国人民大学，2014。
⑤ Grabe, M., Yegiyan, N. & Kamhawi, R. Experimental evidence of the knowledge gap: Message arousal, motivation, and time delay. *Human Communication Research*, 2008, 34 (4).

是信息互动和让科学知识大众化的有效方式,然而网络和电脑使用者与非使用者之间的数字鸿沟已被证明是低收入、低文化消费者当中的普遍现象。随着互联网等新媒体成为普通大众的重要健康信息源,有关互联网时代的健康知沟表现形式和作用机制逐渐成为该领域的研究热点。技术悲观主义者认为,因为提供差异化的信息、不平等的接入和使用机会,相较于其他大众媒体,不同社会经济地位群体在知识获取上的差距可能在网络上更为明显。[1] 技术乐观主义者则认为,在开始的采用阶段,新技术的不平等使用自然会发生,但随着革新扩散到更广的人群,这种不平等就会消失,率先掌握新媒体技术者最终会与后来者采取相似的使用模式并掌握相近的知识。[2] 观点的冲突进一步吸引广大国内外学者致力于互联网时代的知沟假说验证。

关于数字鸿沟与知沟间的关系,有学者认为可将知沟研究视为数字鸿沟研究的一个方向,而数字鸿沟的研究也为知沟研究提供了新的发展潜能。[3] 可以说将数字鸿沟研究和知沟研究相结合是两个研究领域的一种共同需求。从数字鸿沟研究领域来看,已有学者指出其理论研究框架中缺乏关于不同社会经济地位群体间网络使用的不平等所导致的潜在结果研究——而知识差异正是这种潜在结果其中之一。[4] 因此相关研究不再局限于简单的接入或使用沟,而是更多地将这种接入沟和使用沟与更广泛的社会不平等相联系。于是,关注网络接入和使用后的深刻社会后果就成为目前相关研究的一种转向。从知沟研究领域来看,当笔者以"knowledge gap"为关键词在EBSCO数据库上进行搜索时,共搜集到83篇学术论文,其中21%涉及互联网时代的知沟研究,这正好印证了前文所提到的——网络时代的知沟已成为该研究领域的热点议题。但如果知沟研究不能吸取其他学科和研究领域的最新成果来丰富和完善自己的理论框架,那么其研究就会沦为在不同地区、不同领域的简单重复验证。现有知沟研究在探讨互联网使用对知识获取的影响时,大部分仍然是在原有研究框架下将传统媒体换成了互联网,这虽然从某种角度来看是有必要的,但也可能会造成知沟研究止步不前。

---

[1] Bonfadelli, H. The Internet and knowledge gaps: A theoretical and empirical investigation. *European Journal of Communication*, 2002, 17 (1).

[2] Yang, J. A. *The widening information gap between high and low education groups:* Knowledge acquisition from online vs. print news. PhD dissertation, Indiana University, Indiana, 2008.

[3] Bonfadelli, H. The Internet and knowledge gaps: A theoretical and empirical investigation. *European Journal of Communication*, 2002, 17 (1).

[4] Selwyn, N. & Gorard, S. Exploring the role of ICT in facilitating adult informal learning. *Education, Communication & Information*, 2004, 4 (2/3).

目前很少有研究将数字鸿沟与知沟联系在一起。已有研究指出，[1]网络接入沟、使用沟和能力沟会导致知沟，并对此进行理论解释，但没有进行实证研究以支持这一解释。韦路和张明新[2]的研究则证明使用沟比接入沟更能预测政治知识差异，因为使用沟可以更好地解释教育如何通过决定人们的网络内容使用，从而影响知识获取，但仅涉及政治知识领域，作者也进一步呼吁未来研究应该对其他类别知识（如健康和科技知识）做进一步探讨。因此，本文试图借助数字鸿沟的理论框架探索互联网接入沟、使用沟以及投入沟对癌症知识获取的影响，采用北京、合肥健康与癌症信息调研数据（样本量为2568），在中国地域对知沟假说加以检验，并紧密结合中国的新媒体环境下人们知识获取方式和渠道发生的重大变革，对健康领域知沟假说的具体表现形式和作用机制进行分析，从而将数字鸿沟研究和知沟假说研究融会贯通，以开辟新媒体时代知沟研究的一个新方向。

二、研究框架的选择和研究假设的提出

为了更加深入地了解网络时代知沟的特殊表现形式和作用机制，在此将进一步严格区分互联网接入、互联网健康信息使用和网络使用类型多样性/技能（即互联网投入度）对知沟的不同影响，并对其相互之间的关系加以分析，从而提出本文的研究假设。

（一）互联网接入对知沟的影响

互联网接入概念是数字鸿沟研究中的一个基本概念，有四个层面的含义：①由于缺乏兴趣、电脑焦虑症而缺乏基本的数字体验（心理接入，mental access）；②没有电脑和网络连接（物质接入，material access）；③由于使用友好性较差、不充足的教育或社会支持导致的数字技能缺乏（技能接入，skill access）；④缺乏显著的使用机会（使用接入，usage access）。[3] 显然，公众舆

---

[1] Bonfadelli, H. The Internet and knowledge gaps: A theoretical and empirical investigation. *European Journal of Communication*, 2002, 17 (1).

[2] 韦路、张明新：《第三道数字鸿沟：互联网上的知识沟》，《新闻与传播研究》，2006年第4期。

[3] Van Dijk, J. & Hacker, K. The digital divide as a complex and dynamic phenomenon. *The Information Society*, 2003, 19 (4).

论和政策都关注第二种接入概念。由于接入这个概念维度的多元化，学者们在实际研究过程中为了让研究的问题指向更加明朗化，并区分清楚每个维度概念的作用和影响，因此在使用"接入"这一概念时更多指的是物质接入，而其他几个维度的接入概念也会根据研究需要而给予其不同的操作定义。在此，本研究延续这一做法，文中的互联网接入仅指物质接入，而上文提到的使用沟、技能沟等，在后文的分析中则具体对应互联网健康信息使用和互联网投入度。有研究已证明互联网物质接入对政治知识有显著预测作用[1]，据此提出如下假设：

H1：互联网接入能够显著预测癌症知识差异。

（二）互联网健康信息使用对知沟的影响

对互联网拥有同样的物质接入并不意味着人们对互联网的使用模式就完全相同，因此目前数字鸿沟研究领域的热点正从物质接入沟转向使用沟的研究。从知沟假说常用的研究框架来看，媒体使用也是一个重要的、影响着知沟及其大小的变量，虽然同为"使用"，但这里的媒体使用和数字鸿沟中所强调的使用有着很大的区别。纵观知沟研究，大部分涉及媒体使用的研究均采用个体的自评媒体使用频率来进行测量，当涉及互联网的使用时也采用同一方法。而数字鸿沟中的互联网使用概念则要更加丰富、多样和深入，它不再是简单地指使用频率，而是涉及由用户的社会背景、既有知识、网络技能和能力等所决定的对互联网上海量、异质信息的选择性接触。虽然人们对传统媒体的内容也存在选择性接触，但由于传统媒体报道对特定内容的偏好使得人们对其内容的选择限定在一定范围之内，自主选择内容的能动性较小，所以人们对传统媒体内容使用的差异相对较小，这一问题也较少受学界关注。反观互联网的使用，由于其多功能性（multi-functionality），人们对它的使用千差万别。因此，本文选取互联网的健康信息使用来探讨其对癌症知沟的影响，对网上健康信息的使用本身就包括了用户对互联网上各种信息的选择过程，也显示了用户对这类信息的兴趣，所以可以预测它对知沟的影响应该与普遍意义上的媒体接触频率有很大不同。而相关研究也显示，互联网政治信息使用能够显著预测政治知沟，并且其预测作用要大于互联网接入。基于以上分析提出如下假设：

H2：互联网健康信息使用对癌症知识有显著的预测作用。

---

[1] 韦路、张明新：《第三道数字鸿沟：互联网上的知识沟》，《新闻与传播研究》，2006年第4期。

H3：互联网的癌症信息使用比互联网接入更能预测基于受教育程度的癌症知沟。

（三）互联网投入度（Internet engagement）对知沟的影响

网络投入度是取自网络连接①、数字不平等②以及数字鸿沟（Information Communication Technology，缩写为ICT）接入层级模式③研究中的一个重要概念。网络投入度涉及个体花在互联网上的时间、使用互联网的年限、地点数量、网络使用类型和心理因素等。因为本研究主要试图采用网络投入度来指代个体的网络技能，同时也受到二手数据的限制，文中的网络投入度主要指人们使用网络所从事的活动类型（以健康信息领域为例）。虽然互联网投入度也涉及网上健康信息的使用这一概念，但与前文提到的互联网健康信息使用概念有很大不同。网络健康信息使用指的是人们对健康类信息的选择性接触，互联网投入度更多的是指由技能所决定的对这类信息的使用方式。以本研究所要分析的健康信息使用方式为例，它涉及从健康信息搜寻、社交媒体运用到网上购物和享受网上医疗服务等不同类型的网络活动，这些活动更多的是由个体的网络技能所决定的，而不是出于兴趣或需要而进行的选择。因此两者之间虽然不能说是毫无联系，但更多的是有着本质的区别。

有关数字鸿沟的研究已发现教育和一个人对ICT的投入度之间显著相关④，教育是人们采用新的ICTs以及接下来是否使用它们、如何使用它们（即使用模式）的一个重要因素⑤。基于以上分析提出如下假设：

H4：受教育程度与网络投入度呈正相关。

本研究更重要的目的是检测互联网投入度对知沟的影响程度，以及个体对互联网健康信息的使用对癌症知识的影响是否受到网络投入度的影响。有研究

---

① Loges, W. E. & Jung, J. Y. Exploring the digital divide: Internet connectedness and age. *Communication Research*, 2001, 28 (4).

② Hargittai, E. Informed web surfing: The social context of user sophistication. In P.N. Howard & S. Jones (Eds.). *Society online: The Internet in context*. Thousand Oaks, CA: Sage:66-70.

③ Selwyn, N. Reconsidering political and popular understanding of the digital divide. *New Media and Society*, 2004, 6.

④ Lee, Chul-joo. The role of Internet engagement in the health knowledge gap. *Journal of Broadcasting & Electronic Media*, 2009, 53 (3).

⑤ Selwyn, N. & Gorard, S. Exploring the role of ICT in facilitating adult informal learning. *Education, Communication & Information*, 2004, 4 (2/3).

发现网络素养或互联网搜寻技能决定着人们从网络资源中学习到多少知识及其网络行为模式[①]。可见，网络使用的效果（即获得知识）在有着较高网络投入度群体中会更大。

综上分析提出以下假设：

H5：互联网投入度能够显著预测癌症知识差异。

H6：互联网投入度比互联网使用更能预测基于受教育程度的癌症知识差异。

H7：在互联网的健康信息使用与互联网投入度之间存在着交互作用，表现为在互联网投入度高的群体中，同样程度的网络使用会获取更多的癌症知识。

除此之外，关于互联网接入、互联网健康信息使用和互联网投入度与知沟假说之间关系的实证研究还较少，已有文献更多地是探讨不同层面的数字鸿沟概念对知识获取的影响，而较少回应这种影响在不同受教育程度群体间是否相同。为了进一步探究受教育程度对知沟的影响机制，本研究还试图回答下面两个问题：

Q1：教育是否通过影响互联网接入、互联网健康信息使用和互联网投入度进而影响癌症知识的获取？

Q2：互联网接入、互联网健康信息使用和互联网投入度是否可以缩小由受教育程度差异引起的癌症知沟？

要回答第一个问题首先需要分析教育是否影响互联网接入、互联网健康信息使用、互联网投入度，然后再分析以上三个变量是否对知识获取有显著影响。针对第二个问题则需要检验教育与几个数字鸿沟概念在知沟形成过程中的交互作用，以研究不同受教育程度群体在同样的互联网接入、互联网健康信息使用和互联网投入度下，其知识获取速度是否存在差异，是否扩大或缩小了癌症知沟。

三、研究方法

（一）数据来源

本文所用数据来源于中国人民大学舆论研究所、国家癌症中心与中国健康中心在2012年所进行的"北京、合肥癌症与健康信息调查"。该调查采用多

---

① Lee, Chul-joo. The role of Internet engagement in the health knowledge gap. *Journal of Broadcasting & Electronic Media*, 2009, 53 (3).

阶段分层随机抽样方法，以区（县）、街道（乡镇）、居（家、村）委会及家庭户分别作为初级、二级、三级、四级抽样单元，涉及北京、合肥各行政区区县所有家庭户中的15到69岁常住人口。调查样本量为2 568人，其中51.5%来自北京，48.5%来自合肥；男性占48%，女性为52%；农村人口有49.2%，城市居民占50.8%，农村城市比例接近1:1，与我国人口普查数据较为吻合。从被调查者的年龄来看，20～29岁占15.2%，30～39岁占26.1%，40～49岁占24.5%，50～59岁占25.6%。被调查者从事的职业较为分散，其中最主要的职业依次为农业劳动者（24.2%）、工人（11.8%）、无业或失业人员以及退休人员（11%）。从受教育程度来看，被调查者中初中及以下学历占比最高（38.7%），其次为大专及以上（34.6%），高中学历占比26.2%。

该调查的问卷设计借鉴了美国健康信息全国趋势调查（HINTS）[①]，并根据中国的国情和社会情况进行了修订。主要包含以下五个部分的内容：①健康信息获取与寻求方面的情况；②癌症信息获取与寻求方面的情况；③健康状况；④医疗保健方面的情况；⑤个人的基本情况和社会关系。调查中涉及癌症知识测量、个体对不同媒体（特别是互联网）的接触频率和接触方式等知沟假说和数字鸿沟研究中核心变量的测量，因此对本研究具有很高的适用性。

（二）验证方法

根据知沟假说的研究框架，采用截面数据对知沟假说进行验证时须满足下面两个前提条件：①包含三个主要的焦点变量，即媒体报道量、知识水平和调节因素（可以是社会层面的因素，如教育，也可以是个体层面的因素，如动机）；②媒体报道量需要与调节变量之间做交互作用的分析以厘清其对因变量（知识水平）的影响。也就是说，仅证明不同受教育程度群体之间存在知识水平差异并不能证明知沟假说成立，还要进一步讨论这种差异是否受到媒体接触和使用频次的影响。而数字鸿沟的研究大多仅讨论不同程度的数字鸿沟对知

---

① HINTS即美国健康信息全国趋势调查（Health Information National Trends Survey），是美国目前最具有代表性的全国性健康信息调查，由美国癌症研究所（NIC）的癌症控制和人口科学部主导实施，用来检测快速发展的健康传播领域的变化，旨在收集相关数据，了解普通大众如何使用现有传播渠道以获取健康信息，特别是癌症信息。另外也提供了癌症相关的知识、态度和行为方面的数据调查。详细介绍可参见：Nelson, D. E. et al. The health information national trends survey (HINTS): Development design, and dissemination. *Journal of Health Communication*, 2004, 9。

识获取的影响。本文将结合两个领域的验证方法，综合讨论不同程度数字鸿沟的主效应及数字鸿沟与教育之间的交互作用，从而对研究假设和研究问题做出回应。

（三）变量测量

1. 因变量

癌症知识。在健康传播运动语境下，知识通常概念化为关于特定疾病、风险行为和解决健康问题策略方面的事实性信息。在"北京、合肥癌症与健康信息调查"问卷中共有2个问题是关于癌症知识的。第一个问题让被调查者回答关于一些防癌知识的看法，如"经常体检可以帮助发现初期的癌症"等。第二个问题则让被调查者选择所知道的癌症治疗方案。在第一个问题上，回答正确的记为"1"，否则记为"0"。在第二个问题上，被调查者每选择一个正确的治疗方案就记为"1"，其余记为"0"。最后将得分相加就是其总的癌症知识得分（范围是0到8分，$M=3.79$，$SD=1.86$）。

2. 控制变量

人口统计学变量能在一定程度上预测媒介使用和健康知识，因此本研究中将收入、年龄、性别、婚姻等变量作为控制变量处理。除此之外，被调查者所属区域（城乡）、自评健康状况、传统媒体使用也对健康知识有显著预测作用，因此这几个变量也作为控制变量处理。

传统媒体健康信息使用。在问卷中对应的问题是"在过去12个月内，您是否经常通过媒介接触健康或医疗信息？"下面涉及对健康类杂志/报纸、综合性报纸、综合性杂志、广播、地方电视台、央视和卫视等传统媒体使用的回答。被试者需要在"从不""很少""有时""经常"中做出选择。本研究将以上关于具体传统媒体健康信息使用的问题合成为传统媒体健康信息使用这一变量。

3. 自变量

社会经济地位（SES）。在已有文献中对社会经济地位的测量主要采用教育、收入、职业指标，其中使用最多的是教育，本文延续这一做法，采用受教育程度来测量社会经济地位。

互联网接入。该变量在问卷中对应的问题是"在过去12个月内，您是否上网？"回答"否"的编码为"0"，回答"是"的编码为"1"。

互联网使用。在问卷中对应的问题是"在过去12个月内,您是否经常通过媒介接触健康或医疗信息?"下面涉及对计算机上网、手机或iPad上网两种类型互联网健康信息使用的问题。同样地,也是将答案为"否"的编码为"0",其他答案编码为"1",然后合成为互联网使用这一变量。

互联网投入度。在问卷中对应的问题是"在过去12个月内,您上网时有过以下哪些行为?"下面涉及从信息搜寻,如"寻找医院或医生的信息""寻找减肥、健身、体育锻炼信息""寻找有关戒烟的信息",到社交运用,如"阅读或分享社交网站上(微博、人人)的健康医疗话题""写关于健康的网络日记或博客/微博""参与某种疾病的网络社区/论坛",再到网络购物,如"网上购买维生素或保健品",以及网络医疗服务,如"网上预约挂号"等各种网络健康信息运用的问题,从侧面反映出了人们的各种网络技能。以上问题被调查者需要回答"是"或"否",回答"是"的记为1分,"否"的记为0分,得分相加就是互联网投入度这一变量的测量结果。

四、研究假设的验证

将性别、年龄、婚姻、所属地区(城乡)、收入、受教育程度、自评健康状况、传统媒体健康信息使用作为控制变量,互联网接入、互联网健康信息使用和互联网投入度作为自变量,教育*互联网接入、教育*互联网健康信息使用、教育*互联网投入度作为交互变量,对癌症知识做多元阶层回归分析,结果见表1。该表显示,控制变量可以解释癌症知识总变差的3.9%。其中对癌症知识影响最大的是受教育程度($\beta=0.135$,$p<0.001$),其次为自评健康状况($\beta=0.114$,$p<0.001$)、年龄($\beta=0.081$,$p<0.001$)和城市($\beta=0.053$,$p<0.05$),其余变量没有显著影响癌症知识水平。值得一提的是,传统媒体的健康信息使用并没有显著影响人们的癌症知识水平,无论人们是否借助传统媒体获取健康信息,其癌症知识水平都不存在显著差异。

表1 预测互联网接入、互联网使用和互联网投入度对癌症知识影响的多元阶层回归分析

变量	模型1 β	模型2 β	模型3 β
组1			
男性	−0.042*	−0.034	−0.035

续表

变量	模型1 β	模型2 β	模型3 β
年龄	0.051*	0.080***	0.081***
婚姻	0.013	0.002	−0.003
城市	0.045	0.047	0.053*
收入	0.025	0.024	0.019
受教育程度	0.130***	0.105***	0.135***
自评健康状况	0.110***	0.113***	0.114***
传统媒体使用	0.024	0.022	0.006
组2			
互联网接入		−0.011	−0.065*
互联网使用		−0.049	−0.038
互联网投入度		0.186***	0.228***
组3			
教育*互联网接入			−0.074*
教育*互联网使用			−0.015
教育*互联网投入度			−0.045
教育*互联网使用*互联网投入度			−0.043
R2（%）	3.9	6.4	7.4
F	13.79***	16.72***	14.5***

注：*表示<0.05，**表示p<0.01，***表示p<0.001，表中β系数为标准化系数。传统媒体使用和互联网使用均指的是健康信息使用。性别、城乡、婚姻作为哑变量处理，女性、农村/郊区和未婚作为参照组。

在控制了人口统计变量和自评健康状况、传统媒体健康信息使用等因素对癌症知识的影响后，自变量可以解释因变量总变差的2.5%（p<0.001）。其中对癌症知识水平预测能力最强的变量是互联网投入度（β=0.228，p<0.001），其次是互联网接入（β=−0.065，p<0.05）和互联网使用（β=0.038，NS2）。可见，人们的网络投入度越高，其癌症知识水平也越高，网络投入度与癌症知识水平之间存在正相关关系，从而证明了假设H5。互联网接入也能够显著预测

癌症知识水平，但是与研究假设相反的是，实现互联网接入的人群其癌症知识水平反而低于没有互联网接入的人群，互联网接入与癌症知识水平之间有着负相关关系（两者间的β系数为负），从而否定了假设H1。互联网健康信息使用并没有显著影响人们的癌症知识水平，使用互联网接触健康信息和不使用互联网接触健康信息的群体之间不存在显著的癌症知识水平差异，从而否定了假设H2。同时，以上数据进一步显示，互联网接入对癌症知识水平的预测能力要大于互联网健康信息使用。

再来看交互变量对癌症知识水平的影响。表1显示，各交互变量仅能解释癌症知识总变差的1%（p<0.001），这主要是因为仅有教育和互联网接入对癌症知识水平存在显著的交互作用（β=-0.074，p<0.05），而教育与互联网健康信息使用（β=-0.015，NS[①]）、教育与互联网投入度（β=-0.045，NS）之间均不存在显著的交互作用。以上数据也显示，从对基于受教育程度的癌症知沟的影响程度来看，互联网接入的影响力要大于互联网健康信息使用和互联网投入度，而互联网投入度的影响要大于互联网健康信息的使用，从而否定了假设H3：互联网的癌症信息使用比互联网接入更能预测基于受教育程度的癌症知沟，以及假设H6：互联网投入度比互联网使用更能预测基于受教育程度的癌症知识差异。由于在教育、互联网健康信息使用和互联网投入度之间不存在显著的交互作用，因此假设H7没有得到证明，不同社会经济地位群体并不会因为互联网投入度高低而从互联网健康信息使用中获得不同水平的癌症知识。

进一步结合各自变量对癌症知识获取的主效应分析以上结论可以发现，虽然网络投入度对癌症知识水平的影响非常显著，但由于它对不同受教育程度群体的影响是一样的，即不同受教育程度群体因为网络投入而获取的知识水平提升量不存在差异，因此网络投入度不会调节因受教育程度差异而导致的癌症知沟。而网络接入对癌症知识水平也有着显著影响，但它对不同受教育程度群体的影响是不同的。网络接入与教育之间的交互变量对癌症知识回归的β系数为负，说明受教育程度低的群体能从网络接入中获取更多的癌症知识，从而缩小不同受教育程度群体间的癌症知识差异。而互联网的健康信息使用既不能显著影响癌症知识水平，也对教育与癌症知识水平之间的关系无显著影响。[②]这就对本文提出的研究问题Q2做出了回应。关于研究问题Q1，研究结果显示，受

---

① NS意味着β系数在统计学意义上不显著，p>0.05。
② 从统计意义上说，在一个变量对因变量主效应不显著的情况下，它仍然有可能作为调节变量影响其他自变量和因变量之间的关系，只是在本文中没有发现这一情况。

教育程度显著影响了互联网接入、互联网健康信息使用和互联网投入度，但仅有互联网接入和互联网投入度显著预测了癌症知识水平，互联网健康信息使用对癌症知识水平的影响不显著，因此受教育程度通过影响互联网接入和互联网投入度影响着人们的癌症知识水平，而互联网健康信息使用不是教育和癌症知识水平之间的中介变量。

五、研究结果讨论

本文将数字鸿沟概念化为互联网接入、互联网健康信息使用、互联网投入度几个维度，并探讨以上几个概念之间的相互关系及其在知沟形成过程中的作用，以了解关于新媒体背景下知沟现象的最新表现形式和变化趋势，并进一步厘清数字鸿沟对知沟的影响机制，从而为数字鸿沟和知沟研究之间的融合跨出尝试性的一步。

研究结果显示，互联网接入并不能导致癌症知识的提升，同时互联网的健康信息使用也不能显著预测癌症知识，这与研究假设有很大出入。原因可能在于人们在互联网接入之后所选择的健康信息更多的是普遍意义上的健康或医疗信息，而不是具体的癌症信息，或者是因为网上健康信息良莠不齐，混淆了人们的正确癌症知识，从而导致对互联网的接入和健康信息使用都不能够提升人们的癌症知识水平。有研究表明，人们在主动寻求关于健康信息的同时，也有部分人会回避那些让自己心里感到不适的负面信息，而关于癌症的信息以及通过基因检测预测患癌风险行为的知识，在这个方面表现得尤为突出[1]。这也许也是互联网健康信息使用对癌症知识水平缺乏影响力的一个重要原因。而互联网投入度则能够提高人们的癌症知识水平，这可能是因为受教育程度高的群体所具备的网络技能也较高，能够在网上从事更加多样化的活动，以帮助这一群体获得更多相关知识。

在受教育程度、数字鸿沟和知识水平三者之间的关系上，仅在教育和互联网接入之间发现交互作用，互联网接入虽然不能带来癌症知识的提升，但由于受教育程度高的群体从互联网接入中提升的知识要显著少于受教育程度低的群体，从而缩小了两者之间的癌症知沟。互联网健康信息使用和互联网投入度均

---

[1] 卢路:《"知识沟"在我国城乡癌症传播中的实证研究》，"第五届中国健康传播大会"会议论文，北京，2010。

对基于受教育程度差异的知沟没有显著影响。这可能是因为高教育程度群体享有更多的医疗保障服务，从其他渠道（包括医疗服务机构）已经获得了相对饱和的癌症知识，因此从互联网接入中获取的癌症知识相对较少。而互联网健康信息使用和投入度对受教育程度要求较高，低受教育程度群体从中能获取的癌症知识较少，从而无法调节不同群体间的癌症知识差异。受教育程度影响了互联网接入、互联网健康信息使用和互联网投入度，其中对互联网接入的影响程度最大，教育通过影响网络接入从而进一步造成了癌症知识水平的差异。

笔者进一步将以上研究结果总结为图1，以更为直观地展示本研究的主要结论。从数字鸿沟的研究视角来看，教育和收入等社会经济地位指标对癌症知识的影响是通过互联网接入、互联网投入度等中介变量来实现的，这为我们理解知沟的形成原因和作用机制提供了新的视角。另一方面，长久以来，人们将互联网接入后的效果看作理所当然的，认为只要实现了互联网接入，那么公众似乎就能使用各种互联网信息，自然而然地从事各种互联网活动，并获取相关知识。本研究结果为这种技术乐观主义的观点提供了相反的证据：互联网接入并不能带来癌症知识水平的正面提升，而相较之下，互联网投入度更能带来癌症知识水平的上升，从而使得我们开始重新审视新技术对不同受教育程度群体知识获取的影响。

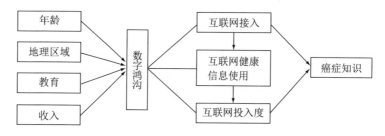

图1 数字鸿沟对知沟的影响模式

总之，数字鸿沟的研究历史虽然较为短暂，但为知沟未来的研究发展提供了无限潜能，而将知沟看作数字鸿沟的一个结果，则为数字鸿沟产生的社会影响（特别是知识获取方面的影响）提供了佐证。

（原文载于《国际新闻界》2019年第7期）

论马克思主义生态观视域下的环境传播

谢建东[①]　郑保卫[②]

环境传播作为新闻与传播学的分支学科和新闻工作的重要面向，必须接受马克思主义新闻观的指导，但不管是从环境传播研究的交叉学科属性，还是环境传播所关注的对象来看，却又都和马克思主义生态观有着密切联系。马克思主义生态观赋予了环境传播更多元的面向，也对环境传播的社会责任提出了更多的要求。

马克思主义生态观是马克思主义关于生态问题的哲学阐释，是一个开放的不断发展的体系，其主体是马克思恩格斯有关生态环境的思想、中国化马克思主义生态观，当然也包括西方马克思主义生态观等的合理成分。对于当前我国正在进行的生态文明建设而言，最重要的是坚持以中国化马克思主义生态观为指导。马克思主义生态观是"实践唯物主义生态自然观、有机和谐的生态社会观和回归自身的生态人学观"的有机统一[③]，其所处理的对象不仅仅是人与自然，也包括以生态环境为背景的人与自身、人与社会的关系。因此，其所追寻的目标不仅是人与自然的和谐，也包括人与自身、他人，以及社会的和谐。

从马克思主义新闻观的角度看，环境传播应该坚持正面宣传为主的方针，坚持宣传思想工作"两个巩固"（巩固马克思主义在意识形态领域的指导地位，巩固全党全国人民团结奋斗的共同思想基础）的目标要求，聚焦新时代宣传思想工作"举旗帜、聚民心、育新人、兴文化、展形象"的使命任务，深入持续宣传好实践好习近平生态文明思想，以高质量的新闻报道和宣传思想工作助力

---

① 谢建东，云南大学新闻学院（南亚东南亚国际传播学院）讲师。
② 郑保卫，中国人民大学新闻学院教授。
③ 董强：《马克思主义生态观研究》，人民出版社2015年版，前言第2页。

我国生态文明建设、生态文明体制改革，推动新发展理念落细落实，让建设美丽中国、"像保护眼睛一样保护生态环境"、生态环境与文明兴衰密切相关等理念成为全民共识，让绿色、低碳、循环、可持续的生产生活方式成为新的社会风尚和发展共识。

从马克思主义生态观角度看，人与自然的关系问题，实质是发展的问题，根源在于人与社会的关系，这就对环境传播深度融入经济社会发展提出了更高要求，进一步提升了环境传播在这一过程中的主体地位和价值。马克思主义生态观视域下的环境传播，不仅要致力于公众环境保护意识、环境风险意识的提高，紧盯生态文明建设与体制机制改革，以及绿色发展、共享发展、可持续发展等面临的具体问题，而且要基于环境问题涉及面广、与国际政治紧密关联的事实，高度重视全球气候变化、碳排放权交易、重大传染病防控、跨国河流污染治理、生物多样性保护等重大国际环境问题。同时，也应该致力于环境传播理论的研究，拓展环境正义的内涵和实践，助力实现自然、人、社会之间关系的和谐。

本文所讲的"环境传播"，不拘泥于环境传播理论与实践研究、环境教育、环境媒体建设等具体类别，它既是一种理念，也是一种状态，更是一种行为，是对环境传播从观念和行动意义上的理解与阐释；所讲的环境传播的几个维度，是基于马克思主义生态观对传播的内在要求，综合新闻传播领域马克思主义新闻观的指导思想，从理论与实践结合的层面对环境传播社会责任的阐发。

一、以环境倡导提升生态文明建设水平

"倡导"，是新闻传播的题中之义，其目的在于通过价值观念的传播、引导、涵化，最终达到劝服受众的目的。环境传播的一个基本功能，就是对公众进行环境公共教育，通过环境议题设置、环境新闻报道，引导公众重视环境问题、提升环保意识、积极投身环保行动，进而提升我国生态文明建设水平。其内容主要应该包括以下几个方面。

（一）宣传好习近平生态文明思想

习近平生态文明思想是中国化马克思主义生态观的最新理论成果，也是新时代推进我国生态文明建设的指南，有着十分重要且丰富的内涵，是做好环境

传播的重要指导思想。宣传好习近平生态文明思想是环境倡导的应有之义、重点内容，特别是要讲清楚其发展脉络、丰富内涵、重要意义，讲清楚"环境就是民生，青山就是美丽，蓝天也是幸福，绿水青山就是金山银山；保护环境就是保护生产力，改善环境就是发展生产力"等重要理念，①并着力推进其深化落实。

（二）宣传报道好我国生态文明建设的举措成就

重视人与自然和谐发展，保护生态环境是我国的基本国策。党的十七大首次提出生态文明的概念，十八大将生态文明建设纳入中国特色社会主义"五位一体"总体布局，并出台系列举措大力推动我国环境保护、绿色发展、生态文明建设。近些年来，我国修订了《中华人民共和国环境保护法》，新组建成立了生态环境部，以铁腕治污推进大气、水、土壤污染等治理，开展蓝天碧水净土保卫战，实施由党政主要领导挂帅的河（湖）长负责制，关停取缔排污不达标的企业，发布了《关于全面加强生态环境保护坚决打好污染防治攻坚战的意见》等，动真碰硬地开展了多轮次环境保护专项督查，实现了由环保部门管环保的"小环保"，到全社会参与的"大环保"的转变，推动了我国生态环境、人居环境质量的持续改善。这些新时代的鲜活环保实践和所取得的巨大成就，是环境传播研究和环境报道的富矿，值得深入挖掘。

（三）重视环境议题设置，提升环境传播质量与影响力

通过设置议程影响和引导舆论，是新闻媒体的职责与功能，但不同类别议题之间，以及同一类别议题的不同话题间不可避免地存在竞争关系，在特定时间、地点等条件下，有些环境议题总比其他议题更能引起社会关注，这是由环境问题本身的严重性、环境事件的突发性，以及议题性质、公众偏好、其他舆情影响等多种因素所导致的。环境传播应该在仔细研究这些影响因素的基础上，通过将环境问题与社会变迁、社会心理、社会风险、世界变局等问题相关联，从环境与发展、民生、政治、法治等角度，不断提升环境议题设置水平、环境报道质量和舆论引导能力。

---

① 习近平：《在省部级主要领导干部学习贯彻党的十八届五中全会精神专题研讨班上的讲话（2016年1月18日）》，《人民日报》，2016年5月10日，第2版。

当前，我国环境传播理念与实践正在从"控制"转向"激励"，从"浅绿"走向"深绿"，从"单一环境报道"走向"综合生态传播"。[①]环境议题设置应该准确把握这些趋势，特别是在媒体深度融合的背景下，要充分发挥主流媒体和新媒体各自的优势，"注重环境报道的平衡性"，"形成畅通的多元化的利益表达机制"，引导好各方的环境对话协商。[②]

2020年以来，受新冠肺炎疫情影响，全社会卫生健康与环保意识明显增强，再加上爱国卫生运动等普遍深入开展，关于生物多样性保护、生态安全、传染病防治等话题受到广泛关注。如何继续深入挖掘新冠肺炎疫情关联话题并将其与环境传播更好衔接，成为环境倡导的重要面向。

（四）开展环境与生态批判

"倡导"的另一层含义是"批判"，批判的目的其实也在于倡导。因此，就环境传播而言，批判和倡导目的是一致的，都是为了营造更好的生存发展环境，只不过是手段不同而已。生态批判是建构性的批判，目的在于推进生态文明深入发展，它既包括各方对环境相关问题的批判、环境观念的批判，也包括对环境传播本身的批判、对非理性环保行为的批判，以及对极端人类中心主义与生态中心主义的批判等。

其中，最重要的是对不友善声音的优容与接纳，因为批评、批判性的话语中可能隐含解决环境问题的新思路，同时这也是一个文明社会对公众表达和宣泄权利维护的应有之义。从新闻传播的角度讲，环境传播应该为社会公众对环境问题的不满提供表达渠道，主动介入并引领这种批判，通过环境监督报道回应舆论诉求、推动问题解决；通过对"谈核色变"、对化工项目妖魔化理解等将环保与发展相对立的错误思想正本清源，引导全社会树立正确的环保理念。

（五）通过环境倡导提升全社会环保协同水平

倡导的最终归宿要落实到行动上。环境问题关涉方方面面，并不是某个地区、某个部门、某个企业能单独解决好的，特别是空气污染、水污染、传染病

---

① 郭小平、李晓：《环境议题的"能见度"之变与电视话语建构——以央视〈新闻调查〉（2000—2019）为例》，《厦门大学学报（哲学社会科学版）》，2020年第2期。
② 黄河、刘琳琳：《论传统主流媒体对环境议题的建构——以〈人民日报〉2003年至2012年的环境报道为例》，《新闻与传播研究》，2014年第10期。

防控等具有流动性、全域性的环境问题，必须依靠社会协同甚至是国际协同才能有效解决。

协同的前提和基础是建立共识，环境传播的一个重要任务就是塑造环境问题（议题）认识与解决的社会共识，既观照群体协同、机构协同，也观照个体心理调适。根据符号互动理论的观点，"有机体和社会环境互相决定互相依存""社会环境根据社会活动过程而获得各种意义"，①环境传播所建构的关于环境与人类社会关系的认识，不仅表现为对环境公共话语与空间的塑造，环境意义的生成与共享，也包括个体自我及环境概念的建立与调试，以及在此基础上的理性行为。

从话语到实践，从共识到协同，是环境倡导从理念到行动，再到生成社会意义的过程。环保协同水平的提升既包括公众环保意识和行动能力的提高、环境心理的健全、环境认知的更加理性（特别是在应对新冠肺炎疫情这样的重大传染病时，该问题显得尤为重要），也包括环保共识的制度呈现——环境保护治理法律法规、制度机制的建立健全。

二、以环境风险传播提升绿色发展质量

后工业化社会被称为"风险社会"，无处不在的风险不仅是社会治理的问题，而且是人的生存与关怀的问题、社会和谐发展的问题。媒体有着独特的环境监测功能，在风险感知、研判和化解的过程中扮演着重要角色。从广义上讲，环境是社会的皮肤，是我们赖以生存的空间，皮肤的健康关乎我们每个人；从狭义上讲，即便是小到某个城市一条河流的治理、某个村庄出现的重金属污染等具体环境问题，都会因其牵涉面广、利益主体多元、对特定对象影响深远等，增加治理的难度和复杂性，容易牵连或者演变为更大的社会问题。

及时识别风险、传递风险信息并助力风险化解，实现社会和谐，是环境风险传播的主要职责，其较高追求是对作为社会皮肤的环境的风险化解，其次是对具体环境问题的风险化解。本文所讲的主要是后者。就具体环境问题的风险感知、预警及处置而言，最好的状态莫过于在问题出现之前或萌芽状态就被感知到，进而采取措施妥善解决。

---

① ［美］乔治·赫伯特·米德：《心灵、自我和社会》，霍桂桓译，译林出版社2014年版，第144页。

在新冠肺炎疫情全球大流行的背景下,与生物多样性保护、疫情防控等相关的环境与健康风险将会长期存在,统筹好疫情防控与经济社会发展、构筑卫生健康共同体等是一系列世界性的问题,这也是以环境风险传播提升发展质量应当关注的热点领域。

马克思主义生态观不是自然中心主义,也不是人类中心主义,而是建立在尊重自然、保护自然基础上对自然的合理利用,是从人类永续发展的角度对如何实现人、社会与自然关系相互和谐的科学认识。马克思主义生态观视域下的生态环境保护问题,其实质是发展的问题,保护环境的目的是人类社会更好的发展,最终实现人的全面发展。

因此,环境传播最终要为发展服务,为提升绿色发展质量和水平服务。环境风险传播绝不是要搞激进的环保主义,走入生态中心主义的误区,甚至是制造"生态恐怖主义"和"恐惧话语"恫吓公众,[①]而是为了有效阻断、化解环境风险,在尊重自然、保护自然的基础上更好实现和维护人类社会的利益。

吉登斯将现代社会风险分为两种类型:一是外部风险——比如,海啸、飓风等自然产生的风险;二是被人类社会制造出来的风险——比如,全球气候变暖等由于人类社会发展所造成的风险,并认为随着人类知识的进步、对自然掌控度的提升,被人类制造出来的风险已经成为最主要的风险来源。[②]

其实,纯自然的变化如果不是放在人类发展的视域下,如果不是因其对人类社会造成了影响,是不能够称其为灾害的。而很多环境风险、生态灾难其实都有人的参与,甚至可以说是人对自然的不当利用导致了环境问题的发生。环境问题从产生到进入公众视野,进而成为舆情热点,有一个发展的过程,是在一定的群体、社会、文化基础上形成的。历史地看,环境问题之所以成为问题,也是人类社会生产力发展到一定阶段、一定程度的产物,在原始社会和农耕社会,环境污染和治理的议题很难成为社会的中心议题,只有到了工业社会人类对自然的利用、索取程度极大提高之后,环境问题才逐渐成为社会问题。

1839年,恩格斯在其《乌培河谷的来信》中记述了家乡河流因为工业生产遭受污染的事实。"这条狭窄的河流,时而徐徐向前蠕动,时而泛起它那红色的波浪,急速地奔过烟雾弥漫的工厂建筑和棉纱遍布的漂白工厂。然而它那鲜红的颜色并不来自某个流血的战场……而只是流自许多使用鲜红色染料的染

---

① 刘涛:《环境传播:话语、修辞与政治》,北京大学出版社2011年版,第117页。
② [英]安东尼·吉登斯:《失控的世界——全球化如何重塑我们的生活》,周红云译,江西人民出版社2001版,第22—23页。

坊。"①这说明，一方面，马克思、恩格斯所处的时代，工业发展对环境造成的污染客观存在，在特定区域可能已经比较严重。但这样的问题并未在当时舆论界引起如今天这般的高度重视，反映出只有当人与自然关系不和谐到一定程度，才会引发社会对该环境问题的关注。另一方面，也只有人类生产力发展到一定程度，才能有效解决因发展引发的这些环境问题。从这个角度讲，环境与发展的辩证法似乎在预示着，人类社会将永远无法摆脱环境风险，这不是悲观，而是必须面对的客观事实。

环境风险起源于局部或具体事件，但其影响绝不限于某个社区、某个群体，很可能波及全社会。具体事件引发的环境风险很容易变成"风险环境"，会"潜在地影响着生活在地球上的每一个人"，比如生态灾变、核战争等的影响，就涉及整个社会，而且可能延续很长时间。②

环境传播就是要尽可能地提高公众环境风险意识，在安全与风险之间、发展与保护之间找到平衡，助力特定环境风险的消除或将其降到可接纳的范围内。如果说风险社会根源在于现代性，环境风险的产生是由于人类知识和技术进步对自然改造程度的不断加深，以及在此基础上形成的人造环境的"脆弱性"，增加了人造风险的频次和烈度，那么，从文化和思辨意义上讲，环境风险传播暗含对现代性进行批判和反思之义。

现代性的急速扩张不仅改造自然、改造人类的生活环境，也同时在改造我们的心灵。在传统的延续与断裂之间，在现代（性）与后现代（性）之间，是动荡不安的环境安全感。现代性是全球性的，风险也必然是全球性的，现代社会对自然环境的改造在深度和广度上都只会越来越强。面对客观存在并将长期存在的环境风险，防控和化解的办法固然多元，但对于环境传播而言，就是要超越信息控制和封闭主义，推崇多主体多层次的环保参与，强化全社会对于环境的风险感知和协同治理，并基于人的全面发展和减少对自然的异化，从特定的维度对现代社会为什么需要绿色发展、怎样实现绿色发展等问题给出回答。

既然风险社会不可避免，环境风险将与人类长期共存，风险管控、化解就显得尤为重要。环境传播要直面人类社会切实存在的环境风险，在环境风险感知、环境报道的基础上推动风险化解。现阶段，发展仍是解决其他问题的钥匙，环境传播领域风险管控与发展的平衡，就是要推进绿色发展、共享发展、可持续发展，以高质量的发展推进环境风险以及其他社会风险的化解。在行动

---

① 《马克思恩格斯全集》（第1卷），人民出版社1956年版，第493页。
② ［英］安东尼·吉登斯：《现代性的后果》，田禾译，译林出版社2000年版，第31页。

策略与传播主体角色定位上，坚持政府主导、媒体引导、NGO助推、企业担责、公众参与、智库献策，[①]共同服务于人类个体保持生命健康、追求美好生活的需要，服务于国家和社会安全发展、高质量发展的需要。

三、促进全球环境共识达成与争端解决

环境问题本身的特性，以及现代社会全球交往的频繁，使环境问题具有很强的国际性。一些环境问题本来就是全球性的，比如气候变化应对、生物多样性保护等都需要国际社会通力合作；一些环境问题在区域国际社会具有强大影响，比如跨国河流生态安全、跨境传染病防控、跨境病虫害防治等，也不是哪一个国家就能单独处理好的。即便是只限于一个国家内部的环境问题，在全球化背景下也会通过一定方式对国际社会造成影响，比如东南亚稻米、水果出口国因干旱或洪涝灾害减产，就有可能对我国相关市场造成影响。因此，不管是环保共识的达成、环保行动的展开，还是环境污染治理、具体环境争端的解决等，都需要强化全球协同、区域国际协同。在全球化、世界命运共同体建设等背景下，环境传播的一个基本使命，就是不仅要促成国际环境共识的达成，更要致力于推动全球环保行动协同和争端解决。

全球气候变暖等环境问题越发严重，对人类社会产生了深刻影响，促成国际社会在解决许多环境问题上必须联合行动。目前，在联合国框架内世界各国订立了许多环境保护相关的公约，比如《生物多样性公约》、《在环境问题上获得信息、公众参与决策和诉诸法律的公约》（即《奥尔胡斯公约》）、《气候变化框架公约》、《巴黎协定》等，这些全球性公约厘定了国际社会对于环境问题的基本共识，也是全球环境传播议题的重要来源。环境传播在促成国际社会对环境问题重要性、严峻性和协同治理共识的基础上，更进一步就是对这些共识开展宣传和公众教育，推进共识的落实和具体环境问题的解决。

现在的问题是，国际社会对于全球环境问题的严峻性和需要协同治理的共识，在观念层面已经解决，但在对具体环境问题的严峻性和迫切性的认识，以及具体的解决方案等方面还存在不同意见。也正是这些分歧导致了国际交往中，关于一些特定的环境议题容易引发争议，比如全球气候变暖和碳排放。

---

① 郑保卫、郑权、覃哲：《生态文明建设和绿色发展理念背景下我国气候传播的战略定位与行动策略》，《新闻爱好者》，2021年第5期。

气候变暖的议题因为气候科学本身的复杂性、不确定性，以及气候变化的原因十分复杂、影响比较遥远，不是必须立即行动的急迫事宜，本身就存在一定的争议。[①]因此，这样的议题在新的不断变化的国际经济政治因素影响下出现摇摆，也就不难理解，也更加凸显出环境传播对于推进长时段、影响深远的环境问题的解决的重要性。有效应对气候变化，最关键的还是在有效沟通的基础上达成共识和行动协同，在推进环境问题解决或达成谅解的同时，促进国际关系向更好的方向发展。

美国在特朗普政府时期不断"退群"，并对气候变化议题提出根本性挑战，甚至认为气候变暖是伪命题，导致了全球关于碳减排等环境问题的解决出现新的变数。拜登上台之后在气候变化问题上作了调整，明确提出气候变化议题仍将是需要加强国际合作的领域。可见，国际环境共识的达成和共同行动，并不是一件轻而易举的事情。而且，国际环境问题很可能会对国内政治经济产生重大影响。2018年底法国"黄背心"运动爆发并持续发酵，起因是当时的法国政府为了履行减排承诺，推广使用清洁能源，调升燃油税导致油价上涨，损害了底层民众利益。推广清洁能源本是好事，但油价将持续上涨的预期、社会经济不景气及贫富分化问题等，使得长远利益、环境利益，在近期的、具体的利益面前变得十分"脆弱"。这说明，在环保与生存发展利益相冲突时，人们更关心后者，"气候变化"的核心问题是"发展"问题，[②]环境保护必须建立在发展的基础上，必须以服务人的发展、社会的和谐进步为目的。

国际社会关于气候变化议题的分歧表明，尽管保护环境、人与自然和谐这样的口号在理念上已经成为一种国际共识，但在具体环境问题处理、行动落实上仍存在不小的差异，这也凸显出国际层面的环境传播除了继续巩固环保共识外，更重要的是要在具体环境问题上着力，根据具体情况的变化不断改进议题设置、传播策略。新时代以来我国提出建设"一带一路"、构建人类卫生健康共同体等倡议，将建立"一带一路"绿色发展国际联盟落到实处，援助其他国家抗击新冠肺炎疫情，如何将这些新的理念、具体实践转化为促进全球环境共识与争端解决的力量，是环境传播需要思考的问题。

---

① ［美］罗伯特·考克斯：《假如自然不沉默：环境传播与公共领域》（第三版），纪莉译，北京大学出版社2016年版，第175页。
② 郑保卫主编：《从哥本哈根到马德里：中国气候传播研究十年》，燕山大学出版社2020年版，第151页。

环境传播在关心国际环境问题的同时，还须花更多精力处理好国内环保问题，因为外交是内政的延伸，环境议题的国际表达和行动落实需要建立在国内环境共识的基础上。因此，环境传播若要更好地服务于全球环境治理，首先应该解决好自己国内的具体环境问题，并通过恰当的方式实现国内经验的国际表达。与之相对的另一个面向，是做好国际环境共识的国内传播，这既包括要加强环境共识、常识的传播，也包括要关注别国内部环境舆论、具体环境问题解决方案对我国的借鉴意义。

全球环境共识的达成是为了进一步的目标：解决环境问题争端，协同行动，促进全球绿色发展和人类生存环境的持续改善。至于环境问题争端的解决，既包括国际上对诸如气候变化议题的不同态度、减排标准及具体落实等分歧的管控和弥合，通过有效沟通、客观报道等在全球疫情防控中尽量避免意识形态偏见等，也包括如何以更好的传播策略对国际环境议题进行报道，以激发国内公众的环保参与热情并防止舆情的反弹和震荡。

从传播的操作性角度讲，国内传播较易于实现，国际传播则需要加强不同国家媒体之间的合作，要在议题设置、报道策略等方面达成共识，在此基础上推进政府间、民间环保组织间的对话与合作，以及相互之间的人文交流、科技医疗卫生交流等，强化"世界命运共同体""人类卫生健康共同体"等理念的传播。而如何超越西方固有的"霸权逻辑"，立足全人类关心关注的环境问题，讲述好中国的环保故事，以"共同体"价值理念建立具有中国特色世界普适的环境话语，既是环境传播为促进全球环境争端和共识达成的理论建构，也是当前环境传播研究应该关注的新问题。①

四、拓展环境正义理念与实践

约翰·罗尔斯在其著《正义论》中提出了"无知之幕"（veil of ignorance）的概念，即人们在选择前不知道其在社会中的地位、天赋、能力、智力、体力等方面的运气，"这可以保证任何人在原则的选择中不会因为自然的机遇或社会环境中的偶然因素得益或受害"。②也就是说在原初状态下、在无知面纱背

---

① 徐明华等：《"有别的他者"：西方视野下的东方国家环境形象建构差异——基于Google News中印雾霾议题呈现的比较视野》，《新闻与传播研究》，2020年第3期。
② [美] 约翰·罗尔斯：《正义论》，何怀宏等译，中国社会科学出版社1988年版，第10页。

后每个人都将受到无差别的对待。基于此，尽管社会实践中无法避免差别、不公的存在，却应该坚持正义的原则，尽可能地创造更加公平正义的制度，更多地关注弱势群体。

相应地，环境正义的基本理念就是要保障每个人都有免于环境伤害、生活在健康安全的环境中的基本权利。争取和维护社会公平正义，是马克思主义产生发展的基本动因之一，马克思主义生态观范畴内的环境正义，就是要努力实现每个个体平等享有生命健康、生活环境安全的权利。具体而言，环境正义至少应包括分配正义、矫正正义、代际正义与种际正义，[①]这四个维度相辅相成，是促进环境利益相关方展开对话、进行合作，实现损害赔偿、环境修复、公平平等的基本原则。

过去西方发达国家环境保护的实践表明，资本主义产业转移虽然有利于本国的环境保护和正义，也在一定程度上推动了欠发达国家经济社会的发展，但在环境正义方面确实"大节有亏"，因为其"变相推动了其他国家的环境非正义"，[②]甚至成为欠发达国家某些环境问题产生或加剧的原因。马克思主义视域下的环境正义，不是主要有利于某个国家和地区的环境正义，而是关注全球、全社会和人的全面发展的普遍正义，是对"先污染后治理"发展模式的摒弃，是对资本主义世界体系及其导致的环境非正义问题的深刻批判，是将自然与人类、全球各个国家放在"命运共同体"框架内考虑的正义，必将超越西方此前更多只是关注本国、关注环境自身的工具理性导向的环境正义。而这些也应该是环境传播在理念层面所应该加以关注的。

环境传播范畴内的环境正义的实践、实现和发展，至少包含公平获取环境信息的权利、公开表达环境问题看法的权利、公正获得环境伤害救济的权利。"公平获取环境信息的权利"，是环境传播首先要维护和致力于实现的公众权利，这是达成环境共识，推进环境问题协同治理的基础。"公开表达环境问题看法的权利"，不仅是一项实体权利，也有利于实现环境舆论的健康，而且公开表达也是参与决策、获得环境伤害救济的基础。在传播的概念里谈论环境伤害救济这一兜底保障，最主要的还是让公众知晓在遭遇环境伤害后有哪些救济渠道、如何展开救济等，基础是环境问题和解决方案的公众教育，以及环境舆

[①] 郑保卫：《论气候正义》，《采写编》，2017年第3期。
[②] 赵月枝、范松楠：《环境传播理论、实践与反思——全球视角下的环境正义、公众参与和生态文明理念》，《厦门大学学报（哲学社会科学版）》，2020年第2期。

论压力所推动的诉求实现。

环境正义问题之所以引发关注,乃是因为现实中环境非正义现象的存在。因为经济社会地位等原因,环境破坏者很可能处于强势一方,有多种可以逃避责任、避免承受污染损害后果的办法,致使环境污染的后果很可能由一些弱势群体来承担。就维护环境正义角度而言,环境传播的目的,就是要通过传播增强污染企业等环境破坏主体的社会责任感,给承受污染的弱势群体以表达的渠道,建立社会各方沟通交流的机制,助力具体环境问题的解决。

在移动智能互联时代,新技术导致的环境信息的易获取性,全球范围内公众参与环境决策、环境问题治理等的深度和广度都在不断增强,环境传播应致力于巩固这种良好的趋势,更好地保障公众环境信息接近权和环境决策参与权,这也是推动环境正义实现的一种有效途径。

环境正义不仅是处理人与自然的关系,更重要的是处理因自然环境议题引发的人与人、人与社会、人与自身关系的不和谐问题。环境不仅是指自然环境,也包括我们周遭一切生活工作的基础,包含社会关系的范畴,它对每个人都会产生影响。以传播推动环境正义的实现,就是要让人们明白自然不是身外之物,而是我们社会的皮肤,与每个人紧密联系在一起,对于自然环境破坏带来的挑战,我们每个人都不能置身事外。

从环境正义的角度推进环境传播,不仅仅在于环境议题的构建、环境报道的正义视角,更在于对环境权利及与之关联的分配正义、生存发展权的保障等问题的深度拓展,以及基于环境正义的相关制度机制的构建和完善。特别是要致力于巩固"污染者支付、受害者获赔、最大限度修复"的环境治理原则共识,严格执行相关法律法规,"遏制环境问题中资本与权力的结合",[①]因为这是最基本的道德感和正义要求,也是构建环境制度正义的基础。

环境传播对环境正义的维护与持守,应该有更高层次的哲学追求,应该有对人的存在及其社会价值的深层追问,要弄清楚人究竟应该以什么样的观念看待环境、利用环境,在环境、大自然的视野里人究竟有什么样的意义,可以有什么样的意义,能够实现什么样的意义。如果放到自然—社会的关系维度里,还意味着从传播的角度对"发展主义"进行反思,对"将发展的目标、主体、过程和绩效量度,都简化为或等同于GDP增加、经济增长和经济尺度下的社会

---

① 朱力、龙永红:《中国环境正义问题的凸显与调控》,《南京大学学报(哲学·人文科学·社会科学版)》,2012年第1期。

进步"的观念和实践进行反思。①

对此,环境传播所要做的就是通过新闻报道、组织传播、政治传播、人际传播等方式,进一步强化自然环境与人、社会和谐的理念,生态环境的有效保护与人的全面发展、社会进步的和谐,是生态现代化、绿色发展、循环发展、可持续发展等共同的目标与追求。

就环境正义的实现而言,环境传播还应该关心和关注环境问题的解决、弱势群体环境权利的维护,这是传播者应该履行的社会责任,是维护环境正义的具体体现,在某种程度上讲也是对马克思主义新闻观内涵的拓展。维护弱势群体的环境权利不仅仅体现在理论和制度设计上,更体现在具体的事件和情境之中,这需要各方共同努力,但政府决策和主管部门的作用尤为重要。

当前我国已经取得的脱贫攻坚的巨大成就,以及正在进行的生态文明建设、绿色发展的实践,充分体现了对弱势群体的关怀和对生存环境权利的维护。官员政绩考核不再唯GDP,干部离任需要进行生态审计,"十四五"规划和2035远景目标主要以定性表述为主等,不仅反映出我国发展理念的新变化,更体现出我国为推进环境正义实现的理论自觉、制度自觉与实践自觉。

在新时代绿色发展、共享发展等新发展理念指导下,我国正在进行生态观念、发展观念和价值观念变革。而在这一系列具有重大意义的观念变革过程中,实现人的全面发展有了更好的条件,环境正义的理论和实践向度被不断拓展。在这样的背景下,我国媒体不仅仅是提供环境信息,而是"作为运动模式的讲述者、互动平台的搭建者以及话语提供者的角色"②,积极参与到环保实践中,引领环境观念的变化,极大地激发了社会组织、公众等的环保热情,将实现环境正义的土壤越培越厚。

五、助力人与自然、社会及自身和谐

人生活在自然之中,也生活在社会之中,幸福美好的生活应该是人、自然、社会及人自身之间的和谐。人作为自然界生物的一种,必须尊重自然、顺应自然,才能在此基础上谋求社会的进步与发展。马克思主义生态观认为,

---

① 郇庆治:《文明转型视野下的环境政治》,北京大学出版社2018年版,第21页。
② 曾繁旭:《环境抗争的扩散效应:以邻避运动为例》,《西北师大学报(社会科学版)》,2015年第3期。

"生态危机的直接原因是人与自然关系的异化,但其更深层次的原因在于人与社会关系的异化,并表现为人与自身关系的异化"①。也就是说,人与自身、人与自然关系的不和谐,归根结底是人与社会关系的不和谐,是社会生产制度、分配机制、文化观念等出了问题。环境传播的基本目标和最终目的,就是要阻止这种异化、扭转这种不和谐、纠正文化及观念上出现的偏差,助力人与自然、社会及自身的和谐。

对于人与自然的关系,马克思、恩格斯在晚年的通信中经常谈到身体健康与自然环境的问题,认为气候、天气等环境因素对人的身体健康有着重要影响。1882年5月8日,64岁的马克思在蒙特卡罗写给燕妮·龙格的信中说,这里"环境非常优美,气候比尼斯甚至比门顿还要好……我遇到了非常好的天气。你从我最近一封信中已经知道,我的胸膜炎算是对付过去了;支气管卡他只能逐渐好起来。其实,空气很快会到处变得干燥和温暖……一句话,到处很快会出现对我有利的天气"②。蒙特卡罗是摩洛哥的一座城市,处于地中海之滨,典型的地中海气候,当时马克思去那里休养,感觉那里的气候很好,有助于自己的健康。

1891年9月2日,71岁的恩格斯在伦敦写给尼古拉·弗兰策维奇·丹尼尔逊的信中说,"总的说来,我还是很健康的。不过,每年要有两个来月的时间休息和彻底改变一下环境。海上旅行对我是绝妙的良药"③。1894年8月22日,恩格斯在到伊斯特勃恩一星期后写给保尔·拉法格的信中说,"我很需要这样的环境,有臭氧气味的海洋空气很有效"④。当时恩格斯身体不太好,十分需要有一个舒适的环境和对健康有益的气候。在他生命的最后一个年头,1895年1月3日,他在写给路德维希·肖莱马的信中说:"我的健康状况又正常了。不错,我发觉七十四毕竟不是四十七,我不能再像从前那样在饮食等方面放纵自己,对恶劣的气候也不像从前那样易于对付了。但是就我的年龄说,我还是十分健壮的,我还希望看到更多的事情。"⑤

然而遗憾的是,当年8月5日恩格斯便在伦敦去世了,没能够实现他"看到更多的事情"的愿望。相比65岁因病去世的马克思,享年75岁的恩格斯在当

---

① 董强:《马克思主义生态观研究》,人民出版社2015年版,前言第2页。
② 《马克思恩格斯全集》(第35卷),人民出版社1971年版,第310页。
③ 《马克思恩格斯全集》(第38卷),人民出版社1972年版,第142页。
④ 《马克思恩格斯全集》(第39卷),人民出版社1974年版,第279页。
⑤ 同上书,第347页。

时算得上是长寿了,但是患有食管癌的他,对美好环境和健康生活的留恋与向往,给我们留下了很多思考和启示。

或许人在晚年或者身体虚弱的时候,更能体会自然环境对自己生活的重要意义,因而会为此投入更多的情感,花费更多的金钱,也更加敬畏自然。但事实上自然环境有其自身独特的存在价值,它并不会因人的感知和关注而有格外的损益,尽管其价值也需要通过人才能体现出来,或者说只有通过人才能实现其价值从"自在"到"自为"。

当前,无数事实告诉我们,气候变暖、环境污染等不仅对人类的生产和生活造成重大损害,而且对人类的生存和健康也带来了难以预料的巨大威胁。当此之时,回顾马克思、恩格斯的有关论述,或许更能体悟其中的深意。而将气候变化、环境问题等影响人类健康的信息及科学知识,向公众传播并促成其态度和行为改变,无疑是环境传播助力人与自然、社会及自身和谐的重要面向,或许也是实现气候传播、环境传播、健康传播相互融通的可能路径。①

人与自然关系的和谐,是人的身心和谐,以及自然与社会和谐的基础。人作为碳元素构成的源于自然也必将归于自然的有机体,当其投入自然的怀抱时会获得美的、舒缓的、惬意的、沉醉的、回到故乡的体验,治愈在社会生活中造成的创伤,"那时候,你的一切无谓的烦恼、对俗世的敌人和他们的阴谋诡计的一切回忆都会消失,并且你会融合在自由的无限精神的自豪意识之中"②。

对于自然与人类社会的关系,恩格斯曾有过一段非常著名的论述或者说告诫:虽然人"通过他所作出的改变来使自然界为自己的目的服务,来支配自然界",但"我们不要过分陶醉于我们人类对自然界的胜利。对于每一次这样的胜利,自然界都对我们进行报复。每一次胜利在第一线都确实取得了我们预期的结果,但是在第二线和第三线却有了完全不同的、出乎预料的影响,它常常把第一个结果重新消除"。③

工业化生产以来的无数历史,特别是现当代工业社会污染与治理的经验教训,已经清楚地表明恩格斯这一论断的正确性。我们所要做的就是修正对"人类必定战胜自然"这一信念的盲目自信和对立思维,保持对技术崇拜、工具理性的批判精神,依据生产力发展水平和人类的实际需要,将对自然的利用和改

---

① 郑保卫:《让气候与健康传播走进千家万户》,在"2018气候与健康传播学术研讨会"开幕式上的致辞,https://xwcb.gxu.edu.cn/info/1017/2899.htm。
② 《马克思恩格斯全集》(第41卷),人民出版社1982年版,第96页。
③ 恩格斯:《自然辩证法》,于光远等编译,人民出版社1984年版,第304—305页。

造维持在科学合理的限度之内。

对于人、自然和社会的关系,恩格斯讲道:"大自然是宏伟壮观的,为了从历史的运动中脱身休息一下,我总是满心爱慕地奔向大自然。但是我觉得,历史比起大自然来甚至更加宏伟壮观。自然界用了亿万年的时间才产生了具有意识的生物,而现在这些具有意识的生物只用几千年的时间就能够有意识地组织共同的活动……这是值得认真观察的景象,而且我过去的全部经历也使我不能把视线从这里移开。但这是使人疲劳的,尤其是当你觉得负有使命促进这一过程的时候。在这种情况下,去研究大自然就是大大的休息和松快。归根到底,自然和历史——这是我们在其中生存、活动并表现自己的那个环境的两个组成部分。"[①]恩格斯所讲的"历史",其实就是人类社会发展进步的历程,也清楚地表明他对人、自然与社会关系的认识:自然和历史是辩证统一的,自然有其自身价值,但终究要在社会的视野里才能呈现出意义;自然固然伟大,但历史——人类社会的发展进步有着更大的价值,因为人以及由人组成的群体可以为了共同的目的努力,而对自然的关注是在处理社会历史事务之外的一种放松。

因此,环境传播的终极关怀应该是认识和把握环境对于人的意义,确切地讲是将人放在自然与社会的维度里去追问和阐释其关系及意义,以达成推动社会进步与保护自然环境、实现人的全面发展的有机统一,也就是去实现人与自然、社会及自身关系的和谐。

由此看来,以马克思主义新闻观为指导,坚持马克思主义的生态观,是把握人与自然、社会及自身和谐的科学方法和必由之路。

(本文删减版载于《新闻爱好者》2022年第3期)

---

① 《马克思恩格斯全集》(第39卷),人民出版社1974年版,第63—64页。

Ⅳ 影视传播

传播媒介对美的建构

蔡 勇[①]

一、媒介技术、人及社会的需求作为一种文化现实共同建构了美

康德继承卢梭的启蒙思想,在《判断力批判》里提出了美的无目的的目的性[②],以及美与主体的无利害关系[③],把美从科学和道德中解救出来,成为美之独立的立法宣言。从这一命题,康德似乎要把美从社会文化中抽离出来,成为真空中的抽象存在。但是,康德也同时指出,美是主观且普遍的,即虽然没有所谓客观标准但美又能被感知并唤起普遍的共鸣[④]。康德这一看似自相矛盾的命题,暗示了美与社会、文化、历史及其创造者——人的间离与关系,美既独立于社会、历史、文化及其创造者,有着自身的游戏规则,同时它又存在于它们之中,因为只有被个体感知到,并被普遍地感知到,美才成其为美。

从辩证的历史观点来看,媒介[⑤]不论是作为一种文化现实,还是一种技术手段,无时无刻不在改变着有关美的标准。每种新的媒介的出现,都会影响到创作者对美的表现,影响到个体对美的感知,影响到文化群体对美的普遍判断和

[①] 蔡勇,云南大学新闻学院(南亚东南亚国际传播学院)教授。
[②] [德]康德:《判断力批判》,邓晓芒译,人民出版社2002年版,第59—60页。
[③] 同上书,第40—42页。
[④] 同上书,第82—83页。
[⑤] 本文所称媒介是广义的媒介概念,它既包含大众传播媒介,即媒介物——传播工具、媒介组织和机构、媒介产品——有形和无形产品,也泛指一切用于表达思想承载信息的载体和介质。

认同。①当然在这一历史进程中，由个体需求汇集而成的社会需求也在同时建构着美的表象和标准，这些需求既包括创作者的需求，文化生产者与传播者的需求，也包括作为看者或受众的文化消费者的需求，三者作为社会文化领域中的重要组成部分，构成了美的创造主体、客体对象以及生产、传播和解读语境。

媒介技术手段与社会需求作为一种文化现实对美的构建，拓展了古希腊以来的西方美学经典理论的建构框架。柏拉图认为，现实是绝对理念的摹本，艺术又是现实的摹本，最优秀的艺术作品是通过现实世界完全复制了绝对理念的摹本，这就是古希腊所谓美的形而上学原则。②这个原则产生了艺术作品的两个依赖（直到康德出现为止）：第一是对现实的依赖，形成了写实主义的"模仿说"；第二是价值依赖，形成了所谓的"净化论"。艺术家或创作者按照现实存在及存在于现实中的需求，通过媒介创作了艺术品，这些艺术品无一例外地受到表现它的媒介、观看和接收它的人的需求，以及评判它的标准——这个标准同样反映了某种需求——共同框架的影响。所以，美的独立只是康德思辨美学中的一面。历史上所谓纯粹的艺术品，没有哪一件能逃脱历史的筛选，在这个经典的生产和沉积过程中，媒介技术以及社会需求的建构无时不在。

二、前影像时代的优美

本文把摄影技术出现之后，图片和视频成为大众传媒的主要信息方式的人类传播时期称为前影像时代，这一分期和计算机问世并得以运用的信息时代基本吻合。在这段漫长的历史中，人类用于承载信息的媒介经历了从石头和金属到纸张的转换。

（一）青铜、大理石与沉重、健美：男性形态的展示

中国传说中的夏铸九鼎，大概是开启青铜时代的标记。但有史可考的说法是从商文化开始，江南、山东和东北的新石器时代文化遗址中的陶器纹饰都有向铜器纹饰过渡的明显特征，美学风格也从活泼愉快走向沉重神秘。③饕餮

---

① ［加］麦克卢汉：《理解媒介——论人的延伸》，何道宽译，商务印书馆2000年版，第33—50页。
② ［英］鲍桑葵：《美学史》，张今译，广西师范大学出版社2001年版，第21—26页。
③ 李泽厚：《美学三书》，天津社会科学出版社2003年版，第29页。

是中国青铜器纹饰的代表，它是一种兽面纹，形似牛、羊、虎等动物，作为巫术宗教仪式图腾，被幻想为巨大的原始力量，呈现出神奇的威力和狞厉的美。李泽厚认为，以饕餮为代表的青铜器纹饰满足了肯定自身、保护社会、"协上下""承天体"的社会需要。一方面，青铜的坚硬与刚性中所透出的金属的冰冷，和饕餮的庄严神圣相吻合，符合男性在社会中自我肯定的愿望；另一方面，青铜作为当时最昂贵的材质给人们以安全感，暗示了男性保护社会的责任。这种以青铜为表现媒介的文明影响了其后的西周、春秋战国和秦汉，直到东汉蔡伦改进了造纸术，青铜才被这种新的媒介所逐渐取代。

在中国经历商、西周、春秋战国、秦、西汉的千余年时间里，欧洲经历了古希腊文明和罗马文明，石头和青铜也是他们用以承载信息、表达精神的主要媒介。青铜和大理石具有坚硬冰冷的特质，用于雕凿、打磨它们的利器、火、水、砂石所具有的特质，既矛盾又必须和谐，它们的结合使普罗克西特利创造了大理石雕塑《沙弗洛克托斯阿波罗》和《赫尔墨斯与婴儿时代的狄俄尼索斯》，使米隆创造出大理石雕塑《掷铁饼者》，使阿格桑德罗斯、波利佐罗斯和阿典诺多罗斯父子三人创造了大理石雕塑杰作《拉奥孔》，为后世留下了青铜雕塑《安基西拉青年人立像》、大理石雕像《垂死的高卢人》和《自杀的高卢人》这样具有悲壮美的宏伟史诗。古希腊的作品主要为男性雕像，透过大理石和雕刻工具塑造了男性形体的阳刚之美。

亚历山大罗斯的《维纳斯》和萨摩色雷斯的《胜利女神》是号称卢浮宫的镇宫三宝中的两件作品（另外一宝是文艺复兴时期达·芬奇的《蒙娜丽莎》），也是古希腊雕塑中为数不多的女性雕像，但这两件作品透过优美的女性身体，仍然散发着充满力量的刚性之美。维纳斯雕像丰腴中表现出健硕，动容中表现出力感，这样的气度在文艺复兴以后的绘画作品中再也难以寻觅到——鲁本斯笔下的女性虽然肥硕，同维纳斯的健美已不能同日而语，更谈不上和站在卢浮宫阶梯顶端，展开华美的翅膀，威风凛凛地宣告胜利的到来的《胜利女神》相提并论了。

无论是中国青铜器作品，还是古希腊的大理石雕像，都表现出男权社会的男性特征和旺盛生命。这是男权社会早期，男性借助青铜和大理石载体所传达的优越感和满足感——男性对战胜母系社会获取统治权的示威和炫耀。在男权社会走向成熟，男性地位得以巩固的其后岁月里，男性这种自我表演的狂热，随着纸张媒体的出现以及绢在绘画中的运用，逐渐让位于观看的意愿，女性遂成为被看的对象，温柔地、深情地站在绢、纸与画布的二维平面上。

（二）绢、宣纸、画布与柔美：肤质、气质和意境的表现

绢是古代对质地紧密轻薄、细腻平挺的平纹类丝织物的通称。历代又有纨、缟、纺、绨、絁、䌷（绸）等变化。平纹类织物早在新石器时期已经出现，并一直沿用至今。毛笔也大约出现于新石器时代，虽无确切年代可考，①但直到唐代它们才被比较成熟地用作绘画的工具和材料。

我国传统绘画在表现形式上有工笔画和写意画之分。绢适于工笔画，平滑的表面使画者易于做到用笔工整细致，敷色层层渲染，细节刚彻入微，以用极细腻的笔触描绘物象。②唐代的张萱、周昉两位宫廷画家，把绢的特质发挥得淋漓尽致。

张萱把绢和仕女婴儿结合得天衣无缝。《捣练图》中，张萱用细腻入微的笔法，勾勒了贵族妇女捣练间歇时的挽袖、扯绢时微微后仰的妩媚，缝制的灵巧，小女孩看捣的嬉戏、顾盼等富有意味的姿势，使画面洋溢着节奏与律动，充满欢快的情调。《虢国夫人游春图》描绘了天宝年间唐玄宗的宠妃杨玉环的姐姐虢国夫人和秦国夫人及其侍从春天出游的闲散享乐的生活。周昉的《挥扇仕女图》用细腻的笔法、浓丽的设色描绘了宫廷贵妇夏日纳凉、观绣、理妆等生活情景，体态丰腴，流动多姿，风格典雅，《簪花仕女图》则描绘宫廷贵族妇女于春夏之交在庭园嬉游之情景。张萱和周昉两位画家借用绢本诠释了唐宫仕女所谓"倾国倾城貌，多愁多病身"以及"回眸一笑百媚生"的华丽、雍容、典雅及柔美的审美标准。

阎立本是唐代画家中宫廷画家的代表人物，其代表作《步辇图》描绘唐太宗接见松赞干布派遣来迎娶文成公主的吐蕃使臣禄东赞的情景。画中的唐太宗被一群宫女簇拥着，这位帝王的体型虽然显得比宫女们要大得多，但流畅而时有抑止的用笔显露了唐太宗高贵中的冷静和沉稳，满脸挠腮胡的吐蕃使臣禄东

---

① 《太平御览》所引晋张华《博物志》语："（秦）蒙恬造笔。"韩愈《毛颖传》中也提到蒙恬伐中山，俘获毛颖，秦始皇宠之，封毛颖为"管城子"，后世因以"毛颖"为笔的代称。清代学者赵翼在《陔余丛考》卷十九"造笔不始于蒙恬"中则列举了蒙恬之前《诗经》《尚书》《尔雅》《说文解字》等古书中出现"笔"字的证据，并且以《庄子》"宋元君将画图，众史皆舐笔和墨"的话，作为上古之笔不是竹制硬笔而是"以毫染墨"的毛笔的证明。也有学者认为，毛笔的历史，可以上溯至六七千年前的新石器时代。他们推测，西安半坡遗址出土的陶器上人面纹、鱼纹、波折纹等，是用毛笔描绘出来的；河南安阳出土的商代甲骨上未经镌刻的字迹，也是毛笔书写的痕迹。
② 张慧、李玉虎、李丽娜：《耐久工笔画用绢的研制及其性能表征》，《档案学研究》，2008年第1期。

赞也通过细腻的笔触和微躬的体态表现出谦卑和恭敬,与青铜雕塑中男性的力感和张扬形成鲜明的对比。

《历代名画记》《新唐书》记载,到了唐代,安徽省的泾县附近的宣城和太平等地出现了最早的宣纸。由于宣纸有易于保存、经久不脆、不会褪色等特点,故有"纸寿千年"之誉。宣纸这种阴、绵、白、薄、软,赋予它有若女性的特质,尤其是它对水和颜料的吸收能力及扩散能力,使宣纸具有了较为广阔的表现空间和极强的张力。宣纸虽然发明于唐代,但对这种媒介有足够的认识和运用的是宋人。

李成和范宽是北宋初期山水画家的代表,上承荆浩、王维和关仝以水墨为主的传统,外师造化内得心源,确立了"师古人、师造化、师诸心"的绘画经验。所谓师诸心,不仅有心灵对造化的感应,还有对水、纸、笔、墨器具的领悟,他们丰富了点皴结合的技法,利用宣纸、水、墨的特性,把山水画的"高远"展现得淋漓尽致。李成的山水画不仅表现出山川形象的变化,而且特别强调了季节气候的特点,其中最突出的就是创造了"寒林"的意象。《读碑窠石图》描绘了骑马者旅途中见古碑而驻足观望的景象,①画中荒原空旷,土地寒瘠,老树枝枯叶尽,一派萧寒。观范宽的画,"恍如行山阴道中,虽盛暑中,凛凛然使人急欲挟纩也。"《溪山行旅图》远中近景既层次分明又融为一体,山路上驮马缓行,山峦树叠,林掩楼阁,飞瀑如练,流水潺潺,无穷意境尽表于雄浑的笔墨中。

"变"与"退"是李成和范宽风景画的特点。"变"在时间上是季节的变换,在空间上是远景、中景和近景的重叠交替,他们尤其注重对远景的处理,这是雕塑所难以表现的。纸的二维特征和宣纸吸纳能力使得在同一个平面上呈现远与近的关系成为一件不耗费力气和空间的事,由此而形成的远景的"退"加大了空间感,使画面层次感无限丰富。同时这一"以退为进,以变求存"的笔墨技法是中国文人士大夫处世哲学在宣纸这种富于韧性和吸纳力的媒介上的展现,于阴柔中呈现大气,从退让中寻找宽广,逐渐演变为"以虚写实"的中国美学精神。

以古希腊文明为代表的欧洲文明,经历了罗马文明和漫长的中世纪文明后得以复苏,进入了文艺复兴,在意大利尼德兰,凡·艾克兄弟发明了世界上最早的油画——蛋彩画。这种把矿物质和植物的研末通过蛋清(后来通过松子油

---

① 此画中人骑为同期画家王晓所绘,风景是李成的手笔。

和橄榄油等）调和起来，把它们一层层地涂抹到墙面、画板或画布上的绘画的出现，把欧洲艺术从古希腊以来的三维雕塑引领进了二维的画布时代。

如果说古希腊雕塑更多地展现了男性神一般的自信和完美，文艺复兴的绘画则更多地展示了人内心的复杂性，女性成为文艺复兴以后油画的重要描绘对象。男性是向前冲的猛兽，女性则是辗转反侧、多愁善感的动物。波提切利笔下的《维纳斯的诞生》一改古希腊维纳斯的健美，妩媚的身姿和略带三分忧郁的眼神成为观赏的主要内容。

油画原料和中国画原料相比不易风干，且具有更强的覆盖能力，所以能够反复修改。一幅油画的完成通常都要经过一年半载甚至数年的时间。据卢浮宫最新考证，《蒙娜丽莎》的创作大约开始于1503年结束于1519年。[①]15年的反复修改、润色，使得这张在二维画布中延展的作品承受了时间的分量，就是说，达·芬奇让我们在一瞬间目睹了丽莎·德·吉尔康达这位佛罗伦萨最富有的丝绸商人的妻子10余年的形神，这或许是解释蒙娜丽莎的微笑为何如此神秘最有力的说辞。

提香笔下的女性成为《蒙娜丽莎》后非宗教的女性题材之代表，《玛歌达林》通过微妙的色彩变化和细腻的笔触如诗般地吟诵了一位女性的哀婉和动情。拉菲尔也许是文艺复兴时代最有女人缘的画家之一，他的作品中所透露出的青春与明媚深得女性的青睐。罗素认为，对于拉菲尔绘画的意义，在他以后，根植于中世纪的那种丰富而质朴的美已经变成了历史的陈迹。米开朗基罗的作品以男性见长，但他的男儿已不是古希腊和罗马时代那个义无反顾的勇士。虽然健壮，但充满忧郁，西斯廷教堂的宏敞的大厅和宏大的天顶上，到处是这位视觉诗人笔下的感伤。

我们也很难在丢勒和荷尔拜因的男性题材中找到文艺复兴之前石斧和凿刀留下的刚强和遒劲，油画笔更适合用来描绘新古典主义的温柔。安格尔的《泉》《瓦平松浴女》《土耳其浴女》《大宫女》《霍松维勒女伯爵》和《莫第西埃夫人》等绘画，近乎照片般写实的效果是透明轻薄的中国画原料和沉重的石锤、浑厚的石头和锋利的凿刀不可能代替的。只有在画布上，不易干涸的油质原料，加上细心、耐心和天使般的天才灵感，才使安格尔在女性柔软的肉体上找到美的理想。

---

① 《卢浮宫证实，〈蒙娜丽莎〉确切年份为1503—1519年》，艺讯中国，http://www.artx.cn/news/121428.html，2012年3月31日。

(三)舞台与丰盈之美：距离的感知——眼睛中心论

戏剧是前影像时代"动"的艺术。京剧、昆曲、秦腔、评剧、越剧、豫剧和川剧等是中国戏剧的代表。其中，京剧起源于清乾隆年间，由多种地方戏在北京汇聚、融合、发展而成，比其他剧种更突出体现了戏曲集中、概括和夸张的表现特点，形成了唱、念、做、打一套完整体系和统一风格，在舞台表演上富于鲜明的舞蹈性和强烈的节奏感。

京剧的一切情节都必须在舞台这个特定的空间内开展，只有利用好舞台的空间和时间，才能使演出有声有色。

京剧舞台无复杂布景，通常只有简单的桌椅等少数道具，它随着人物的出场，能变化出许多不同的环境。京剧依靠虚拟表演和连续上下场的结构形式，在舞台上制造各种环境气氛。虚拟性是戏曲演出形式的特点，它是在基本上没有景物造型的舞台上运用虚拟动作调动观众的联想。[1]

为更有效地达成这种虚拟性，就首先要求演员带戏上场，即通过上场式，不但要把人物的身份、气度、特征和神韵勾画出一个鲜明的轮廓，还要带出这场戏的环境气氛，使全戏一气呵成，流畅舒展。

但是，在舞台和观众的坐席间，总存在一定的距离，通常情况下愈是有名的演员、剧团和剧目愈有可能在大的剧场上演。因此，在表演的易感知性、观众和距离的这样一种特殊的关系中，形成了对演员面容和形体的特殊要求，面庞较小的演员，表情和神态都不易于被远距离的观众所感知。所以，第一代京剧"三鼎甲"程长庚、余三胜和张二奎，第二代"小三鼎甲"谭鑫培、汪桂芬和孙菊仙，第三代的"四大须生"余叔岩、马连良、言菊朋和高庆奎[2]，有"南麒、北马、关东唐"之称的周信芳、马连良和唐韵笙，四大名旦梅兰芳、尚小云、程砚秋和荀慧生，四小名旦李世芳、张君秋、毛世来和宋德珠，总数历史上的名角很少不是体态丰盈、面若牡丹、浓眉大眼、鼻直口方。久而久之，这种舞台上的特殊要求潜移默化影响了日常审美观念，并和中国传统农耕文明追求人丁兴旺的生殖意识相吻合，从而强化了前影像时代以丰盈为美的审美观，并在一定程度上扩散到对电影演员的审美要求中，直到中国电影人意识到电影

---

[1] 陈学彦：《浅论戏曲演出的虚拟与真实感》，《魅力中国》，2011年4月上。
[2] 随着时间推移，"四大须生"的说法也有所变化。20世纪20年代，最初的"四大须生"是指：余叔岩、马连良、言菊朋、高庆奎。其后，高退出舞台，谭富英崛起，"四大须生"又演变为：余、马、言、谭。至40与50年代之交，余、言去世，杨宝森、奚啸伯成名，"四大须生"即为马、谭、杨、奚。

的特殊性以及另外一种审美标准占据上风。

起源于巴洛克时期的意大利歌剧综合了古希腊戏剧、中世纪神秘剧、假面具和文艺复兴时期牧歌。1607年蒙特威尔第融合独唱、重唱、管弦乐和舞蹈为一体,创作并导演了第一部歌剧《奥菲欧》。1637年,威尼斯开放了第一家公共歌剧院——圣卡西亚诺歌剧院,1737年波旁王朝所建的圣卡罗歌剧院,取代了威尼斯的歌剧院成为意大利的歌剧中心。其容纳人数和舞台规模与京剧舞台相比堪称宏伟,它接纳过19世纪的著名歌剧艺术家包括贝利尼、唐尼采蒂、罗西尼、普契尼、焦尔达诺和奇莱亚等大师。

在没有扩音和视觉辅助设备(如视频和投影)的时代,声音和视觉的传递除了借助剧院的巧妙设计——如圆形大厅和拱顶——以增加声音的共鸣并缩减观众与舞台的距离等,表演者身体质量的可视性和发音量强度成为决定性因素。著名男高音普拉西多·多明戈、卢恰诺·帕瓦罗蒂、何塞·卡雷拉斯和著名女高音伊莱亚娜·科特鲁芭什、雷纳塔·泰巴尔迪以及著名女中音菲奥伦扎·科索托不仅在成就方面是重量级的,而且在体重方面也是重量级的,已故的帕瓦罗蒂身高达1.84米,体重更是超过了140公斤。

观众视听知觉的"阈限"和舞台与观众间距离的存在,使得戏剧审美判断对量的倚重战胜了对质的倚重。宏大空间中演员的存在和被感知的强度只有通过对个体体积的填充来实现。通过歌剧院这个特殊的媒介所建构起来的审美标准的影响在20世纪八九十年代在图像传播的震动中才开始坍塌。

三、影像时代机械和电子对美的多元构造

影像传播时代是以静态的摄影技术和动态的摄像技术在信息传播中的广泛运用为标志的。摄影技术构成了影像传播的核心要素与技术基础。摄影和写实绘画都属于二维平面艺术,它们的创作,都是把三维的现实空间转化为二维平面的过程,但两者的转化机制却存在根本的区别。绘画的转化形成于画家对画面经营的整个过程,在这个过程中作为绘画主体的画家拥有极大的主动性和灵活性。以人物肖像来说,画家可以通过调节诸如鼻梁间阴影、脸颊的宽度等来实现面部的立体感,只要这些行为不妨碍他对对象的模仿;而摄影师却缺少这样的能动性,因为摄影的成像完成于快门按下的瞬间,这个过程短促而机械。虽然肖像摄影的立体感也可以通过使用非自然光源对模特的摆布(如给模特化妆)和暗房加工等后期制作来完成,但在很多情形下——如抢拍的新闻照片

等——摄影师根本没有时间或不被允许进行上述艺术化处理。因此，摄影对对象和实景的依赖要远远大于绘画，一个画家可以通过对画面的处理来达到美的效果，而摄影在多种情况下只有依赖模特自身的条件。

电视摄像以摄影技术为基础，但它的呈现更具离散性。电视成像不像电影那样通过对静态画面的连接而获得动态效果，而是通过一系列动态信号的归位还原使物像及其运动得到呈现，因此当电视画面被截取时，它的清晰度根本无法与摄影同日而语，但它在维度转化上却与摄影相一致。

（一）时装杂志与面部的立体感：鼻子中心论

1759年英国创办了第一本时尚杂志《女士杂志》。1792年美国费城也创办了《女士娱乐知识杂志与宝库》。20世纪上半叶，中国第一本女性时尚杂志《玲珑》问世。但是时装杂志作为大众传媒的影响力还要仰仗于照相机的发明、摄影技术的成熟以及印刷技术的完善。

从1839年法国舞台布景师路易·雅克·芒代·达盖尔发明了第一台照相机到1991年柯达通过改进尼康F3推出世界第一款专业数码相机，摄影技术得到长足发展，[①]并推动了时尚在全球的传播范围和传播速度。变焦镜头能把遥远的物体拉到近前，鱼眼镜头能加宽景幅，微距技术能使近在方寸的物体毫不变形而且精细致密，各种感光设备可以自动调节光圈或纠正曝光偏差，自动连拍技术和防震技术可以轻而易举地捕捉到微妙的表情变化和移动物体的瞬间。这些技术不仅改变了人们的日常生活，降低了摄影记者的门槛，而且通过时装杂志重塑了人们对于人面部的美的标准。

如果说舞台剧是"眼睛中心论"的审美模式，那么时装杂志就是"鼻子中心论"。舞台演员的台词是大眼勾神，时装杂志编辑的按语是小眼勾魂。在舞台与观众的距离间，除了肢体语言和台词，演员主要通过眼神来和观众进行交流；当摄影机镜头把时尚模特拉到眼前，并转换到二维杂志平面上时，面部立体感成为美的重要参数，此时，鼻子的高度决定了面部立体感。在杂志的平面上，窄而长的头型、瘦脸（最好是二指脸）、坚挺的鼻子、深凹的眼窝、高高的眉骨成为美的标准。具备了这些优势，就能够抵御照相机镜头在把三维立体

---

① 1839年，法国舞台布景师路易·雅克·芒代·达盖尔发明了第一台照相机。1981年，索尼公司生产第一架商用无胶卷电子相机。1986年，柯达公司发明了第一台兆像素数码相机，1991年，柯达在改进尼康F3基础上又推出世界第一款专业数码相机。

转化为二维杂志平面时的挤压力。

不仅如此,相机还通过特写镜头,把平面模特拉到一个社会学家和礼仪研究者称作"亲密空间"的距离内。在时尚先锋《i-D》《瑞丽服饰美容》《昕薇》《时尚伊人》《米娜时尚国际》《时尚芭莎》或是男性时尚杂志《男人帮》上,我们会看到这样的面庞:高高的鼻梁后深陷的眼窝内一双不大但深邃的眼睛,流露出高贵的忧郁,细长的脸颊上清晰可见光滑的皮肤上细细的纹理以及些许反光的汗毛,这种真切感从视觉一直扩散到嗅觉,在他/她的身上覆盖着某个奢侈品牌,面料的肌理清晰可辨,其质感真实到可以被触摸到一般,上面的标签同样的清晰可见。在时装杂志上,平面媒体模特的身体并不重要,他/她往往是休闲地坐在海湖的沙滩、别墅的草地,或是某个森林的世外桃源中,有时干脆什么背景都没有,摄影要做的是通过其面容把读者的注意力转移到服装或其他时尚饰品上。

(二)T台与骨感美:时装飘逸感与资本的增值

如果说时装杂志挤窄了模特的面庞,再造了美的脸型,T台则拉长了人的身材,重塑了美的体型。它们共同表征了图像传播时代媒介特质、资本增值的要求以及消费者需求所构建的审美内核。

女性是时装杂志的主要读者,在T台的观众席上则加入了更多的男性。如果说时装杂志上的服装是穿的,T台上的时装更多是用来观赏的,T台是时尚中的时尚。平面模特的特性和普通人很接近,T台拉远了模特与观看者的距离,不仅在空间上,而且在身体的相似性上。T台模特的身体比例比古希腊艺术家波利克利特在《比例论》中所确定的头与身体为1:7的完美比例更加理想,达到或超过了1:8。这个比例使得他们站在凸起的T台上显得更为高挑。

但此时美的含义已经发生了变化。在画布和舞台时代,丰盈是女性之美,而在T台上,修长的体型更符合对时装展示的需要。身体更多地被当成了衣架,在衣架上的衣服比起在丰腴的身体上更为飘逸,苗条的女性比丰满的女性更步履轻盈,更具有动态之美。当模特缓慢或是疾驰地通过长长的T台有节奏地走向观众时,服装得到了展现,同时又把这种时尚的美投射到被覆盖或是半裸的身体上。于是坐在台下的男女都在惊呼"好美啊",女人说的是服装,男人说的是女模。

男性不仅加入了T台的观看,使女性成为被观看客体,而且也在主宰着T

台，按照他们的需要来塑造T模形象。女性的美的标准一直受制于社会尤其是男性的需要，比如由生殖和性需要而塑造的丰盈之美。由于服装和时尚行业资本增值的需要而演变出的骨感之美中，隐藏了男性内心的无奈。一方面男性在本能中留恋着女性的丰盈，另一方面财富的欲望又把他引诱到T台的幕后，使用各种手段拉长女性T模的身体，剔除她们身体上任何一块多余的肌肉和脂肪。在时装表演的台前幕后，男性既作为自在的观看者，也作为矛盾的收获者。他收获了男权，也失去了男性。

这种审美不仅垄断了T台，而且覆盖到了其他领域，使骨感之美成为流行的审美标准。所谓"魔鬼身材"，在20世纪还注释了玛丽莲·梦露（Marilyn Monroe）、英格丽·褒曼（Ingrid Bergman）和上官云珠，现在则指向哈莉·贝瑞（Halle Berry）、珍妮弗·康奈利（Jennifer Connelly）和章子怡。显而易见，21世纪的审美已经从胸部和臀部转移到了锁骨和小腿。

（三）选秀节目与"邻家妹妹"：审美的大众化

选秀节目是借助电视的普及而发展起来的一种大众化节目形态，其大众化程度贯穿节目的全过程。首先是海选，其参与的人数之众赋予了海选之名，参与者从业余选手到专业选手涵盖了社会各个阶层，但都不是职业的。海选后的正式比赛的程序也是大众化的，虽然有专业的评奖嘉宾，但评委的组成却可能来自不同的行业，比如《快乐女声》的评委除了歌手、作曲等专业人士，还有节目主持人、艺评、时尚界人士等非专业成员，且这些评委并不完全决定结果甚至不是比赛的关键或主要决定者，大多数情况下他们只作为初级裁决和点评引导，来自近百个网络媒体的人员会形成终级裁决——其实他们的身后也是通过网络参与互动的大众或粉丝，终极裁决往往由现场的大众评委作出。不否认专业人员在整个比赛过程中的引导和影响，但他们的操作大多不是专业化导向，而更多的是市场化导向，即使选秀向资本倾斜，使网站、唱片制作公司和企业成为媒介后的操纵力，而这些操纵者所看重的是点击率、唱片发行量、收视率和通过它们支持的选秀明星所获得的产品知名度，因此这一操纵仍然是大众化而非专业化的。

选秀节目的全过程所表征的大众化过程，使得选秀脱离了专业的、权威的标准，给日常生活中普通的、个体的、非经典的个人审美提供了表达的空间。但是这些形形色色的离散观点只有取得统一，才可能独立于专业的经典的框架。在大众中，个体的审美存在极大的差异，唯有一个可以达成统一的入口,就是他们与参赛者的亲近感。因选秀节目而诞生的所谓"粉丝"并不是匍匐于经典艺术下虔诚的崇拜者或盲目的追随者,而只是狂热的参与者。他们明白他们所追随的选秀明星并没有所谓永恒的价值,他们支持他/她,只是因为他们喜欢他/她,他/她像他们自己,他们喜欢他/她,就是喜欢他们自己,他们要把他/她推到冠军的宝座,就是对他们自己的肯定,在这种肯定中他们完成了他们自己明星梦的想象。可是对于大多数观众而言,他们既不漂亮也不经典,唯有近乎邻家妹妹的标准能够和他们统一。当然,邻家妹妹不可能具有古希腊、文艺复兴、新古典主义或是当代电影和戏剧所具有的标准,她可以是圆脸,也可以是长脸,她可以是高高的,也可以是瘦小的,只要是他们喜欢的模样。

(四)手机、网络、自拍与"大头贴":个体的多元化爆发

第一台大头贴机器1995年出现在日本,在不到两年的时间里,大头贴在很多国家已发展为中学生和大学生的时尚。大头贴拍摄方便,即拍即取,且有不同的卡通背景和照片尺寸,可拍出不同的表情和姿势。大头贴可贴在手机、皮夹、贺卡、笔记本及书包等物品上,很受年轻人的追捧,很多人把它当作自己的形象和标签。

当数码相机普及,并和手机相结合,使人们能轻而易举地操作时,"自拍"很自然地出现并流行起来,因为按下快门并获取图像不耗费任何成本——除了相机磨损和时间,但自拍多半发生在空闲时间。因为手臂的长度不能够使相机融入更深的景深,自拍照片和"大头贴"很相似,多半只能取自拍者的头部。

大头贴和自拍照片,由于相机离被拍对象非常近,且大多拍摄设备简陋,所以成像大都不理想,常常有扭曲变形的效果。因为没有摄影师的介入,自拍者在镜头前表现较为真实,流露自然,且经常带有夸张的成分。因此,虽然是非专业的,但更容易捕捉到真实的内心、性格,以及无拘无束、不受摄影师干预的表情和神态。

网络是促使大头贴自拍传播功不可没的媒介,自拍者之所以对并不专业的拍摄有如此大的兴趣,主要是因为他们可以立即把这些照片发到博客、微博或空间上与认识或不认识的人分享,或是直接用手机把这些照片发给他们的朋友,其用意是多种多样的,有搞笑的,有自我陶醉的,有炫耀的,有自嘲的,等等。

如果说选秀节目所塑造的邻家妹妹还有一个较统一的标准的话,自拍与

"大头贴"则为个体的审美表达提供了更为独立的空间。如果说选秀节目表现了群体战胜传统的凝聚力，手机自拍与"大头贴"则表现了个体突破重围的爆发力。

他拍摄影，不管摄影师是传统的还是新潮的，也不管他调动被摄对象内在表露的能力如何，摄影师本身就是照片美学和意识形态的建构者。反过来也可以说，不管被摄者的自我展现能力如何，摄影师在按照自己的方式来呈现对象，按照他认为最恰当的角度，最适合的用光，并在他认为的最恰当的瞬间按下快门，相机其实并没有真实地记录下所拍摄的对象，那只不过是他所认定的真实，或是他所建构的真实。

他拍摄影中通过摄影师的介入而建立起的美学框架被自拍的方式完全消解。在自拍中，那个外在的建构者消失不见了，甚至就连自拍者自己也不能建构自己，因为其缺少专业技术来把握所谓摄影效果，而只是看着自己，尽情地表露自我，然后按下快门。这个相机与其说是持于自拍者的手中，倒不如说是一个隐形的镜头，因为它记录下了那个没有摄影师介入的真实的自我。

所记录下的自我，虽然真实，但却缺乏传统意义上的美感——不论是构图、用光还是抓拍的时机，但这也许是他们的美感，一种强调呈现轻视表现的艺术，通过此获得的现象学意义上的解放，摒弃了那个有意的建构者。在这场回归中，被摄者成了真正的主体，他们不被别人建构。在自拍与被拍者的合一中，如果说还有一个建构者的话，那就只剩下相机，或者说拍照的技术。

[原文载于《新闻学论集》（第32辑），经济日报出版社2015年版]

关于中国纪录片走向世界的探讨

王纪春[①]

在回顾中国电视走向世界的艰难历程中，可以清楚地看到纪录片的创作越来越活跃，纪录片的角色和地位愈发突出，受到世人瞩目。一些重要的国际纪录片研讨会纷纷在我国举行，一批优秀的国产纪录片，在各类国际电视节上频频亮相、获奖，大放异彩，显示了中国纪录片独特的民族魅力。

然而辉煌之后，人们不得不面对这样一个现实：中国纪录片并没有像人们所预期的那样，真正成为中国电视打开国际市场的先锋，中国纪录片还远未走入西方主流社会，在纪录片的叙事方法上仍与西方存在较大差距，直到目前为止，我国还没有出现像西方《失落的文明》那样惊世骇俗的力作。因此，我们有必要说：中国纪录片的创作，在保持自身风格的同时，迫切需要加强中西方交流，学习并借鉴国外先进的纪录片创作观念和技术，积极主动地"与世界接轨"，"和世界对话"，用世界语言讲述中国故事。

一、中国纪录片走向世界的必要性

（一）世界范围内纪录片创作的趋势

"世界正在走向中国，中国正在走向世界"是世界范围内电视纪录片创作的一大趋势，"让世界了解中国，让中国了解世界"是我国纪录片的一大使命。美国学者阿兰·罗森沙尔在《纪录片的良心》序言中说过："纪录片头等重要的使命就是阐明抉择，解释历史，增进人们的相互了解。"

---

① 王纪春，云南大学新闻学院（南亚东南亚国际传播学院）副教授。

探索世界，谋求沟通是人类的本能，人类一直为更好地实现这一目的进行着不懈的努力。依照威尔伯·施拉姆的观点，这是一个"感官越来越远地延伸以掌握更多信息，声音和姿势越来越远地延伸以发送更多信息"的时代。而电视纪录片正是人类谋求相互沟通的有效方式。

多年来，我国电视纪录片充当着"文化使者"的角色，在参与中外电视文化交流的过程中，积极担负起了"阐明我们的抉择，解释中华民族的历史，增进国际友好人士对我们的理解"的作用。世界各国的电视纪录片正在大规模地走向中国，中国纪录片也同样在大规模地走向世界。

（二）中国纪录片发展的需要

目前中国正处在日新月异的变化之中，世界各国对中国悠久的历史、灿烂的文化、飞速发展的经济、日益变化的人文观念产生了强烈的兴趣，他们渴望通过电视镜头探寻那些即将消亡或鲜为人知的古老文明与传统文化，那些曾经改变或试图改变社会进程的历史人物和重大事件，渴望了解真实的中国和发生在今日中国的真实故事。

中国纪录片的改革题材正越来越成为世界人民关注的热点。北京电视台的《村民的选择》，讲述了河北一个农村选村长的故事，反映出中国农村基层民主建设的进步，这部片子在1998年3月举行的第20届法国真实电影节上受到了广泛关注。纪录片《三节草》透射出的改革开放对边远山区的巨大影响也备受瞩目，巴黎一家广播电台记者还就此进行了专访。

（三）电视业发展的趋势要求

电视业发展的趋势要求电视纪录片必须走向世界，开拓海外市场。市场的竞争越来越激烈，节目制作成本不断上涨，广告收入未必可以长期支持越来越高的制作费，只有靠后续的市场才能维持发展。而尽可能拓展电视节目的海外市场，则是回收成本的一项重要措施，纪录片走向海外市场正在成为一种趋势。

二、中国纪录片走向世界的可能性

（一）纪录片在国际电视节目交流中占有重要地位

与故事片、戏剧、综艺节目相比，纪录片更容易走向世界。例如，美国是世界最大的纪录片制作者,他们最受欢迎的节目是自然历史系列、科学和高科技纪录片以及世界文化选辑。近几年,中国在戛纳、香港、上海、四川电视节上,纪录片成交额大于电视剧。可见纪录片在国际电视节目交流中占有重要地位,中国纪录片真正走向世界成为可能。

(二)中西方文化之间有共通的东西

世界上不同的国家、民族、地区、种群之间存在着因价值判断不同和沟通困难而引起的误解,也经常发生因各种各样利益争夺而带来的矛盾和斗争。但人类毕竟还有许多共同的利益、共同的精神,有许多共同关心的问题和领域,例如对于人类文明发展的过去、现在与未来的关注,对于生命价值、生命质量的关注等。1994年日本熊本放送的纪录片《跨越黄昏——一个癌症病人的最后日子》与上海电视台拍摄的一部反映癌症患者生活的纪录片《呼唤》,两部片子摄影风格、编辑手法、节奏都不同,但它们在探索生存的价值、追求生命的意义方面都是非常一致的。

中国文化与西方文化尽管存在着巨大差异,但它们都是世界文化的组成部分,是人类文明的结晶。正如美国"直接电影"大师怀斯曼所说的:"好的作品必然有相通的地方,不管哪个国家的纪录片创作者,只要他们做出好片子,他们之间肯定拥有普遍的全人类意义。"

三、探索中国纪录片走向世界的途径

目前中国纪录片界流行一句话:"用世界语言讲述中国故事。"那么什么是世界语言呢?是人性。

中国纪录片要走向世界,走进文化背景、意识形态和中国完全不同的西方主流社会,必然要"跨文化传播",跨越各民族间巨大的文化差异,寻找到人类共同的情感来打动世界。"情感"是实现纪录片审美的基本因素。古话云:"感心者莫先乎情。"深入人类本质层面,从人性深度激起观众的共鸣。因此纪录片制作人应将摄像机镜头转向探索人性,深入研究人类本质,思考人类共同面临、共同关心的问题,这样才可能激发西方观众的情感和心理共鸣,我们的纪录片才会更好地被国外观众认可和接受。

（一）注重对人的主题的开掘和提炼

匈牙利著名电影理论家贝拉·巴拉兹赋予纪录片"用画面记录人类历史的伟大使命"。他认为"最引人入胜的一种，就是有一个中心人物的纪录片。……并正是通过这个人才使影片中的现实有了意义和生命"。巴拉兹还强调，"一切事情，归根结底都是与人有关的，通过人而发生的"。[①]作为纪录片的创世纪人物，罗伯特·弗拉哈迪一开始便在其创作中将人放在了主题的位置上。我国的纪录片要走向世界，在题材的选择上，必须注重对人的主题的开掘和提炼。

1. 对人的心理状态的描述

刘景琦在《漫谈纪录片》中曾说过："改革开放以后，我们的社会非常的活跃，各种观念的冲撞，各种生活状态的碰撞，矛盾冲突，心态变化，真是瞬息万变，这是纪录片的丰富资源。"的确，世界的变化带来了人们观念的变化，社会的发展造成了不同的发展阶段所产生的文明之间的相互撞击，对此，身处变化中的人们表现出了不同的心态。

纪录片《最后的山神》（获1993年亚广联电视大奖）以鄂伦春人的生活为题材，通过记录鄂伦春族最后一个"萨满"的表层生活和深层心态，形象化地探索和表现了新旧时代交替，民族文化所面临的冲击和民族心灵的颤动。亚广联评委会主席保尔德为这部获奖纪录片写下了这样的评语："自始至终形象地表现了一个游猎民族的内心世界，这个民族传统的生活方式伴随着一代又一代的更迭而改变着，本节目选取这个常见的主题描绘了新的生活。"

2. 对人性的探索

我国著名纪录片制作人高国栋在《找寻人的共性》一书中曾提出："纪录片的创作应关注人的共性而非个性。个性永远是表象的，共性才是深层次的。"[②]电视纪录片中对人性的探索往往是通过对具有普通意义的典型人物、典型事例的记录来进行的。从选题上看，首先关注的往往是人的个性，但最终目的则是从个性中考虑共性。

在纪录片《人·鬼·人》中，主人公土屋芳雄当年只是一个普通的日本青年，为了改善生活处境，到中国当了宪兵，从此卷入了那场罪恶的战争。表面上看他的从军经历有其个性化的特征，他命运的改变存在一定的偶然性。但

---

① ［匈］贝拉·巴拉兹：《电影美学》，中国电影出版社2003年版。
② 高国栋、刘敬东：《找寻人的共性》，《现代传播》，1992年第1期。

是，当我们将他的一生放在抗战时期的历史大背景下，我们看到的就不再只是一个土屋芳雄灵魂的堕落，而是日本军国主义对一代日本青年心灵的残害。此片因此获四川国际电视节"金熊猫"纪录片大奖。

3. 对人类面临问题的探讨

纵观人类历史，战争与和平，生存与发展，一直是人类面临的最为紧要的问题。

荣获1992年上海"白玉兰"国际电视节短纪录片大奖的《十字街头》，通过描述出现于上海街头的老年义务交通维持队，提出了不容忽视的老年人问题。纪录片《龙脊》（获四川国际电视节"金熊猫"奖），则通过表现一个叫龙脊的地方，几个山区孩子求学的艰难，证明了开展希望工程的必要性，发出了扶持教育的呼唤。以上两部在国际上获奖的中国纪录片，主角都是小角色，内容多是一些生活琐事，但所透视出的却是人类关心的、具有相当普通意义的社会问题。

（二）注重精品意识

精品节目是打开中国纪录片走向世界的一把钥匙，同时也是繁荣整个电视文艺的标志。制作精品节目是竞争的需要，也是提高社会效益和经济效益的关键。因此，中国纪录片能否走向世界，节目质量是关键。节目质量包括技术质量和艺术水平。

1. 技术质量

澳大利亚著名纪录片制作人克里斯·麦可黎曾经提出："中国纪录片要在海外寻找市场，必须达到一些基本要求，首先是技术质量，所有的节目都必须达到国际普通认可的技术标准。"回头看我国的纪录片，有一些可谓上乘之作，可在国际节目外销洽谈会上，在给片商放试看带时，就因为技术质量问题而被打入冷宫，比如图像清晰度低，声音信号不稳定，效果声音不真实，等等。

2. 艺术水平

电视纪录片作为一件艺术作品，必须讲究艺术性，必须拍得"讲究"。所谓"讲究"就是无论在题材选择上，还是在场景、构图、角度、用光、镜头剪辑等方面，都要仔细探求，把握一个"度"字。

强化纪录片的艺术性重点是在感染力、冲击力和可视性上下功夫。普列汉诺夫就曾说过:"一件艺术品,不论使用的手段是形象或声音,总是对我们的直观能力发生作用。"实践反复证明,只有强化纪录片的艺术性,才能使观众在情感上接受和认可,才能引导观众在欣赏作品、完成审美创造的过程同时,接受作者所要表达的思想内涵。

一部优秀的纪录片作品,要让观众在欣赏过程中自觉地完成从感知到认知的审美过程,就要求纪录片制作人将"精品意识"贯穿于纪录片生产的全过程,严格遵守纪录片精品的创作规律,为中国纪录片走向世界提供有力的基础性保证。

(三)强化市场观念

中国纪录片走向世界,走向西方主流社会,必须走入国际市场。而走向国际市场,必须强化市场观念,树立以市场决定产品生存和发展的观念。

走进市场,首先需要了解西方主流社会需要我们什么形式的纪录片;其次是了解西方主流社会用什么眼光、用什么手段来观察包括中国在内的周围世界。这样,中国纪录片才会产生经济效益和社会效益。近几年来,在我国影响较大的纪录片,无论是上海电视台的《呼唤》,还是中央电视台的《望长城》,四川电视台的《深山船家》《回家》等,其表现手法或多或少都是从上海电视节、四川电视节等场合所展出的日本、欧美纪录片受到启发的。在走进市场中切实把握国际上纪录片发展的脉搏,在表现手法和表现内容上与世界接轨。

(四)尝试"国际共同制作"

所谓"国际共同制作",是指国际两个以上的制作团体,在共同承担制作费用和制作工作等的情况下,制作节目这个商品,并进行分配。这种方法不仅能够加强宣传效果,补助制作费用,而且为纪录片的艺术探讨和创作交流提供了取长补短的好机会。在这里,中西方不同的创作观念与创作方法在一起交汇、碰撞。可以说,"国际共同制作"本身为中西方纪录片创作的互动打开了一个便利的通道。

事实证明:在科学、自然、历史、美术和社会等类型的纪录片创作中,国际共同制作显示了强大的优势。

（五）开办覆盖全球的电视外语频道

语言的障碍是影响西方主流社会接纳中国纪录片的重要因素。不同的人、不同的民族之间无论进行什么交往，如果存在语言障碍，就无法沟通，无法"对话"。

采用对象国主流社会的语言来播放节目，则是中国纪录片进入西方主流社会的最优途径。高科技的发展已经使中国电视能够通过卫星覆盖全球大部分国家和地区。英语频道的开办便是中国纪录片走向世界的具有重大意义的一步。美国观众史蒂文·格迪纳说："我们许多人通过C-SPAN观看了中国中央电视台的节目，我们非常激动、兴奋地观看了我们从未见过的中国的事情。"

随着中国电视外语频道的开办，中国电视节目在世界各地逐步落地。中国纪录片表现手法和内容的改进，让西方主流社会的观众在对中国各种类型、各种题材纪录片的观看过程中，将会得到一个"完整的中国"的印象。这一天的到来，便是中国纪录片跨越文化差异的巨大鸿沟，进入西方主流社会，走向世界的标志。

四、结束语

中国纪录片走向世界的目的是促进文化交流，增进民族了解，为了向世界介绍中国，让世界了解中国。纪录片作为一种艺术形态，只有立足于本民族文化的土壤中，它的生命力才是长久的。因此我们的纪录片制作人应该用九州方圆之外的世界历史文化，去解读源远流长、纵横万里的五千年中华民族文化史——用世界语言讲述中国故事，走出一条中国纪录片自己的路，以具有民族个性和人文性格的崭新面貌，真正走向世界。

媒体融合时代的电视文化身份刍议

徐明卿[①]

中国电视自20世纪中叶诞生以来,在社会发展中扮演了极为重要的角色,其文化理念和身份也在与政治、经济、文化等外部因素的互动中不断进行修订和调适。尤其在20世纪90年代,中国电视人通过一系列的改革与创新逐渐促成了电视文化的繁荣,电视也成为当之无愧的第一媒体。"第一"的定位并非仅就其传播力而言的,也纳入了影响力、公信力的综合评价,也必然是其对主流媒体角色定位的责任彰显。进入21世纪以来,互联网的迅速崛起以及其他新兴媒体的蓬勃发展,极大地改变了传媒格局,社会文化结构和受众文化心理也在悄然发生着变化。媒体融合时代的到来,进一步推动了电视创新发展的步伐。在日益复杂的传媒竞争中,电视身份焦虑亦逐渐凸现出来。应该说,关于"电视为何"与"电视何为"的叩问始终贯穿在电视发展的各个阶段,也必将随着时代变迁与传媒发展而焕发出新的内涵和张力。这种焦虑并不是消极的态度,而恰恰是出于强化自发性和主导力的思考,是一种具有主体性的内省,也是电视基于对"身份/角色—功能/价值—方法/策略"三个维度互动机制的现实回应。

一、电视文化身份建构的"体"与"用"

传统媒体与新兴媒体的融合发展已经成为当前我国媒体改革的战略部署,涉及体制机制、产业经营、人才建设诸多方面,其重要的职责和使命是打造具有传播力、引导力、影响力、公信力的新型主流媒体。这是对当前传统媒体

[①] 徐明卿,云南大学新闻学院(南亚东南亚国际传播学院)讲师。

融合发展的长远规划,也是中国语境下承担意识形态工作的现实要求。其中,"新型主流媒体"的定位包含了"变与不变"的统一。"新型"是"变",是顺势而为,是对新的媒体环境与文化语境的应对;"主流"是"不变",是媒体责任与使命的价值坚守,也是对文化身份体认的核心依据。"主流"的定位不是自然形成的,而是基于历史与时代的综合考量,既基于媒体对发展态势的主导影响,也是对其功能性发挥的呼应。这在一定程度上也是对电视"体用"的思考,身份定位决定其功能发挥,而功能发挥又进一步巩固其身份定位。

首先,作为文化主体的电视需要明确自身的身份定位,进而锚定其社会角色及功能发挥。个体在定位自身角色时通常需要借助于"他者"的参照来完成。电视作为文化主体进行自我定位的过程十分复杂,此过程中充斥着各种文化权力的合作与博弈,其文化身份构建的复杂性绝非个体文化认同可比。将电视文化身份研究建立在明确电视文化本体的前提下,即突出电视的主体性,这也是其可以在媒介融合发展中构建具有自我主导力的文化身份的关键。在对自我文化身份进行准确体认后,电视将会进一步明确其社会功能及文化使命。"世界已分裂为无数个原子式的个体和群体的碎片。个体经验的整体性的破坏与文化和群体的完整性的瓦解是一致的。当统一的集体的行动基础开始削弱时,社会结构便倾向于解体,并产生了埃米尔·迪尔凯姆所说的社会反常状态,即一种社会空寂或空虚的状态。"①后现代语境下的文化个体所呈现出来的这种"社会空寂或空虚的状态"是极具威胁性的。社会中的个体并不是单纯的割裂的个体而是作为联结点而存在的,这种"联结"既包含情感维系,也应纳入文化视野。从这一角度来说,电视文化身份与个体文化身份之间具有复杂的联系。电视作为主导性文化主体对于个体身份认同具有促进作用,这也是所谓的"传播存在于社会"的典型论证。基于此,电视文化与新媒体文化互为参照,但是其最终的落脚点仍然是"人"这一终极主体。故而,解决身份危机不仅是电视媒体的主观愿望与价值诉求,更是社会维系与文化聚合的客观要求。

其次,电视文化身份的构建过程与其他文化主体身份构建相同,都可称为主体对自我文化的认同过程。文化身份构建即文化认同并非固定不变、一劳永逸的,而是伴随社会发展、文化语境变迁而呈现流动性特征,电视文化身份也是在否定、构建、再否定、再构建的过程中不断完善革新。电视文化身份构建

---

① [德]卡尔·曼海姆:《意识形态与乌托邦》,黎鸣、李书崇译,生活·读书·新知三联书店2011年版,序言第16页。

具有继承性，体现为文化主体对精神家园的期盼以及对以往身份构建经验的借鉴，继承并不代表身份的僵化，反而是革新的参照与动力。在电视文化身份构建过程中，政治、经济、文化各领域之间的权力竞争与博弈将对其产生重要影响。媒介融合时代，文化权力的结构变迁也是引发传媒生态变革的主要因素之一。只有综合考虑各方面的影响因素，认清自我文化发展的定位与特征，才能保持文化自信，并化被动融合为主动融合，充分挖掘融合发展中的优势资源，进而构建具有自我主导力的文化身份。

最后，电视文化身份构建所产生的影响并非只单方面体现在电视传播者上。从"他者"角度看，电视文化身份构建是在与"他者"比较、区分的基础上进行的，主体的明确也有赖于"他者"对"自我"的指认。黑格尔曾经对主体获得主体性问题进行论述，认为主体性建立在"自我"与"他者"的差异中，并且指出只有获得"他者"承认并认可，文化主体才可说是拥有了绝对意义上的主体性。媒介融合背景中，将电视文化身份构建放置于以新媒体文化为"他者"的参照中进行分析，并强调电视文化发展的自主性、独立性，以及凭借权威性、公信力、内容资源等获得的竞争优势。从受众角度看，电视文化身份构建必定离不开受众的参与以及文化认同表达。新媒体赋予受众高于以往任何时代的文化权力，受众甚至可以参与到电视文化生产传播中，这都是当前电视研究中必须重点考察的变量。受众对电视文化的认同过程也是其自我文化身份的体认途径，电视为受众提供了身份体认的丰富资源以及用以参照的大量"他者"。在新媒体背景中，受众虽然在协商融合中获得了重构文化身份的契机，但是新媒体文化随意性、碎片化等特征也引发了文化主体异化的可能。电视作为社会文化的参与者与构建者之一，有责任与义务承担价值引领的功能。

二、电视文化身份构建的"和"与"同"

从当前媒介融合的实际进程看，其所形成的改变与影响集中于媒介生产及产业改革上，学者们的研究也是以媒介融合中的内容生产传播、产业发展为重点。但这并不意味着媒介融合与文化发展无关。相反，以宏观视角来看，媒介融合于整个社会而言最终必定体现于文化层面的整合与改变，即"技术—媒介融合—文化融合"。至于为何对媒介融合的考察少有文化层面的观照，笔者认为系文化变革的延迟性所致。美国文化学家威廉·奥格本提出"文化迟滞"理论，认为人类发生于精神层面的变革总是会落后于物质层面。具体而言，社会的协调发展依赖于社会各机构的支撑运作，当某一社会结构中的组成部分发生变革，将会影响原来所形成的稳定的社会格局，且社会的发展也会由于此种"不稳定"而呈现延后的调整行为。从历史发展看，人类社会进步通常以物质的发展变革为引领，该变革可以突破性、创造性、革命性的方式出现，在较短的时间内就对社会产生巨大影响。在后续的一段时间中，人类的社会生活、文化生活、价值选择、理念革新等精神层面的变化将会较为迟缓地进行。

媒介融合发生于媒介层面，但绝非止步于媒介形态的整合改革，其影响必定延伸到社会发展的各个层面。"中国的媒介融合还存在很长一段相对的、模糊的过渡时间，它需要技术上的先行来渐进式地渗透到文化、生活以及价值观领域，而文化变迁的出现最终又将反作用于变迁的整体态势。"[1]当前我国媒介融合中所产生的大多症结其实都是由于物质技术层面的融合要领先于文化领域，无论是传播者的生产理念、运营理念等还是受众的信息接受习惯、内容交流方式等都尚处于磨合阶段。媒介融合绝非朝夕可以完成，其实质并不只是实现大众传媒由分到合的形态变革，而是要实现文化层面的高度融合。在此进程中，媒介融合将直接促进文化融合的形成与发展，到一定阶段后文化融合也定将反作用支持媒介融合的进一步升级，在实践中其二者的发展速度与节奏不会完全对应，但二者相互作用的逻辑却是真切存在的，因此切不可以简单地用二元观点对此问题进行分析。电视媒介在与其他媒介融合发展的进程中，伴随媒介层面的变革发展外，电视文化的形态也在逐渐发生改变。媒介融合为文化融合提供技术助推力，文化融合是技术融合的必然趋势。文化融合的前提是摒弃文化一体化发展的狭隘思路，坚持文化多元化发展，在丰富多元的文化形态中找寻文化发展的共同价值基础，坚持主流文化的引领作用，尊重精英文化的批判理性，肯定大众文化对个体的肯定与张扬。"各美其美，美人之美，美美与共，天下大同。"文化发展当在多元中寻求融合，在融合中肯定多元，这是电视文化身份确立过程中的必然趋势。

另外，我们对于"同"也要谨慎对待。电视是多元文化的集合体，其文化身份无论从哪个层面上对"他者"进行观照都呈现出极强的开放性与融合性。《乐记·乐论篇》曾载："乐在宗庙之中，君臣上下同听之，则莫不和敬；在族长乡里之中，长幼同听之，则莫不和顺；在闺门之内，父子兄弟同听之，则莫不和亲。故乐者，审一以定和。"《乐记》中对"乐极和，礼极顺"观点的阐释

---

[1] 陶东风：《当代中国文艺思潮与文化热点》，北京大学出版社2008年版，第33页。

恰似对当前电视文化融合发展进程的描述。不同文化形态因为本质上对某一原则问题的相似理解而趋向于"同",然"同"并不是完全一致、消除差异实现一体化的意思,"和而不同""求同存异"才是真正意义上的"融合发展"。从社会文化发展历史看,任何处于发展中的文化形态必然具有社会存在的独特价值与意义。独特性是文化在发展中保持生命力并不断获得发展动力的根源,但与此同时任何文化形态都不可能脱离社会文化语境而单独存在,"所有的文化都是交织在一起的,没有一种是单一的,单纯的。所有的都是混合的,多样的,极端不同的"[①]。从这一点上说,文化融合并非文化一体化,是肯定差异的融合,且任何文化都有与其他文化形态进行融合的能力与机会。

如今无论是探讨本土文化与外来文化的融合、主流文化与大众文化的融合还是本题中所涉及的电视文化与新媒体文化的融合等,都没有必要去追问不同文化主体之间到底存在多少差距、孰优孰劣等问题,也没有必要质疑不同文化形态进行融合发展的能力与空间。无论以何种方式、以何为标准对文化形态进行划分,不同文化形态必定存在自身的文化特征与价值,或者说,正是差异性构成了文化形态存在的基础。然而这并不代表不同文化形态之间就完全没有关联与共性。"文化的共存需要寻求大多数文明的共同点,而不是促进假设中的某个文明的普遍特征。在多文明的世界里,建设性的道路是弃绝普世主义,接受多样性和寻求共同性。"[②]也就是说,文化融合肯定差异性,但也要摒弃"奇观性"观照,同时更要在"共同性"上做文章。无论是整体的人类文化还是媒介文化,融合与交流已然成为大势所趋,这有助于消除隔阂与对立,减少偏见与误解。

三、电视文化身份构建的"旨"与"归"

当前对于媒介融合的视野需要进一步打开,基于技术融合或机制融合层面的探讨是对其现实发展的呼应,也是推动产业发展的必然需要。媒介融合作为当前媒介发展不可逆的趋势,已经在经济发展、社会结构等方面产生深刻影响,社会文化形态也随之发生改变,研究者不可忽视对媒介融合进行文化层面

---

① [美]爱德华·萨义德:《文化与帝国主义》,李琨译,生活·读书·新知三联书店2003年版,第22页。
② [美]塞缪尔·亨廷顿:《文明的冲突与世界秩序的重建》,周琪、刘绯等译,新华出版社2002年版,第369页。

的观照。从本质上说，媒介融合是一种文化变迁，它不仅实现了内容产品的多媒体流通，改变了传统媒体内容生产的理念及方式，还从根本上改变了传统意义上媒体与受众的关系。伴随文化变迁，大众获取信息的态度、方式等逐渐改变，最终形成生活方式的变革。全球化信息网的发展推动了文化全球化的进程，在"互联网+"理念的引导下，媒介融合彻底改变了我国的媒介生态，不仅实现了媒体层面的融合发展，使得大众也被带入媒介生活时代，新媒体逐渐成为大众日常生活中的一部分。

美国传播学学者詹姆斯·罗尔在其专著《媒介、传播、文化：一个全球性的途径》一书中对大众传媒的文化权力进行了分析，认为"象征性"是媒介权力的重要特征，而象征性权力是大众媒介在某一具体的时代文化背景中的清晰表达，"阐释"在该权力呈现过程中起到关键作用。大众媒介中的声画符号本身并无特定意指，然而经由阐释便会被赋予意义，符号本身并不承载文化，但是阐释却是必须发生在特定的文化情境之中，并且彰显特定的文化意义与价值。正是因为大众媒介具有象征性权力，因此其才能通过信息传播满足特定集团或个体的意愿，象征性权力是媒介文化现实功利性的体现，其现实功能最终可以呈现为形成一致性的解读，在保证本体安全的基础上形成社会舆论，以此助推完成集体/个体的身份构建与认知。詹姆斯·罗尔认为此过程在文化环境较为单一的情况下会比较顺利，但是如果文化传播环境较为多元复杂，尤其出现跨文化传播时，在大众传媒与文化产业运作的过程中就会出现文化的交融与转化。詹姆斯·罗尔笔下的跨文化传播指的是不同文化形态穿越时空的一种方式，在此过程中各种文化形态将会相互影响，最终形成新型的文化形态。该论述与本文所探讨的文化融合问题在文化交融过程上有一定的相似之处。罗尔针对跨文化传播中文化交融问题提出"阐释性社区"理论，认为受众通过对大众传媒中的符号进行解读（即阐释）可能会得出相同的观点并产生相同的情感，进而组织成"阐释性社区"，进入该社区的条件是要对某文化符号拥有相同的认知与理解，整体上看就是具有相同的身份与话语表达理解方式。跨文化传播将有可能打破"阐释性社区"的这种既定性标准。媒介融合中的文化交流与传播亦是如此。媒体界限的打破和文化权威的破除可以赋予受众更多的阐释空间和参与可能，对于文化解读也更趋向于个性和创造性。如今受众身处在全新的文化环境中，全新的文化阐释方式将改变以往稳定存在的文化象征，在此过程中受众个体的阐释权得到最大限度的释放。

从大众的角度来说，"融合"代表着其赖以获取信息及观点的媒介系统的革新，在新系统中生存的大众在观念建构、思想认同、行为方式、价值判断等方面也会相应产生变化。因此"融合"不仅仅存在于媒体层面，对于普通受众来说，"融合"鼓励受众不断获取新信息并更新信息获取方式，将分散的信息及观点进行个性化处理，源源不断的信息转变为大众理解社会、理解媒体的资源，大众以此为基础实现他们与他者之间的信息交流与社会互动。"融合"的进程发生在每个受众身上，电视、广播、新媒体都绝非影响受众认知的唯一因素，在受众构建个人神话的过程中，其借助了存在于各个媒体中零碎的信息来进行组合加工，且每个个体对知识储备及信息接受的能力是有限的，因此受众也会利用便捷的新媒体工具进一步对自己感兴趣的话题进行扩散并讨论，在该过程中产生的舆论信息成为影响传统媒体内容生产的重要因素。

媒介融合时代，电视的内容产品在多媒体平台间的流动、电视媒体与新兴媒体产业之间的业务合作以及当下在新型媒介生态中电视受众行为的迁移等都是该研究重要的现实依据。媒介融合促使媒介在技术、产业、文化乃至整个社会领域发生变化，电视媒体在该进程中内容生产方式及理念发生根本改变，媒体主导的灌输式传播逐渐被以大众为主体的参与式传播所取代，电视文化身份面临重构。要理解这一进程，关键在于剖析是谁在表达观点，其表达观点的依据是什么以及其表达所产生的后果，这些都是明确电视文化身份的基础。对于该问题应当辩证地进行分析，传统的媒介研究学派的理论应当选择性地被借鉴用于当前我国电视文化的分析中。政治经济学派认为社会中任意类型的文化生产与消费本质上都具有相同目的，是一种合作关系，且构成了当前媒介文化的主要呈现方式。即使在媒介融合中，大众直接参与到电视内容生产与传播环节中的程度十分有限，但是并不能忽略已经实现的"参与"对当前电视文化生产传播的影响，尤其是对文化消费的影响。另外，在当前媒介文化的分析中，虽然受众的积极性、主动性和参与性都得到提升，但是其所具有的文化权力是否真的能改变当前文化格局，并实现对"主流"的有效参与及认同？从现实表现来看，这还需要进一步的审视与考察。因而，这一背景下，电视作为主流媒体的身份定位不是削弱了，反而是加强了。

四、结语

媒介融合中的"文化融合"现象，是从文化批评视角出发，对电视文化由"多元"转向"同质"的批判与抗议。融合不等于同质，和而不同才是具有主导性、生命力的电视文化发展趋势。英国文化学家威廉斯曾经提出"平等传播"的理念，即在新型的传播环境中彻底打破传统单向线性的传播模式，实现一种所有社会成员都能参与的、人人平等的传播模式，而该模式的核心在于构建一个消除等级的、有效的经验共同体，可以将其理解为一种人人都可享有的"文化共同体"。新媒体所带来的大众参与性有助于形成某种意义上的"共同文化"，促进知识共享，即威廉斯所说的经验共同体。当然，所谓的平等并非个体在一切层面上与他者的均等，而是指大众都有相同的机会参与信息生产、传播、讨论，在此基础上的差异反而能更加促进"共同文化"的发展。因而，从这一角度来说，对于电视文化身份的讨论可作为一个切入"媒介融合—文化融合"的"窗口"，其身后深蕴着极为广袤的理论天地和阐释空间，本题的研究也绝对不是结束，而是新问题的开启。

电影中的交通工具与城市空间建构

张露予[①]　王东林[②]

一、城市电影研究中的空间想象

英国学者大卫·克拉克盛赞电影对城市文化的塑造，在他看来，"电影场景不仅仅记录，同时又影响现代都市所代表的社会与文化空间转变"[③]。从这个角度讲，作为城市文化产品和活动重要组成部分的城市电影，积极参与建构了城市社会文化的空间场域。在有关城市电影的讨论中，城市空间的话题不断被学者们提及。从国内外研究的学术脉络里，我们能够发现，视觉文化、审美文化、文化地理学等学科或领域为探讨城市电影的空间建构提供了可资借鉴的理论资源。

其中，本雅明在《发达资本主义时代的抒情诗人》中有关"漫游者"的论述就广泛涉及街道、拱门街、商店等城市空间意象。对他而言，街道成了漫游者的居所，"就像一般的市民在家中的四壁里一样安然自得……闪闪发光的珐琅商业招牌至少是墙壁上的点缀装饰……墙壁就是他垫笔记本的书桌；书报亭是他的图书馆；咖啡店的阶梯是他工作之余向家里俯视的阳台。"[④] 在这段关于人与其所处城市空间的关系的生动描述中，本雅明不仅仅看到了漫游者的移动性，更重要的是，他敏锐觉察到漫游者所具备的超强注视能力，正如克朗对漫

---

① 张露予，云南大学新闻学院（南亚东南亚国际传播学院）讲师。
② 王东林，云南大学新闻学院（南亚东南亚国际传播学院）博士生。
③ ［英］大卫·克拉克：《电影城市》，林心如、简伯如、廖勇超译，桂冠图书股份有限公司2004年版，第4页。
④ ［德］本雅明：《发达资本主义时代的抒情诗人》，张旭东、魏文生译，生活·读书·新知三联书店2012年版，第60页。

游者的进一步阐释,他们"注视着城市生活的高速运转……注视着那些数以千计的陌生的下层女性,如商店雇员、主妇"①。在此过程中,作为被观察的对象,女性的身体、时装、动作、眼神与城市街道一同成为漫游者的视觉素材,并最终在漫游者的视界里转化成一道现代城市的奇观。正是在这个层面上,张英进从好莱坞电影的黑色电影和后现代科幻电影的都市叙事中发现了男性对谜一般女性的动感凝视。在他看来,影像中的漫游者往往通过男性的视角"感知城市、捕捉瞬息即逝的美感"②。

在审美文化领域,研究者们大多认为应该立足于更为广阔的社会文化视角去考察城市电影,并将"空间""场所"等作为阐释城市文化与审美问题的核心范畴。譬如,美国文艺批评家詹姆逊就专门从地理政治美学的视角去讨论西方世界与第三世界电影叙述的功能和意义冲突。③在国内,宋眉尝试对新都市电影的概貌、文化及美学特征进行辨析,其中围绕"都市景观与空间"的关系阐释了景观文化及审美意义的生产如何为主体的文化信仰、价值观建构提供途径。④邹少芳聚焦新都市电影中的"物",将"物"作为"呈现"都市空间与都市意象最直接、最重要的符号。在他看来,具有空间属性的"物"不仅是城市电影的创作者立足于都市文化的在地经验,也是他们自觉关注都市人的精神症候并以此建构都市电影文化与美学价值的一种努力。⑤

在文化地理学的视野中,克朗将电影视作创造城市地理景观的重要媒体形式,他关心的是,诸如城市侦探片、公路影片等表现城市主题的电影究竟创造了怎样的地理。在他眼中,"洛杉矶并非是冲浪者的天堂,而常在电视上出现的阳光明媚、幅员辽阔的加利福尼亚也同样不是。相反,这座城市是由黑暗的底层世界补缀起来的,肮脏的城市内部被清晰地描绘出来"⑥。他进一步提醒我

---

① [英]迈克·克朗:《文化地理学》,杨淑华、宋慧敏译,南京大学出版社2003年版,第69页。
② 张英进:《审视中国——从学科史的角度观察中国电影与文学研究》,南京大学出版社2006年版,第238页。
③ 参见赵建飞:《重返江南——中国电影中的江南影像》,中国广播电视出版社2014年版,导论第17页。
④ 参见宋眉:《主体建构与话语反思:新都市电影符号的文化与美学解码》,浙江大学出版社2018年版,引言第5—6页。
⑤ 参见邹少芳:《对新都市电影中的"物"的审美反思》,《当代电影》,2015年第5期。
⑥ [英]迈克·克朗:《文化地理学》,杨淑华、宋慧敏译,南京大学出版社2003年版,第104—105页。

们，电影中城市生活的社会划分被描绘在明暗不同的空间里。①在他看来，上述过程的完成依赖于电影镜头语言所开辟的新的观察方式，即通过移动画面将影像中的地点、空间、故事情节的变化与演进衔接起来。这样的镜头表现方式的特点在于，城市空间的片段在影像技术下以更为复杂的形式勾连起来，其背后彰显出的是现代城市生活的新格局。②

从以上研究中不难看出，电影中的地点、场所、空间等不同层面的物理实体构成了研究者想象和理解城市文化的重要方式之一。具体而言，频繁出现在城市电影中的商店、咖啡馆、茶室、酒店、小摊、广场、公园、雕塑、街道、道路、交通工具、交通信号等，在作为人们社会活动背景的同时，还在某种程度上揭示着城市和社会运行的规则。更进一步，研究者从城市电影中的物理空间里找到了更为复杂的文化意涵。在20世纪80年代以来的中国城市电影中，视觉形态的想象和建构离不开空间的维度，无论是由自行车、胡同、四合院构成的老城，还是以摩天大厦、立交桥、汽车、地铁等为主要元素组成的现代都市，都为研究者提供了理解各种城市形态的影像资源和视觉表达。更为重要的是，在这样的物理空间之上，创作者借助城市电影着力建构出更为抽象的文化空间。有学者甚至认为，在街道、商店、大厦、花园、地铁、游轮等空间影像不断被生产出来的背后，正是政治空间、社区空间、市民空间、家庭空间、边缘空间、媒介空间等多重空间繁复交叉的现实，而后者已逐渐成为转型期中国城市电影空间表达中一个非常值得关注和探讨的现象。③

在上述理论背景下，本文继承和延续了有关城市电影研究中对空间问题的讨论，但有所不同的是，我们把讨论的焦点放在城市电影中的交通工具上，以往的研究常常忽视或在不同程度上低估了影像中的交通工具在城市空间中扮演的角色。影片中行驶着的自行车、公共汽车、地铁、轻轨、游轮、飞机等交通工具，不仅将各种类型的社会空间连接起来，还构成了"城市空间富有动感的一面"④。进一步讲，本文重点关注20世纪80年代以来中国城市电影对于交通工具的想象、呈现与表达，考察交通影像如何在与城市的互动中建构

---

① 参见［英］迈克·克朗：《文化地理学》，杨淑华、宋慧敏译，南京大学出版社2003年版，第105页。

② 同上书，第106页。

③ 参见陈晓云：《电影城市：中国电影与城市文化（1990—2007年）》，中国电影出版社2008年版，第31页。

④ 同上书，第45页。

出一种文化的空间。研究发现，影片中的交通工具不仅仅发挥着连接城市各处的功能，还作为一种流动性的技术，将居于城市的人的情感、职业、身份、体验纳入日常生计和生活的选择之中，同时塑造着城市的性格，并折射出社会转型的轨迹。

二、交通影像：一种研究城市空间的视角

自"城市"产生之日起，"交通"就广泛参与到造就"城市"的活动之中。有学者提出应重拾"communication"被"遗忘"的意涵，其中，"传播"与"沟通"的含义自然最为人们所熟知，但其渊薮中还有"交通"的意蕴①，从"合作"的角度看交通和传播的关系也亲密无间②。克琳娜·库蕾在论述古希腊城邦之间交流的方法和途径时，有对公路网络、运输、水道和船舶的描述，在信息到达目的地时"官方信使、那两艘神圣的船舶，从一开始就比其余人可靠"③。通过这样的例子，研究者已经发现在那时"运输"就意味着"传递"，交通工具在传递信息的过程中起到了强化和确认信息的作用。

在现代城市中，作为最重要的交流系统，交通愈发成为人类城市赖以运行的条件，交通的"可沟通性"④本身意味着"城市"。而作为城市交通系统重要组成部分的马路、小巷、高架桥、过街天桥等通过连接城市中的地点和区域，将自行车、摩托车、汽车、轨道交通等不同的工具填塞其中。与此同时"每条街道都有人们的直觉在发挥着作用"⑤，直走还是转弯，驻留还是通行，人们凭借经验完成了从"这里"到"那里"的移动。不仅如此，移动媒介、可触摸式查询屏幕、电子导航系统通过信息的电子传输，参与到人们频繁移动的生活节奏里。在此过程中，包括交通工具在内的现代城市交通系统既构成了一个交通环境，又作为支撑城市运行的重要动力，将流动或移动的价值和意义赋予城市空间。正如道奇和基钦所指出的，某些空间只要没有计

---

① 参见卞冬磊：《遗忘与重建：作为"传播"的"交通"》，《新闻大学》，2021年第1期。
② 同上。
③ ［法］克琳娜·库蕾：《古希腊的交流》，邓丽丹译，广西师范大学出版社2005年版，第144页。
④ 孙玮：《城市传播的研究进路及理论创新》，《现代传播（中国传媒大学学报）》，2018年第12期。
⑤ 陈晓云：《街道、漫游者、城市空间及文化想象》，《当代电影》，2007年第5期。

算机软件和信息通信技术作为中介，就会失去功能。① 从这个角度讲，不仅日常的移动离不开通讯技术及交通基础设施的支撑，就连城市空间和社会本身也变得越来越依赖后者。特别是在光影流动之中，交通工具犹如哈哈镜，既从某种程度上还原了城市生活，又映照出创作者想象的空间。更进一步，城市电影借由交通影像构成的文化之场逐渐成为城市文化空间的重要组成部分，并影响着城市的风貌。

为了理解交通工具如何通过移动性建构起城市空间的独特意涵，我们选取20世纪80年代以来的中国城市电影作为分析对象和样本，重点阐释交通影像——特别是被创作者有意在镜头前强调和凸显的交通工具，如何承担起建构不同层次的城市空间的角色和任务。具体的方法是，回到不同年代的30余部城市电影中，寻找影像对相关交通工具的呈现和表达。这些电影主要包括了20世纪80年代上映的《都市里的村庄》（滕文骥导演，1982年）、《骆驼祥子》（凌子风导演，1982年）、《错位》（黄建新导演，1986年）、《轮回》（黄建新导演，1988年），90年代的《阳光灿烂的日子》（姜文导演，1995年）、《上海纪事》（彭小莲导演，1998年），以及21世纪初的《十七岁的单车》（王小帅导演，2001年）、《开往春天的地铁》（张一白导演，2001年）、《生活秀》（霍建起导演，2002年）、《手机》（冯小刚导演，2003年）、《世界》（贾樟柯导演，2004年）、《疯狂的石头》（宁浩导演，2006年）、《李米的猜想》（曹保平导演，2008年）、《人在囧途》（叶伟民导演，2010年）、《泰囧》（徐峥导演，2012年）、《中国合伙人》（陈可辛导演，2013年）、《港囧》（徐峥导演，2015年）、《从你的全世界路过》（张一白导演，2016年）、《火锅英雄》（杨庆导演，2016年）、《建党伟业》（韩三平等导演，2011年）、《1921》（黄建新导演，2021年）、《唐人街探案3》（陈思诚导演，2021年）等影片。

我们在上述影片中发现，诸如自行车、公交车、地铁、游轮、飞机、手机、电脑、互联网、移动端设备等交通或通讯工具，正以各自的方式构筑起特定的城市空间。具体而言，被交通影像描绘和表达出的城市空间有着三个层次的内容：一是城市意象；二是生活方式；三是社会律动。如果说由交通工具打造而成的城市意象充当着城市空间的表征，行使着城市的"显在"功能，那么，经由交通工具组织起的人的活动则揭示出隐藏在城市表面之下的社会生活和秩序，而后者则暗含着社会转型和变迁的律动。

---

① 参见［英］彼得·阿迪：《移动性》，戴特奇译，北京师范大学出版社2020年版，第219页。

三、影像里的交通工具与城市空间建构

（一）交通工具与城市意象

在中国，"意象"概念的演变经历了一个漫长的历史时期。先秦时代，《周易·系辞上》就有了关于"意""象"的表述，即"圣人立象以尽意，设卦以尽情伪"[1]，从哲学角度探讨"意"与"象"的关系。之后，刘勰第一次把"意象"概念引入美学领域，"独照之匠，窥意象而运斤；此盖驭文之首术，谋篇之大端"[2]，意为具有独特眼光的工匠，能够按照心中所酝酿的样子挥动斧子（进行创造）。在此，刘勰形象地运用"意象"来解释文学创作的原理，并强调了情感孕育与内心观照对"意象"生成的重要作用。唐宋以降，意象理论已经广泛涉及文学艺术领域。作为中国文论的经典概念，意象指寄寓了主观情思的客观物象[3]。

美国学者凯文·林奇提出"城市意象"理论。在他看来，道路、边界、区域、节点和标志物分别构成了城市意象的五个层次，它们共同揭橥了城市空间的"可读性"和"可意象性"。[4]在城市电影中，导演或其他主创人员常常借用城市意象隐喻一座城市在某个方面的特性和氛围。譬如，凯旋门和卢浮宫之于巴黎，大本钟之于伦敦，泰姬陵之于印度，红场之于莫斯科，故宫之于北京，东方明珠之于上海……进一步讲，有关特色建筑、雕塑、街道、广场等城市意象往往成为隐喻特定城市影像的符号，其视觉呈现多样而复杂，它们用自己独有的语言代替了字幕和声音。其中，交通工具也充当着类似的角色。进一步讲，交通工具在影片中的出场在交代故事背景的同时，还指向了城市所处的地域和文化位置。

比如，在中国电影的江南影像中，水和舟船的空间意象构成了显著的视觉符号和镜头语言。有学者考察了水域在江南影像中的多层意涵，在赵建飞看来，水域既是江南影像的出入机制以及重要情节展开的空间，又成为塑造人

---

[1] 郭彧译注：《周易》，中华书局2006年版，第375页。
[2] 刘勰：《文心雕龙·神思》，转引自彭会资：《中国古典美学辞典》，广西教育出版社1991年版，第78页。
[3] 参见张经武：《电影的"城市性"》，中国社会科学出版社2019年版，第155页。
[4] 参见［美］凯文·林奇：《城市意象》，方益萍、何晓军译，华夏出版社2017年版，第1—7页。

物性格和社会关系的重要手段①。同样,游走于湖泊、溪流之上的船只也展现出丰富的审美形象并构筑了其往来于两岸间的移动空间。有学者梳理了舟船形象在江南影像中的嬗变,并用"家""危险"与"希望"来解读船只影像之于江南的意义②。其中,《春到人间》《野玫瑰》《舞台姐妹》等影片中的舟船是以"家"的形象出现在荧幕上的,其表达的意涵为"安定";影片《林家铺子》那只浮游在江面上的孤船,意味着人生的飘零和境遇之危险;而类似《开天辟地》《建党伟业》《1921》这样的党史电影的结尾则擅于运用浙江嘉兴南湖上缓慢行驶的小船,表达出满载中华民族光明前景的希望。

此外,我们还可以聚焦于某个特定的城市,如电影中的重庆常常与索道、轻轨等交通工具成对出现。作为重庆城市符号之一的过江索道频频被导演搬上荧幕,在电影《疯狂的石头》和《生活秀》中,过江索道被创作者用来呈现重庆的发展,当镜头伴随着过江索道从地面上星罗棋布的瓦房移向错落有致的高楼大厦时,影片在表达重庆江岸迷人风景的同时,还着力描绘着传统与现代不断交织、碰撞的历史场景。有学者将影像因索道移动带来的不规则的摇晃理解为人们在不可逆的城市化进程中的恐慌与哀叹的情感体验③。此外,轻轨也是重庆典型的城市交通意象。在《从你的全世界路过》和《火锅英雄》中,轻轨及其交通站成为演员对戏的重要场景和舞台。《从你的全世界路过》中,邓超和张天爱所饰演的角色在轻轨蓝色的座椅上聊天,车厢里的灯光与他们身后慢慢闪过的江景夜色形成呼应;《火锅英雄》有一幕场景重点展现了重庆轻轨3号线铜元局站蜿蜒的阶梯,住在附近的人们每日都在那里上上下下。无论是过江索道还是轻轨,都凭借其流动的技术与重庆这座城市的其他标志性空间混杂在一起,共同打造出城市景观表面的清晰或"可读性"④。这样的"可读性"能够轻而易举地唤起观众对特定城市的感知,一旦达成上述目标,电影导演就在很大程度上通过交通影像营造了城市意象,而这正是迈向意蕴表达的重要步骤。

(二)交通工具与生活方式

若想理解影像中交通工具背后的城市文化空间,我们不能忽视城市空间中

---

① 参见赵建飞:《重返江南——中国电影中的江南影像》,中国广播电视出版社2014年版,第185—187页。
② 参见宋奕:《影像江南》,博士学位论文,南京艺术学院,2012。
③ 参见程立雪:《重庆电影与电影中的重庆》,《戏剧之家》,2015年第8期。
④ [美]凯文·林奇:《城市意象》,方益萍、何晓军译,华夏出版社2017年版,第2页。

个体和群体的故事和命运,而耐心听完人的故事,或许才能更好地理解影像中人、交通工具与城市空间的真正关联。如果说,"只有那些城市的异质者,那些流动者,那些不被城市的法则同化和吞噬的人,才能接近城市的秘密"[①],那么,考察电影中的交通工具如何以其自身的方式组织起人与其他城市主体的流动,则成为我们理解城市空间的另一个层面,即交通工具与城市人生活方式之间的关联。具体而言,人们在影片中围绕交通工具展开了各种类型的生计活动,其背后暗含的是不同群体的阶层差异以及各自的生活方式。

在影片《十七岁的单车》中,作为建构城市空间视觉主体的自行车在一个现代化城市中塑造着不同群体的生活方式。从历史的角度看,20世纪90年代初,北京、上海等城市逐渐出现了小规模的民营快递公司,协助处理文件、资料、图纸、贸易单证为主的函件,因此,这样的"传递"只发生在城市一定范围内,从经济成本、路途距离、城市空间的使用出发,"自行车"成为此时快递公司的主要业务工具,成为特定群体谋生的工具。正是在这样的背景下,自行车成为电影《十七岁的单车》中小贵以及像他一样的来自边缘乡村的少年赖以生存的基本工具。在北京一家快递公司打工的小贵,想通过自己的努力工作,换取这辆时髦而且价格昂贵的自行车。他每天下班之后都认真擦拭这辆车,甚至在自行车上做了记号,每到那个时候,他的眼中总能闪烁出希望之光。但自行车的丢失敲碎了小贵融入这个城市空间的梦想,有学者从中看到了"新时代骆驼祥子"的影子。[②]影片由此展开了另一个自行车少年小坚的故事。尽管小坚的身份在理论上属于"北京人",但他那"两家合一"的家庭背景以及困难的家庭经济状况,使得自己拥有自行车的梦想一次次被延宕,他被逼无奈只能从家里偷了500元钱,从旧货市场买了一辆朝思暮想的自行车——正是小贵丢失的那辆。

对于小贵和小坚来说,自行车指向了不同的生活方式:在前者那里,自行车是他在大城市谋生的唯一工具和手段,意味着生存和温饱,同时,小贵骑着老板配发的"变速车"穿梭在北京的大街小巷,既表达着触摸大城市时的兴奋和快感,也反映出他想借此摆脱乡村生活的窘困境遇;而在小坚眼中,自行车充当着成年礼的角色,它意味着拥有和挣脱,其中,拥有的是依凭自行车穿透

---

① 汪民安:《身体、空间与后现代性》,江苏人民出版社2006年版,第131页。
② 陈晓云:《电影城市:中国电影与城市文化(1990—2007年)》,中国电影出版社2008年版,第44页。

北京的能力，挣脱的是家庭和学校的束缚，在此过程中，男人的品质被逐渐建立起来。①总的来说，将两个不同出身的少年与自行车、城市空间并置起来的真正奥秘就在于，刻画出不同阶层的人的生活方式，以及人们在中国城市繁荣的复杂空间现实里的生存状态。

出租车作为另一类重要的谋生工具在城市电影中表达着"不确定""模糊""偶然"等意义，同时塑造着碎片化的生活方式。电影《李米的猜想》中的女主角李米是一个出租车司机，每天驾驶着绿色的出租车在昆明的大街小巷中"流动"，她边开车边向不同的乘客讲述她不断收到某一个人写给她的信。而在李米的车里，前排座后插兜里有一本杂志，杂志里贴满了她男朋友方文的照片，方文已经失踪了四年，但李米一直认为那个给她写信的人就是方文。她相信方文就在城市的某处，因此便选择了开出租车作为自己的职业，就是为了能够一边谋生，一边寻找……

在这个故事里，我们不难发现齐美尔所分析的都市人的生活方式。在那里，经济生活、职业生活节奏和社会生活的节奏之快塑造了大城市中人的个性特点所赖以建立的心理基础——表面和内心印象的接连不断的迅速变化而引起的精神生活的紧张，而形成了与小城市和农村的那种感性精神生活节奏比较缓慢和平淡的强烈对照。②面对城市生活呈现出的种种不同，齐美尔认为需要深入理解以货币为重要交流媒介的城市经济生活："大城市生活的复杂性和广泛性迫使生活要遵守时间，要精打细算，要准确，这不仅与它的货币经济和理性主义的特点有密切的关系，而且也使生活的内容富有色彩，有利于克服那种要由自己来决定生活方式、拒不接受被认为是普普通通千篇一律的外界生活方式的非理性、本能的、主观独断的性格特点和冲动。"③他假设柏林钟表指针走得不准，以此想象一大群人风尘仆仆赶来参加经济交流或其他活动而不成的尴尬场面。他想说的是，与小城市和乡村相比，大城市生活的节奏和轨迹的独特之处：一切活动和交往如果不安排一个固定的时间表并按照时间表准时进行，大城市的生活简直是不可想象。④在《李米的猜想》中，城市生活的运行不仅仅

---

① 陈晓云：《电影城市：中国电影与城市文化（1990—2007年）》，中国电影出版社2008年版，第44页。
② 参见［德］齐美尔：《桥与门——齐美尔随笔集》，涯鸿、宇声等译，生活·读书·新知三联书店1991年版，第259页。
③ 同上书，第263页。
④ 同上。

依赖于特定的时间表,还通过出租车这样的交通工具,将城市空间与成千上万个小人物的生活连接起来,用以表达现代都市人在精神上的迷失和生活中的压力。就像影片结尾方文那最后的一跃,恰好跌落在李米的出租车上,这种被刻意安排的巧合隐喻着都市人自身命运的苍白和无助,也试图在深层次上表达流动的、转瞬即逝的、不确定的城市生活方式。

(三)交通工具与社会转型

迈克·克朗将弗里兹·兰的电影《大都市》里展现的景象视作一个城市生活方式改变和社会转型的典型案例。他激动地写道,"《大都市》里上百层的摩天大楼高耸入云,由无数的空中桥梁连接起来,汽车在桥上飞驰,私人飞机穿梭其间……"[1]在克朗看来,这部电影不仅仅要表达出一种进步和明确的地理观,还运用电影剪辑技巧强调了一种现代社会转型的理念。他将之称为技术改革的胜利,"技术改革完全改写了生活,不仅仅是加快了它的节奏,也不仅仅是以新的方式将郊外与工作连接起来,而是改变和创造了都市的新空间……"[2]在此过程中,工作的机械化,成熟的商业社会,通讯和交通网络的发达——特别是汽车和飞机,在城市社会转型中占据了重要地位。我们完全可以将交通影像作为理解20世纪以来大城市社会转型最具影响力的手段之一。

回溯20世纪80年代以来的城市电影,我们可以透过其中的交通影像找寻社会转型的蛛丝马迹。20世纪80年代初,"都市里的村庄"成为城市电影表达中的重要文化标签,这一时期正值改革开放与市场经济时代,新生事物、外来文化涌入人们的日常生活,影像中的城市成为中国现代文化孕育的重要土壤。那时的交通影像以街道作为导演展示爱情故事、政治故事和商业故事的主要舞台。90年代的城市电影,呈现了城市巨变之下社会主体的迷茫、困惑与焦虑。对导演而言,他们希望通过作品表达高速发展的城市经济与社会结构转型中出现的文化生态问题,对城市现代性保持着反抗的姿态[3]。比如,前文重点分析的《十七岁的单车》就凭借自行车着力展现了社会转型期中国城市的本土元素

---

[1] [英]迈克·克朗:《文化地理学》,杨淑华、宋慧敏译,南京大学出版社2003年版,第108页。

[2] 同上。

[3] 参见宋眉:《主体建构与话语反思:新都市电影符号的文化与美学解码》,浙江大学出版社2018年版,第56页。

和现代生活之间的矛盾和张力。有学者用"都市的一代"来承载这一时期具有惨痛意味的社会指称性[①],其中,无处不在的推土机、起重机等交通影像被不断提及。

新世纪的中国城市电影与更为宏观的中国经济与文化的全球化语境相契合。贾樟柯的电影《世界》以虚拟的"世界"景观为中国观众提供了一种想象世界的方式。主人公赵小桃坐在单轨列车上打电话,她说自己要去印度。她以前的男朋友突然来找她,男人说要去乌兰巴托。两人口中的"印度"和"乌兰巴托"都是北京市郊的"世界公园"。那是被建筑设计者根据比例缩小而成的关于"世界"的幻象,其中,曼哈顿、埃菲尔铁塔、金字塔、巴黎圣母院等世界著名景观就蜷缩在真实世界里的一个角落之中。赵小桃在公园的微缩景点中为游人跳舞,她现在的男朋友在公园的"埃菲尔铁塔"上执勤,是"世界公园"的保护者。他们都住在公园里,一起工作,吃饭,游荡,争吵。在接受采访时,导演贾樟柯认为,与影片中的"世界公园"一样,城市、地铁、城铁等现代化的景观也是假景,他想揭示的是转型期中国社会文化空间多元混陈的异质性和矛盾性[②]。如果说,贾樟柯的《世界》处处表达着对全球世界的想象和抗拒,那么,近几年上映的《唐人街探案》系列以喜剧嫁接推理,则从创意、制作、营销、市场、资本等电影生产的诸多环节表达了对全球化语境的迎合与拥抱。具体而言,《唐人街探案》系列电影以其独特的跨境叙事策略,借助曼谷、纽约、东京等不同城市空间的疆域将整个故事的讲述放置在全球商业和文化的情境之中。沿此思路,影像里的交通工具也自然而然地被创作者由《唐人街探案1》里曼谷街头常见的三轮车,变为第二部里的白色马车以及第三部中风靡日本的卡丁车。这样的转换符合全球文化逻辑下的话语与审美机制的基本形成,同时也表现出交通影像对新城市电影中跨国空间与全球城市的想象。

从中国城市电影中的交通工具与社会转型的关系嬗变中,我们能够看到,变迁中的交通工具正是讨论现代城市生活空间的重要方式。具体言之,在城市建筑结构、人们的社会实践以及交通工具反馈之间的错综复杂相互造的过程中,现代城市空间应运而生。这段旅程跨越了许多交通工具与城市社会转型之

[①] 参见张真:《亲历见证:社会转型期的中国电影》,《上海大学学报(社会科学版)》,2009年第4期。

[②] 参见陈晓云:《电影城市:中国电影与城市文化(1990—2007年)》,中国电影出版社2008年版,第73页。

间的历史阈限,更重要的是,它揭示了"由构成现代城市特征的技术、建筑和新兴社会关系间的独特纽带所建构的空间与时间之间的社会关系"①。

四、结语

本文考察了城市电影中频频出现的交通影像,重点分析交通工具如何通过移动性建构起独特的城市空间。电影中的交通工具,不单使得人物完成地点和场景的转换,还连接了不同意义层面的社会场景和空间。从这个角度讲,我们是将交通工具视为一种将城市人的情感、职业、身份、体验纳入日常生计和生活的选择之中的技术,这在以往城市电影空间的讨论中较为鲜见。沿此思路,我们还可以继续拓展的是,在城市迅速发展、地理空间扩张的背景下,人们可以将电影中的城市"景观"和"交通"作为对城市形象和城市生活方式的确认。因此,关注创作者如何对电影中的交通影像进行深度刻画的意义和价值,就在于帮助研究者理解城市影像中的交通工具绝非简单的人工构筑物,而是已同居于其中的人的各种日常活动密切地交织在一起。从这个角度讲,在城市技术不断发展的情境下,交通工具不仅是一种推动城市运转的事物,也不仅是一种出行的手段和选择,而更是一种将人、城市、社会勾连起来的移动技术。

(原文载于《电影新作》2021年第4期)

---

① [澳]斯科特·麦奎尔:《媒体城市——媒体、建筑与都市空间》,邵文实译,江苏教育出版社2013年版,前言第2页。

Ⅴ 新闻传播业务

问题、语境、技巧

——获奖评论赏析框架的分析与反思①

曹云雯②

中国新闻奖30年是中国新闻舆论工作不断开拓创新的30年，极不平凡，值得总结的向面很多。其中，获奖作品赏析不仅是新闻业务教学工作的内在需要，而且是扩大"评奖效应"的一个重要手段。从评奖实践来讲，中国新闻奖是马克思主义新闻观中国化的历时性呈现，30年的作品评选是基于中国新闻现场的经验材料积累和遴选过程，也是国家和政党意识形态效果的吸收、生成和发挥过程，一方面促进新闻舆论工作基本原则的共识扩大，另一方面实现新闻作品经典化与新闻理论系统化的相互确认与彼此契合。自2018年接到中国新闻出版研究院《获奖评论赏析》的编写任务，笔者开始着手准备，2020年冬付梓。基于十余年的新闻评论教学经验和可能搜集到的经验材料，笔者从1991年至2020年之间获奖评论中选择70余篇作品进行细读，并尝试创新赏析文本的话语，以贴近观点表达的新闻现场和思想交流的现场，实现理解与阐释。赏析从评论文本的问题点入手探析写作主体的动机，结合作品发表时的社会舆论状况或新闻舆论工作的难点来分析每篇作品获奖的可能原因，努力把赏析聚焦点从传统的写作技巧或主题归纳的层面转移到多元舆论话语的阐释层面。笔者认为，"赏析框架"应具有开放性，应在选题分析层面保有与新闻舆论引导实践逻辑理路高度契合的自觉性，在理解与认同写作主体动机的前提下，按照读者本位意识充分阐释评论作品，实现沟通文本的话语再建构。

---

① 本文入选广西大学举办的"中国共产党百年新闻思想与新闻实践研讨会"，作者以此文主要观点于2021年5月23日参加研讨会的第一场主题发言。
② 曹云雯，云南大学新闻学院（南亚东南亚国际传播学院）党委副书记、副教授。

一、问题：有限经验的图谱和框架核心层

中国新闻奖的设立本身就具有鲜明的问题导向。随着经济改革的深入，利益多元化导致社会意识形态发生分化甚至产生冲突，新闻舆论工作重视导向，必须坚持党性和人民性的高度统一，党内思想的统一尤其迫切和紧要。1989年11月28日，江泽民在新闻工作研讨班上强调"坚持正确舆论导向"，他指出："新闻宣传一旦出了大问题，舆论工具不掌握在真正的马克思主义者手中，不按照党和人民的意志、利益进行舆论导向，会带来多么严重的危害和巨大的损失。"[①] 可以说，统一党内思想，解决新闻舆论导向问题，就是设立中国新闻奖的初衷。邵华泽在评述首届获奖作品时，认为这些作品体现了新闻宣传工作"为社会主义服务、为人民服务"的基本方针，所有评审对所有参评作品在政治上都没有提出异议，"这是非常难得和值得珍惜的"。[②] 之后，邓小平的南方谈话、互联网的接入、中国加入世贸组织等内外环境的变化，都在推动党的舆论思想不断发展，"提高舆论引导能力"越来越成为共识。[③] 新闻评论作为观点表达的文本，具有强烈的主观性，更为直接地反映媒体在舆论工作方面的倾向和立场，同时，也是"引导能力"的具体体现。在复杂多变的舆论环境中，新闻评论的"问题意识"体现在结合实际对选题进行的"理论落地、效果落地、话语落地"，对获奖评论的赏析应该将评论文本的问题线索摸排清楚，尽管这些具体线索所建构的经验图谱是基于不同评论主体的有限经验产生的。

（一）"自上而下"的问题

理论路线、大政方针、大是大非，从来都是新闻评论选题最紧要的部分。毛泽东同志说过："我们必须坚持真理，而真理必须旗帜鲜明。我们共产党人从来认为隐瞒自己的观点是可耻的。我们党所办的报纸，我们党所进行的一切宣传工作，都应当是生动的，鲜明的，尖锐的，毫不吞吞吐吐。这是我们革命无产阶级应有的战斗风格。我们要教育人民认识真理，要动员人民起来为解放自

---

① 江泽民：《关于党的新闻工作的几个问题——在新闻工作研讨班上的讲话提纲》，《求是》，1990年第5期。
② 邵华泽：《随着时代的脚步前进 邵华泽同志谈"中国新闻奖"》，《传媒观察》，1992年第1期。
③ 丁柏铨：《论中国共产党百年来舆论观的演变发展》，《新闻与写作》，2021年第1期。

己而斗争，就需要这种战斗的风格。"①在对获奖评论进行赏析的过程中，赏析主体重视如何敏锐指出评论所体现的"战斗风格"。《对谬论的果断亮剑》《何以不再低调》《警惕"倾听沉没的声音"变成政治流行语》《有立场有分寸地和这个世界讲理》《批评歪风邪气须有一身正气》《反对形式主义时不搞形式主义》《向漠视生命价值的黑色利益开炮》等赏析就是将新闻评论作品所反对的、所坚持的、所倡导的，浓墨重彩地进行阐释，尝试通过背景资料的补充和关键概念的讲解增进受众对评论所揭示问题的重视，而不是"绕开问题谈写作"，淡化评论的立场和原则。为此，在展开作品理解的过程中，赏析主体在处理"自上而下"的问题时，主要依据三个方面。

一是政治敏锐性。如在评析2018年《经济日报》刊登的《对"私营经济离场论"这类蛊惑人心的奇谈怪论应高度警惕——"两个毫不动摇"任何时候都不能偏废》这篇获得文字评论一等奖的作品时，鲜明指出其选题所包含的问题是非常严肃的政治问题，即社会主义道路问题。习近平总书记指出："对别有用心的人散布的政治谣言和奇谈怪论，我们的党员、干部耳朵根子不要软，不要听风就是雨。同时，我们不能默不作声，要及时反驳，让正确声音盖过他们。这与韬光养晦或不争论是两码事。"②《经济日报》第一时间鉴别出"私营经济离场论"的荒谬性，初步判断发声者动机的可能性，并提醒其言论的危险性，体现出鲜明的"四个意识"和用实际行动做到"两个维护"的坚决态度。

二是理论系统性。《在历史的进程中评价历史》是对《人民日报》1998年12月17日刊载的任仲平评论《评改革开放二十年》进行的赏析。为真正理解选题所体现的"对改革开放要给予充分肯定"的问题内涵，赏析主体收集了由主要执笔者谢宏老师发表的《关于社会主义本质的思考》，理清了作者"从理想到现实、如何建设社会主义、社会主义和资本主义的并存或交叉关系"的理论思考，进而才能理解这篇笃定发展方向的宏论。评论的表达可能是感性的，但是对重大问题的评论，假如没有深刻的理论思考，是很不容易找到恰当的感情线和评论词的。正如这篇评论结尾所言："我们的成就，受到国际社会的普遍赞扬，可以鼓舞今人，告慰先人；我们历史的耻辱、我们当前的问题、我们面临的困难和风险，也一样不得忘却，不容轻慢。只有这样，我们才能愈战愈

---

① 习近平：《坚持党的新闻舆论工作的正确政治方向》，《论党的宣传思想工作》，中央文献出版社2020年版，第189页。
② 习近平：《当前工作中需要注意的几个问题（2014年10月23日）》，《习近平关于社会主义文化建设论述摘编》，中央文献出版社2017年版，第209页。

强——站起来了，就再也不会倒下去。"正是因为有了理论的自信和实践的印证，作者才可能保持如此沉着的政治定力。

三是事实思辨性。从事实层面考察"问题"往往存在某种"反常"，聚焦《经济日报》刊载的《崛起的中国势不可挡》的选题特点，赏析主体进行了较长时段的事实对比，发现其最大的特点就是"一反常态，高调出击"。为了找出"变调"的原因，赏析主体梳理了大量文献，从国际舆论环境的变化到2011年国际经济的一些重要事件，确认了"发达国家步履维艰和世界经济前景黯淡"与中国经济保持增长态势是这篇评论的基本事实前提。更为重要的是，西方对新自由主义理论大肆推行所产生的后果的反思对于我们总结社会主义制度优越性提供了表达时机。一旦明晰了问题的这两个层次，读者就能感受到一篇万言评论的真正价值，也理解了"高调的必要性"。

政治敏锐性、理论系统性和事实思辨性，是赏析主体破解"自上而下"问题所依据的心理逻辑，这对其他的选题的赏析也具有基础性作用。

（二）"自下而上"的问题

社会热点、社会关切、社会问题，是新闻评论选题"顶天立地"体现传播力，发挥影响力，实现引导力，增进公信力的重要路径。对此，习近平说："对人民群众关心的问题、意见大反映多的问题，要积极关注报道，及时解疑释惑，引导心理预期，推动改进工作。"[①]新闻评论因为主观表达的特点，对此类问题具有比批评性报道更突出的语体优势，能更加鲜明、更加有针对性地阐发和分析问题。《"微"的力量》《爱，让世界安静下来》《当高温与民意共振》《一个复杂事件的判断层次与逻辑》《直陈蓄积之情的佳作》等赏析聚焦评论中所呈现的利益冲突点、现实矛盾点和心理预期点，搭建面向这类问题的赏析框架。

首先，利益冲突点的披露是坚持以人民为中心的体现。《新华日报》在地方媒体中的竞争力是依托优秀作品实现的，《民生实事 莫沉迷"数字突破"》就是一例。这篇荣获一等奖的文字评论，犀利地指出了以"家庭医生签约服务"为指标的基层医疗卫生服务新政推行中所产生的危害群众利益的苗头性问题，评论坚持以人为本的理念，用"数字突破"这一创新概念批评数据造假和政绩工程，提醒决策者及时止损。赏析《"微"的力量》从办报理念、报纸版

---

① 习近平：《坚持党的新闻舆论工作的正确政治方向》，《论党的宣传思想工作》，中央文献出版社2020年版，第188页。

面、评论由头、政策解读和概念分析等层面，试图让读者认知一篇成功的新闻评论所依托的往往是媒体的整体实力和开明的政策环境，媒体公信力的获得与是否能回应民生关切、解决民生痛点不无联系。

其次，现实矛盾点的揭示是坚持唯物辩证法的收获。时任《云南日报》社社长的赵金同志基于深入调研撰写的《坚决制止低俗炒作行为》采用"辨析事实、仔细对比、普遍联系"的唯物辩证法对"女体盛宴究竟是低俗炒作还是市场创新"做出了鲜明判断。《一个复杂事件的判断层次与逻辑》把赏析重点放在了作者对"复杂性"的解决方案上，即如何不受当时流行舆论的干扰，独立深入地从事实层面和市场环境充分把握问题，展开准确有力的判断，从而获得言论的权威性。对读者而言，理解作者"写作之前对问题的分析思路"比起单纯分析已经发表的静态文稿的结构与表达更有必要。

最后，心理预期点的抵达是坚持实事求是态度的结果。魏则西事件经由专业舆论炒作者的有序操作在2016年五一假期没有悬念地吸睛了，一时间，铺天盖地，昏天暗地。赏析《爱，让世界安静下来》对评论撰稿人的写作动机进行了推测和分析，认为支持作者运思的是一种有文化支持体系的爱，这种文化情感的心理结构由"仁爱""友爱"和"关爱"组成。众声喧哗缘于独立思考能力和是非分辨力的丧失，极化观点来自利益冲突下的群体对立，社会心态的失衡由社会共识的缺乏所导致。在如此看似"无解"的局面下，作者坚持实事求是，以最理想化的情感推动观点的表达，始终抵达了。

（三）"来而有往"的问题

"来而不往，非礼也。"面对日趋复杂的舆论场，有的言论必须及时回应，有的观点甚至要有策略地加以批驳。《撩开温情的面纱》《别拿因果论证说事儿》《对话策略和底线思维》等赏析，所针对的问题或者"看似无害"，或者"居心叵测"，或者"很傻很天真"，每一类问题都可能对社会意识形态产生侵害，不能放任不管。有研究者认为，当代新闻评论的解读模式中的评论思维已经从"二元对立"变迁为"多元并存"，评论主体获得"评论权"意味着观点表达被鼓励。[①]从舆论治理的角度看，"公开的错误观点"比起"沉默的错误行动"更容易及时纳入互动对象，保持平等的对话关系是必要的。对此类评论的

---

① 胡沈明：《论当代中国新闻评论解读模式的变迁》，《江西师范大学学报（哲学社会科学版）》，2014年第5期。

赏析，其关键在于"发现关系""触底反弹"和"不逾矩"。

所谓"发现关系"即找到多元主体，居于从不同主体理解"对话"的焦点所在。《撩开温情的面纱》从澄清所谓的"拼搏、敬业"与"压榨、剥夺"之间究竟存在什么样的"共谋关系"来展开评论主题的分析。工人日报《别把超时加班美化为"拼搏和敬业"》具有突出的对话关系，赏析就要让读者清晰地认识到究竟是哪些人在"美化"，这对其理解评论的所指很有必要。于是，对"企业（管理者）—员工（被管理者）"这组不同话语主体及其话语权的分析成为赏析重点，在肯定媒体甘当民意代言人的同时，指出评论在批评语言腐败方面的勇气和努力。没有"关系"的揭示，就很难找到话语主体，"靶向"不明，对观点的深入理解一定不利。

"触底反弹"和"不逾矩"则重视对话分析中基本立场的确认和言论性质的认定。《别拿因果论证说事儿》和《对话策略和底线思维》针对是非不明的网络舆论展开平等对话，两番对话均有鲜明的"底线思维"，开启对话的原因是对方对意识形态底线的挑衅，必须严肃维护科学精神和革命历史价值，表明言论立场，"划清是非界限、澄清模糊认识"。优秀的评论始终以"育人"为己任，哪怕是对方"出言不逊"也要保持对话和沟通的姿态，尤其不能任意将某一个阶段的错误认识上纲上线直接认定为"政治错误言论"，这是评论的"不逾矩"。

新形势下的新闻舆论工作，对新闻评论的赏析应将重点放在三类问题的不同线索上来，突出政治敏感性、理论系统性和事实思辨性，把握社会心态，围绕以人民为中心、坚持唯物辩证法和实事求是的态度，主动披露利益冲突点和现实矛盾点，聚焦心理预期点，在平等对话中厘清关系主体，进行话语分析，既做到明确是非立场，又坚持"聚心、育人"。

二、语境：新闻现场的复杂性和框架的引导层

简单讲，语境就是上下文。网络时代的言论表达，具有复杂的"上下文"，既有事件之中的因果关系，更有事件之外的七嘴八舌。新闻评论的赏析，不能将文本孤立地作为"这一篇文稿"来处理，而要通过一定程度上对新闻现场（新闻事件、新闻观点、社会心态）的充分还原为读者提供理解观点的特定方位。

一是核心论题的历史方位。新闻评论的时效性更多被理解为对特定新闻事件的回应力。但是，新闻评论撰稿人只有具有追求更长时段"时效性"的意识，才能对某一时点上发生的事件做出超出既定阐释框架的新判断，对评论的

赏析亦然。"反对形式主义和官僚主义"可谓新闻评论永恒的论题,但在每一个阶段上的重点不尽相同,赏析有意识地通过历史回溯为读者提供必要的知识背景,使之理解当前问题的意义。《反对形式主义时不搞形式主义》对中央人民广播电台1992年刊发的《扫除形式主义》这篇广播评论进行赏析,回溯了延安整风时期毛泽东对形式主义的严厉批评和邓小平南方谈话时对形式主义与官僚主义关系的直接挑明。这部分资料的提供,对读者理解文中以"影子"比作"形式主义"具有阐释力。《问题背景与话语策略是课文学习的"升级版"》针对一篇已经入选中学语文教材用以示例驳论文的文章《台湾历史不容歪曲》展开分析,强调引导学生理解《中国日报》这篇评论的主题不能仅泛泛而谈"台湾历史",而是要让读者理解这是基于民进党绕开政治话语通过所谓"学术研究"进行舆论造势所展开的"学术反驳",其目的是"破阵"。"历史方位"的引导旨在帮助读者走出文章读文章,不忘本来,方知未来。

二是问题指向的空间方位。主体空间感在媒介空间主导下的意义环境中变得越来越重要,一方面后者对认同的可塑性具有正向价值,另一方面在矛盾问题公开化的过程中,对主体空间感的引导则要及时精准,避免造成"舆论公地"不必要的损失。《当周正龙们遇上网络舆论》《被Web2.0改变的社会逻辑》《理性批驳"脑残套路"》《一次特殊的"异地监督"》和《该谁说和该如何说》等赏析,通过对网络舆论特点的讲解、对问题暴露时社会环境和政策环境的分析、对行业道德失范产生原因和治理难点的阐释,引导读者理解评论揭示矛盾产生的实际范围和特定阶段,避免将矛盾所指泛化或扩大化。"周正龙发现华南虎"像一场网络童话故事会,听故事的人们体验到了跌宕起伏的情节变化和鲜明的人物特征。说谎者在互联网力量的推动下,一点点地露出破绽,谎言最终被揭穿,小人物的错误引发了官场大地震。"史上最毒后妈"作为"网络暴民"的一个标志性事件,定义了新的社会行为逻辑,哪里有什么所谓的"虚拟",舆论对人心乃至人命的伤害都是真实的。如果说对网络空间规律的解读是一种空间方位,那么,对阶段性的、行业的、特定社会群体的存在问题进行原因阐释也构成了重要的意义空间,为读者定义了空间方位。

三是理论观点的逻辑方位。新闻评论在理论表达上具有"通俗化、创新表达"的功能,这对评论撰稿人的理论水平和理论能力提出了较高要求。评论赏析着力引导读者去解读"匠心",深入理解并体认理论的意义和价值。《理论阐释的"时度效"》《问题导向和问题意识的结合》《不因唱衰而忧 不因看涨而乐》《以发扬"剃刀"精神学习贯彻讲话精神》和《有立场有分寸地和这个世界讲理》等赏析紧扣评论的理论表达特点,抓住话语创新中的逻辑脉络,阐释周期性选题如何在继承发扬历史价值的同时与时代特征相契合,肯定学理逻辑回应问题导向所产生的劝服力,聚焦选题角度如何实现理论表达对受众期待的满足,联系中国与国际舆论较量的经验和教训对"中国立场"进行更贴合问题解决方案的理解。

评论赏析中的"语境"更像是一个脚注,根据读者对话题理解的需要,从历史方位、空间方位和逻辑方位为读者补白评论文本内在结构无法兼容的话语与材料,对观点的深层次理解形成引导效果。

三、技巧:特征归纳与动机推测的兼顾和框架的效果层

写作技巧是作者表现手法的运用,也是读者在阅读时最容易感知到的文本特征。作为追求观点表达效率和争取阅读效率的实用文本,新闻评论的写作技巧自然会成为赏析最可能入手入题的层面。但是,假如没有"问题"的开启和"语境"的引导,仅仅在"技巧"上着力,赏析就变成"语文讲座",失其根本,除非"特征归纳"兼顾"动机推测"。

一般而言,"动机"是萌发行动和维持行动的原因和动力,"写作动机"涉及作者复杂多变的心理。新闻评论撰稿人的动机具有一定的相似度,即如何让读者更容易理解并认同自己的观点,"论证观点的正确性"往往成为一种最主要的表达动力。网络社会中,传统的观点竞争已经逐渐收缩,止步于特定范围中尚且维持的关系之间,更多的评论需要建构与多元话语主体互视的关系,让关系引导观点表达,"先入场,再表达"。赏析"换个身份来论证",在与评论作者形成解读关系的同时,因其"旁观者"的超功利态度,赏析主体更容易与读者视角、读者心理吻合。《认识升维,以经验教训引导围观》《警惕"倾听沉没的声音"变成政治流行语》《站在人民的立场 语言自带光芒》和《一句话的表达契机和表达层次》等赏析聚焦多元对话的规则分析和党媒立场重申,坚持政治宽容与政治秩序相统一的原则,促进读者对话语竞争现场的判断,提醒作者入场资格的获得前提。

"清水出芙蓉,天然去雕饰。"大巧若拙,大爱无言,最持久的写作动机是作者的情感态度。《以诗人的热情呼吁关注青少年生命教育》《动情的真话最动人》《"微笑"的获奖线索》和《表达心声的激情之作》等赏析则引动读者关注和体会支持或构成表达技巧的"澎湃之情",这是"可解读,不可模仿"的部

分,是"走进评论者生命的学问"。梁衡先生认为,"当你胸中鼓荡、翻腾、如风如火,如潮如浪,想喊想叫时,这就是诗的感觉,但不去写诗,移来为文,就是好文章"①。什么样的情感是最高尚的?什么样的情感是永恒的?什么样的情感是最有力量的?也许,不同的人有不同的答案,但是,对于新闻评论的撰稿人而言,"家国情怀"和"人民立场"是安身立命的根本,是沟通多元社会、治愈转型社会之阵痛的源头活水。

综上,从教学实践来看,"赏析框架"是主体经由作品细读所建构的有限经验图谱与问题线索,其开放性决定了赏析主体依据理论认同和现实语境展开话语层次的"再分析",对以读者为本位的写作动机展开对话意图的"再阐释",赏析主体在达成对写作主体理解与认同的同时,完成沟通文本的"再建构",进而为教学目标的实现提供专业判断坐标,为读者的理解提供必要的知识语境。通过对赏析文稿撰写过程的反思,尝试厘清赏析框架的构成,认为新闻评论的赏析不同于一般作品的解析,不能仅停留在语言表达和谋篇布局的所谓"写作技巧"或"主题归纳"层面上,而首先要聚焦评论选题中的"问题",通过还原并分析复杂新闻现场的"语境"来展开对选题的充分理解。以此为前提,"读者理解作为先导"的写作原则方能实现"技巧效能"。因此,在"话语竞争"的背景下,获奖评论的赏析,从社会沟通和社会教育的角度而言,提供了一个澄清"话语后台"和提供"共同的参照符号"的重要契机,对调整多元主体的"注意框架"、促进"有效传播"具有"情境再定义"的重要功能,这也是写作技巧效果实现的基础。

附表 《获奖评论赏析》篇目标题②

序号	"赏析"的标题	评论作品的标题
1	撩开温情的面纱	别把超时加班美化为"拼搏和敬业"
2	对谬论的果断亮剑	对"私营经济离场论"这类蛊惑人心的奇谈怪论应高度警惕
3	理论阐释的"时度效"	让劳动光荣成为青年坚定信念
4	问题导向和问题意识的结合	新时代呼唤蓬勃的青年精神
5	角度刁钻的"点射进球"	不因唱衰而忧 不因看涨而乐
6	"微"的力量	民生实事 莫沉迷于"数字突破"

---

① 梁衡:《我的阅读与写作》,北京联合出版公司2016年版,第8页。
② 曹云雯:《获奖评论赏析》,人民日报出版社2020年版。

续表

序号	"赏析"的标题	评论作品的标题
7	爱,让世界安静下来	魏则西事件下的污名化狂欢要不得
8	以诗人的热情呼吁关注青少年生命教育	漠视生命是最可怕的沉沦
9	为农民代言的政策回音壁	要帮进城农民算好三笔账
10	别拿因果论证说事儿	别拿屠呦呦说事儿
11	以发扬"剃刀"精神学习贯彻讲话精神	重塑文艺评论的"剃刀"精神
12	认识升维,以经验教训引导围观	公共辩论,求真比求胜更重要
13	该谁说和该如何说	师德"红线"需要更明确的操作性
14	理性批驳"脑残套路"	哪里有"危险",哪里就有"临时工"
15	当高温与民意共振	放个高温假天塌不下来
16	澄清谬误的理性态度和专业辨别力	"富豪相亲"浊化社会空气
17	何以不再低调	崛起的中国势不可挡
18	网络调查评论也可以接地气	媒体岂能对可疑数据不设防?
19	他,在自省,在把关,在启蒙	没有新闻,就别制造新闻
20	警惕"倾听沉没的声音"变成政治流行语	倾听那些"沉没的声音"
21	短评的魅力和问题	当学生提不出问题时
22	打破套路,缘事而评	城市管理亟待走出"整治思维"
23	用创新的语言翻译和传达	食品安全就该"人命关官"
24	打假初衷与论证策略	专家哪里去了
25	找准交流的对象和时机	不是所有弯道都是超越好时机
26	有立场有分寸地和这个世界讲理	指责中国"劫持"气候大会毫无道理
27	以国家仪式传承历史文化价值观	今天,让我们体悟生命的尊严
28	理论思维的力量	媒体自身也要讲荣辱观
29	一篇"三巧"评论	说要做的事就要做
30	"时效性"与"新概念"	更多的责任与义务——以公民的姿态站立
31	舆论监督的时度效	警惕"专家观点"成为"利益俘虏"
32	一个复杂事件的判断层次与逻辑	坚决制止低俗炒作行为
33	媒体不能止步于提出问题	用心灵去感知那别样的世界
34	动情的真话最动人	善待百姓
35	"微笑"的获奖线索	微笑,并保持微笑
36	站在人民的立场 语言自带光芒	让人民群众成为舆论宣传的主角
37	问题背景与话语策略是课文学习的"升级版"	台湾历史不容歪曲
38	热爱与耕耘养成的风格	"真抓"与"假抓"

续表

序号	"赏析"的标题	评论作品的标题
39	从旧现象中看到新观念	解放人才
40	"新话"来自作风的转变	学会讲新话
41	表达心声的激情之作	迎着老百姓的方向走
42	在历史的进程中评价历史	评改革开放二十年
43	直来直去讲理论	一个鲜明主题
44	批评歪风邪气须有一身正气	不能搞有偿新闻
45	直陈蓄积之情的佳作	市长：可否改改垃圾车
46	如何形成独特的选题角度	未来，我们需要怎样的行业协会？
47	沉下去听得更真切	善待民工才能够缓解民工荒
48	采访式广播评论的创新实践	让中药走向世界
49	一篇新闻述评的成功机制	49%大于51%的启示
50	反对形式主义时不搞形式主义	扫除形式主义
51	一句话的表达契机和表达层次	民企也是国家队
52	轮回式的突破	证难办 脸难看
53	阐释"新做法"的正确路径	聚焦医患"第三方"
54	一次特殊的"异地监督"	致命石英砂
55	"盯住"就有说服力	祸起三鹿奶粉
56	调查的力量	用生命撞响的警钟
57	如何聚焦"焦点"	洗不掉的恶行
58	《今日话题》的代表作	干部图政绩，普九变儿戏
59	中国电视评论进步的标志	刑场上枪声留下的警示
60	务虚与务实的精准结合	在抓落实中重"绩"留"心"
61	对话策略和底线思维	极恶！拿慰安妇头像做表情包，良心何在？
62	网络文化语境中的大评论与大修辞	中国改革"再出发"的总宣言
63	"特别"之处在文章之外，也在字里行间	限制"公款消费"本质是制约权力寻租
64	表达时机、核心概念和语态转换	拒绝空谈：需从学会"不念稿子"做起
65	当周正龙们遇上网络舆论	"华南虎事件"能否成为一个契机？
66	被Web2.0改变的社会逻辑	谁代表网友给小慧的后妈道歉？
67	向漠视生命价值的黑色利益开炮	爆炸、矿难，山西为何黑色新闻不断？
68	爱国的理性路径	我们怎样表达爱国热情

新时代如何多方协同提升新闻职业精神

左小麟[①]

新闻工作作为一项职业,要求其从业者必须具有新闻职业精神,其内涵就是新闻从业者必须清醒认识和牢牢坚守自身所负有的责任和使命,简单说就是要履行好自身肩负的"告知信息、监测环境、守望社会、服务大众"的职责。[②]党的十九届四中全会提出要推进国家治理体系和治理能力现代化。在此进程中,新闻舆论工作具有着重要的作用,通过凝聚全社会改革发展共识、营造良好的舆论环境为实现国家治理体系和治理能力现代化目标提供有力的舆论支撑,是关涉"治国理政,定国安邦"的大事。当下,新闻业已经进入全程媒体、全息媒体、全员媒体、全效媒体的新时代,但传统媒体时期存在的新闻职业精神缺失问题,在全媒体时代依然存在,而且移动互联网的一些特性还放大了这一问题的负面影响。如何在移动互联网环境下重塑新闻从业者的职业精神成为新闻业界不容回避的问题。实际上,新闻业一方面在国家治理体系和治理能力现代化建设中发挥重要作用,它同时也是国家治理体系的重要组成部分。治理相对于统治、管理而言,强调的是多元参与、多措并举、综合施策。新闻业应当顺应国家治理体系和治理能力现代化的进程,用治理的眼光审视发展中存在的问题,而提升新闻职业精神就是题中应有之义。在信息传播格局变化、传播主体多元化的形势下,我们要始终坚持党的领导,充分发挥主管部门的引导职责,提高媒介组织的滋养效果,激发新闻工作者的自觉意识,从社会治理的角度提升新闻职业精神,让新闻职业精神的大旗永远高扬。

---

① 左小麟,云南大学新闻学院(南亚东南亚国际传播学院)副院长、副教授。
② 王亦高、房建硕:《新闻职业精神再探究》,《现代传播(中国传媒大学学报)》,2015年第8期。

一、主管部门的职责：强化新闻职业精神，规范新闻从业者的职业行为

（一）顺应新时代新闻事业发展趋势持续健全新闻行业规范

我国的新闻职业道德准则自1991年出台以来，几经修订，总体上能够回应时代要求和新闻事业发展需要。不过，也存在部分准则内容指向不明、标准模糊的问题，而且移动互联网技术的快速发展也不断带来新情况、新问题，个别记者还会根据自我需求形成与已有规则对立的"空间实践"[①]。所以，一方面，要继续完善新闻工作者职业道德准则，对相关内容要根据传媒态势发展的实际进行调整更新，细化相关可操作的内容，以更好地指导和规范实践，规范新闻工作者日常行为；另一方面，要健全新闻业生产传播的法律法规，保护新闻工作者权益。近期，一些影视公司和艺人联名抵制"影视切条侵权行为"，在泛内容行业引发震动。然而，新闻作为公共产品，是否需要限制传播中的"二次加工"、如何限制等问题均未有明确的规定。2021年1月22日，国家互联网信息办公室发布新修订的《互联网用户公众账号信息服务管理规定》指出，公众账号生产运营者未经许可或者超越许可范围提供互联网新闻信息采编发布等服务属于"违法违规行为"。这在一定程度上保护了专业新闻机构的采编权。此外，要加强具有新闻平台属性的社会化媒介平台监管，优化非专业新闻生产的内容把关机制。移动传播、全员传播的环境中，供职于专业新闻机构已经不再是采编新闻的必要条件，公民新闻在丰富新闻业态的同时存在缺乏把关的关键问题。总体上看，目前对非专业新闻采编人员及其所生产内容的规范仍然较少，标准不明，亟待出台有关规定进行规范。

（二）针对职业形象下滑多措并举提升新闻工作者职业地位

目前，全社会对新闻工作者的职业形象认知不容乐观，部分记者违背新闻职业精神的行为对整个行业的社会形象产生了负面的影响[②]。需要注意的是，非专业新闻生产领域的乱象，在一定程度上也影响了公众对新闻职业的社会认知

---

① 彭华新：《作为社会阶层的都市记者群体：日常生活中的"底层"呈现与抗争》，《国际新闻界》，2019年第8期。
② 高贵武、江灏锋：《从政治精英到普通业者：中国记者媒介形象流变——基于建国以来〈人民日报〉相关报道的分析》，《新闻界》，2018年第10期。

和社会评价，因为许多网民分不清专业新闻与非专业新闻的区别，可能会简单地把所有"假新闻"归咎于专业新闻机构和记者。实际上，任何职业精神的发展都离不开社会文化的滋养和社会大众的认可，新闻业主管部门要在全社会营造尊重记者的氛围。首先，要正本清源。新闻工作者不是"唯恐天下不乱"的社会旁观者，而是党领导下宣传工作的重要参与主体，是尽力了解民情、反映民声的社会进步推动者，是常年跑在基层、守在现场的社会发展记录者。其次，要重视对记者节的氛围营造。节日既是集体记忆的塑造过程，也是展示形象的重要窗口。主管部门应改进记者节的宣传手段、丰富记者节的庆祝活动、提升记者节的社会影响，将之作为凝聚职业精神、展现职业形象的重要抓手。

（三）典型示范抓好新闻工作者职业精神教育

在党的新闻工作发展历程中，涌现出了范长江、邹韬奋、邓拓、穆青等一大批具有高尚品格和专业成就的典型人物，在革命年代还有许多牺牲在战场上的英雄记者。目前，由于社会思潮多元、新闻从业者专业背景复杂等因素，这些故事不再广为流传。因此，要发掘好、宣扬好已有典型人物的故事资源。比如，《新华每日电讯》在抗美援朝战争胜利70周年纪念报道中，推出了"保家卫国笔为枪"专栏，回顾了新华社记者、编辑等人员赴朝工作的历史细节，产生了良好的社会效果。实际上，这些正是新闻职业精神的生动实践和最好注解。同时，要挖掘新时代新典型人物。近年来，不少媒体借助短视频、直播等媒介形态着力打造网红记者，有效扩大了品牌和内容传播力，甚至改善了公众对传统媒体的刻板印象。这启示我们，主管部门要多在平凡中发现不平凡，树立身边的、易学的好典型，"好记者讲好故事"就是很好的方式。此外，在注意区分具体情况的基础上，还要严肃处理有违新闻职业精神、有损新闻工作者形象的负面行为。

二、媒介组织的任务：滋养新闻职业精神，提升新闻从业者的获得感、幸福感、安全感

（一）严格落实党对媒体的有关要求

媒介组织是帮助记者滋养新闻职业精神的重要主体。一家媒体，如果记者都具有较强的新闻职业精神，就能在新闻市场中赢得用户的信任，就具备了成

为有传播力、影响力、引导力、公信力的媒体的重要前提。在当前媒介环境大变革的背景下，媒介组织必须把滋养新闻职业精神作为重要任务，这是媒介组织之所以区别于其他社会组织的核心标准，也是众声喧哗中坚定发出主流声音的必然要求。首先，媒体必须把握好"政治家办报办刊办台办网"的时代要求，忠实宣传党的理论和路线方针政策，在大是大非面前旗帜鲜明，将马克思主义新闻观贯彻落实到新闻职业精神学习、培养、实践的全部环节。其次，媒体要积极拥抱互联网，用互联网的思维、模式、方法破除积弊，减少记者日常工作中的体制性障碍，为记者的正常工作提供组织、技术与精神等方面多重支持。另外，媒体还要根据实际情况，明确新闻工作者要遵守的新闻工作规范细则，作为新闻职业道德准则的有益补充，提供更加明确、更具有可操作性的指导。

（二）强化媒介组织文化建设

民国传奇报人史量才曾说，国有国格，报有报格，人有人格。要让记者对职业精神有归属，重要的方法是让记者对媒介组织的文化特质有归属感。在全媒体环境下，任何组织成员的不规范行为会被迅速放大，诱发公众对这一组织的信任危机。着力推进包含职业精神的组织文化建设，对于媒体来说十分重要，特别是要以推进媒体深度融合为契机，变革媒体内部组织架构和生产模式，塑造创新的、合作的、包容的新闻编辑室文化，提升新闻工作者的获得感。目前，包括人民日报"侠客岛"、北京青年报"团结湖参考"等在内的诸多传统媒体衍生出的小而精的新媒体平台，在承担党媒职责与使命的基础上，尊重个性需求，有效拓展了记者话语表达的生长空间。需要重视的，还有组织故事与组织人物的塑造，媒介组织要创新手段、建设平台、讲好故事。比如，澎湃新闻建设了员工内部交流平台"冬枣树DZT"微信公众号，挖掘新闻生产背后的故事、展示记者心声，提高了人才的黏性。

（三）关注新闻工作者个人发展

新闻职业精神的继承发展，离不开每一位新闻工作者的参与；而且"自我实现需要"和"生存和安全需要"已成为新闻从业者职业选择时最看重的因素[①]。媒介组织应该把职业精神滋养与新闻工作者的职业发展联系起来，为新闻工作

---

① 王军、丁汉青：《理想与现实的差异：新闻从业者职业认知危机的现状及其影响效果研究》，《新闻大学》，2021年第3期。

者创设更好的工作环境。一要进行职业发展规划和职业技能培训。初入组织的年轻记者可能无所适从，出现迷茫期与调适期，而工作时间较长的记者可能会进入瓶颈期和倦怠期，这都需要媒介组织建立起完备的机制，在不同阶段对不同群体进行职业教育。另外，新闻业是和技术联系密切、受技术影响巨大的行业，媒体要及时进行职业技能培训，使新闻工作者了解掌握新传播形态的发展与新技术手段的应用。二要健全新闻工作者职业发展的激励手段，包括提高薪资待遇、提供上升通道等。媒介组织要建立合适的新闻工作成效衡量标准和激励举措，同时要能够和传播环境变化同步，这对于增进职业意识是重要的，有助于提升新闻工作者的获得感。三要重视在新闻工作者需要的其他关键领域进行帮扶。当前，记者职业压力及心理健康不容乐观，而他们又不得不经常面对暴力、悲伤等情景，这可能引起创伤后应激障碍、抑郁等不良症状。媒介组织应该在日常工作中给予新闻工作者更多关怀，及时发现问题并进行心理疏导，提升他们的安全感。

三、新闻工作者的自觉：坚守新闻职业精神

（一）坚守党性原则，自觉围绕中心、服务大局

党性原则是马克思主义新闻思想的精髓，是党领导下新闻媒体的重要工作原则之一，也是新闻职业精神的基础性要素。然而，部分新闻工作者对党性原则认识不深，对职业道德学习不够，在实践中常常出现越界行为，这是值得我们警惕的。另外，更为重要的是，随着传播环境的剧烈变革，新闻与内容的界限在消弭、行业的进入门槛在降低，这动摇了新闻工作者对职业精神的信念。调查记者是最能反映新闻职业精神的记者群体之一，而该群体的职业地位认同呈现危机态势[①]，直接反映出新闻行业吸引力的不断下降。这又造成了对新闻职业精神的再次打击。新闻职业精神的建设最终要依靠新闻工作者，新闻工作者的个体职业精神是新闻职业精神构成的最基本单位。新闻工作者个人必须坚持马克思主义新闻观的学习，不断加强对新闻职业使命的内化。同时，新闻工作者需要将个人理想和职业发展目标与党和国家事业的发展统一起来，自觉围绕中心工作，服务改革发展稳定大局。比如，新冠肺炎疫情暴发后，许多新闻

---

① 曹艳辉、张志安：《地位、理念与行为：中国调查记者的职业认同变迁研究》，《现代传播（中国传媒大学学报）》，2020年第12期。

工作者主动请战走进疫区，在危险一线坚持发出主流声音，为战胜疫情作出了贡献。

（二）坚守群众路线，主动下基层到一线挖掘生动故事

"脚下有泥土，心中有力量。"实践是新闻工作者职业精神学习、形成乃至有所超越的必由道路，也是检验新闻工作者职业精神有无和多少的重要标准。而贴近实际、贴近生活、贴近群众恰恰是新闻工作的要求。青海祁连山非法采煤事件从2020年8月4日被《经济参考报》报道，到8月9日青海调查组得出初步结论，前后时间不到一周。而该新闻刊发的背后，是记者王文志持续关注两年、多次进入祁连山甚至冒险进入矿场采访的不懈努力。近年来，推动"呼格案"复查的汤计、推动洞庭湖私建拆除的史卫燕等新闻工作者，无不是怀揣高尚的新闻理想、保有直面难题的勇气、始终和人民群众站在一起的好记者。倘若没有这些特质，再多的新闻报道也只是自说自话、难以产生有效影响。所以，新闻工作者必须坚持"俯下身、沉下心、察实情、说实话、动真情"，在采访实践中不断增强"四力"，接触群众、了解群众、与群众打成一片，挖掘基层故事的闪光点、发现群众生活的苦与乐。事实上，现实情况往往比新闻更有张力，采编环节也充满了智与力的交锋，新闻工作者通过深入基层、观察基层，往往可以经受思想的洗礼、找寻到工作的使命和意义，新闻职业精神也在这一过程中得到升华。

（三）坚守创新导向，发扬个性风格推出有影响力的新闻作品

新闻工作者个人的核心竞争力、代表作品影响力，与其对职业精神的认同是相辅相成的。当前的传播环境对新闻工作者的专业素质提出了更高的要求。一方面，公众可以通过各种便捷的社交网络渠道了解到新闻内容，部分新闻本身就来源于用户在社交网络中的爆料。新闻工作本身已逐步泛化为普遍存在的社会公共传播行为。[1]在这种情况下，新闻工作者如果将新闻的采编当作例行公事，仅仅重复收集信息、电话核实、转载内容等行为，已经无法立足。另一方面，随着人工智能和机器人写作技术的不断成熟，简单的新闻消息已经开始逐渐摆脱对人工采写的依赖；而虚拟现实新闻、新闻游戏等新的新闻形式成熟

---

[1] 王亦高、沈华文：《变革与挑战：高级互联网时代的新闻职业精神》，《青年记者》，2019年第1期。

度、对公众的吸引力也日趋增强。此外，揣测性、情绪性、诱导性、煽动性的新闻或言论充斥在社交网络中，对于普通用户来说真假难辨、深受其扰，这必然带来新闻市场对优质内容、深度内容和创新性内容有更多的需求。因此，新闻工作者必须坚持创新导向，敏锐把握新闻发展的潮流大势，不断更新自己的知识储备和专业技能；同时还要充分结合新闻职业要求与个性优势，持续增进个人创作话语表达的活力，最终实现作品影响力与职业精神相互促进的正向互动。

"做党和人民信赖的新闻工作者"，是习近平总书记对广大新闻从业人员的殷切期望，这要求新闻工作者必须不断强化新闻职业精神。在新的时代背景和传播环境下，新闻业必须把握好国家治理体系和治理能力现代化的要求，把多方主体参与、多种手段并用作为治理新闻业发展乱象、提升新闻职业精神、促进新闻业健康发展的重要路径，共同打造有信仰、有纪律、有能力、有担当的新时代新闻工作队伍，为党和国家事业发展凝聚社会共识、提供有力舆论支持。

（原文载于《青年记者》2021年第11期，获2022年云南省新闻奖论文类二等奖）

Legacy and Breakthrough: A brief review of investigative journalism practiced in China

李 颖①

It's hard to arrive at a unanimously accepted definition for investigative journalism. Steve Weinberg, journalism professor from University of Missouri, defined investigative journalism as "The reporting, through one's own initiative and work product, matters of importance to readers, viewers, or listeners." (Weinberg, 1996) This is a rather generic definition, emphasizing the endeavor's contribution to public interest through self-motivation and diligence.

Hugo de Burgh (de Burgh, 2000) states that: "An investigative journalist is a man or woman whose profession it is to discover the truth and to identify lapses from it in whatever media may be available. The act of doing this generally is called investigative journalism." This definition highlights. the paramount pursuit of the practice in uncovering the unknown and exposing wrong-doings, eclipsing other forms of news content.

This point is further expanded by UNESCO. In its manual for investigative journalism (Hunter and Lee, M 2011), the UN agency describes the process as "exposing to the public matters that are concealed – either deliberately by someone in a position of power, or accidentally, behind a chaotic mass of facts and circumstances that obscure understanding." This definition draws attention to the indispensable role of methodology in revealing the core message from a vast cache of entangled raw materials with no apparent order or logic connections.

---

① 李颖，云南大学新闻学院（南亚东南亚国际传播学院）教师，曾任CGTN编导记者。

Definitions may vary. Journalism practitioners tent to agree that investigative reporting is an extremely demanding, time-consuming, exact and even onerous process that pushes the journalists to demonstrate the supreme caliber of professionalism.

It's fair to say the purpose of investigative journalism is to produce any stories necessitating further information to reveal concealed truths, and present hard facts unavailable to the public due to technical constraints and inaccessible information. Such projects involve the collection of complicated factors or elements crucial to the identification and understanding of a structural problem. In this sense, investigative journalism aims at tackling issues with huge impacts on public interests, unrestricted by the norm and daily routines of typical news production cycles centering on news updates.

The differences between conventional news reports and investigative reports can be summarized along the following lines.

Search of primary sources:

Conventional news reporting depends largely, or almost entirely on materials provided by others, such as key participants in the events, government departments, companies, NGOs, think tanks, experts etc. The process is driven by news events and responds to the latest developments in a timely and efficient fashion. In this sense, conventional news reports are fundamentally reactive, if not passive. (Hunter and Lee, M 2011)

In addition to all the external sources necessary to conventional news reports, investigative reporting depends hugely on material obtained through the reporter's own efforts. Open sources and external expertise must be channeled into the reporters' own initiatives and integrated into an overarching scheme encompassing every aspect of the entire project. That's why it's often called "enterprise reporting", (Roger, Tony 2020) to highlight the commanding role of reporters' originality, critical thinking, analytical acumen, and the capacity to steer something from scratch to finish. Competent investigative reporters would never be content with press releases, or citing other media reports.

Research and information load:

Conventional news reports conform with certain publishing rhythms or schedules. Depending on the specific types of media platforms, the publication cycle could be monthly, weekly, daily, hourly, or even minute by minute updates in the case of live updates on digital platforms. Research is usually condensed to the minimal acceptable level in such fast-paced production cycles. Due to time constraints, reporters must submit their works in a form decent enough for the moment not to miss the deadline. The submitted work itself is a closed-circuit achievement, meaning no more research can be done to change what it looks like by the time of the publication. Further research can be done to present event updates in follow-up pieces to keep the news cycle going forward.

Investigative reporting is not totally obsessed with time-sensitiveness, the defining feature of conventional news reports. Investigative reporting is so complex that no news organizations would allow any investigative pieces to publish unless the greatest amount of information is gathered out of exhaustive research deciphering the intricacies of the core issue from all possible angles. Investigative reports are usually allowed much more time to ensure the quality of the final work. For the sake of transparency and verifiability, investigative reporters these days are inclined to attach key documents as appendixes of their published works, in line with the academic practice.

Structural arrangement:

Conventional news reports follow the classical inverted pyramid structure, putting the most relevant message in the lead to attract the audience's attention with heavy-weight information feeds reduced to the essential fundamentals. There is not much space for a story-telling or dramatic structure to fully unfold in the main body. The idea is to make it easy for the audiences to get the gist of the latest updates even at a hasty glance.

In comparison, the structure and organization are essential for investigative pieces to shine. It's only job half done when journalists simplify complicated issues into basics in laymen's terms. How to string the basics together in a coherent and engaging manner determines how effective the message comes across. A dramatic or story-telling narrative structure is increasingly adopted by journalists to lure the audiences into focused reading. Such structural arrangement seldom works well without the presence of strong human elements and relatable characters. Well-chosen quotes from representative characters, direct, indirect or partial ones, are the workhorse of investigative pieces to arouse the audiences' empathy.

A recent example of such works is *New York Times*' Pulitzer Prize-winning series about the taxi industry in the metropolis, exposing the "predatory loans that shattered the lives of vulnerable drivers".[①]

The story exposes how seemingly tempting loan offers ended up plunging numerous taxi drivers into insurmountable debt traps in frantic efforts to buy a medallion, the much-coveted city permit to own their cabs. It starts small, from a phone call to Mohammed Hoque, an ordinary driver of Bangladeshi origin, who was just about to start the day's work. The caller offered Mr. Hoque a chance to get a loan for the medallion without going into the specific terms. Mr. Hoque jumped at the opportunity. He's full of hope for the prosperity this would entail for his family, without the least idea that the contract would usher in a massive debt far larger than what he could possibly earn in an entire life.

Mr. Hoque is only one of the New York immigrant drivers enticed into such punitive scheme. The story opens with a delayed lead, postponing the identification of the essential problem to a later stage in the narrative, yet personifying the seriousness of problem with a tangible human presence upfront. The appearance of a strong character is essential to draw the readers into the narrative by arousing their sympathies from early on. Once securing the readers' attention, the reporter moves on to other drivers' experiences and breaks down the loan schemes bit by bit until the beguiling mechanisms are fully revealed. Human interests are highlighted throughout the entire process, reinforcing the message that drivers of ethnic minority backgrounds fall victim to the illusion of success falsely magnified by a poorly regulated industry. In an echo ending, the story goes back to Mr. Hoque, the Bangladeshi driver that the readers met in the lead. A strong quote from the character completes the story-telling arc and leave much space for reflection, "It's an unhuman life, I drive and drive and drive. But I don't know what my destination

---

① This is quoted from the awarding statement from the Pulitzer Prize panel. https://www.pulitzer.org/winners/brian-m-rosenthal-new-york-times.

is", said Mr. Hoque.[①]

Data-driven reporting:

The originality and independent efforts of investigative reporters are increasingly embodied in effective data presentation. Thanks to technological advancements, reporters are fully capable of building their own datasets based on open sources materials and their own investigations. "Last Words" is the award-winning special series of the *Boston Globe*. The newspaper's Spotlight team "assemble a database of Massachusetts deaths from 1999 to mid-2020"[②] as the foundation of their economic portrait of deaths in Massachusetts. The database is further analyzed in perspectives of race, income, sex, age, and occupation to expose the ingrained inequalities in American society exacerbated by the COVID-19 pandemic.

Such enormous amount of work is unthinkable without the aid of data retrieval and other analytical tools strengthened by artificial intelligence. Such data-rich stories rely heavily on visualization to enable the audiences to make better sense of the findings. Charts, tables, and infographics of all kinds, enhanced by interactive and multi-media designs are increasingly becoming the norms of investigative reports' content styles.

A strong start in the early years

Due to the differences in social and political systems, western media are usually skeptical of investigative journalism in China. The situation is at least "precarious" (Tong and Spark, 2009), requiring voluntary media alignment with government stances on major issues.

Even the public in China inclines to believe that investigative journalism is a genre imported from the west. Media scholars in China seem to agree that the practice of investigative journalism in earnest was first initiated in the early 1990s,

---

① This is quoted from "'They Were Conned': How Reckless Loans Devastated a Generation of Taxi Drivers". This is the first installment in Brian M. Rosenthal's Pulitzer Prize-winning series. It won Pulitzer Prize for Investigative Reporting in 2020.

② "Part 1: Is death the great equalizer?" Last words, Boston Globe Spotlight Team, September 26th, 2020.

coinciding with the country's drive to build "a market economy with socialist characteristics". But it would be an over-simplification to claim that journalism practice in China had been devoid of investigative reporting prior to its resurgence in the early 1990s.

The practice of investigative journalism in China could be traced to a much earlier origin, even before the founding of the People's Republic of China in 1949. A leading figure is Fan Changjiang, a towering pioneer in the development of journalism in modern China.

Fan Changjiang launched his career in 1933 as a journalist for *Ta-Kung-Pao*, one of the most widely read newspaper in those days. In 1935, he was dispatched to China's northwestern provinces to see in his own eyes the political and economic plights in these relatively backward territories, following the long march of the Communist-led Red Army. To break away from the besieges and never-ending military incursions by the Kuomintang forces,[①] the Red Army was forced to abandon its revolutionary bases in central and eastern China and transferred to the sparsely populated rural areas in the northwest where the Kuomintang rule was relatively weak.

Fan Changjiang mentioned two primary purposes for his 10-month-long journey (Fan, 1971). The first was to find out how China's political landscape would change following the Red Army's long march. The second was to get a better sense of the history and status quo of China's northwestern regions that were about to become the vast home front of the nation's fight against Japanese aggression.[②] He argued that northwestern provinces were of pivotal strategic importance to the forthcoming battles against Japanese aggression despite their relative miniscule economic strengths. He pointed out that if the war drags on, the Japanese military would try all

---

① The Chiang Kai-shek government launched five rounds of massive military attacks against the Soviet-style strongholds established by the Communist Party in Jiangxi province from 1931 to 1934. These attacks, known as "weijiao", or besiegement and suppression, aimed squarely at terminating the Communist Party and the Red Army. The enormous costs in resources and lives were the decisive reasons forcing the Red Army to seek a strategic transfer to the northwestern hinterland.

② This is paraphrased from Fang Changjiang's essay, Reflection on Journalistic Work, published in the journal *xinwen zhanxian* in 1979.

they could to cut off the military connections between China and the Soviet Union in the northwestern fronts to completely block the entire Chinese mainland from external assistance.① (Fang, 1980)

The book turns out to be an instant hit. It was reprinted seven times within six months of its publication, securing its place as an all-time classic in the history of journalism in China. These dispatches presented a first eye-witness account of the appalling corruption, extreme poverty, and ethnic tensions in Kuomintang-ruled northwestern provinces. Without computers and any other advanced technologies to rely on, Fan's journalism shines in his comprehensive researches into historical archives and insightful observations at close quarters in the field.

He proved to be a master of the art of factual reporting. In describing the most shocking scenes of poverty and sufferings, he exercised restraints and laid out the specific details in unornamented forms without many adjectives and modifiers to dress up. Here is an excerpt describing what he saw on the streets of Zhangye, a mining town used to be the most prosperous in Gansu province (Fan, 1980, P119):

There were relatively fewer middled-aged or elderly women vagabonding on the streets than children. But they are still everywhere to be found. There is one distinctive feature in these women's appearances: no matter how worn-out or ragged their shreds of clothing are hanging above the waist are, if their pants are too tattered to conceal the part of the bodies that they deem absolutely necessary to cover up, they would somehow manage to skirt around their waists with a wrap of thread-bare and unwashed linen or cotton cloth, or at the very least, to put up a tiny square of fabric up in front of the belly.②

Fan was at his most analytical when he broke down the taxation policies levied by Ma Bufang, the warlord governing Qinghai province, to sustain his military dominance. (Fan, 1980, P92):

---

① This is paraphrased from the preface of the 4th edition of *In the Northwestern Corner of China*.
② This is translated by the author from, *The Bankruptcy of Golden Zhangye*, the first installment of Chapter 4 from *In the Northwestern Corner of China*.

More than 70 percent of Qinghai's land area lie in the nomadic tribal regions of Mongolian and Tibetan peoples. With his father's influence and his own military prowess, Ma Bufang can easily command and manipulate them. Ma collects poll tax from these nomadic people once every year, stipulating in exact penny terms how much each horse or ox should be levied upon. Usually desperately short of cashes, these nomadic peoples would prefer to pay up to 90 percent of the taxes in the forms of sheep wools sold at the market prices. With the intervention of brokers, the poll taxes are driven up so high that they loom as a much too heavy burden for Mongolians and Tibetans. Ma Bufang has also implemented a so-called "Grain sales for Barracks" system, to relegate the mission of securing grain supplies for his troops to local civilians in the name of purchasing. It's sheer expropriation. In a word, such economic policies can be interpreted as the policies of "dispossessing the people's benefits", or the kind of expenditure policy "barely giving back anything to the civilian at all".[1]

Fan Changjiang got one of the biggest scoops of his time through his depictions of the utter despair of the poverty-stricken people in the hands of corrupt and greedy officials and warlords. These dispatches spearheaded the onset of investigative journalism in China in a tumultuous era of national crisis. Their deep concerns about the people's hardships and the unobtrusive presentations of opinions and commentaries based on solid facts are in line with classical journalistic principles revered by western media. Fan's legacy lives on to this day and inspires generations of Chinese journalists.

The flourishing of investigative reports in the 1990s

The term "investigative journalism" gradually entered the public discourse in the early 1990s. Prior to that period, Chinese journalists seemed to be more in favor of the term "in-depth reports," or in a more euphemistical way of saying, "negative reports".

Investigative journalism fascinates Chinese journalists and media organizations. They are no strangers to the achievements of their western counterparts. Watergate

---

[1] This is translated by the author from part two of Ma Bumang's Political Assignment, the fifth installment of Chapter Three, from *In the Northwestern Corner of China*.

reports have long been esteemed as a classic example of media supervision in textbooks of international journalism history used by J-Schools across China. The two young Washington Post reporters teamed up to debunk the so-called "third-rate burglary[①]"at the Democratic Party's National Committee office and expose one of the most astounding political intrigues in America history causing the downfall of Richard Nixon. The achievements are regard as a milestone in journalism history in China as well.

The media industry regards investigative reporting as the crown jewel of journalism practices. Investigative reporters are well-respected by their colleagues. The timing was ripe for investigative reporting to thrive in the early 1990s.

Even "negative or critical reports" used to be frowned upon by authorities. However, the overall media environment loosened up in 1992 when late Chinese leader Deng Xiaoping delivered his famous "Southern Tour Speech" in the port city of Shenzhen. In the speech, Deng called for thought emancipation to deepen the reform and opening-up cause. He pointed out that "in order to win the comparative advantages over capitalism, socialism must bravely assimilate and learn from all the cultural achievements created by the human society and all the advanced operational mechanisms and management approaches of all countries in the world, including advanced capitalist countries."[②]

The wake-up call paved the way for the marketization of China's economy and accelerated the diversification of China's media sector to meet the growing public demand for informative and creative coverage on social issues of wide public concerns.

The timing was right for the country's fledgling investigative journalists to take off and establish their creditability. A defining event was the debut of *Focus Interview* (焦点访谈) in April 1994, a 15-minute TV magazine show produced and broadcast by CCTV (China Central Television).

Focus Interview can be regarded as the CCTV equivalent of BBC One's *Panorama*. It's been CCTV's flagship investigative show since its birth and helped

---

① In the initial reaction of the White House, Presidential Press Secretary Ron Ziegler responded that the president would have no comment on a "third-rate burglary attempt".

② This is translated from the original text of Deng's speech delivered during his inspection tour to Guangdong from January 18th to February 21st, 1992.

cultivate some of the best investigative journalists in China. The show focuses on "follow-up reports of current affairs, analyses of news background, hot social issues perception and topical discussions about public concerns".[①] It quickly won over the hearts of the audience all over China in its early years for those snappy investigative pieces exposing social injustice, inequality, and corrupt local officials.

Focus Interview was the first TV show featuring extensive use of secret filming and undercover reporting in China. Two months after its debut, the show aired an episode on illegal invoice vendors at the Shanghai Railway Station, a major transport hub in the city center. Devices like pinhole camera or button camera were still unavailable back in those days. The camera was set up 40 meters away, well hidden in the crowds. The reporter disguised as a potential buyer and approached a female vendor to bargain. The whole sequence had a strong detective story feel to it, which was seldom seen on Chinese television back then. The audience were amazed. Provincial television stations followed suit and produced their own shares of investigative features. Thanks to the advent of such sneaky pieces, secret filming and undercover reports became the standard procedures of investigative reporting for video journalists in China.[②]

The exposure of wrongdoings by corrupt officials earned the respect and trust of the Chinese public for *Focus Interview*. The show broadcast about 300 episodes in a year, 200 of them were negative or critical reports in the 1990s. Realizing the show's huge potential to galvanize public support for its agenda, the Chinese central government endorsed the show unequivocally. The then Chinese premier Zhu Rongji inspected CCTV in 1998 and met the production team of *Focus Interview*. In a rare exception, he wrote up a calligraphy scroll for the team, praising them as "supervision by public opinion,[③] the people's mouthpiece, the government's

---

① These program priorities are highlighted on the homepage of the show's official website. https://tv.cctv.com/lm/jdft/, accessed on February 28th, 2023.

② The transcript of the show is unavailable on CCTV's official website, but can be retrieved here: https://www.guayunfan.com/lilun/459341.html.

③ Supervision by public opinion, or "yulun jiandu", is the preferred term for media supervision in China. Media supervision didn't gain wide circulation in either official or academic discussions.

mirror and the reform's vanguard".① He even proposed his own pitch to the show's staff — sandstorms in northern China. The show took on the task and put together a five-part series in the week from April 21st to 25th, 2001. These features focused on the country's disappearing forests, imbalanced water conserrancy, withering wetlands and desertification, sounding the alarm for ecological crisis.

In the peak of its popularity, *Focus Interview* enjoys huge public trust. Thousands of letters and telephone inquiries from enthusiastic viewers nationwide flooded the show on daily basis. Some farmers travelled all the way from their remote villages to CCTV's headquarters in Beijing to deposit petitions at the reception desk of the show, hoping that their voices could be heard. They had to wait in a long queue and no one seemed to mind.

To some extent, *Focus Interview* defines the range of subject matters and the technical standards of investigative reporting in China. Its most popular episodes exposed social injustice suffered by disadvantageous groups and wrongdoings of corrupt officials, triggering wide social debates and authorities' problem-solving efforts. With the success of the show, "supervision by public opinion" has become a catchphrase and a generally accepted way of referring to investigative reporting. The Central Committee of the Communist Party of China even included the term into the ruling party's intra-party supervision regulations.② The regulation has made it clear that "news media should adhere to the unity of the Party and the people, stick to correct political guidance, strengthen the supervision by public opinion and conduct anatomical analysis into representative cases to play its vigilante role".

The decline and revival of investigative journalism in the 21st century

Investigative reporting encountered unexpected resistance in the dawn of the 21st century. As *Focus Interview* became more and more influential, it came under growing pressure from local authorities and interest groups. Such pressure would

---

① *China Youth Daily* reported on Zhu's inspection extensively in this reflective piece published in September, 2011, http://zqb.cyol.com/html/2011-09/22/nw.D110000zgqnb_20110922_2-11.htm, accessed on February 28th, 2023.

② The excerpt is translated by the author from Article 39, Chapter 6 of the regulation.

translate into editorial directives suspending some broadcasts.

In a 2004 news analysis, *China Youth Daily* stated that 47% of *Focus Interview*'s episodes were related to supervision by public opinion in 1998. The proportion dropped to 17% in 2002, the lowest ebb of the show. The article pointed out that the overall environment nurturing the supervision by public opinion was deteriorating, citing the hostilities of some local authorities towards the show's reporters.[①]

But the decline of investigative journalism on national television doesn't mean the end of the game. Unexpectedly, the breakthrough moment came in the form of a report on the contaminated baby formula milk powder scandal by Jian Guangzhou, a journalist from *Oriental Morning Post*, a Shanghai-based newspaper.

The toxic infant formula milk powder scandal triggered an overhaul of China's dairy product industry 14 years ago. The media played a decisive role in exposing the industry's long-hidden malpractice and compelling the authorities to work out stringent measures to upgrade the country's food safety standards.

At the center of the turmoil was Shijiazhuang-based Sanlu Group, one of China's largest dairy companies. On September 8th, 2008, 14 infants under the age of one in Minxian County in northwest China's Gansu Province were rushed into a local hospital for kidney failures and other symptoms. More similar cases were reported on the following days. One baby died. Doctors couldn't figure out what caused these young patients' pains. The parents said they had been feeding these infants on milk power produced by Sanlu Group.

When he learned of what happened in Gansu, Jian Guangzhou went to Gansu for a reporting trip. What he witnessed at the pediatric ward of a Gansu hospital was a complete shock. He learned from medical experts that for children of such young age to exhibit kidney problems, if congenital deficiency was ruled out, the only possible source could be their food and drink. There might be some pathological

---

① This is paraphrased from "The Little-known Insiders' Perspective about Focus Interview's Media Supervision", a *China Youth Daily* article commemorating the 10th anniversary of Focus Interview, published on March 29th, 2004. zqb.cyol.com/content/2004-03/29/content_845601.htm, accessed on February 28th, 2023.

links between their medical conditions and the milk power produced by Sanlu, the only food source thus far in their lives.

Jian's trip to Gansu yielded a story under 1,000 words, published on *Oriental Morning Post* immediately after his return. The story proved to be an instant hit and national news organizations like Xinhua News Agency republished it immediately. The reporter exercised great restraint throughout the article not to sensationalize the issue. He made sure all the details were accurate and refrained from accusing Sanlu squarely. He quoted medical experts' analyses pointing to the possible links between Sanlu's milk powder and the babies' symptoms, but avoided labelling the experts' opinions as conclusive. This report was the first of its kind to name Sanlu openly, beating his counterparts from all national news organizations.

The huge public concern prompted quality inspection authorities to step in. Sanlu eventually admitted that some batches of its baby formula milk powders were contaminated by toxic melamine components. Serious political consequences followed. The chairperson of Sanlu Group was sentenced to life imprisonment. The country's quality supervision chief and Shijiazhuang's party chief were removed from their posts for dereliction of duties.[①] The 11th National People's Congress Standing Committee approved the country's new food safety law at its 7th plenary session on February 28th, 2009. The law took effect on June 1st the same year.[②]

Carrying the momentum of Sanlu reports, Chinese journalists concentrated their efforts on public service areas to carry on with investigative reporting. Riding the tide in the lead were the country's print media platforms, not TV stations predominant in the 1990s and early 2000s.

A brief analysis about the first prize hand-outs of China Journalism Award, the country's most prestigious annual press awards, corroborates such generalization.

---

① https://news.sina.com.cn/c/2008-09-23/080714486860s.shtml.

② The presidential decree ratifying the law and its full body of articles can be accessed on the official website of the central government, http://www.gov.cn/flfg/2009-02-28/content_1246367.htm, accessed on February 28th, 2023.

Unlike the Pulitzer Prizes, Investigative Reporting is not a fixated category of China Journalism Award. In the seven-year period from 2016 to 2022, 2018 is the only year that designated a stand-alone category for investigative reports on the list of First-Prize winners. For most of the years, Features and In-depth Reports are the reserved category reserved for investigative reports and other long-form stories under 5,000 words.

The 2022 awards list released in November breaks away from this tradition by giving features their own category and creating a new category for outstanding works in the field of supervision by public opinion. According to the All-China Journalists Association, reports submitted to this new category should "focus on exposing existent societal issues, safeguard fairness and justice, and propel our time to progress. Reports in this category should be accurate and thorough in facts collection, objective and well-rounded, constructive, and facilitate the solution of realistic problems".[①] This reads like a call for more entries of investigative works.

Table 1 The First-Prize awards of China Journalism Award in categories related to investigative reporting since 2016.

Year	Category	Subject	IR entry	Media format	Data visualization	Media outlet
2016	In-depth reports	Macro-economy	0	Text, image	No	People's Daily
2017	Feature	Poverty elimination and energy	0	Text, image	No	People's Daily Shanxi Daily
2018	Investigative reports	Environmental protection	1	Text, image	No	National Resources Daily
2019	Feature and In-depth Reports	Military	0	Text, image	No	PLA Daily

---

① The evaluation methods and the creation of the new category were announced by the All China Journalists Associated in June, 2022 on its official website, http://www.zgjx.cn/2022-06/13/c_1310621273.htm.

continued

Year	Category	Subject	IR entry	Media format	Data visualization	Media outlet
2020	Feature and In-depth Reports	Environmental protection; Privately-run businesses	2/7	Text, image	No	Hunan Daily; Workers' Daily
2021	Feature and In-depth Reports	Environmental protection	1/7	Text, image	No	Economic Information Daily
2022	Supervision of Public Opinion Reports	Environmental protection; Public service	2/3	Text, video, audio, image	No	Xinhua; CNR

IR stands for investigative reports in the table.
Source: The All-China Journalists Association

If the new category becomes a fixture, the move can be interpreted as encouraging media outlets to submit more in-depth works related to public interests. It's a clear call for investigative reporters to top up their games.

Further breakdown of the list shows that China Journalism Award gives out the First Prize to investigative reports in four of the seven-year period, in 2018, 2020, 2021 and 2022 respectively. Four out of the six prize-winning investigative reports focused on environmental protection, a clear favorite subject choice. The remaining two were about public heating disputes and equal treatment of privately-run businesses, also prominent public service topics. These works were published by four different newspapers, one news agency and one radio station. No presence of TV station.

The 2021 winning piece is a telling case of investigative reporting on environmental issues. The piece is published on *Economic Information Daily*, a Xinhua News Agency affiliate. In an investigation spanning two years, the reporter Wang Wenzhi explored how illegal coal-mining in Qilian Mountains damaged crucial source waters on the upper reaches of the Yellow River and catapulted the owner of a local mining company into the status of the "invisible wealthiest man" in Qinghai.

Disguised as a truck driver, Mr. Wang sneaked into one of the company's mining fields to witness the digging procedures leaving gaping wounds on wetlands that can only be described as "ripping open the belly".① To gauge the massive profits that the company accumulates, Wang collected government tax reports over the years to corroborate coal production statistics leaked from insiders. Factoring in coal price fluctuations, he concluded that the company's profits from 2006 to 2014 exceeded 11 billion yuan or some 1.8 billion US dollars, despite the government's repeated ban on any mining activities in the area.

Area of breakthroughs: data visualization

The focus on environmental protection and public services yields some impressive investigative works in recent years. In terms of content presentation, one potential area for further breakthroughs may well be data visualization.

Table 1 shows that none of the prize-winning investigative reports honored by China Journalism Award since 2016 adopts data visualization, despite a heavy reliance on data as crucial evidence to strengthen their reporting and arguments. Here is an excerpt of Wang Wenzhi's reports on illegal mining in Qinghai that won him the First Prize in 2021.

Economic Information *Daily reporter corroborated this assessment by internal statistics leaked from insiders at Xingqing Corporation. The coal production volumes of the company from 2007 to 2014 at a mining field in Juhugeng area recorded as such: the coal production yields 2.7088 million tons in 2007, 2.8877 million tons in 2008, 2.7551 million tons in 2009, 1.12 million tons in 2010, 3.5969 million tons in 2011, 4.4541 million tons in 2012, 1.855 million tons in 2013, 1.1347 million tons in 2014. The annual average is 2.7088 million tons. The total production from 2007 to 2014 reach 20.5123 million tons, earning a net profit of*

---

① In the article, Wang describes that such open-air mining usually involves the digging of enormous trenches as deep as 400 meters and run as long as one kilometer on what should have been preserved as wetland ecosystem. http://www.jjckb.cn/2020-08/04/c_139262843.htm, accessed on February 28th, 2023.

11.019 billion yuan.①

A simple pie chart or bar chart would make this data-heavy paragraph a lot easier for the readers to digest. Instead of listing all the annual coal production figures one by one in written words, the reporter could have generalized the key points in a brief sentence and draw the readers' attention to a well-crafted chart with all the specific numbers nicely laid out.

Such problem can also be found on other prize-winning pieces from the same period. Generally speaking, Chinese journalists seem averse to the idea of visualizing key data from their findings.

Aside from the inadequate application of visualization tools, another factor could be their lack of awareness or motivation to come up with their own data through self-driven research. It's the central idea popularized by Philip Meyer in his ground-breaking work, *Precision Journalism: A Reporter's Introduction to Social Science Methods*. In this seminal book, Meyer advocated the approach of using social science methods to do better journalism. He said he wanted to "encourage my colleagues in journalism to apply the principles of scientific method to their tasks of gathering and presenting the news". (Meyer, 2002)

Meyer tried out this idea for the first time in covering the 1967 Detroit Riot for the Free Press. These riots in the summer of 1967 were among the most violent and destructive racial conflicts in American history.② A widely held view at that time was that those at the bottom of the social ladder with no money and no education launched the riots to release their discontent. Meyer thought there was more to it. He proposed the Free Press to do a survey to better portray the identities and attitudes of the rioters.

The subsequent investigation revealed that people with college diplomas were as likely to participate in the riots as high-school dropouts. And most of the city's black community longed for peace and order, not chaos and violence. The

---

① This is translated by the author from the original text.
② In five days, 43 people were dead, 342 injured, nearly 1,400 buildings had been burned and thousands of National Guard and army troops had been deployed to help stabilize the situation.

report was published with the headline: *The Non-Rioters: A Hopeful Majority*. It maintained that rioters were "a small and deviant minority", against even the social standards of the black community, calling for social unity across the country.① Susan Rosegrant, Lecturer Emeritus from University of Michigan's Residential College describes Meyer's 1967 riots report and his 1973 book as "changing the media practice forever by inspiring newspapers to embrace the blend of social science and journalism." (Rosegrant, 2002)

Precision journalism as advocated by Meyer is investigative journalism in essence. A Philip Meyer Journalism Award has been created to honor the kind of outstanding investigative stories that best embody Meyer's idea.② Interestingly, media organizations all around the world still prefer to use the old familiar term of investigative reports to denote the sort of long-form stories involving lengthy investigation guided by exhaustive research and elaborate planning. Nowhere across the industry has "precision reports" taken hold as a recognized genre of news reporting. But it doesn't mean that the industry resists the application of Meyer's idea. In fact, today's investigative reporting has been so permeated with social science methods that journalists feel the need to dedicate a small section in their final works to explain in laymen's language the methodology chosen for the project.

In his Pulitzer Prize-winning piece exposing the loan schemes that devastated numerous taxi driver, New York Times reporter Brian M. Rosenthal reserved this small paragraph to brief his readers how the team uncovered the scale and magnitude of the loan traps (Rosenthal, 2019):

Over 10 months, The Times *interviewed 450 people, built a database of every medallion sale since 1995 and reviewed thousands of individual loans and*

---

① Meyer's special survey report was published by the *Detroit Free Press* on August 20, 1967.
② The awards are jointly presented by Investigative Reporters and Editors, a non-profit professional organization, and the Missouri School of Journalism, and the Knight Chair at Arizona State University's Walter Cronkite School of Journalism and Mass Communication. Three prizes are given annually. Here is the homepage of the prizes: https://www.ire.org/awards/.

other documents, including internal bank records and confidential profit-sharing agreements.

In order not to disrupt the smooth narrative flow in the main body, some reporters prefer to attach an appendix separate from the story itself to explain in more technical details the methodology adopted, so that interested tech-savvy readers can explore for themselves. All these efforts aim at impressing the readers with the scientific nature and transparency of their reporting. One of the most efficient ways to deliver the weight of their crucial findings is no other than data presentation. With all the handy tools around, visualization has become the norm to strengthen the effectiveness of investigative reporting.

A brief look at the Pulitzer Prizes-winning investigative reports since 2017 shows that five out of the six recipients use data visualization extensively either across the entire project or at least in some installments of the series. The only exception is *Washington Post*'s series in 2019 looking into the sexual predation by a University of Southern California gynecologist over a quarter century. Due to the sensitive nature of the subject, the series rely primarily on one-on-one interviews with victims to maximize the emotional impacts by reconstructing their traumatic experiences. Data presentations are not the top pick to create such effects.

Table 2 Winners of Pulitzer Prize for Investigative Reporting since 2017.

Year	Category	Title	Media outlets	Data visualization
2022	IR	Poisoned	Tempa Bay Times	Yes
2021	IR	Blind Spot	The Boston Globe	Yes
2020	IR	"They Were Conned": How Reckless Loans Devastated a Generation of Taxi Drivers and the series	The New York Times	Yes
2019	IR	Special series on USC gynecologist sexual misconduct case	The Los Angeles Times	No
2018	IR	Alabama Senate race scandal series	The Washington Post	Yes

continued

Year	Category	Title	Media outlets	Data visualization
2017	IR	Flood of opioids into West Virginia counties	Charleston Gazette-Mail	Yes

IR stands for investigative reporting in the table.
Source: The Pulitzer Prizes official website: https://www.pulitzer.org/prize-winners-by-year last viewed time.

In comparison, it remains hard to identify investigative stories done by Chinese journalists compatible with Meyer's vision of integrating social science methods into vigorous reporting. Data journalism has established its foothold as a regular column on major online platforms like Meishuke on the Paper, Data Blog on Netease.com, and Shuzishuo on Caixin.[①] However, data visualization as a content-enhancing technique or way of thinking is yet to become an integral part in Chinese investigative reporters' tool kits.

In conclusion:

Similar to their western counterparts, Chinese journalists share the same passion in uncovering social problems and meeting the demand of the public for quality reports as the foundation of informed decisions. Through ups and downs, investigative reporting as the most demanding form of journalism practice maintains its resilient in China. Environmental protection and topical issues related to public services are the appropriate subject choices for Chinese investigative reporters to shine. To put forward for quality works, they may begin thinking about sharpening their skillsets and diversifying their content presentations by embracing research-based methods and data deliverance through visually-appealing designs.

In an interview with *Columbia Journalism Review* for its 60th anniversary edition, Phillippe Meyer talked about in what ways his approach can bring to the future of investigative reporting. He replied that "journalism is very good at covering events, fairly good at finding patterns or trends, and not so good at looking at structure. Here is what social science approach can help." (Sullivan, 2001)

---

① These online data news columns are available here: https://www.thepaper.cn/list_25635, https://www.163.com/dy/media/T1558001296379.html, https://datanews.caixin.com/.

Exposing structural problems of the society or an institution is the ultimate pursuit for investigative reporters in China and abroad alike. The presentation of crucial data in effective and understandable visual forms, obtained through self-driven research guided by social science methods is one area for Chinese investigative reporters to work on.

虚假新闻高热度传播组合路径研究

——基于57例虚假新闻的清晰集定性比较分析（QCA）[①]

祁志慧[②]

一、研究缘起

身处于阪上走丸的技术革命和社交媒体信息生产勃发的世界中，"我们正式进入了一个假新闻的时代"[③]。2016年"后真相"（post-truth）被《牛津词典》评为年度词汇；次年，"假新闻"（fake news）又成为《柯林斯英语词典》的年度热词；2018年，英文网站字典网（dictionary.com）评选出的年度词汇"misinformation"（假消息），仍和假新闻有关。所罗门公布年度词汇时指出：弥漫网络空间的假消息对所有人的生活都是一种不断需要革新的搠战。[④]由此可以看出，不论是"一个假新闻的时代"还是"弥漫带来的新的搠战"；不论是"虚假新闻"，还是"后真相""假消息"，其对当下生活的影响是不容置喙的。当今，我国正处于复杂的社会转型期，种种思想传播活跃、各类主张不断碰撞、多元文化彼此交融；同时，在舆情场域纷乱嘈杂、媒介视阈推陈出新、媒体领域转型变革的交织叠加作用下，激荡着不同声音。面对这一复杂的形

[①] 本文系国家社会科学基金青年项目"算法时代恐怖主义信息传播的特点与应对策略研究"（19CXW016）、广州市舆情大数据重点研究基地项目"突发事件背景下的粤港澳大湾区交通舆情网络传播结构及其形成机制"（YQ2019-01）的阶段性成果。

[②] 祁志慧，云南大学新闻学院（南亚东南亚国际传播学院）讲师。

[③] 刘咏秋、陈占杰：《希腊委婉批评路透社发假新闻：报道要谨慎！》，新华社，http://www.xinhuanet.com//world/2017-03/18/c_129512227.htm，2017-03-18。

[④] 孙之冰：《继"有毒"后，"假消息"也上榜2018年度词汇》，参考消息，http://www.cankaoxiaoxi.com/culture/20181128/2359251.shtml，2018-11-08。

势，深入探求数字化媒体网络中虚假新闻高热度传播的影响因素，并试图寻求有效的对症之举是当下新闻事业健康发展须面对的题中之义。

"虚假新闻是困扰中国新闻界的老问题"[1]，从探讨虚假新闻的形式[2]、产生原因、表现和趋势[3]，到网络虚假新闻的生成形态[4]、治理路径[5]等，国内外学界业界对虚假新闻的研究涉及层次领域日渐横向延展、纵向深入。将虚假新闻作为多学科结合，进行研究的"新范式"[6]是前沿趋势；借用跨学科的思路并结合实证的方法，"证实人类自身的情感指向更大可能的扩散了虚假新闻的传播和影响的研究"[7]，意图减少虚假新闻的传播，并解决它所揭示的潜在病症是前沿方法。

质言之，虚假新闻在当今丰繁驳杂、新事物日新月异的数字化媒体时代，不仅仅是我国所关注的议题，更是世界各国都已聚焦发力想予以攻破的难题。[8]国内外虚假新闻的相关研究，涉及不同领域，但在国内的传播语境中，现有的研究成果，在研究方法方面，集中以思辨、现象分析、案例分析等为主，这与西方学术界依托于大数据获取数据、多应用定量研究方法等开展的研究有着很大的不同与距离[9]。为此，本研究拟运用定性比较分析的方法，并结合跨学科的思路，探讨高热度传播的虚假新闻的组合路径并以治理为目标，期望能突破国内现有的对虚假新闻的研究视角，避免诊病式、教条式的宽泛分析，深入细致探讨研究典型性虚假新闻的特点，探讨多重因素组合的传播内容，力图为减少虚假新闻的传播提供学术贡献。

---

[1] 陈绚、张文祥：《假新闻治理的路径革新》，《国际新闻界》，2012年第12期。
[2] 郑保卫：《呼唤新闻良知杜绝虚假新闻——浅谈虚假新闻与道德误区》，《新闻界》，2001年第2期。
[3] 辛哲、文济：《虚假新闻报道：重拳出击，合力围歼——"坚决制止虚假新闻报道座谈会"综述》，《新闻记者》，2005年第7期。
[4] 吴晓明：《网络虚假新闻的生成形态》，《上海师范大学学报（哲学社会科学版）》，2006年第1期。
[5] 罗坤瑾：《狂欢与规训：社交媒体时代虚假新闻传播及治理研究》，《现代传播（中国传媒大学学报）》，2019年第2期。
[6] Lazer, D. M., Baum, M. A., Benkler, Y., Berinsky, A. J., Greenhill, K. M., Menczer, F.,& Schudson, M. The science of fake news. *Science*, 2018, (09).
[7] Vosoughi, S., Roy, D., & Aral, S. The spread of true and false news online. *Science*, 2018, 359 (6380).
[8] 年度虚假新闻研究课题组，白红义、江海伦、陈斌：《2018年虚假新闻研究报告》，《新闻记者》，2019年第1期。
[9] 同上。

二、研究问题

本研究运用定性比较分析的方法，选用国内根深于虚假新闻研究的上海社会科学研究院虚假新闻研究团队，经过严格遴选并刊发的2014—2018年《虚假新闻研究报告》中的57个典型性虚假新闻样本为案例，展开研究。讨论虚假新闻在数字化传播和社交媒体时代得以高热度传播的微观机制，从微观路径上对虚假新闻的传播扩散进行分析，从而在实际的新闻传播中，遏制这种类型的虚假新闻背后产生的社会深层原因并加以解决，从源头上减少或把控虚假新闻的传播，本文研究的问题如下：

（1）是否存在某些因素是虚假新闻高热度传播的条件？如果有，具体有哪些？

（2）是否存在某些因素的集合或组合运用会影响抑或"助力"虚假新闻高热度传播？

（3）为什么会是这些影响因素在起作用？其背后的作用机理和社会深层原因是什么？有无可协调解决的方案？

三、研究设计

（一）研究方法：清晰集定性比较分析

定性比较分析（Qualitative Comparative Analysis,QCA）方法是美国学者查尔斯·C. 拉金（Charles C. Ragin）于20世纪70、80年代开创的，用超越定性与定量研究的思路，运用多案例进行研究，其中根据研究者对案例的研判设定多条件变量，代替定量研究的自变量，之后多条件变量彼此之间反复测试关联组合。与此同时，研究者依托的两个核心理念，其一组态思想，即设定好条件变量，再将其进行排列组合计算的系统软件；其二集合关系，即将样本案例中选取的数个条件变量进行集合，并将彼此间关系进行组合。这些理念代替了定量研究中关注相关关系、净效应等的逻辑，将定量与质性研究方法结合起来扬长避短，力图使社会学学科研究的科学性规避原有的特殊个案解释或一因一果的常识证明的线性研究范式，进入集合研究分析的混合研究时代[1]。

---

[1] ［美］伯努斯·里豪克斯、查尔斯·C. 拉金：《QCA设计原理与应用》，杜运周、李永发等译，机械工业出版社2017年版，第XII页。

查尔斯·C.拉金的《比较方法：超越定性与定量研究的方法》在1987年出版之后几经修订，并于2014年再版，是当今社会科学研究领域内被引用次数最多的方法论著作之一。①采取案例和比较研究的逻辑，对中国的新闻传播学进行研究，是中国新闻传播学学科善用的思路，②而运用QCA方法，则可以恰如其分地对本学科领域内的这类型的研究作出较为严谨的科学性上的呈现，例如有学者运用QCA方法，以"卫报"和"卫报电报"两个英国重要的出版社在2016年脱欧公投中的报道为案例，得出新闻界应该对社会负责，并且不要让任何政治立场阻止它说实话的结论。该研究有助于关于新闻报道应该更多地承担起对社会建构的责任，并呼吁更多的学者关注新闻界的社会责任作用这个研究领域，特别是在数字媒介时代，应对怎样把握技术和新闻报道所应有的责任方面予以重视，③对现实有很大的启示意义。综合而言，定性比较分析的方法最重要的宗旨在于，将某一结果的发生，关联于多个原因变量的组合。④这种研究方法和思路为本文探讨虚假新闻高热度传播的内在复杂逻辑，提供了较为合适的研究路径。

一方面，在案例规模和变量选择上，定性比较分析包括清晰集（csQCA）、模糊集（fsQCA）与多集值（mvQCA）定性比较分析三种模式，其中清晰集定性比较分析的方法适用于处理变量为二分赋值的变量，⑤即设定条件变量后，在具体的每一个案例中显现或不显现，分别赋值为1或0，这些条件变量或称为原因变量的集合路径，即为所要研究的结果或者是复杂社会现象发生的明确的原因组合，这是一种清晰集的情状。本研究试图明确虚假新闻高热度传播的明确原因组合路径，故选取此种方法。同时根据研究问题所筛选的案例样本数，十个至六十个的中等样本数是具有科学研究性的数量，另与此同时根据确定下来的样本，反复分析案例，所确认进行分析研究的条件变量数设定为四到七个则是可信的。⑥本文以受到各界广泛关注的《新闻记者》杂志2014—2018年评

---

① [美] 阿克塞尔·马克斯、贝努瓦·里候科斯、查尔斯·C.拉金等：《社会科学研究中的定性比较分析法——近25年的发展及应用评估》，《国外社会科学》，2015年第6期。
② 毛湛文：《定性比较分析（QCA）与新闻传播学研究》，《国际新闻界》，2016年第4期。
③ Muhammad I, Muhammad I. Media Coverage of the 2016 Brexit Referendum: Analysis of the Guardian and the Telegraph. *Democracy*, 2018, 2.
④ Poveda, A.C. & Martínez, C. I. P. Qualitative comparative analysis (QCA): An application for the industry. *Quality & Quantity*, 2013, 47 (3).
⑤ [美] 伯努斯·里豪克斯、查尔斯·C.拉金：《QCA设计原理与应用》，杜运周、李永发等译，机械工业出版社2017年版，第XVIII页。
⑥ 苏宏元、黄晓曦：《突发事件中网络谣言的传播机制——基于清晰集定性比较分析》，《当代传播》，2018年第1期。

选出的典型性虚假新闻，共计57条为研究样本（见表1）。

拉斯韦尔作为传播学四大奠基人之一，在其《社会传播的结构与功能》一书中，提出了"5W"的经典模式，这被视为传播学研究的奠基理论之一。该模式阐释了传播活动的过程和要素。传播学的五大焦点概念：传播者（Who）、传播内容（Says What）、传播媒介（In Which Channel）、受众（Whom）和传播效果（With What Effect）正式明晰，指明了传播学的涉猎内容，对本学科的影响巨大。自此，新媒体视阈下，媒介发展不断推陈出新，各种传播承载介质不断融合发展，传播学的众多经典理论都不断地被质疑被验证被更新，"5W"模式的内涵也有了新的深刻赋能，但是依托于经典理论模式，在宏观上对传播流程进行的构念，依然有着其独有的阐释力和价值力。因而本研究在深入全面研究当今传媒生态、媒介形态、传播业态、传受情态等传播的各个节点的基础之上，以"5W"为基底，在对案例进行充分分析解读的基础上，结合已有的相关研究，确定了6个条件变量，即影响虚假新闻传播热度的六项微观因素，分别是信源变量、渠道变量、类型变量、程度变量、情感变量、信息干预时间变量，用以探讨虚假新闻高热度传播的影响机制。其中确立的信源变量取自传播者（Who）、渠道变量源自传播内容（Says What）、类型变量发轫于传播媒介（In Which Channel）。程度变量、情感变量、信息干预时间变量是依托于对57个样本案例反复研判，选取的所有案例都具备的微观因素，且此类微观因素有科学的筛选标准，具体阐释见条件变量的设定。

表1　57例典型性虚假新闻案例

序号	时间	虚假新闻案例名称
1	2014.3.8	马航MH370航班失踪
2	2014.4.8	郭美美澳门欠2.6亿赌债
3	2014.5.14	京畿地沟油黑色产业链
4	2014.5.23	孤儿杨六斤的励志故事
5	2014.7.22	碰瓷男惨遭女司机径直碾轧事件
6	2014.8.5	浑水泡面事件
7	2014.8.12	湘潭县妇幼保健院产妇死亡事件
8	2014.8.20	上海地铁老外晕倒乘客无一相助
9	2014.10.23	95后女网友用身体换旅行
10	2014.10.28	中国"落榜"世界空气最差20城

续表

序号	时间	虚假新闻案例名称
11	2015.1.9	南航退休机务副总落马
12	2015.1.13	裸女跳河，救人者遭冷遇
13	2015.1.18	新加坡总理公署宣布李光耀"病逝"
14	2015.4.26	滞留尼泊尔公民持中国护照免费乘机回国
15	2015.5.16	毒贩李先生是"影帝"
16	2015.6.12	长沙股民赔本跳楼
17	2015.7.17	哀乐以后不免费
18	2015.8.19	CNN前全球总编辑协调人黄天波批CNN
19	2015.9.21	中国游客因"不文明记录"被美遣返
20	2015.10.13	利辛女子为救女童被狗咬成重伤
21	2015.11.2	徐翔犯罪团伙成员拒捕被当场枪毙
22	2015.11.28	最高法院紧急下令"枪下留人"
23	2016.1.4	江西九江发生6.9级地震
24	2016.2.7	上海姑娘逃离江西农村
25	2016.2.14	"礼崩乐坏"的东北村庄
26	2016.3.15	北大才女回乡创业送快递
27	2016.3.30	患癌保安资助四川贫困女孩
28	2016.5.5	范冰冰母女共侍大佬
29	2016.8.26	津巴布韦总统因奥运会没能得奖牌下令逮捕代表团
30	2016.10.6	女员工每日排队吻老板
31	2016.10.13	叙利亚诗人阿多尼斯获诺贝尔奖
32	2016.10.15	山西省屯留县纪委书记扆世贵被免职
33	2017.1.2	河南大学生娶同学妈妈
34	2017.2.28	姚明联赛改革方案因被认为不合国情全遭否决
35	2017.3.5	乐天董事长辛东彬说中国人没骨气
36	2017.6.7	温州一女生因迟到2分钟被拒绝进入高考考场
37	2017.7.5	留守女童被两名老师强奸十几次，警方却不予立案
38	2017.8.6	成都一青年宅家10年，年平均步数仅为3172步
39	2017.8.10	农妇怒撕毒蛇为儿加菜
40	2017.9.13	老人抚养孙子14年考上复旦，发现"去世"儿子还活着

续表

序号	时间	虚假新闻案例名称
41	2017.10.7	终身创业老人褚时健去世
42	2017.10.7	新郎屁股被鞭炮炸开了花
43	2017.10.9	三名女子赴韩整形离境时在海关被扣
44	2017.12.1	山东莱阳14岁神童与麻省理工学院签约
45	2018.5.18	保研大学生破解彩票漏洞获刑
46	2018.7.19	淄博从未进过长春长生生产的疫苗
47	2018.8.22	《读者》快发不出工资了
48	2018.9.12	米脂故意杀人案罪犯赵泽伟被执行死刑
49	2018.9.12	内蒙古女教师车祸瞬间推开2学生自己被撞身亡
50	2018.9.14	朱旭9月14日去世
51	2018.10.8	的哥见义勇为被奖励"甘A88888"车牌
52	2018.10.16	刘强东案涉案女子涉嫌诬陷被美警方收押
53	2018.10.28	万州女司机逆行致大巴坠江
54	2018.11.18	快递小哥因快递被偷雨中痛哭20分钟
55	2018.11.24	丁守中击败柯文哲当选台北市长
56	2018.11.25	300斤小伙挤地铁被大爷骂哭
57	2018.12.19	小偷偷电瓶被电死向车主索赔20万

另一方面不同于单案例研究，QCA聚焦于多案例研究，运用该方法综合分析案例，提取其中共性特质确定为条件变量，同时又比对组合获取其异质性，用以推论虚假新闻的高热度传播的因果关系，是复杂异质多元且非线性的，通过运算得到影响虚假新闻传播热度的元素，也是以原因组合的形式呈现出来的。

（二）变量的设计路线

鉴于定性比较方法的应用原则，其本身对于研究所需要确定的变量没有现成的说明细则，故依据已有的研究知识，对变量进行确定和释义则是研究人员展开研究的第一步。[1]本研究选用的57个典型性案例是在反复研读案例材料，

---

[1] [美]伯努斯·里豪克斯、查尔斯·C.拉金：《QCA设计原理与应用》，杜运周、李永发等译，机械工业出版社2017年版，第22页。

并结合已有的研究进行筛选研判,确定了虚假新闻传播热度的六项微观因素即条件变量和一个结果变量之后,在"二分归属原则"[①]的指导下,以研究案例的整体权重比例进行二分阈值赋值,大于50%的案例变量则赋值为1,即设立此为显性条件变量,小于等于50%的案例变量即赋值为0,即设定为隐形条件变量。变量与赋值具体选择释义见表2。

表2 变量选择与赋值

变量	变量类型	判断说明	数据权重	赋值	说明变量
信源变量(WHO)	有明确标注的可靠信源	自称引述的是来源于公开新闻报道、政府公告、专家意见等的信息	38.60%	0	条件变量
	未有明确标注的可靠信源	未自称引述的是来自可靠信源的信息	61.40%	1	
渠道变量(CHANNLE)	社交媒体渠道	以社交网站、微信、微博等为主的社会性媒体	24.56%	0	条件变量
	非社交媒体渠道	社交媒体以外的其他媒体,含大众传媒、传统媒体等	76.44%	1	
类型变量(TYPE)	政法虚假新闻	与国家政治、政策、法律等相关的虚假新闻	29.82%	0	条件变量
	经济虚假新闻	涉及有关生产、分配、流通、消费等一切经济领域的虚假新闻		0	
	文教卫生虚假新闻	涉及文化、教育、科学、技术、卫生、健康等相关的虚假新闻		0	
	体育虚假新闻	体育运动中发生的虚假新闻报道		0	
	社会虚假新闻	涉及人民群众日常生活的社会事件、社会风貌、社会问题的虚假新闻报道	70.18%	1	
程度变量(HOW)	失实虚假新闻	有部分事实依据的虚假新闻	38.60%	0	条件变量
	完全虚假新闻	凭空捏造,毫无事实依据的虚假新闻	61.40%	1	
情感变量(SENTIMENT)	正面情感或无明显情感倾向	整体内容流露除负面之外的情感,如正面情感或无明显情感倾向	31.58%	0	条件变量
	负面情感	整体内容流露负面情感	68.42%	1	

---

① 年度虚假新闻研究课题组,白红义、江海伦、陈斌:《2018年虚假新闻研究报告》,《新闻记者》,2019年第1期。

续表

变量	变量类型	判断说明	数据权重	赋值	说明变量
信息干预时间变量(TIME)	核查敏感度一般	证实为虚假新闻的时间24小时之外	36.84%	0	条件变量
	核查敏感度较强	证实为虚假新闻的时间24小时之内	63.16%	1	
传播效果变量(EFFECT)	低热度传播	事件传播30天内百度搜索平均指数不足1000（小于1000）	40.35%	0	结果变量
	高热度传播	事件传播30天内百度搜索平均指数超过1000（大于等于1000）	59.65%	1	

1. 条件变量设定

（1）信源变量。传播学先驱学者霍夫兰指出了信源的可信性效果，即运用实证研究的方式，选用信源的可信性与说服效果的关系，构建出了模型。可信性包括两个因素：传播者的信誉和专业权威性。这两者构成可信性的基础。通过研究，他的结论支持可信度与说服效果正比例相关。因此，从传播者出发，改进传播效果的必取之法，是构建良好可信赖的形象，让受众得以信赖。①在数字媒体时代，在不断提及加强民众媒介素养甄别能力和专业媒体一直都未停止审视检测自身专业能力的当下，这些典型性传播的虚假新闻中，信息源头占什么样的地位呢？

本研究所选案例中，有据称的可靠信源，即内容中明确有源于政府、专家、权威媒体等信息的占比38.6%；无据称的可靠信源，即没有自称引述的是来自可靠信源的信息内容占比61.4%。因此，假设无据称的可靠信源更可能易于传播。

（2）渠道变量。当前传播渠道空前多样与畅通，对需要传播渠道进行传播与扩散的虚假新闻起到了推波助澜的作用。传统媒体及其数字化平台、商业性的门户网站是虚假新闻最为常见的传播渠道，同时近几年来以微信、微博、贴吧、论坛等为主具有实时、交互、联结较为紧密的社交媒体在虚假新闻生产中日益发挥重要作用。②本研究中，虚假新闻的渠道变量，即传播媒体渠道，分为社交媒体渠道：以社交网站、微博、微信等为主的社会性媒体；非社交媒体

---

① ［美］卡尔·霍夫兰、欧文·贾尼斯、哈罗德·凯利等：《传播与劝服：关于态度转变的心理学研究》，中国人民大学出版社2015年版，第34页。
② 年度虚假新闻研究课题组、白红义、江海伦、陈斌：《2018年虚假新闻研究报告》，《新闻记者》，2019年第1期。

渠道:社交媒体以外的其他媒体,含大众传媒、传统媒体等,其中非社交媒体渠道进行传播的案例占比76.44%,赋值为1。

(3)类型变量。每个虚假新闻根据不同的标准可以分为不同的类属,研读已有的案例,案例研究中对所选案例的样本分类是采用的最基本的属性之一,因此,类型变量是本次研究可采用的变量。在本研究界定类型变量时,参考到有研究者指出,虚假新闻就是新闻报道者离开新闻赖以产生和依存的客观事实,将自我的主观想象,抑或不经调查依托他人意愿,任性随意地去刊发的"新闻"。[①]假新闻可称为"新闻怪胎"。[②]可知虚假新闻是以新闻的样貌来呈现的,故虚假新闻的内容属性可按照新闻的属性分类为标准,即在中国,以新闻内容来分类,可分为政法新闻、经济新闻、文教卫生新闻(文化、文艺、教育、卫生等)、体育新闻、社会新闻等。[③]本文所选取的案例的内容属性变量依据此,可分为政法虚假新闻、经济虚假新闻、文教卫生虚假新闻、体育虚假新闻、社会虚假新闻等。

在本研究中的五种内容属性分类中,社会虚假新闻属性样本达40个,占比70.18%为最高,故假设社会虚假新闻更容易高热度传播。

(4)程度变量。根据现有学界业界共识,虚假新闻分为完全脱离事实的假新闻和有一定事实依据但报道中专业操作失之偏颇的失实新闻。[④]在新闻工作中,验证事实既是一种政治需要,也是一种职业技能。[⑤]虚假新闻本在生产的过程中通过新闻生产者依赖于职业技能,即求事实于源头,求证据于过程,属于"新闻业的底线要求,并不复杂"[⑥]。可是,在现实的操作中,尤其在今天"博眼球"的注意力经济、"流量就是王道"的数字化时代,这有时竟可成为职业高标准。以本研究所选的57个样本为例,"失实新闻"占比38.6%;"假新闻"占比61.4%。因此可以假设,数字化时代虚假新闻的产生,毫无事实依据的"假新闻"更易于高热度传播,赋值为1。

---

① 杨兴礼:《媒体要对真相负责——关于假新闻恶意炒作及其防治对策》,《青年记者》,2005年第8期。
② 罗建华:《治一治"新闻怪胎"》,《新闻战线》,1997年第4期。
③ 李良荣:《新闻学概论》,复旦大学出版社2018年版,第38页。
④ 杨保军:《新闻真实论》,中国人民大学出版社2006年版,第256页。
⑤ 张涛甫:《十年百条虚假新闻的样本分析——〈新闻记者〉"年度十大假新闻"评选十年分析报告之一》,《新闻记者》,2011年第5期。
⑥ 这一观点来自陈力丹教授在2011年1月23日"维护新闻真实性,提高媒体公信力"高峰论坛暨《新闻记者》"十大假新闻"评选十周年研讨会上的主题发言。

（5）情感变量。心理学中最近几年的研究，明确指证信息包含的情感会对新闻的传播范围、传播人群等形成影响。[①]因而本研究假定虚假新闻的文本内容的情感倾向是其传播的重要条件因子。根据2007年10月22日知网发布的"情感分析用词语集"，[②]文本中所叙述内容使用到负面情感词语，整体内容反映负面情感信息，如《快递小哥因快递被偷雨中痛哭20分钟》等则属于负面情感属性，此类样本案例为39个，占比较高，赋值为1。文中传递信息为正面情感信息或无明显情感倾向的信息赋值为0。

（6）信息干预时间变量。数字传播时代，虚假新闻出现的数量之多、速度之快、范围之广与传统时代是不可同日而语的，但与此同时，因为阅者众多，集体智慧的加持，被证伪、澄清的速率也大大提高。[③]本研究的57个典型性虚假新闻报道传播之后都被证伪，藉此，本研究主要是从核查新闻的时间来探讨媒体对虚假新闻敏感度的高低与虚假新闻传播热度的关系。根据样本，57个案例中有63.16%的虚假新闻在报道刊发传播后的24小时之内被推翻，故假设此类为信息干预时间较为敏感的显性变量，赋值为1，反之赋值为0。

2. 结果变量设计

本研究所期望回应的研究议题是是否存在某些因素是虚假新闻高热度传播的条件？如果有，具体有哪些？是否存在某些因素的集合或组合运用会影响抑或"助力"虚假新闻高热度传播？因此，传播热度即为本研究的结果变量。借鉴前人的研究模式，本文选取在国内使用率和权威性较高的百度指数来反映虚假新闻的传播热度，[④]即以所研究的57例虚假新闻为样本，选取固定范围内的百度指数，取其平均数值，作为本研究中考察虚假新闻传播热度高低的法式。本研究中的59.65%的案例在24小时内即被证伪，剩余案例中除两个案例证伪超过30天，其余均在30天内被推翻，所有案例传播热度均值都在30天之内达到高峰直至衰减，因此本研究就设定，在虚假新闻报道之后的30天内，指数平均值维持在1000以上的为高热度传播，编码为1，反之则为0。

---

① Stieglitz S, Dang-Xuan L. Emotions and information diffusion in social media—sentiment of microblogs and sharing behavior. *Journal of management information systems*, 2013, 29 (4).
② 情感分析用词语集 http://www.keenage.com/html/c_index.html.
③ 年度虚假新闻研究课题组，白红义、江海伦等：《2014年虚假新闻研究报告》，《新闻窗》，2015年第1期。
④ 黄扬、李伟权、郭雄腾等：《事件属性、注意力与网络时代的政策议程设置——基于40起网络焦点事件的定性比较分析（QCA）》，《情报杂志》，2019年第2期。

四、清晰集定性比较分析及结果

（一）真值表构建

根据QCA的研究步骤，编码员严格按照前述所设定的样本属性，与本研究的六个条件变量和一个条件变量一一对照，进行科学性编码，得到真值表（表3）。

表3 真值表

信源变量	渠道变量	类型变量	程度变量	情感变量	信息干预时间变量	案例个数
1	1	1	1	1	0	6
1	1	1	0	1	1	5
0	1	0	1	1	1	5
1	1	1	0	1	0	3
1	0	1	1	1	0	3
1	0	1	1	0	1	3
1	1	1	1	0	1	3
1	1	1	1	1	1	2
0	1	1	0	1	1	2
0	0	1	1	1	0	2
1	0	1	0	1	0	2
0	1	1	1	1	1	2
0	1	1	1	0	1	2
1	1	1	0	0	0	1
1	1	0	0	1	1	1
1	0	1	1	1	1	1
0	1	0	0	1	0	1
0	1	0	0	0	0	1
1	1	1	0	0	1	1
1	1	0	1	1	1	1
1	1	0	1	0	1	1
1	1	0	0	0	1	1

续表

信源变量	渠道变量	类型变量	程度变量	情感变量	信息干预时间变量	案例个数
1	0	1	0	1	1	1
0	1	1	0	0	0	1
0	1	0	1	0	1	1
0	1	0	1	0	0	1
0	1	0	0	1	1	1
0	1	0	0	0	1	1
0	0	0	1	1	1	1
0	0	0	1	0	1	1

（二）单变量必要性分析

真值表构建后，在fs/QCA3.0软件中运行，用以操作单变量必要性分析，即通过对研究案例的一致性指标（Consistency）进行研判，是否有单一的条件变量和结果变量存在充分或者必要的关系，一致性指标的运算公式如下所示：

$$\text{Consistency } (X_i \leqslant Y_i) = \sum [\min(X_i, Y_i)] \sum X_i$$

运算中，如有大于0.8的一致性指标出现，即认为该单一条件变量（X）的出现，为结果变量（Y）的充分条件，该条件变量的出现可以引发所研究的结果；指标大于0.9时，则认定该Y的出现是唯一的X导致的。进行一致性指标测定之后，覆盖率指标（Coverage）运算则是该研究的核心，该指标是用来解释什么样的条件变量组合对研究的结果存在较高的释义力，以0.25的覆盖率为例，证明此条件变量组合可以对所生发的结果中的25%的案例进行解释。①

在本研究中，通过单变量必要性分析（表4）可知：在六个条件变量中没有指标一致性超过0.9，即没有指标可以成为虚假新闻传播热度的必要条件。同时，其他条件变量的一致性和覆盖率均低于0.8，说明其余变量没有单一变量可单独促成虚假新闻的传播热度，即虚假新闻的传播是多重因素、多个变量通力交叠促成的，而非单个原因所能影响。故而，进行下一步的原因组合分析来探讨虚假新闻传播热度的影响机制是必需之举。

---

① 黄扬、李伟权、郭雄腾等：《事件属性、注意力与网络时代的政策议程设置——基于40起网络焦点事件的定性比较分析（QCA）》，《情报杂志》，2019年第2期。

表4 虚假新闻传播热度的单变量必要性分析

变量名称	一致性	覆盖率
信源变量	0.500000	0.485714
渠道变量	0.764706	0.604651
类型变量	0.617647	0.525000
程度变量	0.647059	0.628571
情感变量	0.588235	0.512821
信息干预时间变量	0.764706	0.722222

（三）条件组合分析

进行单变量必要性分析之后，分析结果变量的出现是否由于多个不同条件变量的组合所引发，对此进行科学合理的解释是整个研究的核心。运算规则依托于布尔代数（Booleanalgebra）的逻辑，用fs/QCA3.0将真值表中的数据进行组合，之后对条件组合进行不断运算并简化。该研究的核心思路是：如果研究中多个条件变量运算得出两个不同组合（A*B*C*D和A*B*C*d）同时导致一个结果（Y），并且这两个组合中，有且只有一个条件变量的取值不同（这里是D和d），则该条件变量是冗余的，即如果A*B*C*D+A*B*C*d→Y，根据布尔代数运算，可以得到A*B*C→Y。据此，结果变量发生的组合因素即为A、B、C同时存在。① 另外，结果显示的方案关系中，"=""+""*"分别代表"导致""或者""并且"；解释变量无前缀和前缀出现"～"，分别表示"赋值为1"和"赋值为0"时的意义。② 例如，"～A*B*C=Y"即解释为"条件非A、条件B、条件C同时存在就能导致结果Y出现"。根据运算，得出复杂方案、中间方案、简单方案如下（表5）。同时选取虚假新闻热度传播的影响组合中，原覆盖率高于10%以上的路径方案，列于表5。原覆盖率越高解释力越高，本方案中最终确定的方案最小原覆盖率也高于10%，具备一定的释义力。③

---

① 李良荣、郑雯、张盛：《网络群体性事件爆发机理："传播属性"与"事件属性"双重建模研究——基于195个案例的定性比较分析（QCA）》，《现代传播（中国传媒大学学报）》，2013年第2期。

② 张芳、张谦：《互联网时代谣言高热度传播的组合路径研究——基于2016年十大谣言的清晰集定性比较分析》，《东南传播》，2017年第11期。

③ 超过10%即具有解释力的研究参考黄扬、李伟权、郭雄腾等：《事件属性、注意力与网络时代的政策议程设置——基于40起网络焦点事件的定性比较分析（QCA）》，《情报杂志》，2019年第2期。

表5　三种方案汇总表

原因组合	原覆盖率 Raw Coverage	净覆盖率 Unique Coverage	一致性 Consistency
复杂方案（complex solution）最优组合路径提取表			
who*channle*～sentiment*time 信源变量*渠道变量*～情感变量*信息干预时间变量	0.176471	0.147059	1.000000
～who*channle*type*how*time ～信源变量*渠道变量*程度变量*信息干预时间变量	0.117647	0.117647	1.000000
中间方案（intermediate solution）最优组合路径提取表			
time*～sentiment*channle 信息干预时间变量*～情感变量*渠道变量	0.294118	0.058824	1.000000
～sentiment*how*channle ～情感变量*程度变量*渠道变量	0.235294	0.029412	1.000000
time*how*type*～who 信息干预时间变量*程度变量*类型变量*～信源变量	0.117647	0.058824	1.000000
简单方案（parsimonious solution）最优组合路径提取表			
channle*how*～sentiment 渠道变量*程度变量*～情感变量	0.235294	0.029412	1.000000
channle*～sentiment*time 渠道变量*～情感变量*信息干预时间变量	0.294118	0.058824	1.000000

注：原覆盖率表示该条件组合能够解释的案例占总案例的比重；净覆盖率表示仅能被该条件组合所能解释的案例占总案例的比重[①]。

据此，中间方案的三条路径涵盖了简单方案的两条路径和复杂方案两条方案中条件变量的3/4，加之出于布尔代数的最简原则，因而中间方案可视为本研究的最佳解释方案。

根据以上研究，可以得到虚假新闻高热度传播的三种微观条件组合路径。

条件组合路径一：（time*～sentiment*channle）信息干预时间变量*～情感变量*渠道变量。该原因组合指的是虚假新闻报道产生的24小时内就被证伪，且属于正面情感或无明确情感倾向的叙事内容，且是通过非社交媒体之外的传

---

① 毛湛文：《定性比较分析（QCA）与新闻传播学研究》，《国际新闻界》，2016年第4期。

统媒体或其他主流媒体进行公开报道的虚假新闻。本研究中的《中国"落榜"世界空气最差20城》《的哥见义勇为被奖励"甘A88888"车牌》《内蒙古女教师车祸瞬间推开2学生自己被撞身亡》等虚假新闻都是属于经过权威媒体报道,内容属于传播正能量使大众在获悉新闻时感受到正义、正气或是生活环境质量的提升等,但是一经报道得到迅速传播的同时得到同行媒体的核查,被证伪,成为反转新闻继而继续高热度传播。

条件组合路径二:(~sentiment*how*channle)~情感变量*程度变量*渠道变量。此组原因组合赋予的意义是属于正面情感或无明确情感倾向的叙事内容,且属于完全虚假新闻,且是通过非社交媒体之外的传统媒体或其他主流媒体进行公开报道的虚假新闻。样本库中《丁守中击败柯文哲当选台北市长》《米脂故意杀人案罪犯赵泽伟被执行死刑》等虚假新闻属于此路径组合的案例。

条件组合路径三:(time*how*type*~who)信息干预时间变量*程度变量*类型变量*~信源变量。该组合路径明确的是虚假新闻报道产生的24小时内就被证伪,且属于完全虚假新闻,且属于社会类虚假新闻,同时文本中有明确的自称引述的是来源于公开新闻报道、政府公告、专家意见等的信息的虚假新闻。例如样本库中的《滞留尼泊尔公民持中国护照免费乘机回国》《乐天董事长辛东彬说中国人没骨气》《刘强东案涉案女子涉嫌诬陷被美警方收押》等虚假新闻。

五、结论

(一)虚假新闻的"狂欢式"传播:欺骗求美需求之后的"抗争"

李普曼提到,在我们赖以生存的真切实在的这个世界,纵览全局是太过于宏大、繁复和易变的,未有可能深入全面的探求,我们不具备对这个丰盈博大且充斥着各种不确定性的外部世界全面把控的能力。但把握其存有实在又是必须的,故依托于某个较为缩减的模式形态对实际世界与环境进行建构,则是有效用的选择。① 对典型性虚假新闻热度传播组合路径的研究,某种程度上反映了真实环境中大众对于某些类型新闻的真正"追逐"和阅读的偏爱。

---

① [美]沃尔特·李普曼:《舆论》,常江、肖寒译,北京大学出版社2018年版,第15页。

路径一组合指出属于正面情感或无明确情感倾向的叙事内容，通过非社交媒体之外的传统媒体或其他主流媒体进行公开报道的虚假新闻，即在报道产生的24小时内就被证伪。结合条件组合路径三中指出的有明确的自称引述的是来源于公开新闻报道、政府公告、专家意见等的信息来源的完全虚假新闻，在产生的24小时内就被证伪。两条路径都显示出虚假新闻一经公开报道，24小时内已然被公开证伪，但仍引起较高热度的传播。

因此，探究到底是此类虚假新闻本身引起的传播热度还是推翻此类虚假新闻所引发的"狂欢"式传播就显得比较有价值。因为本研究所设定的结果变量是从虚假新闻开始传播的30天内的百度指数的均值，可以推出，在虚假新闻被证伪之后，该虚假新闻传播热度仍然不减，即民众对此类本应是有助于塑造社会主义核心价值观的新闻，在被推翻后，继而某种程度上会消解主流媒体的公信力的新闻进行了"狂欢"式传播。巴赫金指出，狂欢是一种反抗霸权力量的文化策略。[1]他们关注的未必是事实本身，也未必在于新闻是否真实，[2]他们只是想藉由此类"主流议程"的"倒置"表达，质疑某种看似可能存在的"预设框架"，"狂欢"式传播用以庆祝此类"预设框架"的崩裂或倒戈。

心理学家马斯洛1943年在其著作《人类动机理论》中，阐述了包括生理、安全、社交、尊重和自我实现的五个需求的需求层次理论，之后在1954年《动机与人格》中增加了认知和审美需求。[3]对审美的需求，是人们在物质生活逐渐丰盈与多样之后必然的需求之一。非负面情感的虚假新闻原意是向大众展现社会的真、善、美，如《内蒙古女教师车祸瞬间推开2学生自己被撞身亡》等，但是在尽可能的展现事件全貌后，原新闻所呈现的真、善、美被推翻，阅者就会在情感上遭到被欺骗的冲击，继而跳脱出该虚假新闻被证伪后的真相大白的解释，而通过"狂欢式"的传播表达对该类虚假新闻或者上升到对当今媒介生态真实性的质疑，通过接力式传播试图去"抗争"这样的新闻生产抑或直接去推己及彼的质疑数字化时代新闻生态的真实度。因此，透过虚假新闻背后产生的社会价值观和社会心态，去规制新闻生产，在生产采写非负面新闻时应更加警醒。

---

[1] 王虎：《网络恶搞：伪民主外衣下的集体狂欢》，《理论与创作》，2006年第6期。
[2] 惠婷：《网络时代虚假新闻传播的社会动因及其防范》，《河南社会科学》，2014年第11期。
[3] [美]亚伯拉罕·哈罗德·马斯洛：《动机与人格》，中国人民大学出版社2012年版，序言第1—7页。

（二）通过对虚假新闻高热度传播组合路径的调控：推动新闻生态体系的良性发展

20世纪初美国新闻媒体的失败导致了新闻规范和实践的兴起，这些规范和实践虽然不完善，但总体上媒体通过努力，为提供客观、可靠的信息而起到了积极的作用。现在，继前人之志，我们必须在21世纪重新设计我们的信息生态系统。这项工作必须具有全球性，因为许多国家（其中一些国家从未开发过强大的新闻生态系统）面临着比美国更为严峻的虚假和真实新闻的挑战。更深入地说，我们必须回答一个基本问题：我们如何创造一个重视和促进真理的新闻生态系统和文化？[1]《虚假新闻科学》这份研究报告中提到的重视和促进真理的新闻生态系统和文化也正是本研究通过研究虚假新闻的高热度传播，探求当下社会虚假新闻传播的条件组合，从原点尝试反制此类条件变量，从而促进真理的新闻生态系统的构建。

条件组合路径二赋予的意义是通过非社交媒体之外的传统媒体或其他主流媒体进行公开报道的属于正面情感或无明确情感倾向的完全虚假新闻，更易于高热度传播。完全虚假新闻只要在源头上做好事实核查工作本可以杜绝，但是从实际分析，虚假新闻和信息的产生和传播，不仅仅涉及新闻报道层面的失实问题、新闻专业操作的素养问题，它还与日新月异的媒介技术、高速发展的信息生态、多元一致的受众观念等多方面的深层次问题勾连在一起。[2]本研究通过QCA方法实验步骤得出的条件组合路径，某种程度上就是媒介技术渗透（通过算法推送）与受众喜好内容等因素叠加呈现出来的"本文式样"，那么对此类组合路径条件变量的各个击破则不失为控制虚假新闻高热度传播在微观层面的一种可行性手段。

如对属于正面情感或无明确情感倾向的完全虚假新闻，制作的传播者利用的不仅仅是受众善良的心理期待，更多的是善良心理的内在需要。[3]这种内在需要，延伸至操作层面就是媒体工作者在传递正能量的新闻时，在最初签发时就应该秉承更为审慎的态度，对事实核查上要更为严苛和谨慎。区别于传统

---

[1] Lazer, D. M., Baum, M. A., Benkler, Y., Berinsky, A. J., Greenhill, K. M., Menczer, F.,& Schudson, M. The science of fake news. *Science*,2018, (09).

[2] 年度虚假新闻研究课题组，白红义、江海伦等：《2014年虚假新闻研究报告》，《新闻窗》，2015年第1期。

[3] 谢耀军：《虚假新闻制造者的心理分析》，《新闻与写作》，2014年第4期。

大众传播时代求快即时的媒介特性，数字媒体时代拥有时空压缩的特质，因而需重构传统媒体时代对快和即时性追求的范式。在人人都是麦克风的光纤传播的数字化媒体时代，准确、真实报道应成为比快、新更为核心的新闻报道的准则。

最后，需要阐明的是，本研究本身有一定的局限性，如条件变量的设定、对案例变量的判定，不可避免地带有研究者一定程度的主观选择性和视野审视的有限性，同时分析得出的结论在一定程度上受制于案例样本和条件变量的选择，这些未解决的问题，都将成为后续研究的着力点和深化点，以期为中国语境中虚假新闻的传播控制提供可验证可借鉴可推广可操作的模型对策。

［原文载于《西南民族大学学报（人文社会科学版）》2020年第2期］

VI 新闻传播教育

云南高等学校新闻教育志（1978—2005）

单晓红[①] 杨忠琪[②]

一、专业

（一）专业发展的历史回眸

云南省高等学校新闻教育起步较晚。中华人民共和国成立前后的11年间，云南省没有正规的新闻教育机构。1960年5月，云南大学中文系在汉语言文学专业中设置了"新闻学"专门化，便是云南省新闻教育的起点。从这时起，云南省正规的新闻教育以云南大学新闻专业为代表，经历了三起两落的发展过程：1961年10月，由于不具备办学条件，新闻学专门化停办；1971年，云南大学革委会决定在中文系设置学制3年的新闻专业。当时的办学条件也不具备，师资、教材奇缺，专业课程只开设"新闻采访及写作"一门。实际上，这时的新闻专业只在1972年至1977年间举办过4期一年制短训班，为一些基层单位培训宣传报道人员200余人，1978年撤销了新闻专业。改革开放之后，云南大学经过一年多筹备，在中文系设置的新闻专业于1985年9月开始招收第一届本科四年制新生30名。

早期的云南大学中文系新闻专业由高宁远担任负责人。高宁远老师毕业于复旦大学新闻系，支边来到云南后，先是在云南人民广播电台担任记者，后来辗转来到云南大学，担任新闻专业第一任负责人。高老师在成立新闻专业之初，就高度重视人才培养的实践教育，他指出新闻专业应该成为"文科中的工科"，因此排除万难，从云南日报社、云南人民广播电台和云南电视台调入三名富有一线记者编辑经验的老师到云大，组成了当时新闻专业的第一批师资力

[①] 单晓红，云南大学新闻学院（南亚东南亚国际传播学院）教授。
[②] 杨忠琪，云南大学新闻学院（南亚东南亚国际传播学院）2020届硕士研究生。

量。在教学中，高宁远倡导"知行合一"的教学模式，鼓励学生在学中做，在做中学，让学生到云南各家媒体实习锻炼。这个理念，一直影响着云南大学的新闻传播教育的理念、定位和培养模式。

除云南大学较早开展新闻教育之外，云南民族大学新闻传播教育起步可以追溯到1977年恢复高考时的汉语言文学系在课程中设置的新闻学课程，聘请了《人民日报》驻云南记者、《云南日报》和《新华社》等新闻机构的专家兼任新闻学课程的教师，早期毕业的部分学生进入新闻机构工作，为云南省新闻战线输送了部分优秀学生，他们成为改革开放后云南省第一代优秀新闻工作者。

伴随着学校的院系调整步伐，云南大学新闻学专业由原来隶属于中文系的专业，在1997年独立成为与中文系并列的系，隶属于人文学院。当时的专业负责人由张宇丹老师担任，新闻系独立之后，张宇丹老师成为第一位系主任。张宇丹老师上任之初，就举办了一个"昆明人1997年调查"活动，组织全体师生参与，发放问卷，就昆明人1997年的方方面面进行调查，并在当时的《都市周末》上连载分析文章，产生了非常大的社会影响。

进入2000年，云南省新闻教育取得了进一步的发展，云南新闻教育事业逐渐由单一一所高校办学（云南大学）发展为多个高校共同办学，所开办专业也由单一的新闻学向广告学、编辑出版学、广播电视新闻学等多个专业拓展。自2001年起，云南财经大学、云南民族大学、云南大学滇池学院、昆明理工大学、昆明艺术职业学院、曲靖师范学院等高校纷纷开设新闻传播相关专业。云南新闻教育的学科建设也在这个时期获得了突破性进展。辛勤的积累终有收获。2000年，云南大学新闻系向教育部申报并获批云南省第一个二级学科硕士点——传播学，标志着云南省的新闻教育的学科建设获得了历史性的突破，云南新闻教育迈上了新的台阶，拉开了云南省新闻传播研究生教育的序幕。2002年，经过两年的学位点建设，云南大学新闻系招收了第一批传播学专业硕士研究生13名，这13名学生成为云南省培养的第一批新闻传播学硕士研究生。之后，2005年，云南大学获批第二个二级学科硕士点——新闻学，云南师范大学也获批新闻学二级学科硕士点。至此，云南的新闻传播研究生教育覆盖了新闻传播学科所有二级学科，为云南大学获批教育部新闻传播一级学科硕士点奠定了基础。

（二）专业建设

专业建设是新闻教育发展的基础。1978年至2005年间，云南省新闻教育专业建设稳步开展，初步形成了新闻学专业到广播电视、广告、出版编辑等专业布局，适应社会对新闻传播人才越来越多元化、专业化的需求趋势。

在云南大学开办新闻学专业之后，云南财经大学、昆明理工大学等高校开设了新闻学、编辑出版学、广告学等本科专业，昆明艺术职业学院则开始了专科教育。

2001年，云南师范大学文学与新闻传播学院新闻系广播电视新闻学专业开始招生。同年，云南民族大学广播电视新闻学专业经批准正式开始招生，两个学校的该专业成为云南省第一批广播电视新闻学专业。

云南财经大学新闻传播系（2007年改名为传媒学院）于2001年率先在云南省开设了广告学本科专业，每年招收50人左右，依托于学校在经济学和管理学领域的突出优势，探索出广告学与经管学科交叉的复合型人才培养路径。

2001年，云南大学滇池学院文学与新闻系开设新闻学专业。

2002年，昆明理工大学编辑出版学本科专业开始招生，是云南省开办最早的编辑出版本科专业。该专业以数字化媒体编辑方向为学科特色。2003年，昆明理工大学广告学专业开始首届招生。

2004年，云南财经大学新闻学专业（经济新闻方向）开始招生。该专业是学校的重点专业和特色专业，自创办以来，发挥学校经济学和管理学学科的优势，坚持特色发展，错位竞争，形成"财经新闻"教育的专业特色。同年，曲靖师范学院人文学院广告学专业面向全国招生。

2005年，大理大学新闻学专业是在大理大学准确定位、寻求突破、与时俱进发展起来的新专业。同年，云南民族大学广告学专业经批准开始招生，首次招生规模40人。

专科教育方面。2003年昆明艺术职业学院传媒系开办四个专业：电视节目制作、播音与主持、摄影摄像技术、影视动画，同年开始招生，人才培养方案参照电视台对人才专业技能的要求来设计，2005年招生人数增长到200人。

1978年至2005年云南省高校新闻传播教育情况详见表1。

表1 云南省高校开设新闻传播类专业的基本情况（1978—2005年）

序号	高校名称	学院（系）	招生专业及年份
1	云南大学	中文系（后为人文学院）	本科：新闻学（1985年） 研究生：传播学（2002年）
2	云南师范大学	文学与新闻传播学院	本科：广播电视新闻学（2001年）

续表

序号	高校名称	学院（系）	招生专业及年份
3	云南财经大学	新闻传播系	本科：广告学（2001年）、新闻学（经济新闻方向）（2004年）
4	云南民族大学	文学与传媒学院	本科：广播电视新闻学专业（2001年）、广告学（2005年）
5	云南大学滇池学院	文学与新闻系	本科：新闻学（2001年）
6	昆明理工大学	文学院	本科：编辑出版学（2002年）、广告学（2003年）
7	曲靖师范学院	人文学院	本科：广告学（2004年）
8	大理大学	文学院	本科：新闻学（2005年）
9	昆明艺术职业学院	大众传播系（后为传媒系）	专科：电视节目制作、播音与主持、摄影摄像技术、影视动画（2003年）

（三）专业特色

在专业建设方面，云南各高校纷纷依托自己的办学特色和学科特点，进行特色化发展。

1999年，云南大学新闻系教师获批了与复旦大学合作的"省校省院"合作项目"云南少数民族信息传播与社会发展"，继而该课题又获批2000年国家级哲学社会科学规划项目，这是云南省第一个新闻传播类的国家级科研项目，标志着云南省新闻传播学科建设进入了一个全新时期。课题获批之后，新闻系组织全体教师和在校学生参与，设计发放近2 000份问卷，深入云南省所有的民族自治州进行入户调查，回收了近2 000份入户调查的问卷，这是全国首次就少数民族地区的信息传播状况进行的科学调查。调查结束后，新闻系组织师生统计数据、深入分析，随后又撰写报告、论文，出版了《云南少数民族地区信息传播与社会发展》，在全国学术界赢得了很高声誉，甚至引领了学术界争相研究少数民族信息传播的热潮。

学科建设方面的成绩为专业建设奠定了基础。在民族传播研究的热潮中，云南大学新闻系开设了民族传播的系列课程，诸如"社会信息与调研""民族新闻传播""传播人类学"等，让云南大学新闻系的办学特色得以凸显，以民族地区新闻报道为特色的办学优势获得了教育部二类特色专业的称号，这是云南省首次获得的国家级的专业资格和荣誉，也为后来获批云南省重点专业打下了基础。

二、课程设置

从课程设置方面来说，伴随着云南省新闻教育课程体系的逐步建立，各高校依据办校特色在主干课程或专业课程的设置中各有侧重，但总体上来说都提供了人文科学基础知识教育、新闻专业知识教育、实践能力培养等方向的课程，努力培育"基础深厚、专业精通、强于实践"的新闻传播专业人才。

云南大学新闻系自开办以来，所开专业必修课程有新闻学概论、新闻采访与写作、新闻评论学、报纸编辑学、新闻摄影基础、广播学、应用电视学、传播学、中国新闻事业史、外国新闻事业史等10门，另有广播节目制作、电视节目制作、广告学、新闻摄影专题、名记者研究、马克思主义新闻理论等专业选修课13门。同时，云南大学高度重视实践教学，在抓紧建设实验室，更新设备，建设全省高校第一个电视演播室的同时，让实践教学贯穿到课堂上，发挥"新闻采访与写作"课程的优势，与学生媒体《新闻周刊》捆绑建设，在课程中做，在实践中学，成为这门课程的特色。在这门课程的带动下，广播类、电视类的课程也都纷纷开始这样的教学模式，学生的实践动手能力得到培养与强化。

云南大学新闻系还在2000年到2005年间，出版了系列教材《现代新闻采写》《应用电视学》《传播学：世界的与民族的》和《营销传播：策略与技巧》，为课程建设夯实基础。在随后的几年时间中，建设了"应用电视学"和"传播学引论"两个省级精品课程。

云南师范大学课程建设主要围绕以下两个方面展开：一是学科基础教育课程，二是专业课程。学科基础教育课程分为学科基础课程和学科选修课程；专业课程分为专业方向课程、专业选修课程和专业实践课程。

云南财经大学课程建设把握"三个突出"：一是突出专业特色；二是突出学生人文素养的培养；三是突出实践性教学环节。围绕实现"三个突出"，调整课程设置，不断优化专业教学计划。在课程教学改革中，以基础类、特长类和进阶类三个层次的课程为体系，分别建设了"广告策划""广告创意""广告文案写作"等课程，并高度重视实践教学环节，调动学生以赛促学，积极参与各类实践及比赛。

云南民族大学广播电视学专业在课程建设方面，具备校级精品课程"新闻学概论"，抓好三论两史课程建设，如新闻学概论、传播学概论、广告学概论、中国新闻史和世界新闻史的课程建设等，重视建设与采编播课程相关的实验室。广告学专业在课程建设方面，具备校级精品课程"广告学概论"，也重点建设与广告课程相关的实验室，并重视调动学生参与各类广告大赛，推广"以赛代练"的教学改革模式。

云南大学滇池学院文新系的课程设置，基本上按照云南大学的课程设置来进行安排，课程和老师与母体学校基本一致。

昆明理工大学编辑出版专业在全国较早地将数字出版作为专业特色，招生采取文、理兼招，开设有"高等数学""数据库建设"等课程，专业课设置及教学内容的设计，经省内外资深媒体人及新闻院系的专家论证，注重培养学生网络编辑、音像电子出版等方向的技能。

曲靖师范学院广告学专业课程按照国标开设专业课程，反映本科领域的最新研究进展，强化专业实践能力；新修订的培养方案增加了新媒体知识和技术相关课程，并涵盖创新创业教育；针对泰国留学生开展联合培养，实施双语教学。

大理大学新闻学主要依托现有教师资源和地方经济文化条件，实施宽口径、多元化的人才培养目标，注重学生知识、能力与素质的培养，建立"平台+模块+方向"的课程体系。

昆明艺术职业学院传媒学院以"宽口径、厚基础、精专业"为人才培养思路，强调课程的关联性和系统性。

三、社会实践

新闻传播教育相关专业的实践性较强，对学生的实际应用能力和工具操作能力要求较高。在此前提下，云南省各高校新闻教育领域的教学实践经验丰富，多校在校外校内都建立了实习基地，并且鼓励学生参加各种全国性赛事。此外，各高校充分结合新闻传播学科的特点，结合高校定位和发展特点，开展多种形式的教学实践活动。

20世纪90年代末，云南省教委拨款和云南大学筹集资金，购置了一批图书资料和摄影、录像、录音器材，为学生摄影、摄像实验提供了基本条件。2004年，在学校"211"工程的经费支持下，云南大学人文学院开始建设实验室，当时的实验室只有几台相机和一台摄像机。2005年开始，云南大学人文学院对电视演播室、摄影实验室、报刊编辑实验室等实践教学平台进修设计和建设，建设起了云南大学新闻传播实验室。该实验室经过数年的持续建设，于2009年获批成为国家级实验教学中心。中心建成之后，云南大学新闻系又率先建设了一批规范的文科实验课程,其中有3门为独立实验课程,成为探索文科实验课程的先行者。除了实验课程以外,2005年,云南大学新闻系还整体梳理和重新遴选了新闻系的实习基地,与省内主要的新闻单位、中央驻滇媒体均签订了实习基地协议,整理完成实习指导书,每年统一安排学生实习,对学生的专业实习进行规范性管理。自1993年开始,云南大学新闻系就依托"新闻采访与写作"课程,推出了学生校内媒体《新闻周刊》(当时还是手抄报纸,至2005年开始变成印刷报纸),调动学生参与,逐渐将该媒体打造成为云南大学校园文化的一个重要部分。

云南财经大学新闻传播系先后聘请校内专业教师和校外资深媒体从业人员为指导教师,配合专业课程教学,为学生提供从策划、采写、音视频拍摄录制、编辑、排版到运营管理的全程专业训练。广告学专业"以赛促学",先后与昆明风驰传媒广告公司、昆明市张晓岚营销策划机构等共建教学实习基地,每年组织学生参加有影响的全国性广告大赛,让课程教育学专业竞赛结合起来,挖掘学生潜在的创造力,检验课程实践教学效果。

云南民族大学在2004年首次本科教学水平评估中,投入100多万元建设了非线性编辑实验室、广告图文动画实验室,拥有各类实验设备80余台/套,完善了教学实践条件,助力人才培养。重视在媒体建立实习基地,调动学生积极参与实习。

云南大学滇池学院新闻专业与中央驻滇媒体、省级主要媒体保持长期、稳定的联系与合作,建立实习、见习关系,学生从中受益匪浅。《春城晚报》曾评选过一次"优秀青年记者编辑"10名,其中毕业于滇池学院的就占3人。云南大学滇池学院文新系在全国独立学院中首创系报。《东陆英才报》《鼎元报》后来发展成滇池学院院报、《云南大学报》的子报,从采写编辑到发行全由学生负责,对于培养学生的动手能力和写作能力起到很大作用。除了专业实习,新闻专业的学生也被鼓励参加多种社会竞赛,并取得了较好的成绩。

昆明理工大学先后与新华社云南分社、云南新闻出版局、云南人民出版社、云南科技出版社、云南教育出版社、云南大学出版社、《都市时报》等单位建立实习基地,密切关注业界发展动态,长期聘请业界专家授课、讲座;通过课程训练与课外实践,锻炼学生实践动手能力。

曲靖师范学院广告学专业注重培养和提高学生实践能力,建立产教融合、协同育人的人才培养机制,实现专业链与产业链、课程内容与职业标准、教学过程与生产过程对接；加强实践、实训、实习环节，实训实习的课时占专业教学总课时比例达到30%以上。

2005年，大理大学投入73.9万元建设新闻学专业实验室，建设有新闻演播实验室、电视非线性编辑、广告设计、报刊编辑排版实验室等，配备摄像机、采访机、数码相机等设备，满足了专业教学的需要。

昆明艺术职业学院传媒系于2004年开始承制电视台节目，2005年开始和北京三浦灵狐动画设计有限公司合作，共建实训基地。

四、毕业生择业

云南省高校新闻教育的毕业生择业呈现出多种就业形态和就业选择，毕业生择业选择丰富，可在报社、杂志社、广播电台、电视台、出版社从事编辑、采访、写作、摄影等业务工作，从事高校新闻教育方面的教学、研究工作，以及在政府部门、企业中工作等。此外，还有部分毕业生选择自主创业，成效显著。

云南大学中文系新闻专业结合云南实际，以"立足本省，面向全国"为办学方针和指导思想，从1985年开始招生到2005年，除了1998年招生规模超过了80人以外，云南大学中文系新闻学专业（包括后来的新闻系）每年招收全国高考重点分数线以上考生40—60名，优中选优，确保培养质量。云南大学每年的毕业生除了选择到各级主流媒体从事新闻编辑工作以外，也有大量的学生到党政机关和企事业单位工作。云南大学新闻专业毕业生在各个岗位，以其过硬的业务能力、较高的综合素质和职业道德修养，先后成长为各新闻单位的业务骨干。除了全日制学历教育外，从1988年起，云南大学新闻专业为全省新闻出版和广播电视系统举办过3期专业证书班，学制两年，学员共计150余人，遍布全省各地。其中一个班是专为西双版纳州举办的，教师分期分批赴西双版纳授课，受到当地领导和群众的好评。1990年，受成都军区政治部委托，云南大学新闻专业为部队举办了一期新闻干部培训班，学制两年，40余名学员来自云、贵、川、藏各地部队。

从1987年起，云南大学成人教育学院开始设立新闻专业，招收经成人高考录取的函授生（大专层次），学制三年，其专业课程由云南大学中文系新闻专业教师担任。从1991年起，又开办新闻专业（摄影）夜大班，为社会提升在职人员学历学位做出了贡献，为当时人才匮乏的云南新闻界培养了大批的专业人才。

从2001年开始招生到2005年，云南民族大学广播电视学专业毕业生就业率100%，就业去向为广播电视机构、党委政府宣传部门及各级政府；广告学专业就业率达到100%，就业去向主要在各类营销机构、企业营销部门、广播电视媒体和党委宣传部门。

到2005年底，昆明理工大学编辑出版专业在校生有2002级、2003级、2004级、2005级约150人，该专业定位于数字化媒体编辑方向，毕业生就业范围扩大，既可以在电台、电视台、报社、出版社、杂志社、网站等新闻传播单位就业，也可在各企事业单位和政府部门从事宣传工作，还可在新媒体单位从事多媒体编辑、网络编辑和电子出版编辑制作工作。

2001—2005年，云南大学滇池学院平均每年有约20%的学生考取硕士研究生，30%～40%的学生考取记者编辑资格。人民网、中国新闻社、云南广播电台、昆明电视台、昆明广播电台、《中国青年报》、《云南日报》、《春城晚报》、《昆明日报》等新闻单位都有滇池学院文新系的学生，还有约20%的学生考取公务员，任文秘或管理人员。

［原文载于《云南省志（1978—2005）卷四十一　报业志》，云南出版集团、云南人民出版社，2021年］

道德自律抑或组织约束？

——学术失信行为的影响因素研究[①]

刘 宇[②] 刘晓艳[③]

2006年5月底6月初，国际著名期刊 Nature 连续两期刊登了有关中国学术不端事件的报道[④]和社论[⑤]，中国的学术规范和学术诚信问题引起了国内外的广泛关注。学术规范和学术诚信问题不仅关切中国学术界自身，同时也是关乎国家形象的重要战略问题。为了提升我国的学术规范水平、建立学术诚信机制，党和政府颁布了一系列的文件和政策，建立相应的监管机构，借此推动国内的学术规范和学术诚信建设[⑥]。然而经过十余年的努力，中国学术界的诚信状况和学术规范水平似乎并没有取得显著的改善。例如，2017年4月《肿瘤生物学》期刊集中撤销了107篇中国作者的论文，这一"黑天鹅事件"开启了我国首次跨部门、跨机构、跨区域的科研不端案件联合查处行动[⑦]。国内外已有大量文献关注中国学术界的学术诚信和学术不端问题，目前的文献主要依赖于对学术不端事件的案例研究和批判报道，通过呼吁研究人员提升道德水平和学术规范意识来回应这一严峻问题，如谢维扬认为"要解决这个问题，最根本的是学者应有

---

① 本文系国家社科基金一般项目"中国人文社会科学领域的学术诚信观念与行为研究"（项目号：20BTQ019）的研究成果之一。
② 刘宇，云南大学新闻学院（南亚东南亚国际传播学院）教授。
③ 刘晓艳，云南大学历史与档案学院博士研究生。
④ Cyranoski D. Named and shamed. *Nature*, 2006, 441 (7092).
⑤ Finding fraud in China. *Nature*, 2006, 441 (7093).
⑥ Sun, P. China's efforts for promoting research integrity. *Professional Ethics Report*, 2010,13 (4).
⑦ 史昱：《科研不端行为的联合调查与处理——〈肿瘤生物学〉撤稿事件的启示》，《科学与社会》，2020年第4期。

自律"①。然而,"不合适行为的确定与一个研究共同体和特定生产场地盛行的习惯有关"②,仅仅从个体道德自律的角度难以对现有问题进行有效的解释,进而也就无法形成行之有效的治理措施。本文从组织视角考察中国人文社会科学界学术失信行为的影响因素,以期对学术失信行为提供更为有效的理论解释,为学术诚信和学术规范政策的建立提供理论支持。

一、文献综述

国内外都有大量的文献关注学术失信或学术不端的影响因素,心理学、经济学、社会学等各学科都尝试解释学术失信行为的产生原因并提出预防措施。尽管不同研究的关注点、所使用的概念术语有所差异,所得出研究结论也不尽相同,但是大部分的影响因素都可以归为个体特征和制度环境两个层次③④。

(一)个体特征与学术失信

心理学对学术失信行为的理解是基于个体特征的视角展开的,主要解释的概念有人格特质、个体压力承受能力、道德水平等。个人的道德水平差异最容易成为解释学术失信行为的因素。如姚申指出"一部分人文社会科学工作者缺乏自律,科研信用意识淡漠,学术道德意识薄弱"是导致学术失信行为的主要原因之一⑤;冯文宇也指出学术道德的"自律缺失"是科研失信行为的重要原因⑥。然而,道德水平是一个难以量化度量的概念,因此此类研究多以理论批判为其主要特色。量化的实证研究一般都使用人格特质、心理压力这些可以测量的概念解释学术失信行为。如Tijdink等的研究显示自恋型人格和学术不端行为

---

① 谢维扬:《也谈学术规范问题》,《中国社会科学》,1999年第4期。
② 楚宾、哈克特:《难有同行的科学:同行评议与美国科学政策》,谭文华、曾国屏译,北京大学出版社2011年版,第125页。
③ Schechter A N. *Integrity in research: individual and institutional responsibility*. // Gallin J I. Principles & Practice of Clinical Research. Cambridge: Academic Press, 2002:39–50. https://doi.org/10.1016/B978-0-12-274065-7.X5000-X.
④ Steneck, N H. Institutional and individual responsibilities for integrity in research. *The American Journal of Bioethics*, 2002, 2 (4).
⑤ 姚申:《关于学术道德与诚信问题的探讨》,《新疆师范大学学报(哲学社会科学版)》,2010年第1期。
⑥ 冯文宇:《大学科研"学术失信"及其防治策略探析》,《科学与社会》,2018年第3期。

在高学术地位的生物医学科学家中更为普遍[①]；常亚平等通过行为倾向问卷调查得出，教学工作压力、科研考核压力、获得更高职称压力、在同行中的学术地位和个人了解相关规范的水平是显著影响学术不端行为的个人因素[②]；也就是说个体的抗压能力较低会导致学术失信行为的产生。张桂平等指出科研压力触发学术不端行为是一种权变机制，依赖组织支持和个人学术自尊的调节[③]。

从理性人的假设出发，经济学界认为在外界约束条件既定的情况下，人们的行为倾向于追求自我利益的最大化；因此，如果学术失信的边际收益与学术诚信的边际收益以相等幅度增加或减少，学术失信行为的主体所付出的相对成本则更小，将更加倾向于产生学术不端行为[④]。经济学的解释强调投入产出分析，将学术失信行为视为一种风险投资与回报行为；学者是否会产生学术失信行为，主要依赖于其对投入和回报的预估。同时，这一视角特别强调两个外部变量对行动者的影响：竞争和奖励[⑤]。Cartwright等研究发现组织内部的竞争激烈程度对人们是否作弊有重要影响；锦标赛式的排名竞争会导致组织内部人员之间的倾轧，诱发人们为了赢得竞争而采用不当手段[⑥]。当采取不当手段赢得的回报越高，个体产生学术不端行为的意愿就会越强烈。Cappelen等人发现[⑦]，受社会偏好动机影响程度较低的人不太愿意说谎。这意味着学术界的竞争和奖励机制的作用效果会受到学者个体心理特质的调节。

（二）制度环境与学术失信

心理学和经济学对学术失信行为的解释主要是从个体特征的视角出发。正

---

① Tijdink J K, Bouter L M, Veldkamp C L, et al. Personality traits are associated with research misbehavior in Dutch scientists: a cross-sectional study. *PloS one*, 2016, 11 (9).
② 常亚平、蒋音播：《高校学者学术不端行为影响因素的实证研究——基于个人因素的数据分析》，《科学学研究》，2008年第6期。
③ 张桂平、廖建桥：《科研压力对高校学术不端行为的作用机制研究——组织支持和学术自尊的调节效应》，《科学学研究》，2012年第12期。
④ Lacetera N, Zirulia L. The Economics of scientific misconduct. *Journal of Law Economics & Organization*, 2009, 27 (3).
⑤ Necker S. Why do scientists cheat? Insights from behavioral economics. *Review of Social Economy*, 2016, 74 (1).
⑥ Cartwright E, Menezes M L. Cheating to win: dishonesty and the intensity of competition. *Economics Letters*, 2014, 122 (1): 55-58.
⑦ Cappelen A W, Sørensen E Ø, Tungodden B. When do we lie?. *Journal of Economic Behavior & Organization*, 2013, 93.

如 Davies 所指出，关于学术失信和不端行为以及试图打击科学不端行为的相关文献，一个显著特点是个人主义的视角持续主导着这个问题的开展，即将学术不端行为的产生归咎于学者个体的道德水平或承担科研压力的高低等因素，这样的研究仅从个体行为的视角去定位问题，没有将科学系统中广泛存在的不公正纳入反思[1]。

从社会学的视角出发，不端行为本质上是一种在特定群体范围内的社会概念，因此对它的理解可能因群体而异，并随着时间而变化[2]。在社会犯罪学的理论基础上，Davis 指出文化是解释学术不端行为的重要变量，一些文化背景与科学规范不相吻合的学者，可能过于强调目的的重要性而忽视手段的正当性[3]。Lewellyn 等以管理学者向多个学术会议提交同一论文为研究对象，发现社会和国家制度特征为这些重复投稿行为提供了重要解释[4]。在社会越轨（Deviance）理论的概念框架下[5]，渴望职称晋升的学者无法通过合法的手段获取他们的目标时，可能会导致学术不端行为的产生[6]。有研究指出，剽窃检测技术的进步[7]、论文撤销制度的严格执行[8]等技术性和制度性因素的作用，提高了学术失信行为的风险，从而有效地遏制显而易见的学术不端行为。

与社会学强调制度环境因素的视角类似，国内大量的研究文献将失信因素归结为我国的学术体制，特别是量化的学术评价制度。孔玲燕等指出，"过于刚性的、功利的学术评价和学术资源分配与升迁制度可能是造成学术失范的深

---

[1] Davies S R. An ethics of the system: Talking to scientists about research integrity. *Science and Engineering Ethics*, 2018: 25 (4).

[2] Vaughan D. The dark side of organization: mistake, misconduct, and disaster. *Annual Review of Sociology*, 1999, 25 (1).

[3] Davis M S. The role of culture in research misconduct. *Accountability in Research: Policies and Quality Assurance*, 2003,10 (3).

[4] Lewellyn K B, Judge W Q, Smith A. Exploring the questionable academic practice of conference paper double dipping. *Academy of Management Learning & Education*, 2017,16 (2).

[5] Hackett E J. A social control perspective on scientific misconduct. *The Journal of higher education*, 1994, 65 (3).

[6] Ceci S J, Williams W M, Mueller-Johnson K. Is tenure justified? An experimental study of faculty beliefs about tenure, promotion, and academic freedom. *Behavioral and Brain Sciences*, 2006,29 (6).

[7] Lee Y. Understanding anti-plagiarism software adoption: an extended protection motivation theory perspective. *Decision Support Systems*, 2011, 50 (2).

[8] Furman J L, Jensen K, Murray F. Governing knowledge in the scientific community: exploring the role of retractions in biomedicine. *Research Policy*, 2012, 41 (2).

层次原因"①。"一段时期以来项目经费、科研奖励乃至评级、住房分配等机制的不完善，使之存在一定形式的竞争，伴随一定利益的分配，再加上近年来人文社会科学的经费较以前有较大投入，形成新的利益分配格局，这一切都成为一些人利益驱动聚焦点。"②"以科研资源分配和管理为中心的科研体制造就了一条交汇着学术权力与利益的链条……所以，与其说是评价，不如说是科研体制导致了学术乱象。将评价视为学术乱象的根源，实际上遮蔽了科研体制对学术乱象之所以产生而应承担的责任。"③李醒民直接痛斥，国内学术界的种种不端"最根本的根源在于，学术界不是以学术为中心和主导，而是以权力为中心和主导。根治的办法倒也十分简单：以学术权威取代权力权威，建立以学术为中心和导向的学术体制"④。从学术体制尤其是量化的学术评价制度出发解释学术失信行为，虽然表面上和西方科学经济学界强调竞争和奖励等因素对学术诚信行为的影响类似，但是实质上强调的是制度环境对行为主体的塑造作用，这一特点和社会学的视角是一致的。

（三）组织：解释学术失信行为的新视角

"现代社会，也可以说任何社会，都是一个组织的社会。"⑤每一个人的社会化过程都是以组织为中介得以实现的。"单位是我国各种社会组织所普遍采用的一种特殊的组织形式，是我国政治、经济和社会体制的基础。"⑥因此，中国社会的社会成员通过单位完成自身的社会化；同时，社会环境和体制逻辑也通过单位作为中介塑造了中国人的思想和行为，完成社会环境和个体特征的互动，形成"单位人"的社会生活形态⑦。

单位是一种集政治、经济和社会生活功能于一体的等级制（或称为行政序

---

① 孔玲燕、袁曦临：《国外学界对于"学术失范"问题的认识及其应对措施》，《新世纪图书馆》，2012年第7期。
② 姚申：《学术体制、学术评价与学术风气》，《重庆大学学报（社会科学版）》，2010年第6期。
③ 朱剑：《科研体制与学术评价之关系——从"学术乱象"根源问题说起》，《清华大学学报（哲学社会科学版）》，2015年第1期。
④ 李醒民：《学界要以学术为中心和导向》，《社会科学报》，2011-04-21（5）。
⑤ 周雪光：《组织社会学十讲》，社会科学文献出版社2003年版，第6页。
⑥ 路风：《单位：一种特殊的社会组织形式》，《中国社会科学》，1989年第1期。
⑦ 刘建军、王鹏翔：《揭开"单位人"的面纱——人类学视野中的单位政治与单位生活》，《吉林大学社会科学学报》，2016年第3期。

列）组织形态①。政治上，"无论单位隶属于何种行业范围和领域，都一一被赋予不同的行政级别……它总是隶属于一定的'上级单位'，接受'上级单位'的领导……单位的级别从一个角度反映了单位间的社会分层状况。"②经济上，"国家全面占有和控制社会各种资源"③，"国家是组织所需资源的唯一或主要提供者"④，施行经济再分配体制（或称为供给制）⑤。单位的行政级别意味着单位占有资源的差异。"单位的级别愈高，权力就愈大，在社会上行为的政治和社会地位就愈高，其占有的各种资源、利益和机会就愈多。"⑥社会生活上，国家通过单位组织平台向单位成员分配其所必需的生活资源，单位"尽可能地为其成员提供各种各样的社会服务，自觉或不自觉地使自身逐步演变成一个功能多元化的综合体"⑦。"在资源分配高度垄断的背景下，体制内的承认对个体而言至关重要，同理，体制内的惩罚也是最为致命的。"⑧每一个行为主体都必须通过服从作为代价换取生活资源和社会行为的身份，个体行为必须服从单位意志，单位意志逐渐内化为个体的行为规范。

中国的知识生产系统以单位制作为组织基础，形成了"单位制度型学术"⑨。"当代中国知识生产机器的主体性结构因素有三个：一是作为知识生产主导力量的国家，二是作为知识生产具体组织单位的各种研究机构，三是直接从事知识生产的人士。"⑩学术单位是国家和学者之间的纽带。在单位制体制下，三者之间呈现出国家制约学术单位、学术单位制约学者的"三重连环制约关系"。"'国家'之构成为中国知识生产机器的主导性力量，是因为'国家'在知识生产的结构中扮演着知识生产设计者、资源配置者与知识成果决定性购买

---

① 李汉林、李路路：《资源与交换——中国单位组织中的依赖性结构》，《社会学研究》，1999年第4期。
② 李汉林：《中国单位现象与城市社区的整合机制》，《社会学研究》，1993年第5期。
③ 同上。
④ 李猛、周飞舟、李康：《单位：制度化组织的内部机制》，《中国社会科学季刊（香港）》，1996年第5期。
⑤ 路风：《中国单位体制的起源和形成》，《中国社会科学季刊（香港）》，1993年第5期。
⑥ 李汉林：《中国单位现象与城市社区的整合机制》，《社会学研究》，1993年第5期。
⑦ 同上。
⑧ 李侠：《科技评价失灵与科研诚信的恶意透支》，《科学与社会》，2016年第4期。
⑨ 杨林：《单位制度、学术社团与学术失范》，《科技管理研究》，2010年第24期。
⑩ 任剑涛：《国家、机构和生产者：三边关系与知识生产》，《中国书评（第三辑）》2005年，第110—119页。

者的角色。"①国家通过其支持建立起来的各种知识生产机构实现对学者个体的单位化制约,直接影响学者生产的知识产品的归属,能否获得国家的承认直接影响着知识生产者的生活境况。

单位制学术体制下的主体关系同时也可能包含了生产者影响组织、组织影响国家的自下而上的影响关系。任剑涛指出:"越是具有创造性进行知识生产的生产者个人,就越是具有反向制约知识生产组织的能力。"②然而,这种自下而上的反向作用仅限于少数精英型学者。对于绝大多数知识生产者来说,对单位制学术生产体制的反向制约是通过集体行动来实现的,即知识生产者个体绩效的集合直接影响到所在单位的知识生产绩效以及资源获取的能力。因此,中国知识生产系统中个体学者体现出明显的"单位人"特色,其行为受到所在单位的强烈约束,同时,组织的利益群体性质又使得个体学者和学术单位形成了一个向国家争取资源的利益捆绑共同体。因此,个体学者和学术单位之间的关系同样可视为"一个高度制度化的由庇护者—受庇护者之间的庇护关系所构成的基本社会单元"③。

Publish or Perish的学术生存原则在组织层面会演变成对组织机构学术绩效评估的规则——Impact or Perish④。为了提高组织科研绩效、向国家争取更多的资源和利益的动机,足以促使组织与个人在学术失信行为上的合谋⑤。虽然可以通过设计更为完善的学术制度防止学术不端和学术失信行为,然而,学术失信行为是量化学术绩效评价制度下产生的一个不幸且不可避免的后果。量化绩效指标和评估排名制度(学科评估、大学评价)对学术资源的配置越来越起决定性作用,每个学术单位都具有充足的外部压力卷入争夺学术资源的竞争之中,形成学术界的"锦标赛体制"⑥。在这样的生存环境中,一个院系、一个学科、一所高校会使用各种方法努力提高自己在绩效排行榜上的名次,其中的一些措

---

① 任剑涛:《国家、机构和生产者:三边关系与知识生产》,《中国书评(第三辑)》2005年,第110—119页。
② 同上。
③ 李猛、周飞舟、李康:《单位:制度化组织的内部机制》,《中国社会科学季刊(香港)》,1996年第5期。
④ Biagioli M. Watch out for cheats in citation game. *Nature*, 2016, 535 (7611).
⑤ Hall J, Martin B R. Towards a taxonomy of research misconduct: the case of business school research. *Research Policy*, 2019, 48 (2).
⑥ 周飞舟:《锦标赛体制》,《社会学研究》,2009年第3期。

施可能会涉及灰色地带。

学术锦标赛体制会驱使组织产生特定的应对行为。首先，学术机构为了提升排名的一个常规措施就是向本组织的所属人员施加更多的工作压力，这可能会在个体层面增加研究人员产生学术失信行为的概率。其次，高校还可以使用"人才引进战略"或"人才柔性引进战略"，即在学科评估或学校考核之前雇佣或者短期聘用高产科研人员增加本机构的科研产出和影响力。在西方学术界这一现象被称为"Rent Vitas"[①]，如英联邦高校在每五年一轮的（Research Assessment Exercise，现更名为Research Excellence Framework）评估之前，各高校都会出现类似现象。尽管机构的这一行为不能被定义为学术不端，但是这一举措具有明显的浮夸绩效意图。沙特阿拉伯国王阿卜杜勒-阿齐兹大学（Abdul-Aziz University）以丰厚的薪资聘请大量高被引的国际教授作为教师，但是这些教师的职责非常有限，每年在该校工作两周或更少，如此该大学能够显著改善其全球排名[②]。再者，机构会在深刻领会评价目标和指标的情况下，调整本机构的发展战略以适应评价体系的要求。比如在"双一流"战略背景下，各个高校会裁并相关学科以适应"双一流"的建设要求。当然这些举措并不违反学术规则，但它们本质上是一种学术评价体制的游戏，有时"按游戏规则玩"的信念会提升学术失信行为发生的概率。例如，美国杜兰大学商学院（Tulane University Business School）为了提升自己在U.S. News and World Report中的学科排名向其提供虚假信息而陷入学术丑闻的泥淖[③]。

不同的文化环境决定着人们对什么是规范行为有着不同的理解[④]，不同的组织氛围更会对学术规范行为产生重要的直接影响[⑤]。Pryor等研究发现组织规

---

① Biagioli M, Kenney M, Martin B, et al. Academic misconduct, misrepresentation and gaming: a reassessment. *Research Policy*, 2019, 48 (2).
② Bhattacharjee Y. Citation impact Saudi universities offer cash in exchange for academic prestige. *Science*, 2011,334 (6061).
③ Ellis T. How tulane's b-school is moving past scandal. [2019-09-20]. https://fortune.com/2013/07/29/how-tulanes-b-school-is-moving-past-scandal/.
④ Macfarlane B, Saitoh Y. Research ethics in Japanese higher education: faculty attitudes and cultural mediation. *Journal of Academic Ethics*, 2008, 6 (3).
⑤ Yahr M A, Bryan L D, Schimmel, K. Perceptions of college and university codes of ethics. *Journal of Academic and Business Ethics*, 2009 (2).

则和与之相联系的奖惩制度及其执行力度会显著影响学术诚信行为[①]。Greve等发现组织文化通常潜在地鼓励学术失信行为，组织会鼓励成员获取某一目标，但是并不向成员强调获取目标的合理手段，也不向成员清晰表明组织对不恰当的冒险行为和违规行为的容忍度在哪里[②]。在这样的组织背景下，组织成员会使用"这是在帮助组织实现目标"为自己的失当行为进行正当化辩护，在竞争激烈而且重奖绩效的组织环境中失信行为会得到更为强烈的刺激[③]。然而，一些研究也发现某些组织特征对个体的学术失信行为起着抑制作用。如常亚平发现[④]，学校声誉、领导者对科研重视度、学校内部监督健全度和组织内的学术道德风气会有效地遏制学术不端行为。

中国单位制学术体制下，学术单位作为连接个体学者和社会环境的中介，对学者的个体行为有着深刻且直接的影响。从个体特征视角出发的失信行为研究，忽视了外部环境对个体行为的影响；从外部环境视角出发的失信行为研究，无法回应中国学者在同质化的社会环境下在学术诚信行为表现上的巨大差异。本研究试图以单位作为环境和个体的交互的主场所，研究行为主体及其所在组织的属性对学术失信行为的影响。

二、研究设计

（一）研究对象

由于学术失信问题是一个伦理道德问题，对伦理道德问题的实证研究首先要考虑的是数据收集时如何避免社会期望效应的影响。因此，社会科学研究中常用的自填式问卷对学术诚信研究来说不是一个较好的数据收集方法，使用可

---

① Pryor E R, Habermann B, Broome M E. Scientific misconduct from the perspective of research coordinators: a national survey. *Journal of Medical Ethics*, 2007, 33 (6).
② Greve H R, Palmer D, Pozner J E. Organizations gone wild: the causes, processes, and consequences of organizational misconduct. *The Academy of Management Annals*, 2010, 4 (1).
③ Umphress E E, Bingham J B, Mitchell M S. Unethical behaviour in the name of the company: the moderating effect of organizational identification and positive reciprocity beliefs on unethical pro-organizational behavior. *Journal of applied psychology*, 2010, 95 (4).
④ 常亚平、蒋音播、阎俊：《基于组织因素的高校学术不端行为影响因素的敏感性分析》，《管理学报》，2009年第2期。

以表现行动主体外在行为特征的数据相对来说可以更为真实客观地反映诚信行为的水平。

在西方学术界，重复发表、一稿多投、抄袭被视为现代学术出版的"三宗罪"①，是最为典型的学术不端行为（Academic Misconduct）②之一。然而，由于中国有着不同于西方国家的知识产权传统以及特殊的出版体制，学术界对重复发表的性质认定一直存在一定的争议③④。随着中国学术界与西方不断接轨、国际化水平不断提高，学术界对重复发表的态度也发生一定的转变。目前，通常将恶意一稿多投导致的重复发表视为学术不端⑤。因此，以重复发表为研究对象不仅可以管窥学术失信行为的特征，而且可以在时间维度上展示国内学术界与国际学术规范对接过程中的特征。

我们选择经济与管理学科的重复发表期刊论文作为研究对象，主要缘于经济管理学科的学科性质和影响力。经济管理学科在改革开放之后发展最为迅速，国际化水平在人文社会科学各学科中遥遥领先。这些特征使得经济管理学科可以作为典型代表，反映出中国学术界在交流互动的过程中逐步接受西方学术规则的过程。

（二）数据收集

本研究以CNKI期刊全文数据库为数据源，选择学科领域为"经济与管理科学"，时间范围限制在1994年1月1日至2014年12月31日（CNKI建库数据起始于1994年，后有回溯）。使用Python自编爬虫，抓取"经济与管理科学"类目下期刊论文目次数据。提取题名相同且作者相同的文献记录作为研究样本，剔除会议报道、连载、文摘等记录。为了保证研究样本的学术性，我们以2014年12月国家新闻出版广电总局公布的"第一批认定的学术期刊名单"为标准进行筛选，剔除所有不在该名单中的期刊论文记录，最终得到8 583篇首发论文，累计发表19 389次。

---

① Errami M, Garner H. A tale of two citations. *Nature*, 2008, 451 (7177).
② Amos K A. The ethics of scholarly publishing: exploring differences in plagiarism and duplicate publication across nations. *Journal of the Medical Library Association*, 2014, 102 (102).
③ 程焕文：《必须坚持杜绝一稿多投和抄袭现象》，《江苏图书馆工作》，1983年第2期。
④ 马建平：《一稿多投正当性的法理分析及其权利规制》，《现代出版》，2012年第3期。
⑤ 曹树基：《学术不端行为：概念及惩治》，《社会科学论坛》，2005年第5期。

（三）变量测量

中国人文社会科学的知识生产组织有三种类型：作为教育机构的高校、作为政策支持的研究院系统及作为权力机构的附属研究机构，但是高校的机构功能性最值得关注[①]。此外，我国的高校具有明显的梯队性特征，梯队不同不仅意味着自身可以从国家获取多少资源，同时也意味着可以为附属学者提供多大的平台、多强的外部激励和约束。因此，本研究以第一作者的单位作为本研究的核心解释因素，将其分为985高校、211高校、普通高校和其他四类。

本研究还设置了4个控制变量：①首发期刊是否为核心期刊。在现有学术评价体制下，首发即为核心期刊的论文，理论上作者没有迫切的外部压力去重复发表。②作者职称。职称越高，意味着作者对学术规范的了解程度越深，同时也意味着作者可能拥有更多的学术活动空间和资源。本研究根据《各专业职称等级对照表》划分论文第一作者职称等级，即正高、副高、中级、初级；不在对照表中的头衔和没有明确职称信息的作者归为"其他"类。③论文作者人数。长期以来很多文献都将学术失信行为归因为个体的道德水平，但是个体道德水平难以测量。个体道德意识的发生机制是人与人的交往实践[②]。基于此本研究假设论文的作者人数是道德水平的一个替代性测量。论文的合作者越多，个体不道德行为的倾向会受到群体互动实践的抑制，失信行为的发生概率就会减小。一篇合作论文的重复发表会影响所有署名作者的学术信誉，失信行为的道德风险成本高于单个作者。也就是说，多名作者共同认可或者合谋的重发行为发生的概率要低于单个作者的重发行为。因此，我们统计了8 583篇首发论文的作者数，以此作为道德水平的替代性测量。④出版时间。如前所述，中国学术界对西方的学术规则存在一个吸纳的过程，随着中西方学术交流时间的推移，中国学术界和西方学术界达成一致的程度就会越高。

本研究以论文的重发次数作为衡量学术失信行为程度的指标。重发次数是计数资料，一般使用Poisson回归进行研究。Poisson回归要求数据满足等离散

[①] 任剑涛：《国家、机构和生产者：三边关系与知识生产》，《中国书评（第三辑）》2005年，第110—119页。

[②] 钱伟量：《道德意识的个性发生机制》，《中国社会科学》，2000年第4期。

现象（平均值与方差相等），重发次数（均值=2.32，方差=1.303）不满足这一条件，说明数据具有一定的聚焦性、产生过离散现象。因此，使用负二项回归更为科学。本研究使用SPSS 24的广义线性模型拟合负二项回归。

三、数据分析与发现

（一）数据描述

由表1数据可知，8 583篇重复发表论文，首发在核心期刊上的样本仅占30.9%；将近60%的第一作者职称信息缺失，第一作者是正高、副高、中级职称的数量相对均衡，初级职称的作者较少；第一作者的单位主要是高校。表2显示了因变量重发次数和两个协变量的描述性统计信息。

表1 分类变量描述统计

	测量赋值	个案数	百分比（%）
首发期刊	普通（0）	5 930	69.1
	核心（1）	2 653	30.9
	总计	8 583	100.0
作者职称	正高（1）	1 328	15.5
	副高（2）	1 013	11.8
	中级（3）	1 154	13.4
	初级（4）	140	1.6
	其他（5）	4 948	57.6
	总计	8 583	100.0
单位	985高校（1）	1 164	13.6
	211高校（2）	960	11.2
	普通高校（3）	2 949	34.4
	其他（4）	3 510	40.9
	总计	8 583	100.0

表2 连续变量描述统计

		个案数	最小值	最大值	平均值	标准偏差
因变量	重发次数	8 583	2	25	2.32	1.142
协变量	出版时间	8 583	1 994	2 014	2 005.96	5.431
	作者人数	8 583	1	11	1.45	0.777

（二）数据分析与讨论

表3显示了影响重发次数各因素的负二项回归模型。模型1纳入了出版时间和作者人数两个协变量，模型2加入了首发期刊、作者职称两个因子作为控制变量，模型3加入单位作为解释变量。Omnibus检验显示三个模型均显著有效（似然比卡方值均显著）；随着模型中纳入的自变量数量的增多，模型的整体解释力也在不断上升（拟合优度的皮尔逊卡方值在不断减小）。

模型1显示，随着出版时间的推移，重复发表的次数在减少（β=-0.009，p=0.000）。即时间每增加一年，该年度发表次数增加一个单位的优势比的概率会减少0.9%（0.991～1）。这一结果说明，随着时间的推移和中西方学术交流的自然增进，我国的学术规范水平得到了不断的改善。作者人数对重复发表次数的影响不显著（β=0.026，p=0.109）。如前所述，本研究将作者人数作为道德水平的替代性测量。这一结果意味着道德水平对学术失信行为的影响并不显著，尽管合作论文的作者学术失信行为的道德成本更高，但是合作者人数的增加并不能抑制重复发表行为的产生。因为道德是一种情境化的软约束，也就是说，当作者在具体决定是否重发一篇论文以增加自己的工作成绩时，利益考量要优于道德约束[①]。

模型2显示，在控制了出版时间和作者人数之后，重复发表论文的首发期刊是否为核心期刊显著地影响重发次数（β=0.098，p=0.001）。相对首发核心期刊的论文来说，首发普通期刊的论文的发表次数增加一个单位的优势比的概率增加10.3%（1.103～1）。由此可见，在自身的工作结果没有得到学术评价系统认可之时，研究人员可能会采取非正常手段即重复发表去补偿自己的工作付出，这为学术失信行为的发生提供了驱动力。在作者职称上，正高职称的作者重复发表次数显著高于"其他"类型的作者（β=0.138，p=0.000），副高、中级

[①] 刘仁贵：《利益考量：道德认同的现实基础》，《道德与文明》，2017年第4期。

表3 重复发表次数影响因素负二项回归模型

变量	模型1				模型2				模型3			
	B	瓦尔德卡方	显著性	Exp(B)	B	瓦尔德卡方	显著性	Exp(B)	B	瓦尔德卡方	显著性	Exp(B)
(截距)	18.065	14.577	0.000	70 037 988.1	21.533	19.088	0.000	2 248 063 714.5	19.904	16.105	0.000	440 805 468.1
出版时间	-0.009	13.292	0.000	0.991	-0.010	17.772	0.000	0.990	-0.010	14.811	0.000	0.991
作者人数	0.026	2.566	0.109	1.026	0.021	1.750	0.186	1.022	0.024	2.269	0.132	1.025
[首发期刊=0]					0.098	11.764	0.001	1.103	0.086	8.815	0.003	1.090
[首发期刊=1]					0①			1	0①			1
[作者职称=1]					0.138	14.085	0.000	1.148	0.131	12.561	0.000	1.140
[作者职称=2]					0.002	0.002	0.965	1.002	0.007	0.025	0.875	1.007
[作者职称=3]					0.005	0.014	0.907	1.005	0.011	0.079	0.779	1.011
[作者职称=4]					-0.043	0.169	0.681	0.958	-0.038	0.129	0.720	0.963
[作者职称=5]					0①			1	0①			1
[单位=1.00]									-0.101	6.071	0.014	0.904
[单位=2.00]									-0.123	7.642	0.006	0.884
[单位=3.00]									-0.085	7.725	0.005	0.919
[单位=4.00]									0①②			1
(标度)									1①②			
(负二项)												
Omnibus	似然比卡方	自由度	显著性		似然比卡方	自由度	显著性		似然比卡方	自由度	显著性	
	14.570	2	0.001		40.458	7	0.000		54.164	10	0.000	
拟合优度	皮尔逊卡方				皮尔逊卡方				皮尔逊卡方			
	1 386.266				1 259.490				1 192.420			

和初级与"其他"类型的作者之间没有显著差异。即相对于"其他"类型作者，拥有正高职称的作者其论文重发次数增加一个单位的优势比的概率增加14.8%（1.148～1）。职称是研究人员头上的"紧箍咒"[①]，数据显示摆脱了"紧箍咒"的正高职称作者反而出现更多次数的重复发表。这一现象可能是一些刊物为了提升自身影响力主动重发正高职称作者的论文所致，也可能是正高职称作者利用自身的学术地位主动追求发表记录所导致。无论是哪一种情况，都体现出高学术地位的研究人员具有更多的出版机会以及相对于普通学者的学术运作空间。

模型3显示，在控制了出版时间、作者人数、首发期刊等级和作者职称的情况下，来自不同类型高校的作者和来自"其他"单位的作者的重发次数有显著差异。具体来说，相对于来自"其他"单位的作者，来自985高校的作者重发次数增加一个单位的优势比的概率减少9.6%（0.904～1），来自211高校的作者重发次数增加一个单位的优势比的概率减少11.6%（0.884～1），来自普通高校的作者重发次数增加一个单位的优势比的概率减少8.1%（0.919～1）。这一数据特征表明单位性质对学术诚信行为的影响显著。高校相对于其他的知识生产机构来说，其学术规范的水平稍高，产生学术失信行为的概率相对来说稍小。

四、结语

学术诚信是中国学术界的战略性问题，对学术失信影响因素的研究，是学术失信问题有效治理的前提。本研究提出学术诚信的影响因素研究要突破个体特征视角和制度环境视角的限制，在组织这一个体和环境互动的具体情境中理解学术失信行为的影响因素；同时，通过收集1994—2014年经济管理学科的重复发表期刊论文作为学术失信行为的样本进行了实证研究。研究发现从个体特征层次上，个体的道德水平对学术失信行为没有显著影响，而个体的职称（即学术地位）高低对学术失信行为具有显著影响，拥有高学术地位的研究人员相对来说拥有更多的学术资源和操作空间，从而诱发学术失信行为的产生。在制度环境层次上，随着时间的推移和中外学术交流的推进，个体的学术失信行为的程度在不断降低；学术评价系统对个人工作成果的认可制度显著地影响了学

---

① 罗旭：《如何破解职称"紧箍咒"》，《光明日报》，2017-01-05（15）。

术失信行为的程度，迫使个体在工作结果得不到评价制度认可的情况下产生失信行为。在组织层面，个体所在的组织性质显著地影响学术失信行为的程度。需要特别指出的是，学术评价系统作为当前学术生态中的重要组成要素，其功能的发挥只有通过个体所服务的学术单位才能产生具体效能。这进一步凸显了组织这一要素在学术诚信建设中的突出作用。本研究采用的是重复发表数据，虽然数据本身具有较强的客观性，但是无法体现重发作者的压力承受能力、人格特质等心理因素对学术诚信行为的影响。对于行为主体心理因素对学术诚信行为的影响，将通过后续的社会调查方法展开，以弥补现有研究的不足。

（原文载于《图书馆杂志》2022年第5期）

视野、能力、未来

——全媒体时代传媒类实验教学探索与思考

陈　宇[①]

云南大学新闻学院目前建有西南地区唯一的国家级传媒类实验教学示范中心（以下简称"中心"）。在"双一流"和"部校共建新闻学院"的建设进程中，中心依托新闻学院的教学资源优势，在自身的建设与发展方面取得了长足的进步。

目前，中心建有国内最先进的全媒体联合实验室、高清广播级全媒体级演播室、4K实验室、数据新闻实验室、广播实验室、摄影实验室、报刊编辑实验室等，基本达到"国内领先、省内一流，设备先进"的建设目标。中心目前拥有实验教学器材、设备及固定资产2 700余台（套），资产总金额2 800余万元。中心设备涵盖新闻传播各个领域，紧扣媒体技术发展，实现与媒介实战环境的"无缝对接"，为教学、科研和社会服务提供了有力的支持与保障。中心构建了"拓展型实验教学体系"，为保证卓越新闻传播人才培养的高质量、为高校服务云南的社会责任、为主动融入国家战略目标的实现，中心正发挥着自己特有的功能和作用。

当下，互联网特别是移动互联网的普及运用，已引发了媒体的深刻变革。在媒体快速融合的背景下，传统媒体正从"单一渠道采集、封闭式生产、点对面单向传播"的运作模式向"融合媒体汇聚、共平台生产、多渠道分发"的IP化和云化的新型制播方式转变。在中央出台的《关于推动传统媒体和新兴融合媒体发展的指导意见》中就明确指出，传统媒体和新兴媒体融合发展已上升为

[①] 陈宇，云南大学新闻传播国家级实验教学示范中心副主任。

国家发展战略。习近平总书记多次强调，推动媒体融合发展、建设全媒体成为我们面临的一项紧迫课题。可以说，"智能融媒体"时代的到来必将改变现有传媒人才培养模式。与此相适应，传媒类实验中心未来的建设与发展也必然呈现出新的态势。为应对新时代所带来的机遇与挑战，云南大学传媒类实验教学示范中心作为西南地区唯一的国家级传媒类实验教学示范中心，进行了一系列积极的探索和实践。

一、面向未来的平台建设

为适应融媒体时代的教学实践要求，实验中心在原有基础上新建了新闻传播全媒体云实验平台。目前平台的一期建设已初步完成，包括云平台基础框架、融合报道指挥中心及数据可视化实验室。其中，云平台采用"私有云"+"公有云"的混合云模式。私有云主要面向校内的教学与科研，公有云主要面向与知名媒体建设的云平台的业务合作和互联网应用发布，其基础设施服务层的基础能力包含：计算能力、存储能力、网络能力、数据库能力、管理能力。公有云将提供流程引擎、转码、发布等相关工具，主要包含互联网汇聚服务、外场服务、制作服务基础包、转码服务、分发服务基础包、微站发布服务基础包、提供100TB的存储空间。

融合报道指挥中心及数据可视化实验室的核心功能，是在建成后实现对教学任务、生产实践、校内媒体融合发布的统一策划、分发和业务状态管理，实现对媒体融合发展业务流程实施全程监控，并通过大屏进行融合可视化数据呈现，实现对融合新闻、融合内容生产、互动运营发布等多种业务、多种场景实践和教学活动的全流程生产、演示和监控；同时配置数据新闻工具，实现数据新闻教学、生产、发布的实践实训功能。

在上述新平台建成的基础上，中心还将依托云平台，建立实验中心统一门户，实现未来媒体云平台工具的统一管理和统一登录，以及在云平台架构下非编工具、视频包装工具、图像处理工具、新媒体编辑工具、舆情汇聚与分析工具的配置管理。

虚拟仿真实验平台的建设，将使实验教学中心和新闻学院的实验实践教学能够站在"未来"的平台上，做到工具先进、配置便捷、数据开放、对接实战的实验环境，让未来的新闻传媒人才的专业能力借助云平台得到极大地提升；

同时云平台的建设也将极大地促进和提升新闻学院的教学与科研体系，利用云平台的互联网特性，整合教学科研数据资源，创新开展新闻传播教学科研管理，提升科研能力创新与管理水平。

二、建立和完善面对互联网媒体时代的教学实验体系

新技术平台建设与发展是实验中心与新闻学院迈向"大数据、人工智能、互联网+"时代的关键一步。但是，仅仅是加强实验中心相关软硬件新设备的投入，并不能解决我们在全媒体、融媒体时代所面临的各种教学实践问题。只有在加强相关设备与平台投入的基础上，不断调整和完善面对互联网媒体时代的实验教学体系，使教学和实践活动与实验中心的平台设备之间产生有效的结合，方能达到预期的建设目的。

（一）理论与实践相结合，持续优化实验课程的建设

1. 建立起一套专业性强、具有前瞻性和时代性的课程体系

在新闻学、广播电视学和网络与新媒体三个专业课程体系的设置中，充分考虑到媒体融合的时代特征与发展趋势，考虑到传统媒体转型的实际情况，仔细研究新闻传播人才素质的基本内核，建立了一套既具有各个专业特质的课程体系，又充分体现了多媒体、融媒体对人才素养的要求，以"一专多能"的思路，鼓励学生对新闻传播领域各种专业能力的把握和运用。

2. 探索开设体现媒介最新发展的课程

为满足时代对新闻传播人才提出的要求，开设"融合报道""数据新闻""网络新闻应用"等课程，提高教师的学习能力，加强业务培训，同时吸纳业界的资源，由云南广播电视台新闻中心新媒体运营专家、云南网业务专家共同参与课程讲授和实践环节，提升学生对融合媒体时代媒体变革的认识，锻炼和形成适应媒体变革的能力。

3. 有针对性地开设实验课程

实验中心在人才培养计划中分别设置了技术性实验、模拟性实训和实战性实习的课程内容，并按照新闻传播教育的不同方向，以不同的实验课程为主导，设计不同的模拟性实训和不同的实战性实习基地，分模块、成系统地进行

各自的相互衔接和梯次递进,实现最终的综合性大实验。这样的教学安排适宜学生自主选择感兴趣的模块进行深入学习,有利于学生在学习中增强知识结构的合理性,拓宽就业的适应面。

在对课程实验项目进行详尽剖析和设计的基础上,实验中心厘清各实验项目的层次,初步构建了一个以新闻传播技术性实验、模拟媒体实训和实战性实习为实践教学梯次的教学体系。新闻传播技术性实验主要针对培养学生设备操作能力,模拟媒体实训主要针对培养学生综合运用所学知识和技能,而实战性实习则是在真实的新闻媒体业内,以实际新闻业务工作来提高学生综合运用实验技能和创新思维能力。

(二)强化"双师工作室"的建设,大力发展"第二课堂"

学院和中心在多年的教学实践探索中,逐步建立起一套行之有效的"拓展式实践教学体系",将"双师工作室"和"第二课堂"紧密结合,运用实验教学中心的优质资源,将教学从课堂延展到实训、实习中,产生了非常好的效果。学生的实践能力得到了加强和提高,涌现出了一批社会效果良好的学生媒体和作品。

1. 建立健全"双师工作室"制度

新闻传播学科是高度强调实践运用性的学科,国内外的新闻传播专业都强调学界与业界的联合培养,重视具有业界背景的专业教师的引进和培养。譬如美国高校新闻排行第一的密苏里大学,其新闻学院具有一半以上新闻业界背景的老师参与教学。建立健全"双师工作室"制度,正是学院和实验中心将学界和业界优势资源相互整合的重要措施。

自成立"双师工作室"以来,实验中心积极引进具备业界经验的老师入住,配备经费,鼓励老师以课题制方式带领学生完成课外实践活动。经过长时间的探索,形成了老师们在完成学校教学计划和内容的基础上,通过利用业余时间带领学生团队进行专题调研采访,并指导学生完成最终文章撰写、影视制作的实践教学方式,使学生能够更好地走出校园,拓宽报道视野。

2. 积极开展"第二课堂"

在发挥"双师工作室"团队的优势和积极性的基础上,实验中心根据学生课堂学习的需要,分别作出第二课堂的设计,由任课老师和实验中心老师合作指导,由学生在实验中心平台上完成。目前,中心已经形成相对固定的第二课堂活动,促进了学生在媒介实践以及创作上的分享与交流。

"第二课堂"与"双师工作室"的有机融合，催生了许多学生创作、创业团队，并通过与其他政府部门、高校和新闻媒体的合作，开展了各类高质量实践项目。这些项目产出了大量的成果，作为课堂教学的延伸与深化，对学生的能力培养产生了非常积极的作用。以视频"双师工作室"为例，2017年"看中国"外国青年影像计划项目获中美国际电影节大学生组"最佳短片奖"（集体），本科生作品《地球宇航员》获2017年中国（昆明）金孔雀青年电影节大学生影展单元"最佳影片奖"，2019年短纪录片《春节我的家》获刺猬公社主办的"2019还乡手记非虚构故事大赛"短视频二等奖；2019年6月陈宇老师又因其指导学生成绩优异，被中国广告艺术节学院奖授予"银奖指导老师"的称号。

三、以突出项目机制为导向，在项目实践中提升学生的创新能力

将项目机制与双师制和第二课堂的内容和教学相结合，是提高学生实践水平、提升学生创业能力的一个重要手段。学生在校内外导师的引导下，依托学院和中心的技术设备资源，完成相关的基础能力实验项目，并在此过程中逐渐形成稳定的实践创业团队，最终使学生具备独立把控项目运行的能力。目前，在项目制和双师制的共同作用下，实验中心已经成功孵化出了多个成功的学生创业团队，打造了一大批优质实践项目，涌现出许多优秀的学生项目成果，学生的实践能力在项目制的推行过程中得到了切实提高。

（一）基本能力实验项目主题化，强化学生选题意识

基础能力实验的目的是，让学生在对实验中心平台设备操作的过程中，能够迅速熟悉现代媒介工具的基本性能和操作技巧。以往的基础能力实验一般是以讲为主、讲练结合的方式进行。这种试验模式，虽然取得了一定的效果与成绩，但也暴露出了实战化效果不足、学生选题意识不强、实践成果转化率不高等缺点。随着项目制被引入基本能力实验教学，这一状况得到极大的改善。项目制的引入，促使学生能够尽快地、主动地熟悉媒介工具的操作流程与技巧，较早地强化自身的选题意识，更加有效地将课堂上教授的内容转化成学生实战实践的能力。

在具体的实践操作中，学院和实验中心强调以项目带动教学，突出项目主题化原则，引导学生尽早掌握基础实验能力，并使学生能够主动紧扣时代脉搏

确立选题意识。经过多年的积累，目前这一实验机制已经相对完善，取得了一定的实践成果。以实验中心视频工作室为例，工作室分别在2018年和2019年提出了"非遗传承·寻找工匠精神"和"新时代、新梦想"两个视频创作项目主题。学生自发组成团队，通过对项目主题的讨论交流确定选题，迅速进入创作状态，所创作的视频作品在各类比赛中也取得了不俗的成绩，赢得了良好的社会效应。通过导师引导，学生在具体的项目实践过程中，一方面，能够关注当下社会变革，关注现实生活，扣紧时代主旋律，加强了自身的问题意识和人文关怀；另一方面，能够快速地熟悉项目的运作流程，熟练操作技巧，强化团队意识，将实验教学成果更加高效地转变为实战成果。

（二）实践项目实战化，提升学生创新创业能力

在基本能力实验项目主题化的基础上，学院和实验中心不断提升学生项目实战化的能力，使学生团队逐渐具备独立把控项目运行的能力，从而提升学生团队的创新创业能力。为加强学生的创新创业教育，学院依托实验中心的设备平台和项目资源，成立了"云大传媒产业大学生创新创业中心"，与新华社云南分社、云南新闻出版传媒集团、昆明市呈贡区政法委在2018年进行了多项合作。学院本科生创业团队稳步发展，已有三个学生创业团队进入该创业中心。这些创业团队已经开始为呈贡大学城各高校、师生、企业等提供视频制作、公众号运营及其他各项服务。同时，学院积极引入昆明当地主流媒体与创业中心进行创业就业对接，在学生创新项目孵化、创业支持、在校大学生参与创新项目等方面实施全面合作，力争孵化出更多优质的大学生创新创业团队。

（三）主动融入国家战略，开拓国际视野，积极开展跨地域项目合作

随着国家"一带一路"倡议的稳步推行，身处西南的云南大学，首先肩负起面向南亚、东南亚地区海上丝绸之路沿线国家进行文化传播的战略重任。结合云南大学"双一流"高校的建设方案，新闻学院提出了努力把学院建设成"教学科研一流、学科特色鲜明、辐射南亚东南亚"的国内一流新闻学院的目标。实验中心作为学院新时期建设目标的重要一环，一方面积极加强技术设备平台的建设，另一方面主动寻求地区间与国际项目合作。学院与实验中心于2016年、2017年，连续两年与北京师范大学合作承办"看中国·外国青年影像计划"国际文化交流项目，由国外高校学生和新闻学院学生共同组成拍摄制作团队，完成了多部

优秀的获奖作品。在此基础上，学院又在2018年与缅甸金凤凰中文报社联合举办了首届"未来传播者——国际实践训练营"，邀请来自缅甸媒体的青年学员与新闻学院学生组成团队拍摄制作了以"快速发展的云南"为主题微纪录片6部，这批纪录片目前已结集出版，有3部登录缅甸电视台播出，2019年4月在云南广播电视台澜湄频道播出，并赴缅甸进行展映。国内主流媒体和缅甸的十余家媒体对《未来传播者》予以了报道。在2019年第二届"丝路光影"国际微视频德宏影展中6部短纪录片全部获奖。同时新闻学院实验中心建设了缅甸《金凤凰》华文报社海外教学实习基地，已经派出4批共10名学生到该基地实习，产出了一批高质量的新闻作品，深受业界、缅甸华人社会的高度评价。目前，新闻实验教学示范中心已培训了来自老挝、孟加拉国、缅甸等南亚东南亚国家的青年传媒工作者和在校大学生，正在和尼泊尔、老挝、斯里兰卡等国的传媒机构进行洽谈设立海外教学实习基地。通过这些实践训练，培养学生的国际化传播能力，积极服务国家战略，讲好中国故事！

四、面向互联网时代，新闻传播实践实训体系中的变与不变

如今，以互联网技术为基础的媒介变革正悄然展开，大数据、云计算、人工智能和虚拟现实等技术正在深刻地影响着当下传媒形态的发展趋势以及传媒生态的结构重组。在这样一个以新技术革新引领媒介发展的时代，如何继承原有实践教学体系中合理的部分，同时又能顺应时代发展，更好地组织好日常教学与实验工作，成为每一个传媒类实验教学示范中心必须面对的一个核心问题。

（一）坚持项目导向和双师制教学相结合的开放办学理念

以实战化项目为导向，以双师制为核心的实验教学体系是云南大学传媒实验中心从多年教学经验中总结出的一条主要经验。"项目+双师工作室"的办学模式，首先，通过校外导师将最新的业界动态以及优质的社会资源带入实验中心日常的实验教学，从而实现学生与业界的实时联动。其次，以项目为导向的实验教学，能够最大限度挖掘学生的自主创新和实践能力。学生在导师的引导下完成各种实验项目的过程中，既可以在短时间内熟悉实验中心内各种媒介工具的基本性能和操作技巧，又可以建立起自主创新与创业的意识。同时，实验中心在与社会各单位进行项目合作的过程中，实现了学生与社会之间的深度互

动。最后，学院与实验中心在与校外导师的互动以及指导学生完成项目的过程中，获得第一手的行业信息和学生实践需求，主动及时地调整课程设置与教学内容，通过践行"项目+双师工作室"的办学模式，实验中心实现了学生、导师、行业主体与社会资源之间的多向良性互动，建构起一整套面向时代、面向媒体、面向社会的开放式办学体系，使得实验中心能够通过稳定而又灵活的实验教学体制，在当下不断变化的媒介环境中，积极主动地更新教学设备平台，调整教学内容，适应新时代下的业界生态。

（二）结合相关理论动态，不断调整实验平台建设与教学内容

为了适应传媒领域发展态势，实验中心时刻关注有关媒介环境与媒介技术的最新理论动态，结合实践教学中所遇到的问题，一方面，及时更新实验中心相关的教学设备与技术平台，顺应智能媒体时代的技术要求；另一方面，适时调整优化教学内容和课程体系，加大中心整体实验项目中相关新兴互联网媒介技术实验项目所占的比例。同时，中心还将结合学校"双一流"高校建设目标，积极融入国家各项发展战略，努力推动面向南亚东南亚的实验教学和文化交流项目，探索以多种形式融入南亚东南亚文化、民族、经济、社会、外交等领域的知识传授，形成培养特色。

（原文载于《中国传媒实践教学研究》，中国国际广播出版社，2020年）

融入·融合·融通

——新闻学理论基础课课程思政建设路径探索

保 斌[①] 曹云雯[②] 陈 影[③] 谢建东[④] 袁晨玲[⑤]

在中国共产党成立100周年之际，中共中央、国务院印发了《关于新时代加强和改进思想政治工作的意见》，指出思想政治工作是一切工作的生命线。[⑥]"坚持把立德树人作为中心环节，把思想政治工作贯穿教育教学全过程，实现全程育人、全方位育人，努力开创我国高等教育事业发展新局面。"[⑦]"新文科"建设理念和"双一流"建设工作也是新闻学教育不可回避的发展性选择。同时，前所未有的业界变化和实践挑战也向新闻学理论基础课提出了专业特色和人才培养的更高要求。基于此，笔者所在的云南某高校在"双一流"建设中，积极应变，在变化中寻求主动，对新闻学和广播电视学专业基础理论课（即"马克思主义新闻观"和"新闻学概论"）在教学的全过程作了新的总体设计、论证和规划，积极探索、深入实践，摸索出了一些有效、有益、有推广价值的经验和做法。

---

① 保斌，云南大学新闻学院（南亚东南亚国际传播学院）讲师。
② 曹云雯，云南大学新闻学院（南亚东南亚国际传播学院）党委副书记、副教授。
③ 陈影，云南大学新闻学院（南亚东南亚国际传播学院）团委书记、专职辅导员。
④ 谢建东，云南大学新闻学院（南亚东南亚国际传播学院）讲师。
⑤ 袁晨玲，云南大学新闻学院（南亚东南亚国际传播学院）学工办副主任、专职辅导员。
⑥ 新华网.中共中央、国务院印发《关于新时代加强和改进思想政治工作的意见》http://www.xinhuanet.com/politics/2021-07/12/c_1127647536.htm，2021-07-12。
⑦ 张烁：《习近平在全国高校思想政治工作会议上强调：把思想政治工作贯穿教育教学全过程 开创我国高等教育事业发展新局面》，人民日报，2016-12-09（1）。

一、育智：融入和精教

（一）明确目标，融入价值

马克思主义新闻观是新闻院系所有专业课程的主线。这首先是对教师（尤其是基础理论课程教师）的要求，要求教师提高育才能力和培养能力，才能把课程思政建设贯穿于人才培养的全过程和各环节。作为学科基础课程，"马克思主义新闻观"和"新闻学概论"的课程思政目标是非常明确的，即让学生学会自觉运用马克思主义新闻理论的立场、观点和方法观察分析社会事实和新闻现象，回答解决新闻工作中的理论与实践问题。心存职业理想、践行职业道德，做让党和人民放心的优秀新闻人才。

经研讨和论证，我们明确了教学中需要融入的价值和内容：第一，价值塑造。增强政治定力，树立做好新闻工作的自觉性，提升新媒体环境下新闻宣传和舆论引导的能力及水平，牢固树立马克思主义新闻观，担当民族复兴大任。第二，知识传授。系统学习掌握新闻学理论的基础知识、基本理论、概念、方法等；完整学习中国特色社会主义新闻理论；掌握新闻学理论的前沿成果；深度研习马克思主义新闻理论经典作家作品。第三，能力培养。运用马克思主义新闻观从事科学研究和新闻工作的能力，为解决复杂理论问题和实践问题打下扎实基础；具有理论鉴别能力、批判性思维能力、实践与创新能力、深度学习与自主学习的能力。

授课中，我们把理论课在素质、素养和能力三个方面的价值贯穿始终：助力新闻人才（即学生）提高政治素质。政治是新闻传播的基础，未来无论学生是否从事专业的新闻工作，坚定的政治素养是他们行稳致远的前提和关键因素；助力新闻人才提高理论素养。当前新闻传播领域变化的幅度和剧烈程度都是前所未有的，理论素养虽然是一种抽象知识，但它更能够应对当前的剧烈变化，给学生提供了适应变化的强大支撑；助力新闻人才提高业务能力。课程尽可能涵盖最新的新闻实践，让理论成为实践的结晶，为业务能力的提高提供坚实基础。

（二）完善内容，精教课堂

内容和课堂是教学的灵魂。专业理论课，特别是"马克思主义新闻观"和"新闻学概论"课程间存在很强的互补性和互渗性，课程思政的内容、价值、能力和目标等能够取得较好的协调一致。我们在教学中注重了以下三个方面：

一是以马工程教材为知识之本,讲好用好教材。让教材进入人才培养方案、教案课件和考试要求;把教材落实到目标设计、教学大纲修订、教案课件编写等方面,贯穿于课堂授课、教学研讨、实践实训、作业、论文各环节。让马克思主义新闻观的树立作为课程红线贯穿始终,以中国特色社会主义新闻理论的历史和理论脉络为蓝本,以马克思主义新闻理论经典作家作品和中国新闻实践作为研习对象,进而勾画学科和专业的完整知识地图。

二是以价值塑造为立德之根,指导课程方案修订。修订课程教学大纲和任课教师个性化教学方案设计,如:教学组织与方法、考核方式、课程思政融入、平时考核的非标准答案试题设计等。注重思政教育与新闻传播专业知识的有机融合。精心撰写教案,做好教学设计。教学案例《马克思主义新闻观是科学的新闻观》抓住了教学中最根本的认识问题——什么是新闻观、为什么需要新闻观、建立怎样的新闻观——从课程一开始就廓清了模糊性认识,确立了课程的逻辑起点。教学案例《新闻工作的党性原则》抓住了社会主义新闻工作的根本原则和马克思主义新闻观的精髓。这几个案例得到了学校和学院的认可与推广。[1]

三是以能力培养为树人之基,优化教学内容与结构。优化的标准是知识性、引领性、时代性和开放性。把马克思主义新闻理论的最新成果贯穿于课程的理论构架和全部内容之中,侧重培养学生的专业志趣和学术兴趣;适当增加学习难度,拓展学习深度;组织读书小组,主题讨论,鼓励独立思考和创新思维。依托学校图书馆和学院资料室建立了马克思主义新闻理论经典作家、作品参考资料目录体系;定期收集整理课程视频资源、案例和素材库,充实教学资源;完善教学大纲、课程内容、试题、演示文稿等教学各环节。

(三)改进方法,掌握成效

教学主体、教学环境、教学内容和目标的变化与迭代,使得教师不得不深入探索现代信息技术和网络形态的课程思政教育的本质特征、内在要求、关键环节和创新方式,这也是课程思政教育创新发展的时代需要。

教学方法无优劣之分但有效果之别。达成育智、育人和育才的课程思政目标,产生成效是我们选取、改进教学方法的出发点和试金石。基于具体的学情分析和调查以及新闻传播学科专业的自身特点,我们主要做了如下改进和努力。

---

[1] 保斌:《"马克思主义新闻理论"课程思政育人典型教学案例》,李萍主编:《课程思政示范课典型教学案例(一)》,云南大学出版社2022年版。

一是以问题意识为内容的逻辑线索,开展启发式、研究式教学。把教学内容置于新闻传播专业的学术和实践领域(或语境),与学生一起去追问、思考和探讨;培养批判性思维和问题意识;以现实议题为切入点,开展研究式教学;关注学生情感,营造宽松、民主、和谐的教学氛围。

二是以多种教学方法为途径,突出专业特色,解决专业问题。创造性地设计贴近学生实际的教学活动,吸引和组织其积极参与;增加数据直观演示、案例练习、写作实验、小组学习和任务驱动等方法,激发学生专业学习兴趣,引导其深入思考;以中国新闻实践为思考起点和提问对象,积累鲜活案例阐述基本理论,思考传媒实践,增强获得感和教学实效。

三是以现代教育技术为工具,提升学习关注度,掌握学习成效。将翻转课堂、智慧课堂和多媒体教学软件的利用导向学习成效。课前,发布学习任务、通知、推送课前课件;课中,提问,主动作答或随机点名,解答弹幕或投稿,提出深入思考问题,讨论;课后,推送课后课件,答疑,批改作业。实时采集学生学习数据,全息掌握学生学习成效。

在完成了36学时的授课任务之后,我们曾对2018级新闻学和广播电视学2个教学班级的125名学生进行了问卷调查与分析,调查评估学生对这门课程的学习是否达到了预期的授课目的和教学效果。教学评价样本数据显示:我们的教学过程是有效的,学习活动评价和教学效果评价也得到较多肯定性的反馈。[①]同时,我们也保持长期的教学反思。

二、育人:融合和世情

(一)跟随党委,思想引领

习近平总书记在全国高校思想政治工作会议上强调高校要以立德树人为立身之本,从而解决好"培养什么样的人、如何培养人、为谁培养人"这一根本问题,这为新形势下加强和改进人才培养工作指明了方向。人才培养必须始终以"立德树人"为根本,在探索"立德树人"的实现路径中创新"立德树人"的工作机制,进而提高"立德树人"的实际成效。理论育人是以多种理论教育的方式进行思想、政治、道德等知识的传授,这是"立德树人"的前提。只有知道什么

[①] 保斌:《"马克思主义新闻理论"的教学评价与评估——基于课程调查问卷的探析》,唐旭光主编:《协同育人模式探索论文集》,云南大学出版社2022年版。

是"德",社会需要什么样的"德",才知道怎样"立德",然后才能践行。

习近平总书记指出,党和政府主办的媒体是党和政府的宣传阵地,必须姓党;要体现党的意志、反映党的主张,维护党中央权威、维护党的团结,做到爱党、护党、为党;要增强看齐意识,在思想上、政治上、行动上同党中央保持高度一致;要坚持党性和人民性相统一,并强调党性和人民性从来都是一致的、统一的。为了把这些重要论断落实到教学中,我们主动把课程融入所在学院党委的中心工作,力求思想引领的落实和落地,主动把学院党委的中心工作转换成为课程的核心资源。例如:借助学院与省委宣传部建立的长期教研合作关系,我们的课程及时充分全面地把握了中央和地方的政治思想方向;借助学院每年举办的"好记者·讲好故事"记者节活动,我们建立了课程专题讲座资源库;在学院的党建项目"党报党刊编辑记者讲坛""党建大篷车建设"中,我们不断融入和挖掘思政内容,使其成为理论课程的源头活水。

教育的根本是育人,中国的新闻教育要培养什么样的人,关系到新闻教育改革的方向。"对于新闻教育来说,人才培养目标则要和当下中国新闻事业发展与新闻舆论工作的需要相一致,这也正是将马克思主义新闻观落实到新闻教育中的实践目标。"[①]

(二)一课多堂、一讲多台

视课程思政为全过程全内容后,教学就会跳出既定的课堂和讲台,进入理论与实践的大课堂、大讲台。课程拓展和资源挖掘就不仅是可能而是成为现实。由此,我们把课程与学院的团学工作和实践平台积极联动,综合运用第一课堂和第二课堂,积极拓展课程思政建设的方法和途径。

主要做法是:以课程教学能力提升为核心,探索课程教学的多种可能模式与路径;拓展教学资源平台,主动融入学院党委工作和党建项目,搭建了集思想性、知识性、前沿性、实践性为一体的多平台、多讲台;主动嵌入学院团委工作,拓宽人才培养可能和实践价值;利用"二课",延伸职业体验等。如:在"新闻卓越人才"培养项目、"廉洁人生,清风校园"读书会、学院团委暑期"三下乡"社会实践活动和学院实践实训基地等多课堂、多活动中,使学生在社会实践活动中受教育、长才干、作贡献,增强社会责任感。学院团委的这

---

① 蔡雯:《马克思主义新闻观对于新闻编辑的指导意义——编写马克思主义理论研究和建设工程教材的一点思考》,《当代传播》,2017年第5期。

些实践活动对学生主体树立正确的人生观、价值观和社会责任感以及发展社会实践能力带来了不可替代的重要作用，学生的实践报告、调研报告和新闻作品多次获奖，社会反响较好。

"实践育人一方面强调理论的实践性，另一方面也强调了育人的实践性。在实践育人过程中，由于参与者是实践的主体，其主体性得到极大的发挥，这样就能弥补理论教育中存在的人的主体性难以发挥的不足及避免硬性灌输导致的负面结果的发生。"①

（三）身边的事情，身处的世界

课程思政改革创新需要我们"坚持理论性和实践性相统一，用科学理论培养人，重视思政课的实践性，把思政小课堂同社会大课堂结合起来，教育引导学生立鸿鹄志，做奋斗者"②。基于学科专业的培养目标和自身特性，我们以当下全球化、信息化、媒介化、数字化的时代特征为背景，立足中国国情、社情，从当前我国新闻工作实际和全学院学生思想状况出发，尽可能让教学内容与学生身边的事和身处的社会联系起来，立足现实，思考现实。

一定程度上讲，教学效果取得与否取决于作为教学主体的学生是否主动参加到社会实践活动中。思考身边的事情和身处的世界，就是要经由课程的引领，帮助学生通过运用正确思想理论去指导、思考和推动社会实践，把握正确思想理论的真理性，进而增强运用正确思想理论的自觉性。为此，课程精选了当代中国的优秀新闻报道，以专题案例的形式推送给学生，与学生共研共读。充分挖掘理论课程中所蕴含的思想政治教育资源，通过揭示公共事务的复杂性，培养学生形成有建设性的批判思维；通过连通知识性和感受性，唤醒人类共有的美好情感，培养学生的同理心和人文精神，尤其是随着互联网带来的社会结构和媒介生态的深刻变革，主流媒体在激浊扬清、引领精神、凝聚共识方面的实践与思考。在继承传统的基础上，新闻媒体如何建构契合时代需求、更具传播效力和引领作用的话语体系的任务也更为迫切。

现今，中国已处于世界舞台的中心，新闻传播人才需要具备一定的大格局、大境界、大视野。国际传播能力建设也需要新闻传播加快走出去的步伐，建设国际一流媒体，优化传播战略布局，形成整体协同效应，拓展渠道平台，

---

① 骆郁廷：《思想政治教育引论》，中国人民大学出版社2018年版。
② 顾海良：《办好"关键"课程，教师是关键》，http://www.moe.gov.cn/s78/A13/moe_773/201909/t20190918_399614.html。

创新发展手段。教学中我们注重了对外传播工作主体的学习和认识，如：增强对外传播工作的全局意识和协同作战的能力，以及运用新技术创新平台加强内容建设，丰富形态，推进海外本土化发展等。

三、育才：融通和笃定

（一）融通价值、知识和能力

马克思主义新闻观是马克思主义的世界观、人生观和价值观在新闻传播领域的集中体现，也是新闻院系师生的一种思想理念、价值观念和行为准则。教学中我们把马克思主义新闻观当作育人主题和主线；把学院的实习基地当成知识运用和立德树人的体验性、实践性平台；将职业理想与理解社会、理解国家相融合，通过"请进来、走出去"，提高实践经验的积累，提升知识转化为运用的能力。这样，就能将真实性、党性、人民性、舆论引导等课程中的核心原则、概念和命题自觉地成为育才的基本遵循并付诸实践。

新闻人才是熟练掌握新闻专业知识和各项业务技能的新闻工作者。新闻传播学子是将来在新闻队伍中正确舆论方向的引领群体，社会对新闻人才的需求在与时俱进，特别是在深入推进媒体融合发展的今天。新闻学子要成为报道领域的行家里手，还要善于在变换的舆情中做出准确的研判和应对。所以全媒型人才、复合型人才和专家型人才的培育也就成为新闻传播教育的不二选择。全媒型人才需要在学习过程中熟练使用各种媒介，能写稿，能拍图片，能制作新媒体产品。复合型人才需要学生精通理论与业务，掌握多领域的知识。专家型人才需要经过长期的新闻实践，在某个领域成为专家，激发学生在科技、经济、文化等知识领域的学习兴趣，立志成为这些领域的通才。

（二）融通社会、专业和个人

融通社会需求、专业就业和个人发展是我们在课程教学中对育才的又一个理解。经研讨、论证我们在教学上达成了共识：把教学、育人、育才看成一盘棋，尤其是尊重学生的主体性和个人愿景。我们把个人发展、社会需求、专业就业、课程内外、课堂内外、培养方案、资源平台整合为一体，相互融通，互渗补短，尽可能给学生一个可期、可遇的未来。结合学科专业的育人特点，学院从环境、人员、经费等方面给予保障，在个体咨询、职业指导、就业活动等方面积极探索，积累了"六合工作法"，提升和拓展就业质量；结合创新创业探索生涯指导路径，促进教学科研与就业服务相融合。2019年，课程教学团队就建立了"青鸟生涯工作室"，指导帮扶学生的职业选择和取向，更多的学子毕业后选择了专业就业。

实现"立德树人"，离不开学校、学院内部的"教书育人、管理育人、服务育人"相结合的内部整合机制。"三全育人"一方面体现了育人的全覆盖，即全员育人、全程育人、全方位育人，另一方面体现了教书育人、管理育人、服务育人的内在统一性。"立德树人"工作也是一项系统工程，需要调动校内各方面的资源和力量，整合内部各种资源，我们得到了学院党政领导的全力支持，在学院内形成了全员、全程、全方位育人的优势。

融通，其实也是在寻求新闻人才的政治素质、理论素养、业务水平、作风建设的融合与通透，因为这些不仅影响到新闻业态、舆论生态，还关系到全社会的价值导向。

（三）示范职业道德，笃定专业理想

"高举旗帜、引领导向，围绕中心、服务大局，团结人民、鼓舞士气，成风化人、凝心聚力，澄清谬误、明辨是非，联接中外、沟通世界"，这48字指明了人才培养的职责和使命。

要做到"四个牢牢坚持"[①]（牢牢坚持党性原则、牢牢坚持马克思主义新闻观、牢牢坚持正确舆论导向、牢牢坚持正面宣传为主），需要新闻院系的学生有笃定的专业理想和良好的职业操守。我们把"中国新闻传播大讲堂"系列课程纳入《马克思主义新闻观》的必修内容，使其成为新闻学子进入专业的第一堂课，走上职业道路的坐标，树立职业理想的旗帜；将阅读书目资源延伸到学院团委"生涯教育"的阅读计划中；把人生教育和职业教育相融合，从低年级就开始建立生涯规划，树立职业道德。进而认识到，马克思主义新闻观是立身之本、执业之基。系好第一粒纽扣，把自己锻炼成为品德高尚、富有政治使命感和社会责任感、能够担当民族复兴大任的社会主义新闻工作者。

"四向四做"（即正确的政治方向，做政治坚定的新闻工作者；正确的舆论导向，做引领时代的新闻工作者；正确的新闻志向，做业务精湛的新闻工作

[①] 张烁：《习近平在全国高校思想政治工作会议上强调：把思想政治工作贯穿教育教学全过程 开创我国高等教育事业发展新局面》，《人民日报》，2016-12-09（1）。

者；正确的工作取向，做作风优良的新闻工作者）和"四力"（即脚力、眼力、脑力、笔力）也是我们在培养造就新闻人才、笃定专业理想、秉持职业操守时的教育实践工作和具体举措。

"新闻教育是建立在人文教育的基础上的，要培养学生的情怀、价值观、使命和担当，这就要求学生对人文、历史和社会的了解、理解和洞察力，要勇于探究真理和真相。如今人文模式的内涵，更加丰富多元，从好奇心、求知欲到知识建构，从人格培养、价值观到公共服务与社会担当等，这也给教育者提出了更高的要求。"①

四、余论

中国特色社会主义进入新时代，新闻舆论工作的任务发生了新变化，这要求新闻人才加强传播手段的建设和创新，提高新闻舆论的传播力、引导力、影响力、公信力，努力成为适应新时代新闻舆论工作的行家里手，更好地服务于新时代，助力新征程。一定程度上讲，培育新闻人才就是在储备治国理政的重要资源。

我们的课程思政建设是与学生、现实和社会同行的，作为教师我们也在学习，也在成长。如果说其间有无自己的特色、亮点、创新和可供同类课程借鉴共享的经验做法，那么以下几方面值得与大家分享和讨论：将立德树人贯穿于人才培养和教学活动的全过程；坚持把价值引领、知识传授、能力培养有机结合；以理想信念教育为核心，将社会主义核心价值观教育贯穿在课堂教学中，构建全员、全过程、全方位育人格局；秉持开放、包容和发展的教学理念，创新课堂教学模式，推进现代信息技术在课程思政教学中的应用，新技术与教学活动深度融合，探索教学效益，激发学生学习兴趣，深入思考专业难点和疑点；拓宽课程思政与人才培养的可能及其实践价值，"落实落在初心使命上、落在政治方向上、落在实事求是上、落在战略全局上、落在具体问题上。"② 教育不止于知识传授，它还是一种吸收、重塑和传播思想的经历。为未来而教，为未知而学。

---

① 陈昌凤：《21世纪的新闻教育：如何培养创新型人才？》，《新闻大学》，2020年第9期。
② 教育部：《乘势而上 狠抓落实 加快建设高质量教育体系》，http://www.moe.gov.cn/jyb_xwfb/gzdt_gzdt/moe_1485/202101/t20210108_509194.html。

后　记

云南大学新闻学教育始于1985年,是云南省乃至西南地区最早开展新闻传播教育的单位,也是云南新闻传播人才培养层次设置最为完善的办学点。2014年6月,按照中宣部、教育部的要求,中共云南省委宣传部和云南大学共建成立新闻学院,成立学术委员会共同实施人才培养计划。2016年4月,中国国际广播电台、中共云南省委宣传部和云南大学签署协议,共建南亚东南亚国际传播学院。

学院目前有新闻学、广播电视学2个本科专业,均入选国家级一流本科专业建设点;有1个二级学科博士点(文化传播)、1个含有3个专业的一级学科硕士授权点(传播学、新闻学和文化传播)和1个专业硕士学位点(新闻与传播)。全院有教职员工34人,其中专任教师20余人,外聘教师10余人,专任教师中有教授4人、副教授10人、讲师12人。学院目前学生培养规模超过700人,其中每年面向南亚东南亚国家招收留学生3至5人,本科生每年平均招生100人左右,研究生300余人在校。

学院立足毗邻南亚东南亚的区位优势,深入学习贯彻落实习近平总书记关于新闻舆论工作的重要论述,深入贯彻落实教育部、中宣部《关于提高高校新闻传播人才培养能力实施卓越新闻传播人才教育培养计划2.0的意见》精神,把培养适应媒体发展趋势的卓越新闻传播人才作为重要目标,采取有力措施培养了一批全面发展的复合型新闻传播后备人才,探索构建了具有特色的新闻传播人才培养体系。学院着力加强学科建设,打造具有区域特色的学科体系。学院围绕习近平总书记为云南发展提出的三个定位,明确了民族传播、健康传播与环境传播、面向南亚东南亚国际传播为重点学科建设方向。

本书是学院教师的论文集,反映了教师们近年来在学科建设中的理论思考。在论文集的编撰工作中，我们得到了教师们的鼎力支持，尤其是青年教师许孝媛博士做了大量的优质高效的协调工作，复旦大学出版社刘月博士给予了高度的关心和积极的支持。我们对所有关心和帮助此书顺利出版的各位朋友深表谢意！

今年是云南大学的百年华诞！面向未来，云南大学新闻学院将立足实际，在学科体系再造、人才培养模式再造、课程体系再造、发展体系再造"四个再造"上下功夫，实现"小而强""小而新""小而特"的发展定位，围绕国家和云南发展需要打造具有鲜明特色的学科高地，聚焦三个学科建设方向，进一步提升学院的教学和科研水平，努力培养造就更多忠诚于党和人民新闻事业的优秀人才，为国家和云南新闻事业发展作出应有的贡献。

2023年4月

图书在版编目(CIP)数据

传播与国家发展学术体系构建/廖圣清,窦志梅主编.—上海:复旦大学出版社,2023.4
ISBN 978-7-309-16761-0

Ⅰ.①传… Ⅱ.①廖… ②窦… Ⅲ.①新闻学-传播学-文集 Ⅳ.①G210-53

中国国家版本馆 CIP 数据核字(2023)第 033688 号

传播与国家发展学术体系构建
廖圣清　窦志梅　主编
责任编辑/刘　月

复旦大学出版社有限公司出版发行
上海市国权路 579 号　邮编:200433
网址:fupnet@fudanpress.com　http://www.fudanpress.com
门市零售:86-21-65102580　团体订购:86-21-65104505
出版部电话:86-21-65642845
上海盛通时代印刷有限公司

开本 787×1092　1/16　印张 21.25　字数 370 千
2023 年 4 月第 1 版
2023 年 4 月第 1 版第 1 次印刷

ISBN 978-7-309-16761-0/G·2479
定价:100.00 元

如有印装质量问题,请向复旦大学出版社有限公司出版部调换。
版权所有　侵权必究